W0171469

Oberloskamp/Balloff/Fabian
Gutachtliche Stellungnahmen in der sozialen Arbeit

FACHBÜCHEREI
Praktische Sozialarbeit

Herausgegeben von
Professor Dr. Helga Oberloskamp, Dr. Rainer Balloff und Dr. Thomas Fabian

Gutachtliche Stellungnahmen in der sozialen Arbeit

Eine Anleitung mit Beispielen für die Mitwirkung in Vormundschafts- und Familiengerichtsverfahren

von

Dr. jur. Helga Oberloskamp
Professorin an der Katholischen Fachhochschule NW, Abteilung Köln

Dipl. Psych. Dr. phil. Rainer Balloff
Wiss. Angestellter am Psychologischen Institut der Freien Universität Berlin

Dr. phil. Thomas Fabian
Professor für Psychologie an der Hochschule für Technik, Wirtschaft und Kultur Leipzig

6., neubearbeitete Auflage

Luchterhand

Die Deutsche Bibliothek – CIP-Einheitsaufnahme

Oberloskamp, Helga:
Gutachtliche Stellungnahmen in der sozialen Arbeit : eine Anleitung mit
Beispielen für die Mitwirkung in Vormundschafts- und
Familiengerichtsverfahren / von Helga Oberloskamp ; Rainer Balloff ; Thomas
Fabian. – 6., überarb. Aufl. – Neuwied ; Kriftel : Luchterhand, 2001
    (Fachbücherei Praktische Sozialarbeit)
    Bis 5. Aufl. u. d. T.: Arndt, Joachim: Gutachtliche Stellungnahmen in der
    sozialen Arbeit
    ISBN 3-472-03643-5

Satz: Satz-Offizin Hümmer, Waldbüttelbrunn.
Druck und Bindung: Druckerei Kanters, Alblasserdam.
Papier: Permaplan von Arjo Wiggins Spezialpapiere, Ettlingen.
Printed in the Netherlands, Oktober 2001.

♾ Gedruckt auf säurefreiem, alterungsbeständigem und chlorfreiem Papier.

Vorwort zur sechsten Auflage

Nach dem völligen Ausstieg des Psychologen *Joachim Arndt*, dem »Vater« der »Gutachtlichen Stellungnahmen«, aus der Autoren- und Herausgeberschaft, hat sich nunmehr ein neues Team gebildet, bestehend aus der »Mutter« des Gutachtenbuchs, der Juristin *Helga Oberloskamp* sowie den Psychologen *Rainer Balloff* und *Thomas Fabian*.

Wegen der Unsicherheiten bei der Fortsetzung des Buches waren die Überarbeitungen in der 5. Auflage eher zaghaft und geringfügig. In der jetzt vorliegenden 6. Auflage sind sie, nach Konsolidierung des neuen Teams, weit umfangreicher. Zum einen mussten alle Änderungen eingearbeitet werden, die sich aus dem am 1. 7. 1998 in Kraft getretenen neuen Kindschaftsrechts ergaben. Zum anderen waren aber auch alle Entwicklungen in der Psychologie zu berücksichtigen, die Theorie und Praxis in den letzten 10 Jahren beschäftigt haben. Liebend gerne hätten wir zudem die Fälle völlig ausgetauscht. Die (noch immer) eher bescheidene Praxis hat uns aber nicht viele Wahlmöglichkeiten gelassen. So haben wir am Ende beschlossen, noch einmal die alten Aktenstücke zu verwenden und sie, soweit möglich, zeitlich »zu liften«. Geglückt ist uns das relativ problemlos mit dem Gefährdungsfall. Schwieriger war es mit dem Scheidungsfall, weil das neue Kindschaftsrecht die Weichen anders gestellt hat. Es mußten also auch Änderungen sonstiger Art im Sachverhalt vorgenommen werden. Bei dem Adoptionsfall schließlich haben wir es nach einem Änderungsanlauf bei den alten Daten gelassen. Wie sollte man einen Sachverhalt ändern, in dem jemand aus der DDR geflüchtet ist? Hier hat uns also unsere eigene Geschichte eingeholt und uns dazu gezwungen, zu unserer Vergangenheit zu stehen oder auszusteigen. Wir haben uns für den ersteren Weg entschieden.

Die just in diesem Moment erschienene Arbeitshilfe des Bayerischen Landesjugendamtes »Trennung und Scheidung«. Arbeitshilfe für die Praxis der Jugendhilfe zu den Beratungs- und Mitwirkungsaufgaben gemäß §§ 17, 18 Abs. 3, 50 SGB VIII«, München 2001 macht einmal mehr deutlich, dass dieses Buch – trotz oder wegen Jugendhilfe- und Kindschaftsrechtsreform – aktuell ist wie zur Zeit der 1. Auflage vor genau 20 Jahren.

Wir hoffen, dass Ausbildung und Praxis auch diese Auflage zustimmend aufnehmen und zum Nutzen der Betroffenen gebrauchen. Wir würden uns sehr darüber freuen, wenn die Praxis bereit wäre, uns neueres – natürlich geschwärztes (Anfangsbuchstaben stehen lassen !) – Aktenmaterial zur Verfügung zu stellen.

Bonn/Berlin/Leipzig, im August 2001   *Die Verfasser*

Vorwort zur ersten Auflage

Gutachtliche Äußerungen über Menschen werden vorwiegend als eine Domäne von Medizinern oder Psychologen angesehen, obwohl der Gesetzgeber z. B. in den Bereichen der Jugendgerichtshilfe oder der Mitwirkung in Vormundschafts-/Familiengerichtsverfahren auch von Sozialarbeitern/Sozialpädagogen qualifizierte gutachtliche Stellungnahmen verlangt.

Während Psychologen und Mediziner die Anfertigung von Gutachten während ihres Studiums erlernen und sich unter ihrer Fachliteratur zahlreiche einschlägige Veröffentlichungen finden, werden Sozialarbeiter/Sozialpädagogen in ihrer Studienzeit im allgemeinen nicht hinreichend darauf vorbereitet, die von ihnen später geforderten Stellungnahmen anzufertigen. Auch bietet ihre Fachliteratur für diese spezifische Aufgabenstellung nur begrenzt Orientierungshilfen. Die wenigen vorhandenen Anregungen beziehen sich vor allem auf den Bereich der Jugendgerichtshilfe, kaum auf den der Mitwirkung in Vormundschafts- und Familiengerichtsverfahren, obwohl hier zum Beispiel jährlich allein weit über 110 000 Scheidungsfälle und an die 10 000 Adoptionsfälle zu bearbeiten sind. Hinzu kommt, daß die spärlichen Empfehlungen überwiegend den Charakter von bloßen Richtlinien bzw. Hinweisen haben und sowohl einer theoretischen Begründung als auch einer Anleitung zur Umsetzung in die Praxis entbehren.

Einen Beitrag zur Veränderung dieser unbefriedigenden Situation zu leisten, ist das Ziel dieses Buches.

Bonn, im Februar 1981 *Die Verfasser*

Inhaltsübersicht

Abkürzungsverzeichnis

a. A.	anderer Ansicht
a. a. O.	am angegebenen Ort
Abs.	Absatz
AdVermiG	Adoptionsvermittlungsgesetz
AFET	Allgemeiner Fürsorgeerziehungstag, ab 1972: Arbeitsgemeinschaft für Erziehungshilfe
AG	Amtsgericht
Anm.	Anmerkung
Anm. d. V.	Anmerkung der Verfasser
ASD	Allgemeiner sozialer Dienst
BAT	Bundesangestelltentarif
BayObLG	Bayerisches Oberstes Landesgericht
BayWD	Bayerischer Wohlfahrtsdienst
BDP	Berufsverband Deutscher Psychologen
BGB	Bürgerliches Gesetzbuch
BGH	Bundesgerichtshof
BGHSt	Bundesgerichtshof, Entscheidungen in Strafsachen
BlWPfl	Blätter der Wohlfahrtspflege
BT-Drucks.	Bundestagsdrucksache
BVerfG	Bundesverfassungsgericht
bzw.	beziehungsweise
DAVorm	Der Amtsvormund
d. h.	das heißt
d. i.	das ist
DKSB	Deutscher Kinderschutzbund
DVBl	Deutsches Verwaltungsblatt
EMRK	Europäische Konvention zum Schutz der Menschenrechte und Grundfreiheiten
Erg. d. V.	Ergänzung der Verfasser
e. S.	elterliche Sorge
etc.	et cetera = und so weiter
evtl.	eventuell
f.	die folgende Seite
FamG	Familiengericht
FamGH	Familiengerichtshilfe

ff.   die folgenden Seiten
FGG   Reichsgesetz über die freiwillige Gerichtsbarkeit
FH   Fachhochschule
FN   Fußnote

FrankfKo   Frankfurter Kommentar zum KJHG (siehe unter Münder im
                           Literaturverzeichnis)
FS   Festschrift
FuR   Familie und Recht

gem.   gemäß
GG   Grundgesetz
ggf.   gegebenenfalls
GVG   Gerichtsverfassungsgesetz

ISUV   Interessen- und Schutzgemeinschaft unterhaltspflichtiger
                           Väter und Mütter
i. V. m.   in Verbindung mit
i. S. d.   im Sinne des

JA, JÄ   Jugendamt, Jugendämter
JA   Juristische Arbeitsblätter
JFG   Jahrbuch für Entscheidungen in Angelegenheiten der Frei-
                           willigen Gerichtsbarkeit und des Grundbuchrechts
Jgdber.   Jugendbericht
JUH   Jugendgerichtshilfe
JHG   Jugendhilfegesetz
JugWo   Jugendwohl
JWG   Jugendwohlfahrtsgesetz

Kap.   Kapitel
KJHG   Kinder- und Jugendhilfegesetz
KG   Kammergericht (= das OLG in Berlin)

LBG NW   Landesbeamtengesetz Nordrhein-Westfalen
LG   Landgericht
LJA   Landesjugendamt

MitglRBrief   Mitgliederrundbrief des AFET
MSchrKrim   Monatsschrift für Kriminologie
MünchKo   Münchener Kommentar, Bürgerliches Gesetzbuch

NJW   Neue juristische Wochensehrift
np   Neue Praxis

o. g.   oben genannt

OLG   Oberlandesgericht

RdJB   Recht der Jugend und des Bildungswesens

S.   Seite, Satz
SGB   Sozialgesetzbuch
SjE   Sammlung jugendrechtlicher Entscheidungen
s. o.   siehe oben
SozArb   Sozialarbeiter
SozPäd   Sozialpädagoge
spi   Sozialpädagogisches Institut Berlin
StGB   Strafgesetzbuch
s. u.   siehe unten

u. a.   unter anderem
u. a. m.   und anderes mehr
u. E.   unseres Erachtens
usw.   und so weiter
u. U.   unter Umständen

VA   Verwaltungsakt
Verf.   Verfasser
VormG   Vormundschaftsgericht
VormGH   Vormundschaftsgerichtshilfe
VSBl   Verband Scheidungsgeschädigter – Bürgerinitiative gegen
                 Kindesentzug und Unterhaltsmißbrauch
VwVfG   Verwaltungsverfahrensgesetz

z. B.   zum Beispiel
ZblJugR   Zentralblatt für Jugendrecht und Jugendwohlfahrt (bis
                 1983)
ZfF   Zentralblatt für Jugendrecht (ab 1984)
ZPO   Zivilprozeßordnung
z. T.   zum Teil

1. Einleitung

1.1 Der Stellenwert gutachtlicher Äußerungen in heutiger Ausbildung und Praxis

Studentinnen und Studenten der Sozialarbeit/Sozialpädagogik[1], die in ein Praktikum beim Jugendamt oder bei einem freien Träger der Jugendhilfe gehen, machen regelmäßig die Erfahrung, dass sich ihre Praxisanleiter und deren Kollegen häufig gegenüber Gerichten oder Behörden (z. B. Ausländerbehörde, Einwohnermeldeamt) zu verschiedenen Fragestellungen qualifiziert äußern müssen.

Gutachtliche Stellungnahmen werden in zahlreichen Arbeitsfeldern der Sozialarbeit und zu unterschiedlichen Fragestellungen angefertigt. Adressaten der gutachtlichen Stellungnahmen sind Gerichte oder Leistungsträger (z. B. Rentenversicherungsträger, Krankenkassen, Landeswohlfahrtsverbände). Neben den klassischen Bereichen der Jugendgerichtsgehilfe und Mitwirkung in familiengerichtlichen Verfahren bei Trennung und Scheidung (z. B. bei der Regelung der elterlichen Sorge oder des Umgangs nach §§ 1671, 1684) sowie bei Verdacht auf Kindeswohlgefährdung (§ 1666 BGB) und einiger weiterer Regelungsfälle im BGB (z. B. §§ 1632 IV, 1682, 1685 BGB) werden zunehmend auch in anderen Verfahren gutachtliche Stellungnahmen erstellt. Eine im Jahr 1998 von Studierenden der HTWK Leipzig durchgeführten Umfrage in Einrichtungen des Maßregelvollzuges hat ergeben, dass in 14 von 37 Einrichtungen, die geantwortet hatten, Sozialarbeiterinnen oder Sozialarbeiter mit gutachtlichen Stellungnahmen gemäß § 67 e StGB für die Strafvollzugskammern befasst sind[2]. In Betreuungsverfahren werden seitens der Betreuungsbehörde regelmäßig gutachtliche Stellungnahmen verfasst. Auch für das Unterbringungsverfahren wird die Hinzuziehung gutachtlicher Stellungnahmen von Sozialarbeiterinnen und Sozialarbeitern empfohlen und zum großen Teil auch praktiziert[3].

Welchen zeitlichen Anteil die Erstellung gutachtlicher Stellungnahmen an der Tätigkeit in den verschiedenen Arbeitsfeldern der Sozialarbeit hat, ist bisher nur wenig bekannt. Hierzu liegen bislang kaum empirische Untersuchungen vor. Eine Untersuchung zur Tätigkeit der Jugendgerichtshilfe ergab, dass durch die Abfassung gutachtlicher Stellungnahmen durchschnittlich 11,7% der Arbeitszeit der Befragten gebunden werden. *Harnach-Beck*[4] gibt auf eine Befragung von *Peter*[5]

1 Sozialabeit und Sozialpädagogik sind im ganzen Buch synonym benutzt, ebenso Sozialarbeiter und Sozialpädagoge. Die männlichen Formen für Personen umfassen auch weibliche Personen und umgekehrt.
2 *Fabian*, 2000.
3 *Schröder/Straub/Stolz/Frick*, 1993.
4 *Harnach-Beck*, 2000, 16.
5 *Peter*, 1996.

gestützt an, dass das Anfertigen »schriftlicher Aufzeichnungen« mindestens 30% des beruflichen Alltags von Sozialarbeiterinnen und Sozialarbeitern ausmache.

Lukas[6] hat wiederholt den allgemeinen Forschungsstand bezüglich der Arbeit der Jugendämter zu recht beklagt. An diesem Zustand hat sich bis heute offenbar nichts grundlegendes geändert, sieht man von einigen sporadischen, wenngleich vom Inhalt her auch richtungweisenden Untersuchungen zur Tätigkeit der Jugendämter ab[7], in denen allerdings nicht prozentuale Beteiligungen spezifischer Arbeitsbereiche im Jugendamt thematisiert sind[8].

Es ist jedoch davon auszugehen, dass sich beim nach wie vor sichtbaren statistischen Ansteigen von vordringlich familialen Konfliktlagen aller Art mit in der Regel erheblichen psychosozialen Auswirkungen weiterhin eine Ausweitung von Diagnostik, aber auch Mediation, Beratung und Therapie, erfolgen wird und dementsprechend Gerichte und andere Behörden auch künftig – vor allem wegen angestiegener Fallzahlen – eher mehr als weniger gutachtliche Stellungnahmen anfordern werden. Gleichzeitig gilt es jedoch zu bedenken, dass nach den Intentionen des KJHG in vielen Bereichen des familialen Konfliktmanagements außergerichtliche Interventionen (Mediation, Beratung, Familien- und Paartherapie sowie Psychotherapie) mittlerweile einen größeren und gewichtigeren Stellenwert eingenommen haben als beispielsweise die sozialpädagogische Begutachtung in der Jugendhilfe im Rahmen der Mitwirkung im Gerichtsverfahren. Für diese Annahme spricht, dass mehr als zehn Jahre nach Inkrafttreten des KJHG und vor allem nach der Verabschiedung der Kindschaftsrechtsreform am 1. 7. 1998 beispielsweise das gesetzliche Erfordernis nach § 50 KJHG im Gerichtsverfahren mitzuwirken, also das Erfordernis regelmäßig gutachtliche Stellungnahmen abzugeben, durch die Neufassung einzelner Vorschriften (z. B. § 1671 Abs. 1, Abs. 2 Nr. 1 BGB) erheblich eingeschränkt wurde.

Man kann somit davon ausgehen, dass nach wie vor ein großer Teil sozialpädagogischen Handelns in der fachlichen Begutachtung von Lebenssachverhalten bestehen wird, obwohl es im Laufe der Jahre in der Jugendhilfe eine Akzentverschiebung mehr in Richtung Mediation, Beratung und Psychotherapie gegeben hat. Dennoch ist angesichts vermehrter Konfliktlagen aller Art – man denke nur an die sich offenbar weiter dramatisch zuspitzende und ausweitende Armut in großen Teilen unterer sozialer Schichten sowie an die steigende Gewaltbereitschaft von Kindern und Jugendlichen – eine Fundierung und Weiterentwicklung von Diagnostik in der Jugendhilfe dringend geboten.

Die hierbei nach wie vor zu beobachtende Unsicherheit der Praktikantinnen und Praktikanten zeigt, dass die Fachhochschule ihnen bislang für diese Tätigkeit zu wenig Anleitung und Unterstützung zuteil werden lässt, obwohl die Fachliteratur Sozialarbeiterinnen und Sozialarbeitern/Sozialpädagoginnen und Sozialpädagogen mittlerweile umfassende und fundierte Hinweise für die Mitwirkung in

---

6 *Lukas*, 1991, 300 ff.
7 Z. B. *Münder*, 1999, a. a. O.; *Münder* u. a., 1999.
8 S. auch *Isselhorst*, 1997, 10 ff.; *Opitz*, 1999, 284 f.

Verfahren vor den Vormundschafts- und Familiengerichten und das Spannungsverhältnis zwischen Jugendhilfe und Gerichtsbarkeit gibt[9].

Den Praktikanten und Berufsanfängern bleiben daher oftmals die Vorlagen der
Kollegen aus der Praxis als einzige Lernhilfe. Hinsichtlich der Qualität dieser
Orientierungshilfen werden allerdings nach wie vor Bedenken angemeldet[10].

Es besteht nämlich die Gefahr, dass durch diese Art des Lernens von Generation
zu Generation »Mustervorschläge« weitergegeben werden, die weder hinreichend
fachlichen und methodischen Erkenntnissen noch den Erfordernissen der Praxis,
noch dem Berufsauftrag und ebenso wenig den Bedürfnissen der Klienten entsprechen.

1.2 Ziel des Buches

Dieses Buch ist zum einen für **Berufserfahrene** geschrieben, die Denkanstöße
zur Reflexion ihrer Praxis im Bereich gutachtlicher Stellungnahmen suchen. Zum
anderen ist es konzipiert für **Studentinnen und Studenten der Sozialarbeit/
Sozialpädagogik**, die eine differenzierte Orientierungshilfe für diese anspruchs-
volle Aufgabe suchen. Darüber hinaus stellt es einen Diskussionsbeitrag zur Frage
nach besseren Gutachtenformen in der Sozialarbeit dar. Es richtet sich somit sowohl an Praktiker und Studenten der sozialen Arbeit als auch an **Kolleginnen und
Kollegen der Fachhochschulen**. Nicht zuletzt könnten unsere Überlegungen
Vormundschafts- und Familienrichter vermehrt dazu anregen, die Jugendämter
stärker als Fachbehörde und weniger als bloße Informanten in Anspruch zu nehmen[11].

Dem verständlichen Bedürfnis nach einem wenig zeitaufwendigen **Patentrezept**
für gutachtliche Stellungnahmen in der Jugendhilfe kann aus inhaltlichen und vor
allem fallbezogenen Gründen nicht nachgekommen werden, da dies fachlich nicht
vertretbar wäre.

Jedoch können bloße Grundsatzdiskussionen ebenso wenig eine der beruflichen
Praxis angemessene Hilfe sein. Aus diesem Grunde werden im Folgenden einerseits einige konkrete Beispielgutachten und Handlungsempfehlungen, bezogen
auf verschiedene Bereiche der Mitwirkung im Gerichtsverfahren vorgestellt, andererseits werden aber auch Grundannahmen der Gestaltung gutachtlicher Äuße-

9 Vgl. etwa *Kunkel*, 1997, 193 ff.; *Maas*, 1997, 70 ff.; *Proksch*, 1996, 262 ff.; *Schleicher*, 1999, 323 ff.;
   Harnach-Beck, 2000; *Weisbrodt*, 2000, 35 ff.; *Willutzki*, 1998, 135 ff.
10 Vgl. z. B. die Kritik von Kemper, ZfJ 1976, 478 ff. und seinen Verweis auf Untersuchungen von
   Lempp und *Wagner*, die in Kurzform in FamRZ 1975, S. 70 referiert werden und in Abschnitt IV.4
   Hinweise auf die mangelhafte Arbeit der Jugendämter enthalten. Ebenso *Simitis* u. a. in seiner Untersuchung zum Kindeswohl in der vormundschaftsgerichtlichen Praxis aus den Jahren 1973–1977,
   68 ff., 94 ff., 132 ff., 165 ff., 195 ff., sowie *Prestin*, BlWPfl, 259 f.; *Beres*, ZfJ 1982, 449; Plenumsdiskussion, in: Deutsches Familienrechtsforum, Bd. 2, 200 ff.; DKSB, 2; *Dickmeis*, ZfJ 1983, 164 ff.
   Vgl. aber auch die neuere Literatur: *Cierpka* 1996; *Harnach-Beck* 1995; *Kleber* 1992; *Krieger* 1992;
   Kunkel 1995; *Uhlendorf* 1997.
11 So auch: Plenumsdiskussion, Deutsches Familienrechtsforum, Bd. 2, 200 ff.

rungen, Einflüsse auf solche Stellungnahmen und Probleme im Umfeld der eigentlichen sozialpädagogischen Gutachtentätigkeit diskutiert.

Um die Frage nach der konkreten Vorgehensweise und Ausformulierung gutachtlicher Stellungnahmen angemessen beantworten zu können, bedarf es zunächst der Überlegung, welche Funktion gutachtliche Stellungnahmen haben (Kapitel 2).

Sodann soll im 3. Kapitel überprüft werden,
– was sozialpädagogische gutachtliche Stellungnahmen in der Gerichtspraxis bewirken (faktische Kompetenz),
– inwieweit ihnen der Gesetzgeber diese Aufgabe zugemessen hat (rechtliche Kompetenz),
– wie Sozialpädagoginnen und Sozialpädagogen selber zu diesem Tätigkeitsbereich stehen (eigenes Kompetenzverständnis) und
– worauf sich eine Kompetenz unter fachlichen Gesichtspunkten gründen lässt (Kompetenzbegründung).

Im 4. Kapitel soll untersucht werden, welche Variablen die Abfassung gutachtlicher Stellungnahmen beeinflussen, ein Abschnitt, in dem implizit Gefahren- und Fehlerquellen in diesem Arbeitsbereich aufgezeigt werden. Hier werden wir verdeutlichen,
– wie die jeweilige Persönlichkeit der die gutachtliche Stellungnahme abfassenden Person,
– das dem Sachverhalt zugrundeliegende Problem,
– die psychosoziale Situation des Klienten,
– die Sichtweise der Richterin oder des Richters und
– die Einflüsse der die Sozialpädagogin oder den Sozialpädagogen beschäftigende Institution

sich auf eine gutachtliche Äußerung auswirken können.

Das 5., 6. und 7. Kapitel stellen das »**Herz**« der **Abhandlung** dar. Hier sollen die allgemeinen **Merkmale** eines Gutachtens (Kapitel 5) herausgearbeitet und anhand von **Aktenfällen** (Kapitel 7) getestet werden.

Dank sei den Praxisbereichen gesagt, die hierfür Aktenmaterial geliefert haben, und auch den Praktikern und Studenten, die bereit waren, zu Demonstrationszwecken ihre eigenen Ausarbeitungen von Stellungnahmen zur Verfügung zu stellen.

Im 6. Kapitel sollen die **wichtigsten Gebiete** der Mitwirkung in Verfahren vor den Vormundschafts- und Familiengerichten herausgegriffen und exemplarisch, jedoch **inhaltlich kursorisch** dargestellt werden. Dies ist notwendig, um an den vorliegenden Gutachtenbeispielen Mängel und Fehlerquellen besser aufzeigen zu können.

Es werden hier behandelt:
– Einschränkung bzw. Entzug der elterlichen Sorge,
– Sorgerechtsregelung bei Scheidung und Getrenntleben,

– Umgangsregelung und
– die Annahme als Kind.

Bei der Gewinnung der in diesem Bereich entscheidungsrelevanten Fakten können eine Reihe von **methodischen und juristischen Problemen** auftauchen, die
hier ebenfalls **kurz** angesprochen werden sollen.

Im Schlusskapitel (Kapitel 8) wird schließlich geprüft, wie diese Vorstellungen in
der Praxis realisiert werden können.

1.3 Die Notwendigkeit integrativer Betrachtungs- und Handlungsweise

Bei den Vorschlägen, welchen Inhalt solche gutachtlichen Stellungnahmen haben
und in welcher Form sie abgefasst werden sollen, wird einerseits durchaus berücksichtigt, dass die Praxis mit Schwierigkeiten verschiedenster Art zu kämpfen hat.
Andererseits ist aber auch zu beachten, dass Sozialpädagoginnen und Sozialpädagogen von ihrer Ausbildung her eine Fachkompetenz besitzen, die es ihnen ermöglicht, besonders qualifiziert gutachtliche Stellungnahmen abzugeben, selbst wenn
man den Leitgedanken der modernen und zeitgemäßen Jugendhilfe nach den Intentionen des KJHG beachtet, dass das Erbringen von Leistungen (z. B. Beratung
oder Mediation) den so genannten »Anderen Aufgaben« räumlich und gemäß dem
Grundsatz der Verhältnismäßigkeit vorangestellt ist. Eine Beratung oder Mediation kann jedoch nicht in allen Fällen – beispielsweise angesichts besonders
schwerwiegender kindeswohlgefährdender familialer Problemlagen – eine sozialpädagogisch ausgewiesene Mitwirkung im Gerichtsverfahren ersetzen, wozu
normalerweise auch das Abfassen einer schriftlichen gutachtlichen Stellungnahme gehört.

Diese Fachkompetenz gründet sich darin, dass Sozialarbeit, Sozialpädagogik und
auch das Jugendamt mittlerweile, wenn auch nach langem historischen Ringen,
als eigenständige Fachkompetenz und Institution akzeptiert werden[12], unbeschadet der Tatsache, dass **Sozialarbeitswissenschaft**, die noch nicht allgemein
anerkannt ist und darüber hinaus viele andere Wissenschaften, vordringlich die
Psychologie (z. B. Diagnostik und Intervention, Entwicklungspsychologie, Familienpsychologie oder Rechtspsychologie) ihr »zuarbeiten« müssen.

Die Sozialarbeitswissenschaft begründet Ethos und Zielsetzung der Sozialarbeit.
Sie formuliert Frage- und Problemstellung in ständiger Auseinandersetzung mit
der beruflichen Praxis der Sozialarbeit. Die Eigenständigkeit der Sozialarbeitswissenschaft beruht auf der langen Tradition und der zwar vielseitigen aber auch
deutlich konturierten Aufgabenstellung der Sozialarbeit. Dennoch wird sich die
Sozialarbeitswissenschaft ähnlich wie andere anwendungsorientierte Disziplinen

---

12 Vgl. dazu *Knapp*, in: *Knapp* (Hrsg.), 122 ff.; *Lowy*, Sozialarbeit/Sozialpädagogik als Wissenschaft.
    Vgl. auch die neuere Literatur: *Krieger*, 1994; *Kunkel*, 1995; *Proksch*, 1996.

(z. B. Ingenieurswissenschaften) immer auch auf andere Wissenschaften beziehen (müssen).

Auch die gutachtlichen Stellungnahmen in der Sozialarbeit beruhen einerseits auf fachlichen Positionen der Sozialarbeitswissenschaft und greifen andererseits auf das Wissen und die Erkenntnisse anderer Wissensbestände aus anderen und zum Teil aus benachbarten Fachgebieten zurück[13].

So kann z. B. eine gutachtliche Stellungnahme nur dann allen Anforderungen gerecht werden, wenn sie unter Einhaltung eines bestimmten rechtlichen Rahmens Erkenntnisse aus verschiedenen anderen Wissenschaften, z. B. der Entwicklungs-, Familien- und Rechtspsychologie, Medizin, Soziologie und Pädagogik[14], berücksichtigt.

Jedoch reicht es dabei nicht aus, die Anteile dieser Wissenschaften quasi in Schubladen geordnet parat zu haben und – wie es bei Studentinnen und Studenten möglicherweise gern der Fall ist – sie nur »sortiert« abrufen zu können. Vielmehr ist es unerlässlich – und das macht neben dem methodischen Handeln gerade das Spezifische der Sozialarbeit aus – sogleich integrativ denkend und handelnd den Problembereich anzugehen, wofür allerdings fachspezifische Kenntnisse und Fertigkeiten sowie angemessene Einstellungen[15] Voraussetzung sind (und dies ist nicht gleichbedeutend mit dem Einsatz gesunden Menschenverstandes!).

Um den Anforderungen dieses integrativen Denkansatzes zu entsprechen, scheint es nur sinnvoll, dass Vertreter verschiedener Disziplinen ein Buch über gutachtliche Stellungnahmen in der Sozialarbeit schreiben. Wir, die Autoren, zwei Psychologen und eine Juristin, die auch über Kenntnisse in den darüber hinaus erfragten Disziplinen verfügen, sind seit vielen Jahren als Dozenten bzw. als Hochschullehrer in der Ausbildung von Sozialarbeitern/Sozialpädagogen tätig und bemühen uns seit langem in unseren Lehrveranstaltungen sowohl um Fächerintegration als auch um Theorie-Praxis-Bezug. Das können wir u. a. auch dank umfassender Kontakte zu öffentlichen und freien Trägern der Jugendhilfe sowie den dort durchgeführten Fort- und Weiterbildungen. Aufgrund theoretischer Vorarbeiten und zahlreicher Praxisbeobachtungen, unter Einbeziehung von Erfahrungen aus eigener Gutachtertätigkeit, sind wir nach wie vor bemüht, eine zeitgemäße »Theorie« der Gutachtengestaltung für Felder der sozialen Arbeit zu entwickeln, die vor allem die neuere Entwicklung nach Inkrafttreten des KJHG und der Kindschaftsrechtsreform vom 1. 7. 1998 berücksichtigt. Seit vielen Semestern bieten wir Seminare an, in denen Studentinnen und Studenten systematisch üben, gutachtliche Stellungnahmen aufgrund von Aktenstücken anzufertigen. Außerdem führen wir seit Jahren, wie eben bereits erwähnt, für Mitarbeiterinnen und Mitarbeiter der Jugendämter und anderen Institutionen Fort- und Weiterbildungsveranstaltungen zu diesem Themenbereich durch. Die in diesem Zusam-

---

13 *Fabian, 2000.*
14 Zu den Inhalten der Einzelwissenschaften vgl. *Oberloskamp*, ZfJ 1982, 519, 521, sowie dieselbe, 1986a, 206. Vgl. auch *Oerter/Montada*, 1995; *Schneewind*, 1991, 2000.
15 Vgl. dazu *Oberloskamp*, ZfJ 1982, 519 ff.

menhang gewonnenen Erfahrungen bestätigen in hohem Maße unsere Vorannahmen und tragen zu einer Präzisierung unserer Aussagen bei, die in den Neu-
auflagen dieses Buches ihren Niederschlag finden.

2. Die Funktion gutachtlicher Stellungnahmen

2.1 Zur Disfunktionalität gutachtlicher Stellungnahmen

Nach wie vor werden Stimmen laut, die warnend auf gesellschaftspolitische Implikationen eines (ausufernden?) fremdbestimmenden Begutachtungswesens hinweisen, die die Subjekthaftigkeit der Ratsuchenden bzw. Klienten zu wenig berücksichtigen[1]. Aus der Vielzahl der direkt oder indirekt geäußerten **Bedenken** seien beispielhaft fünf genannt, die besonders wichtig erscheinen:

1. Das heutige Beurteilungswesen orientiere sich nur in wenigen Ausnahmefällen an den Bedürfnissen der Betroffenen. In der Regel diene es nicht dem Klienten, sondern »mittelbar oder unmittelbar ökonomischen, administrativen und politischen Zwecken«[2].
2. Die vorfindbare Begutachtungspraxis betone zu sehr den technologischen Aspekt und gerate so »leicht unter eine Verabsolutierung des Effektivitätskriteriums«, unter Vernachlässigung der ethischen Dimension solchen Tuns und der Subjektivität dessen, der begutachtet[3].
3. Wer Gutachten erstellt, sei »mit sozialer Macht« ausgestattet. Er habe »Möglichkeiten persönlich-privater, institutioneller oder gar öffentlicher Einflussnahme«[4].
4. Ein Begutachter psychosozialer Sachverhalte beteilige sich durch sein Tun an der »Distribution von Lebenschancen« anderer[5], »ohne allerdings dafür persönliche Verantwortung zu übernehmen«[6].
5. Jeder Gutachter stehe im Rahmen seiner Tätigkeit »im Spannungsfeld fremder und eigener Handlungs- und Interessenkonflikte«, ohne diese jedoch in ihrem vollen Gehalte wahrzunehmen, zu reflektieren und wertend dazu Stellung zu beziehen. Schuld daran sei vor allem die »zunehmende Verrechtlichung«[7] in unserer Gesellschaft sowie die Reduktion der gutachtlichen Tätigkeit auf die bloße »Gehilfenrolle«[8].
6. Eine gutachtliche Stellungnahme im Jugendamtsbereich, die nur auf diagnostischen und prognostischen Erwägungen beruht, und nicht eine modifikations-

1 Z.B. *Grubitzsch*, 1989; *Balloff*, 1999, FPR, 207 ff.; *Harnach-Beck*, FPR 1998, 230 ff.
2 *Hartmann* 1984, 4.
3 *Haubl*, 1987, 35 f.; vgl. dazu auch *Jäger*, 1983, 53 ff.
4 *Hartmann*, 1984, 10.
5 *Haubl*, 1984, 33.
6 *Lang*, 1977, 197.
7 *Voigt*, 1980.
8 *Hartmann*, 1984, 10 f.

orientierte Strategie verfolgt, sei nicht mehr zeitgemäß[9]. Ähnliches gelte im übrigen auch für die psychologischen Gutachten im Gerichtsverfahren[10].

Ohne die Einschätzung der eben genannten Problematik durch die erwähnten Autoren in allen Punkten übernehmen zu wollen, sind auch wir der Ansicht, dass die angesprochenen Bedenken im Zusammenhang mit der Beantwortung der Fragen nach der Funktion gutachtlicher Stellungnahmen einer kritischen Reflexion bedürfen.

Wenn wir im folgenden dennoch weitgehend auf eine grundlegende kritische Aufarbeitung der vorgebrachten Bedenken verzichten und eher einem handlungsorientierten **»pragmatischen« Ansatz den Vorrang** geben, dann geschieht das an dieser Stelle aus zwei Gründen[11]:

1. Das Problem der gesellschaftlichen, methodologischen und ethischen Implikationen der bestehenden Praxis gutachtlicher Stellungnahmen kann heute als weitgehend ausdiskutiert angesehen werden, ohne jedoch bisher ein für alle Beteiligten zufriedenstellendes Ergebnis erreicht zu haben. Jedoch wird eine konsequent am Wohl des Kindes ausgerichtete Lösung, die im Rahmen einer gutachtlichen Stellungnahme dargestellt wird, immer dann den das Kind betreuenden und versorgenden Erwachsenen belasten oder »fremd bestimmen«, wenn angesichts gescheiterter außergerichtlicher Interventionen (z. B. Mediation, Beratung, Psychotherapie, Familientherapie, sozialpädagogischer Familienhilfe etc.) massive Interessengegensätze zwischen Kind und Erwachsenen und eine Kindeswohlgefährdung bestehen bleiben. In diesen Fällen wird selbst bei engagiertestem Eintreten einer an den Bedürfnissen aller Betroffenen ausgerichteten Intersubjektivität, ein derartiges sozialpädagogisches Handeln u. U. als Affront begriffen werden. Im Rahmen der Zielsetzungen des vorliegenden Buches wird allerdings auf die bestehenden Schwierigkeiten und Gefahren hingewiesen.

2. Im Gegensatz zu *Hartmann*[12] ist anzumerken, dass jemand, der von Berufs wegen – häufig nach einer langen Periode außergerichtlicher und ambulanter Interventionen in der betreffenden Familie – psychosoziale Gegebenheiten zu beurteilen hat, der ethischen Problematik seines Tuns nicht nur dadurch gerecht werden kann, dass er alles daran setzt, seine »Tätigkeit zu legitimieren oder aber … die Finger von ihr zu lassen« sondern dass es auch eine Möglichkeit berufsethischen Verhaltens ist, sich fachlich zu qualifizieren und qualifizierte gutachtliche Stellungnahmen abzugeben, die nicht nur für das Gericht eine Entscheidungshilfe darstellen, sondern durchweg dem Wohl des Kindes verpflichtet sind und zu dienen haben. Letzteres macht den Schwerpunkt der Zielsetzungen dieses Buches aus.

---

9 Vgl. etwa Praktiker wie *Kaufmann*, ZfJ 1991, 18 ff. sowie 1991, 319 ff.; *Knappert*, ZfJ 1991, 398 ff. sowie 1992, 143 ff.; *Scheuerer-Englisch*, 1992, 213 ff.; *Weber/Beck*, 1991, 207 ff.
10 Vgl. *Balloff*, 1992, 62 ff.; *Balloff/Walter*, FuR 1991, 334 ff.; *Salzgeber/Höfling*, ZfJ 1993, 238 ff.
11 so offenbar auch *Kunkel*, 1995, 136 ff.; *Lohrentz*, 1999, 167 ff.
12 *Hartmann*, 1984, 11.

Wenn anschließend auf einzelne Funktionen hingewiesen wird, die gutachtlichen Stellungnahmen im Bereich sozialer Arbeit zukommen, so ist zu hoffen, dass ein solches Tun nicht in erster Linie ökonomischen, administrativen oder politischen Interessen zu dienen hat, sondern auch als ein Tun im Interesse der Betroffenen begriffen wird – und hier vor allem zum Wohl des Kindes[13].

2.2 Anzustrebende Funktionen von gutachtlichen Stellungnahmen

2.2.1 Wahrung von Kinder- und Elternrecht

Eine Reihe gesetzlicher Bestimmungen (§ 1779 I BGB; §§ 49, 49a, 56d FGG; § 620a III 1 ZPO) verpflichtet das Vormundschafts- bzw. das Familiengericht, vor einer Entscheidung das Jugendamt zu hören. Allen in diesen Vorschriften genannten Verfahren ist gemeinsam, dass sie juristisch die Rechte von Eltern gegenüber ihren Kindern, tatsächlich aber die Lebensverhältnisse von Minderjährigen betreffen. Um zu verhindern, dass bei diesen Streitigkeiten, die durch eine Situation oder ein Verhalten von Erwachsenen ausgelöst werden, die Interessen der betroffenen Kinder nicht ausreichende Berücksichtigung finden, sollen die Jugendämter als sozialpädagogische Fachbehörden die erzieherisch-rechtliche Entscheidung des Richters vorbereiten[14]. Dies bedeutet allerdings nicht – wie zuweilen fälschlich von Sozialpädagoginnen und Sozialpädagogen angenommen wird –, dass sie ausschließlich als »**Anwalt des Kindes**« einseitig, d. h. parteiisch, die Interessen des Kindes wahrzunehmen hätten.

Wenn das so wäre, hätte es beispielsweise nicht der Einführung des Verfahrenspflegers gemäß § 50 FGG, der auch als »Anwalt des Kindes« bezeichnet wird, bedurft.

Vielmehr gilt auch für den Sozialpädagogen die Bindung an Art. 6 II, III GG, wonach die Rechte der Eltern dem Recht des Kindes auf freie Entfaltung seiner Persönlichkeit (Art. 2 I GG) gleichwertig gegenüberstehen[15].

Erst wenn die Eltern ihre Pflichten dem Kind gegenüber nicht erfüllen, und alle außergerichtlichen Interventionen z. B. nach §§ 17, 18, 27, 28 KJHG ohne erkennbare Wirkungen geblieben sind, d. h. wenn ein anhaltender Interessenkonflikt zwischen Eltern und Kind besteht, hat das **Kindeswohl** Vorrang vor dem Elternrecht[16].

Materielles Ziel einer jeden gutachtlichen Stellungnahme muss es daher sein, die Lösung zu finden, die das Wohl des Kindes unter größtmöglicher Wahrung der

---

13 Zu *Fingers*, 1984, ArchsozArb 1984, 140 ff., diesbezüglich geäußerten Bedenken und deren Richtigkeit vgl. *Trenk-Hinterberger*, FamRZ 1985, 37.
14 *Jans/Happe*, § 48a Anm. 2a.
15 BVerfG v. 29. 7. 1968, FamRZ 1968, 578.
16 BVerfG v. 21. 5. 1974, NJW 1974, 1609 ff.; BVerfG v. 24. 3. 1981, DAVorm 1981, 351 ff.; BVerfG v. 3.11.1982, FamRZ 1982, 1197 ff.; BVerfG v. 17. 10. 1984, ZfJ 1985, 41 ff.

Rechte der Eltern gewährleistet. Die Hauptschwierigkeit bei der Bewältigung dieser Aufgabe besteht weniger in der theoretischen Abwägung von Elternrecht und Kindesinteressen, als vielmehr in der praktischen Entscheidung, was im konkreten Fall dem Kindeswohl dient. Fast kein anderer Begriff des Familienrechts ist so schillernd wie der Kindeswohlbegriff. Und über kaum einen Begriff des Familienrechts ist in der Fachliteratur[17] so viel geschrieben und diskutiert worden. Als sicher kann gelten, dass das Gesetz, die höchstrichterliche Rechtsprechung und die Literatur[18] das Wohl des Kindes immer dann gewährleistet sehen, wenn zu erwarten ist, dass das Kind sich zu einer eigenverantwortlichen und gemeinschaftsfähigen Persönlichkeit (§ 1 I KJHG) entwickelt.

Ausgehend von § 1 JWG, dem Vorgänger von § 1 KJHG, und in Anlehnung an die bekannte These vom Kindeswohl als der »am wenigsten schädlichen Alternative« versuchen bereits 1981[19] aus pädagogischer und psychologischer Sicht das Kindeswohl vor allem als ein Problem der Befriedigung bzw. Versagung menschlicher Grundbedürfnisse aufzuzeigen. *Jopt*[20] beschreibt dagegen Kindeswohl (zumindest bezüglich der Kindschafts- und Familiensachen im Trennungs- und Scheidungsfall der Eltern) als Kontinuum und Gestaltungsprinzip (also nicht als an die Kindeseltern gerichtete Suchanweisung oder gerichtetes Selektionsprinzip), das sich auf der Basis gemeinsamer Elternschaft in Abhängigkeit von den Fähigkeiten der Eltern zu einer umfassenden Bedürfnisbefriedigung des Kindes in unterschiedliche Verwirklichungsgrade aufteilen lässt.

An diesem Zustand hat sich auch in jüngster Zeit keine Änderung ergeben, wie nochmals *Klüber*[21] und *Terlinden-Arzt*[22] in ihren Dissertationen eindrucksvoll belegen. Zum Teil wird Kindeswohl als Recht des Kindes auf freie Entfaltung der Persönlichkeit beschrieben, als Recht auf »Glücksfähigkeit« oder als Ausgangspunkt für spezielle Lebensbedingungen des Kindes, bei denen das Kind um möglichst wenige seiner Entwicklungsbedingungen gebracht wird. Im einzelnen werden in Literatur und Rechtsprechung nach *Klüber*[21] und *Terlinden-Arzt*[22] folgende Aspekte zur Bestimmung des Kindeswohls genannt:

---

17 So auch schon die ältere Literatur: *Boxdorfer*, RdJB 1972, 260; *Mnookin*, FamRZ 1975, 1; *Gernhuber*, FamRZ 1973, 229; *Goldstein/Freud/Solnit*, Jenseits des Kindeswohls; *Gerber*, Kindeswohl contra Elternwille!; *Münder*, RdJB 1977, 358; *Hassenstein*, MitglRBrief des AFET 1975, 66; *Uffelmann*, Das Wohl des Kindes als Entscheidungskriterium im Sorgerechtsverfahren. *Lempp*, ZfJ 1979, 49; *Giesen*, FamRZ 1977, 594; *Buschmann*, RdJB 1977, 282 f.; *Kemper*, ZfJ 1976, 478 f.; *Münder* LB, 5.1.2. und 5.3.4; *Jans/Happe*, Elterliche Sorge, § 1666 Anm. 10 ff.; *Kluβmann*, Das Kind im Rechtsstreit der Erwachsenen; *Blume-Bannitza/Gros*, Der Sozialarbeiter in der Vormundschafts- und Familiengerichtshilfe, 21 ff.; *Lamprecht*, Kampf ums Kind, 9 ff.; *Münder*, RdJB 1981, 82 ff.; *Beres*, ZfJ 1982, 449; *Münder*, BlWPfl 1983, 3; *Kolodziej*, BlWPfl 1983, 7; *van Els*, FamRZ 1983, 438; *Coester*, Das Kindeswohl als Rechtsbegriff; *Goldstein/Freud/Solnit*, Diesseits des Kindeswohls; *Fthenakis*, Kindeswohl – gesetzlicher Anspruch und Wirklichkeit, 1984; *Lempp*, FamRZ 1984, 741; *Münder*, RdJB 1985, 212; *Salgo*, np 1986, 333; *Neddenriep-Hanke* 1987, 15 ff.; *Goldstein/Solnit* 1989; *Wallerstein/Blakeslee* 1989; *Stein-Hilbers*, FuR 1991, 198 ff; vgl. auch *Figdor* 1991; *Offe*, 1992, 25 ff.; *Balloff* 1992, 35 ff.; *Coester*, FamRZ 1992, 617 ff; *Bahr-Jendges/Streit* 1993, 27 ff.

18 Zu Einzelheiten s. *Uffelmann*, a.a.O., 13 ff.

19 *Blume-Bannitza/Gros, 1981*, 21 ff.

20 *Jopt, 1987.*

21 *Klüber*, 1998, 8 ff.

22 *Terlinden-Arzt*, 1998, 30 ff.

1. Elternbezogene Aspekte
- Betreuungs- und Versorgungsverhältnisse des Kindes
- Beziehung der Eltern zum Kind
- »Hauptbezugsperson«
- »Elterlichkeit«
- Beeinflussung des Kindes
- Berufstätigkeit bzw. Abwesenheit der Eltern
- Elterliche Verantwortungsbereitschaft
- Elterliches Verhalten in der Vergangenheit
- Erziehungsvorstellungen und Ziele der Eltern
- Erziehungsfähigkeit und Eignung der Eltern
- Erziehungsstil und Erziehungspraktiken
- Flexibilität der Eltern im Umgang mit Problemen
- Konfliktlage und Konfliktdynamik der Eltern
- Kooperationsbereitschaft
- Beziehungs- und Bindungstoleranz der Eltern
- Ausgestaltung des Umgangs des Kindes mit dem anderen Elternteil
- Lebensverhältnisse
- Unterbringungsmöglichkeiten des Kindes
- neue Partner der Eltern
- psychopathologische Erscheinungen bei den Eltern
- psychosoziale Probleme der Eltern
- Persönlichkeit der Eltern
- Geschlecht der Eltern
- Familienkonstellation

2. Kindbezogene Aspekte
- Entwicklungsstand des Kindes
- Emotionale Ressourcen des Kindes
- Soziale Bedingungen des Kindes
- Identitätsentwicklung des Kindes
- Beziehungen und Bindungen des Kindes
- Wunsch und Wille, Vorstellungen, Haltungen, Meinungen, Prioritäten des Kindes
- Geschwisterbeziehung

3. Weitere Aspekte
- Kontinuität und Stabilität der Lebenssituation, der Beziehungen und Bindungen des Kindes
- Aufrechterhaltung und Förderung der Umgebungskontinuität des Kindes.

Solche Versuche, den unbestimmten Rechtsbegriff und insofern auch »unscharfen« Begriff »Kindeswohl« durch andere interpretationsbedürftige Begriffe zu ersetzen, trägt normalerweise wenig zur Lösung des Problems bei[23]. Wenn Juristen und Angehörige einschlägiger Hilfswissenschaften trotz jahrelanger mühe-

---

23 *Lüderitz*, FamRZ 1975, 605 f.

voller Kleinarbeit wenig erfolgreich waren, diesen Begriff so zu präzisieren, dass er von allen Beteiligten in einem einheitlichen Sinne verwendet werden konnte, so ist es vielleicht schon als Erfolg zu werten, dass die Erkenntnis wächst, dass eine allseits befriedigende abstrakte Definition hier weder möglich noch wünschenswert ist.

Ist man sich in der Theorie noch über den außergewöhnlich hohen Stellenwert dessen einig, was mit »Kindeswohl« umschrieben werden soll, so zeigt die Empirie, dass das in der Praxis keineswegs der Fall ist. Dies belegen *Plessen/ Bommert, Gründel, Klüber* und *Terlinden-Arzt*[24] zum Beispiel in ihren Untersuchungen, die psychologische Aspekte der Sorgerechts- und Besuchsregelung bzw. der psychologischen Sachverständigentätigkeit zum Gegenstand hatten. In der Untersuchung von *Plessen/Bommert* waren 867 Rechtsanwälte, Familienrichter, Mitarbeiter von Jugendämtern, psychologische Gutachter und nichtprofessionelle Angehörige der Bevölkerung einbezogen. Die beiden Verfasser fanden bereits 1985 heraus, dass Teilaspekte des »Kindeswohls« – wie etwa Erhaltung der Kontinuität des Lebensraumes oder Berücksichtigung des Willens des Kindes – in der Theorie einhellig hochbewertete Konstrukte! – in der Praxis nicht selten relativiert werden und auf jeden Fall eine berufsgruppenspezifische Bewertung erfahren. Darüber hinaus zeigten sich noch Einflüsse anderer Variablen wie Alter, Geschlecht, Familienstatus und Berufserfahrung der an solchen Verfahren der Entscheidungsfindung Beteiligten.

Vor dem Hintergrund solcher Erkenntnisse wird an dieser Stelle darauf verzichtet, den bisherigen eher unbefriedigenden Versuchen, den Begriff Kindeswohl abstrakt und generell zu definieren, einen weiteren hinzuzufügen. Statt dessen wird (Kapitel 6) auf einige konkrete, für die Beurteilung des Kindeswohls je nach Verfahren unterschiedliche entscheidungsrelevante Aspekte hingewiesen.

2.2.2 Orientierungshilfe für den Richter

Wie bereits ausgeführt, ist das Vormundschaftsgericht bzw. das Familiengericht gem. §§ 49, 49a FGG und aufgrund einer Reihe anderer Vorschriften verpflichtet, vor seiner Entscheidung das Jugendamt anzuhören (»zu hören«). In der Praxis sieht dieses Anhören in der Regel so aus, dass das Gericht dem zuständigen Jugendamt (das ist nach § 87 b KJHG grundsätzlich das Jugendamt in dessen Bezirk die Eltern ihren gewöhnlichen Aufenthalt haben)[25] Informationen über den tätigkeitsauslösenden Vorgang (z. B. Mitteilung über die Rechtshängigkeit einer Scheidungssache gem. § 17 III KJHG) und der Mitteilung, dass gemeinsame minderjährige Kinder vorhanden sind und beide Elternteile gemäß § 1671 BGB einen Antrag auf Übertragung der elterlichen Sorge gestellt haben. Im Jugendamt erhält dann, in diesem Fall auch nach der Kindschaftsrechtsreform vom 1. 7. 1998 – entsprechend der internen Geschäftsverteilung – eine Sozialarbeiterin den Auf-

---

24 *Plessen/Bommert* 1985; *Gründel* 1995; *Klüber* 1998 und *Terlinden-Arzt* 1998.
25 Zu dem Streit, der hierüber seit einiger Zeit in der Praxis entstanden ist, vgl. Kapitel 6.2.1.

trag, im Familiengerichtsverfahren nach § 50 I und II KJHG mitzuwirken und die erbetene gutachtliche Stellungnahme abzugeben.

Denkbar ist es aber auch, dass es sich nicht um ein Verfahren handelt, das auf Initiative der Betroffenen durch deren Antrag oder Anregung bei Gericht beginnt, sondern dass der Anstoß vom Jugendamt selber ausgeht (z. B. Sorgerechtseinschränkung oder Sorgerechtsentzug gem. § 1666 BGB oder Abänderung von Sorgerechtsregelungen gem. § 1696 BGB). In diesem Fall ist die Mitteilung des Jugendamtes an das Gericht gleichzeitig Anrufung gem. § 50 III KJHG und Stellungnahme gem. § 50 II KJHG.

In beiden Fällen wird die Sozialarbeiterin bzw. der Sozialarbeiter unabhängig von etwaigen früheren Vorgängen und Kenntnissen mit den Betroffenen und deren sozialem Umfeld Kontakt aufnehmen, um sich die notwendige **Tatsachenkenntnis** über den Klienten zu verschaffen. Welche Tatsachenkenntnisse benötigt werden, ist mit Hilfe der betreffenden Fachkenntnisse auf psychologischem, soziologischem, pädagogischem etc. Gebiet zu beurteilen. Wenn die erforderlichen Fakten so weit wie möglich zusammengetragen worden sind, wird **in der Regel** – wiederum auf der Grundlage der spezifischen **Fachkenntnisse** – unter Einhaltung des juristischen Rahmens dem Richter ein begründeter Entscheidungsvorschlag unterbreitet werden.

Das Gericht ist in seiner Entscheidungsfindung nicht nur auf das angewiesen, was die Betroffenen (evtl. vertreten durch ihre Anwälte) ihm in Schriftsätzen vortragen und was das Jugendamt an Erkenntnissen übermittelt[26]. Vielmehr hat das Gericht, da es nach dem Amtsermittlungsprinzip (§ 12 FGG) die Wahrheit erforschen muss, alle in seinem pflichtgemäßen Ermessen liegenden Beweismittel auszuschöpfen. Deswegen wird es in der Regel die Beteiligten persönlich hören[27].

Wenn möglich, lädt das Gericht zu diesen Terminen auch die zuständige Sozialarbeiterin, so dass die schriftlichen Mitteilungen des Jugendamtes gegebenenfalls durch eine mündliche gutachtliche Stellungnahme ergänzt wird, wobei die letztere möglicherweise aufgrund neu vorgetragener Tatsachen von der ersteren abweicht. Darüber hinaus kann das Gericht noch ein Sachverständigengutachten einholen[28] oder nach § 50 FGG einen Verfahrenspfleger als Interessenvertreter des Kindes bestellen.

Zusammenfassend lässt sich also feststellen, dass das »Anhören« des Jugendamtes beinhaltet, dass es gezielt Tatsachen ermitteln und fachlich begutachten muss[29], wobei es allerdings in begründeten Ausnahmefällen von einem bestimmten Entscheidungsvorschlag absehen kann[30]. Hierbei steht es selbständig, also als

---

26 KG v. 19. 9. 1960, FamRZ 1960, 500.
27 Vgl. §§ 50a, 50b, 50c, 55c FGG und Kapitel 6.1.5.2.
28 Zu den Einzelheiten Kapitel 4.5.2, erste Seite.
29 BGH v. 21. 5. 54, SjE E 14, 621, 649 = FamRZ 1954, 219 = ZfJ 1954, 236.
30 OLG Hamm v. 11. 8. 67, FamRZ 1968, 533 = NJW 1968, 454 = ZfJ 1968, 25; BGH v. 18. 6. 1986, DAVorm 1986, 800 ff.; *Oberloskamp*, FamRZ 1992, 1241 ff..

eigenständige Fachbehörde neben dem Gericht; es ist ihm also nicht untergeordnet[31]. Das Gericht macht sich vielmehr durch die Mitwirkung des Jugendamtes (vgl. § 50 I KJHG), die anders gelagert und weit über eine übliche »Amtshilfe« hinausgeht[32], die bessere Kenntnis des Jugendamtes in Fachfragen der Psychologie, Pädagogik etc. und im methodischen Umgehen mit den Betroffenen zu eigen[33]. Das Jugendamt besitzt daher die Stellung einer sachverständigen Behörde oder Fachbehörde[34].

Die gutachtliche Stellungnahme des Jugendamtes hat somit die Funktion einer sozialpädagogischen Orientierungs- und Entscheidungshilfe für das Gericht, damit dieses die Zielsetzung: Beachtung des Kindeswohls bei größtmöglicher Wahrung der Rechte der Eltern optimal erreichen kann. In diesem Sinne tritt das Jugendamt auch weiterhin als fast unabdingbare und fachlich immer qualifizierte Hilfe des Gerichts auf, ohne die das Gericht in vielen Fällen mangels eigener sozialpädagogischer Qualifikation entscheidungsunfähig wäre.

2.2.3 Hilfe in psychosozialen Problemen

Auch wenn es für die Betroffenen – mitunter selbst für die ASD-Mitarbeiterinnen und Mitarbeiter – wenig glaubhaft erscheinen mag, können qualifizierte gutachtliche Stellungnahmen, denen nach Möglichkeit beratende **Interventionen nach §§ 17, 18 I und III, 28 KJHG** zugrunde liegen, im Rahmen der Mitwirkung in Gerichtsverfahren einen Beitrag zur Lösung psychosozialer Probleme leisten.

Diese Feststellung gilt im allgemeinen auch dann, wenn mit der gutachtlichen Stellungnahme bewirkt wird, dass Eltern gemäß § 1666 BGB das Sorgerecht entzogen wird oder dass Elternrechte gemäß Antragslage oder von Amts wegen nach §§ 1671, 1672 BGB umverteilt werden, vorausgesetzt, dem Personenkreis, in dessen Rechte nunmehr aufgrund der gutachtlichen Stellungnahme eingegriffen wird, wurden zuvor Beratungen und Hilfestellungen anderer Art (vgl. § 1.666a I BGB:»öffentliche Hilfen«) – etwa im Rahmen der Vorschriften nach §§ 17, 18 I und III, 28 KJHG – angeboten.

Selbst bei Einschränkung oder Entzug des Umgangsrechts nach § 1684 BGB, mitbedingt durch die gutachtliche Äußerung des Jugendamtes, ist das der Fall, sofern seine Stellungnahme dem Sachverhalt nur hinreichend gerecht wird.

In allen genannten Situationen trägt die gutachtliche Stellungnahme zu einer Klärung der Situation bei, die für die Klienten nicht selten durch scheinbare Ausweglosigkeit, erhöhte seelische Spannungen und oftmals auch durch physische und wirtschaftliche Belastungen gekennzeichnet ist. Die gutachtliche Stellungnahme hilft u. U. auf ihre Weise, dass neue Fakten geschaffen werden und »die normative

---

31 *Ensslen*, 1999a, b.
32 So wohl auch § 3 II Nr. 2 SGB X und § 4 II Vw VfG zu entnehmen, die besagen, dass Amtshilfe dann nicht vorliegt, wenn Aufgaben erledigt werden, zu denen die Behörde kraft gesetzlichen Auftrags verpflichtet ist.
33 BGH, a. a. O.; *Münder* LB 11.3.
34 *Jans/Happe*, § 48a Anm. 2 A; *Münder* LB 11.3 FrankfKo, § 50 Rz. 2.

Kraft des Faktischen« neue, mehr als bisher am Wohl des Kindes orientierte, Lebensplanungen ermöglichen.

In der Praxis wird nach wie vor die Vermutung geäußert, dass die Erstellung einer gutachtlichen Stellungnahme es erschwere oder gar verhindere, dass Klienten bzw. Ratsuchende der Sozialarbeiterin Vertrauen entgegen bringen. Hierzu ist folgendes anzumerken[35]: Vertrauen entsteht zunächst durch das Herstellen einer verständnisvollen Kommunikation (z. B. Zuwendung von Aufmerksamkeit, Verstehen durch Einfühlungsvermögen). In diesem Zusammenhang ist jedoch vor allem zu beachten, dass das Erleben von Bedrohung dadurch abgebaut werden kann, dass das eigenen Handeln durch eindeutige und für den Kommunikationspartner berechenbare Handlungszüge durchschaubar gemacht wird (Gebot der Transparenz und Offenheit professionellen Handelns). Der Sozialarbeiter muss also für die Klienten und Ratsuchenden eine Durchschaubarkeit und Nachvollziehbarkeit des Arbeitsauftrags herstellen.

Mit Hilfe einer fachlich ausgewiesenen gutachtlichen Stellungnahme kann – bei entsprechend gutem Kontakt zu den Klienten – eine eventuelle angstbesetzte Distanz zwischen Klient und Jugendamt einerseits und Klient und Gericht andererseits überbrückt werden. Ferner vermag das Jugendamt als eine unparteiische Fachkraft eventuelle Einseitigkeiten von Berichten in Stellungnahmen und Schriftsätzen der Anwälte zu relativieren. Wenn nämlich streitende Eltern zur Wahrung ihrer Rechtsansprüche Anwälte einschalten, wird die Position der betroffenen Kinder hierdurch meist kaum verbessert.

Einen ausschließlich die Interessen des Kindes berücksichtigenden eigenen »**Anwalt des Kindes**« in der Rolle des Verfahrenspflegers[36] gibt es erst seit der Kindschaftsrechtsreform vom 1. 7. 1998.

Auch nach Inkrafttreten des KJHG ist es beispielsweise weiterhin geboten, im Rahmen der Mitwirkung im Gerichtsverfahren (vgl. §§ 50 KJHG und 49, 49a FGG) – sogar unabhängig von einer **Beratung nach §§ 17, 18, 28 KJHG** (man denke nur an die Eltern, die keine Beratung, Mediation oder Psychotherapie nach § 17, 18, 28 KJHG in Anspruch nehmen wollen oder keine gemeinsam getragene Lösung finden) – am Wohl des Kindes orientierte Stellungnahme abzugeben. Gerade für diese Kinder dürften gutachtliche Stellungnahmen eine notwendige Hilfe werden, sofern sie sich nicht parteiisch überwiegend mit Erwachseneninteressen befassen.

---

35 Vgl. *Petermann*, 1996.
36 Vgl. hierzu *Salgo* schon 1985, ZfJ 1985, 259 ff. Siehe zum Thema des Verfahrenspflegers die neuere Literatur: *Balloff*, ZfJ 1998, 441 ff.; ders. FPR 1999, 221 ff.; 228 ff.; 341 ff.; *Fegert*, FPR 1999, 321 ff.; *Fricke*, ZfJ, 1999, 51 ff.; *Kleine*, FPR, 1996, 236 ff.; *Linsler*, DAVorm 1997, 375 ff.; *Peters/ Schimke*, KindPrax 1999, 143 ff.; *Reinicke*, FPR 1999, 349 ff.; *Salgo* 1993; ders. FPR 1996, 239 ff.; FPR 1999, 313 ff.; *Stadler/Salzgeber* FPR 1999, 329 ff.; *Steindorff-Classen*, 1998; *von Bracken*, KindPrax 1999, 183 ff.; *Will*, ZfJ 1998, 1 ff.; *Richter*, DAVorm 1999, 31 ff.; *Späth*, KindPrax, 1999, 50 ff.; *Zitelmann*, KindPrax 1998, 131 ff.

Schließlich sollten die Auswirkungen dieser sozialpädagogischen (Mitwir-
kungs-)Tätigkeiten, die für die Stellungnahme notwendige Voraussetzung sind,
wie z. B.

– Gespräche mit dem Kind in Abwesenheit der elterlichen Bezugspersonen,
– Hausbesuche,
– Gespräche mit den Eltern oder sonstigen für das Kind bedeutsamen Perso-
  nen,

in diesem Zusammenhang nicht unterschätzt werden. Das psychodiagnostische
Bemühen kann dadurch durchaus mediative (vermittelnde, also konfliktmindernde Wirkungen entfalten) und therapeutische sowie pädagogische Auswirkungen haben.

Das wird besonders dann der Fall sein, wenn diese Tätigkeit von systemtheoretischen Überlegungen geleitet, nach der die zu begutachtende Familie nicht als
bloßes »Objekt« einer Stellungnahme, sondern als Subjekte und Kommunikationspartner angesehen werden[37].

Daher sollte von Anbeginn an, spätestens aber vor Abgabe einer abschließenden
Stellungnahme, immer der Versuch einer prozessbegleitenden, beratenden, kon-
fliktmindernden und lösungsorientierten **Intervention** gemacht werden (Einheit
von diagnostischem Erkenntnisprozess und (beratender, modifikationsorientier-
ter) Intervention).

Ebenso sollte eine Begutachtung der familialen Situation nach einer Elterntrennung, sofern die Kindeseltern einen Antrag auf Regelung der elterlichen Sorge
gestellt haben oder von Amts wegen eine derartige Tätigkeit erforderlich wird, im
Rahmen der Mitwirkungspflichten bei Gericht nach § 50 KJHG durch gezielte
konfliktmindernde Interventionen und Hilfestellungen anderer Art ergänzt werden (z. B. bei anhaltenden Konflikten der Eltern bei der Ausübung des Umgangsrechts: Praktisches Einüben oder sogar Begleiten der Besuche des Kindes beim
nicht sorgeberechtigten Elternteil), ohne dass jedoch diese Interventionen einer
sozialpädagogisch-psychologischen Beratung, Mediation oder Familientherapie – etwa nach §§ 17, 18, 28 KJHG – gleichzusetzen wären.

Begutachtung und beratende Interventionen – auch modifikationsorientierte Strategien genannt[38] – schließen sich somit nicht aus, sondern ergänzen sich und
stellen darüber hinaus eine untrennbare Klammer angemessenen sozialpädagogischen Handelns im Rahmen der Mitwirkung im Gerichtsverfahren dar. Dabei
sollte es nicht das Ziel sein, einen familialen Status quo diagnostisch zu erfassen,
sondern prozesshafte familiale Verläufe, aber auch Krisen und Konflikte, diagnostisch zu erkennen und zu begleiten und erst bei einer akuten Kindeswohlgefährdung zum Schutz des Kindes einzugreifen. Im übrigen trägt dieses aus dem

---

37 *Sternbeck/Däther*, FamRZ 1986, 21 ff.; *Jopt*, FamRZ, 1987, 875 ff.; zum systemtheoretischen Ansatz
    und Verständnis in der Familiengerichtsbarkeit vgl. auch: *Troje/Meyer*, 1984, Familiendynamik,
    304 ff.; *Hagner*, Familiendynamik, 1984, 323 ff.
38 *Salzgeber/Höfling*, ZfJ 1991, 388 ff.

diagnostischen Erkenntnisprozess abgeleitetes modifikationsorientiertes Vorgehen dem zentralen Leitgedanken des KJHG »Hilfe vor Eingriff« Rechnung.

Über die Abgabe der gutachtlichen Stellungnahme hinaus kann daher der Kontakt der Betroffenen mit dem Jugendamt dazu führen, dass eine helfende Beziehung entsteht, die die übliche Mitwirkung im Gerichtsverfahren im Sinne einer Ermittlungs- und Entscheidungshilfe für das Gericht weit übersteigt. Was die Sozialarbeiterin bzw. der Sozialarbeiter mit dieser Arbeit leistet, ist daher nicht eine »Gerichtshilfe«, die primär dem Gericht dient, so das Missverständnis der Praxis und auch schon des RJWG (§ 3) und des JWG (§ 4), sondern – so die Terminologie des KJHG – eine »Mitwirkung in Gerichtsverfahren«, d. h. eine Arbeit, die zwar auch dem Gericht die Fachkunde liefert, die es nicht besitzt, die aber im übrigen darauf abzielt, den betroffenen Klienten die Dienste einer Fachbehörde anzubieten. Gelingt dies, werden die Betroffenen die richterliche Entscheidung um so eher akzeptieren und sie häufig nur als »Episode« im Rahmen eines prozesshaften Geschehens verstehen können[39].

Die gutachtliche Stellungnahme und ihre Vorbereitung kann somit indirekt Anstöße zu einer Neuorientierung des Verhaltens des Klienten geben. Jedoch bleiben solche Anstöße immer dann unkontrollierbar und führen so evtl. zu unbeabsichtigten »Nebenwirkungen«, wenn eine derartige Mitwirkung im Gerichtsverfahren als nur vorübergehende Intervention (solange das Gerichtsverfahren anhängig ist) begriffen wird, die nicht in modifikationsorientierte Strategien einmüden. Auf die Problematik wird noch später in Kapitel 2.3 eingegangen.

Die ungewollten Nebenwirkungen können evtl. vermieden und die therapeutisch-pädagogischen Akzente noch verstärkt werden, wenn den Betroffenen – wie es unter der Geltung des JWG bereits von der Praxis verschiedentlich versucht und nach Inkrafttreten des KJHG in der Vorschrift des **§ 17 KJHG** generell für alle Familien vorgesehen ist – in der Trennungs- und Vorscheidungsphase eine **Trennungs- oder Scheidungsberatung**[40] oder auch eine **Familien- oder Trennungs- oder Scheidungsmediation**[41] (Mediation = Vermittlung) angeboten wird.

Hierunter sind beratende Gespräche zu verstehen, die dazu dienen sollen, anstehende Probleme (z. B. Regelung der elterliche Sorge oder des Umgangs, Wohnung, Unterhalt) durchzusprechen und wenn möglich zu gemeinsam getragenen Lösungen zu kommen. Von Fall zu Fall wird solche Trennungs- oder Scheidungsmediation von einem interdisziplinär besetzten Team durchgeführt, zu dem neben Rechtsanwälten, Psychologen, Rentenberatern auch immer Sozialpädagoginnen gehören. Geht es aber um die Belange des Kindes, bedarf es keinesfalls zwingend einer interdisziplinären Zusammensetzung des Mediationsteams. Hier kann die eigens hierfür ausgebildete Sozialpädagogin allein tätig werden.

---

39 Zu den Möglichkeiten, die der entsprechende Mitarbeiter im Jugendamt im Zusammenhang einer Sorgerechtsregelung bei Scheidung hat, vgl. *Oberloskamp*, Kindertherapie 1986, 208 ff.
40 Vgl. *Menne*, ZfJ 1992, 66 ff.; *Witte/Sibbert/Kesten*, 1992.
41 Vgl. *Niesel*, Zeitschrift für Familienforschung 1991, 84 ff.; *Proksch*, Familiendynamik 1992, 395 ff.; kritisch: *Häsing-Levend*, Sozialmagazin 1992, 14 ff.; *Werner-Schneider*, Sozialmagazin 1992, 18 ff.; *Mähler/Mähler*, Familiendynamik 1992, 347 ff.; *Balloff/Walter*, ZfJ 1993, 65; *Breidenbach*, 1985.

Ob allerdings eine gutachtliche Stellungnahme – unabhängig von dem sie vorbereitenden Tun – Impulse für eine Neuorientierung geben kann, hängt zunächst davon ab, ob die Klienten von der Stellungnahme **Kenntnis** bekommen. Inwieweit dies der Fall ist, ist eine Frage der jeweiligen Jugendamt-Praxis bzw. Berichtspraxis. Mit Sicherheit kann gesagt werden, dass immer noch nicht alle gutachtlichen Stellungnahmen den Klienten bekannt werden und erreichen.

– Manche Jugendämter lassen von vornherein je nach Fall ein bis zwei zusätzliche Kopien ihrer gutachtlichen Äußerung anfertigen, so dass das Gericht sie immer ohne Mehraufwand weiterleiten kann.
– Andere Jugendämter reichen nur dann ein zusätzliches Exemplar bei Gericht ein, wenn ein Rechtsanwalt am Verfahren beteiligt ist; dieser erstellt dann in der Regel eine Kopie für seinen Mandanten.

Eine Anwaltsbeteiligung liegt immer dann vor, wenn Anwaltszwang besteht (z. B. Sorgerechtsübertragung bei Scheidung nach Antragstellung wenigstens eines Elternteils, § 78 II ZPO). Jedoch ist in allen anderen Fällen eine anwaltliche Vertretung möglich.

– Wieder andere Jugendämter verfahren zwar wie zuletzt beschrieben, fertigen aber bei Anwaltsbeteiligung nur Kurzgutachten mit den wichtigsten Informationen. Darüber hinausgehende Mitteilungen machen sie dem Richter fernmündlich.
– Schließlich gibt es Jugendämter, die aufgrund von Absprachen dafür Sorge getragen haben, dass die Klienten die gutachtlichen Äußerungen grundsätzlich weder von der Behörde noch vom Gericht erhalten. Statt dessen werden die Klienten mündlich über den Inhalt der behördlichen Stellungnahme informiert.

In allen Fällen, in denen die Betroffenen nicht von Amts wegen von der Stellungnahme Kenntnis bekommen, können sie diese eventuell im Wege der **Akteneinsicht** kennen lernen. Gegenüber dem Gericht gibt § 34 I FGG einen entsprechenden Anspruch[42], gegenüber der Behörde § 25 SGB X, wenn der Gerichtshilfe ein Sozialverwaltungsverfahren vorgeschaltet ist bzw. § 25 SGB X analog[43], wenn es sich um reine Mitwirkung nach § 50 KJHG handelt (z. B. bei Eingriffen in das Sorgerecht).

U. E. müsste unter rechtsstaatlichen Gesichtspunkten (Anspruch auf rechtliches Gehör, Art. 103 I GG) den Betroffenen die gutachtliche Stellungnahme unaufgefordert zugeschickt werden, damit sie gegebenenfalls Schritte zur Wahrung ihrer Rechte unternehmen können[44].

Auch das Gespräch ohne vorheriges Zusenden sollte die Ausnahme sein; denn nach heutiger Auffassung und aus Gründen der Transparenz, Offenheit und Klar-

---

42 So ausdrücklich im Hinblick auf den Jugendamtsbericht *Bumiller/Winkler*, § 34 Anm. 3 mit weiteren Literaturnachweisen.
43 Zu den Einzelheiten s. Kapitel 6.2.2.1
44 Zu den Einzelheiten s. Kapitel 6.2.2.1

heit ist es dem »mündigen Bürger« zuzumuten, dass er die gutachtliche Stellungnahme nicht in »abgeschwächter Form«, sondern in vollem Umfang zur Kenntnis nimmt.

Eine fachlich fundierte und umsichtig formulierte gutachtliche Stellungnahme sollte allen Prozessbeteiligten – nach Möglichkeit sogar einige Zeit vor einer Entscheidung bekannt sein.

Allerdings kann es vorkommen, dass dieses Vorgehen u. U. die Zusammenarbeit mit den Klienten zumindest vorübergehend erschweren kann, insbesondere, wenn einer der Klienten die Stellungnahme als gegen sich gerichtet erlebt oder an einer schweren seelischen Erkrankung leidet. Im letzteren Fall sollte u. U. sogar geprüft werden, ob die Stellungnahme dieser Person zur Kenntnis gebracht werden kann, ohne sie Gefährdungen auszusetzen.

Die sozialarbeiterisch effektivste Lösung besteht sicher darin, soweit möglich, die gutachtliche Stellungnahme zusammen mit den Betroffenen zu erarbeiten. Wenig erfolgversprechend ist dieses Vorgehen bei zu Gewalttätigkeiten neigenden Klienten oder – wiederum – wenn eine schwere seelische Erkrankung vorliegt. Werden die Klienten mit einbezogen, sind diese dann Subjekt und nicht Objekt jugendamtlichen Handelns und brauchen sich vor Gericht nicht mehr zu verteidigen.

2.3 Unerwünschte Nebenwirkungen funktionaler Stellungnahmen

Neben den bisher aufgezählten unmittelbaren Funktionen kann die gutachtliche Stellungnahme eine weitere mittelbare Funktion haben: Die Verpflichtung zur Abgabe einer Stellungnahme für das Gericht bewirkt, dass sich das Jugendamt mit den Klienten befasst, die entweder schon behördenbekannt sind oder nach der Entscheidung weiterer qualifizierter Unterstützung bedürfen oder (günstigenfalls) voraussichtlich nur dieses einzige Mal Kontakt mit dem Jugendamt haben. Bei allen Konstellationen sind die Klienten jedoch ein »Fall« geworden: Über sie ist eine Akte angelegt worden, man hat sich mit ihren internen Verhältnissen befasst, und es wurden Urteile über sie abgegeben. Diese Tatsache hat unbestreitbare Bedeutung für die Zukunft der betroffenen Menschen. Wann immer für sie Probleme auftauchen werden, die in den Kompetenzbereich des Gerichts der des Jugendamtes fallen, wird u. U., soweit nicht der Datenschutz entgegensteht (vgl. § 61 I 2 KJHG: »Sie gelten für alle Stellen ... «), auf die alte gutachtliche Stellungnahme zurückgegriffen und in die neu anzustellenden Überlegungen miteinbezogen.

Diese mittelbare Funktion der Festlegung des Klienten ist mindestens ebenso wichtig und entscheidend wie die einer Orientierungshilfe. Für den einen Betroffenen kann sie eine gute Reserve an »Vorschußlorbeeren« bedeuten, für den anderen eine Stigmatisierung. Beides ist gleichermaßen bedenklich; denn die gutachtliche Stellungnahme soll zunächst eine Beurteilung des aktuellen psychosozialen Ist-Zustandes beinhalten, selbst wenn sie modifikationsorientierten Implikationen folgt[45].

Eine Möglichkeit, die Gefahr von Etikettierungen und Stigmatisierungen klein zu halten, besteht beispielsweise darin, sorgfältig darauf zu achten, Fakten nicht mit Bewertungen zu vermischen, denn: Fakten dürfen zwar fortgeschrieben werden, Bewertungen sind jedoch unter Berücksichtigung neuer Fakten jeweils neu vorzunehmen.

---

[45] Vgl. die letztere Annahme eines modifikationsorientierten Vorgehens in der Begutachtung, das bereits seit Jahren in der psychologische Begutachtungen praktiziert wird: *Balloff/Walter*, 1991; *Salzgeber/Höfling*, 1993.

3. Die Kompetenz von Sozialarbeitern für gutachtliche Stellungnahmen

3.1 Bericht oder Gutachten?

Äußerungen von Jugendämtern, die gegenüber Familien- und Vormundschaftsgerichten gemacht werden, dürfen in der Regel keine bloße Zusammenstellung von entscheidungsrelevanten Tatsachen sein; sie haben nicht ausschließlich Informationscharakter. Wenn die Arbeit des Jugendamtes nur dazu diente, dem Gericht Arbeit abzunehmen, die dieses selber tun könnte (»verlängerter Arm« oder »Hilfsbeamte des Gerichts« – wie die Polizei für die Staatsanwaltschaft, siehe § 152 GVG), dann hätte das Gesetz bestimmt keine Fachbehörde (§§ 69 III i. V. m. 72 KJHG) mit dieser Aufgabe betraut. Die Fachlichkeit einer Fachbehörde besteht darin, dass sie über Kenntnisse, Fähigkeiten und Fertigkeiten verfügt, die andere Behörden nicht besitzen. Wenn es also nicht das Sammeln von Informationen ist, was von den Jugendämtern erwartet wird – wobei dies im psychosozialen Bereich in der Regel auch schon Fachlichkeit verlangt, die ein Jurist jedenfalls aufgrund seiner Ausbildung nicht besitzt –, dann müssen es Folgerungen sein, die aus den Fakten zu ziehen sind.

Einer gutachtlichen Stellungnahme entsprechen jugendamtliche Äußerungen insbesondere dann, wenn sie umfassende problemrelevante Informationen enthalten, die überprüft, problemorientiert zusammengestellt und auf mögliche Konsequenzen hin beurteilt wurden. Dem Richter auf diese Weise eine fachlich begründete Entscheidungshilfe zu bieten, ohne dabei die Interessen von Klienten aus dem Auge zu verlieren oder diese gar – z. B. durch Etikettierung – in solchen schriftlichen Äußerungen zu verletzen, ist die eigentliche Funktion von gutachtlichen Stellungnahmen der Sozialarbeiterinnen und Sozialarbeiter in diesem Bereich.

Unbeschadet ihrer Stellung vor Gericht entsprechen Sozialarbeiterinnen und Sozialarbeiter mit ihren gutachtlichen Äußerungen, durch die sie dem Richter bei der Entscheidungsfindung helfen, einem **gerichtlichen Sachverständigen**, dessen Funktion der BGH schon 1954 u. a. wie folgt definiert: (Sie haben) »dem Gericht den Tatsachenstoff zu unterbreiten, der nur aufgrund besonders sachkundiger Beobachtungen gewonnen werden kann, und das wissenschaftliche Rüstzeug zu vermitteln, das eine sachgemäße Auswertung ermöglicht.« (Sie sind) »jedoch weder berufen noch in der Lage, dem Richter die Verantwortung für die Feststellungen abzunehmen, die dem Urteil zugrundegelegt werden. Das gilt nicht nur von der Ermittlung des Sachverhalts, ... sondern auch von (ihren) ... Beobachtungen und Folgerungen.«[1]

---

1 Vgl. BGHSt 7, 239.

Wenn man sich daher die Begriffe vergegenwärtigt, die in der Praxis für die Äußerungen des Jugendamtes dem Familien- oder Vormundschaftsgericht gegenüber benutzt werden, so kann man mit Bestimmtheit sagen, dass das Wort »Bericht« fehl am Platze ist; denn es erfasst nur einen Teilbereich dessen, was das Jugendamt als Fachbehörde zu leisten imstande und verpflichtet[2] ist. Ob im übrigen von **gutachtlichen Äußerungen** (so § 56 d FGG) oder **gutachtlichen Stellungnahmen** (so unter dem JWG die langjährige Praxis, der sich dieses Buch angeschlossen hat) oder von **psychosozialen oder sozialpädagogischen oder Sozial-Gutachten** gesprochen wird, ist gleichgültig. Die fünf Formulierungen gehen richtigerweise davon aus, dass die fachliche Beurteilung der Fakten wesentlicher Bestandteil der jugendamtlichen Verlautbarung ist. Daher berücksichtigen die Begriffe »gutachtliche Äußerung bzw. Stellungnahme« die Tatsache, dass das Jugendamt von seiner Rechtsstellung her kein Gutachter ist[3], während der Begriff »Gutachten« – gleichgültig, welches Attribut hinzugefügt wird, um die Art der Fachlichkeit zu beschreiben die Rechtsstellung des Verfassers außer Betracht lässt und nur auf den Inhalt abstellt.

3.2 Faktische Kompetenz

Ältere Untersuchungen von Gerichtsentscheidungen nach §§ 1634 (= 1684 n. F.) und 1671 BGB ließen bereits erkennen, dass manche Richter gutachtlichen Stellungnahmen von Jugendämtern nicht nur die Stellung von Sachverständigengutachten einräumen, sondern sogar darüber hinausgehen, indem sie auf die selbst Sachverständigen gegenüber geforderte eigenständige Ermittlung des Sachverhalts und Überprüfung der gutachtlichen Stellungnahmen weitgehend verzichten oder sie doch auf ein Minimum reduzieren[4]. Sicher ist in solchen Fällen die dem Sozialarbeiter vom Richter faktisch zugesprochene Kompetenz ungebührlich erweitert – ein Vorgang, der jedoch nicht nur Sozialarbeitern, sondern auch anderen Sachverständigen gegenüber beobachtet wurde[5].

Die Studie von *Simitis* et al.[6] zeigte auch, dass in 77% der 118 untersuchten Fälle die Beschlüsse der Gerichte den Entscheidungsvorschlägen der Jugendämter inhaltlich entsprachen. Berücksichtigt man, dass von den 118 Fällen 15 nicht mit einem Gerichtsbeschluss abgeschlossen wurden, so folgten die Gerichte den Entscheidungsempfehlungen der Jugendämter sogar zu 87%.

Eine neuere Untersuchung zur Tätigkeit des Jugendamtes zeigte, dass in 35,2% von 318 Fällen, in denen eine Gefährdung des Kindeswohls angenommen wurde, die Gerichte zusätzliche Gutachten von psychologischen oder medizinischen Sachverständigen in Auftrag gegeben haben[7]. Dies bedeutet umgekehrt, dass in

---

2 S. insbesondere BGH v. 21. 5. 1954, a. a. O. (S. 9 FN 26), der das als selbstverständlich voraussetzt.
3 Vgl. *Ensslen*, 1999a, 1999b, sowie 6.2.2.2.
4 *Simitis* et al., 1979.
5 Vgl. *Pfäfflin*, 1978, 89.
6 *Simitis* et al., 1979, 132.
7 *Münder/Schone/Körber/Mutke/Them*, 1998.

knapp zwei Drittel der Fälle die Gerichte ihre Entscheidungen auf der Grundlage der gutachtlichen Stellungnahmen des Jugendamtes ohne weitere Sachverständigengutachten getroffen haben. Zudem haben die Gerichte in 56,6% der 242 Fälle, bei denen eine Entscheidung in der Hauptsache dokumentiert war, mit ihrer Entscheidung den Absichten des Jugendamtes entsprochen. Damit wird deutlich, dass die Gerichte nicht jedem Antrag der Jugendämter folgen, die Übereinstimmung von Seiten des Jugendamtes intendierten und vom Gericht beschlossenen Maßnahmen jedoch überwiegt. Zudem kann davon ausgegangen werden, dass in einigen Fällen sich während des Verfahrens Ereignisse ergaben, die die Gerichte z. B. dazu veranlassten, Eingriffe vorzunehmen, die weitreichender waren als die Vorschläge der Jugendämter.

Unabhängig davon, wie stark sich die Richter an den Einschätzungen der Jugendämter orientieren – hier gibt es große Unterschiede zwischen den einzelnen Familien- und Vormundschaftsrichtern –, lassen sich diese Ergebnisse dahingehend interpretieren, dass die gutachtlichen Stellungnahmen insgesamt einen großen Einfluss auf die richterliche Entscheidungsfindung haben und damit Sozialarbeiter zunächst eine entsprechende faktische Kompetenz haben.

Die faktische Kompetenz von Sozialarbeitern zur Erstellung gutachtlicher Stellungnahmen zeigt sich nicht zuletzt auch darin, dass neben den inzwischen traditionellen Aufgabengebieten der Jugendgerichtshilfe und der Mitwirkung im Familien- und Vormundschaftsgerichtlichen Verfahren bei Trennung und Scheidung oder Kindeswohlgefährdung Sozialarbeiter inzwischen auch in Betreuungsverfahren und Unterbringungsverfahren gutachtliche Stellungnahmen abgeben[8].

3.3 Rechtliche Kompetenz

Vom Gesetzgeber wurde dem Sozialarbeiter eine Kompetenz für gutachtliche Stellungnahmen zu dem von uns hier zu erörternden Bereich in verschiedenen Vorschriften zuerkannt. Schon § 48 a JWG verlangte:

»Das Vormundschaftsgericht **hat** (Hervorhebung durch die Verf.) das Jugendamt vor einer Entscheidung nach folgenden Vorschriften des Bürgerlichen Gesetzbuches **zu hören**… «

Der seit dem 1. 1. 1991 geltende § 49 FGG bestimmt:

»Das Vormundschaftsgericht **hört** (Hervorhebung durch die Verf.) das Jugendamt vor einer Entscheidung nach… «.

Dasselbe besagen die seit dem 1. 7. 1998 geltenden §§ 49, 49a FGG für das Vormundschaftgericht/Familiengericht. Noch deutlicher ergibt sich für Sozialarbeiter ein Auftrag zu ausdrücklich gutachtlichen Stellungnahmen aus dem seit 1961 im Gesetz befindlichen § 56 d FGG. Hier heißt es u. a.:

---

8 Vgl. *Schröder/Straub/Stolz/Frick*, 1993.

»Wird ein Minderjähriger als Kind angenommen, so **hat** das Gericht **eine gut-achtliche Äußerung** der Adoptionsvermittlungsstelle (das kann ein Jugendamt oder ein freier Träger der Jugendhilfe sein; Anm. d. V.), die das Kind vermittelt hat, **einzuholen** ... Ist keine Adoptionsvermittlungsstelle tätig geworden, ist eine **gutachtliche Äußerung** des Jugendamtes ... einzuholen.«

Die Rechtsprechung zum JWG hatte die Aufgaben des Jugendamtes, die sich aus den §§ 48 a JWG, 56d FGG und den anderen Anhörungsbestimmungen ergaben, präzisiert.

– Sie hatte zunächst klargestellt, dass das »**Anhören**«**-Müssen** durch das Gericht nicht bedeutet, dass dieses dem Jugendamt lediglich Gelegenheit zu geben habe, sich zu äußern, so dass es in das pflichtgemäße Ermessen des Jugendamtes gestellt war, Stellung zu nehmen oder nicht. Vielmehr ergab sich aus der Anordnung des § 48 a JWG im Anschluss an den § 48 JWG, dass das Jugendamt das Vormund-schafts/Familiengericht (vgl. § 52 a JWG) bei allen Maßnahmen **zu unterstützen hatte**, die die Sorge für die Person des Minderjährigen betreffen. Im Rahmen der Gerichtsverfahren, die in § 48 a JWG genannt waren, musste die Unterstützung daher in Form einer Äußerung erfolgen.

– Zum **Inhalt** der Äußerung ergab die Rechtsprechung Folgendes:
(1) Das Jugendamt musste Fakten sammeln, sie bewerten und einen Entschei-dungsvorschlag machen[9].
(2) Das Jugendamt musste zwischen Fakten und Bewertungen trennen, sonst wa-ren die Informationen für das Gericht nicht verwertbar[10].
(3) Ausnahmsweise konnte der Entscheidungsvorschlag fehlen und statt dessen die Einholung eines Sachverständigengutachtens angeregt werden[11].

Aus dem nach der Neuregelung des KJHG (1. 9. 1991) bekannt gewordenen Ent-scheidungen[12] folgte unzweideutig, dass an den Verpflichtungen des Jugendamtes nichts grundsätzlich geändert hat. In der Fachliteratur[13] wird allerdings unter Be-rufung auf § 50 II KJHG (»Das Jugendamt unterrichtet insbesondere ... «) vertre-ten, dass das Jugendamt nicht verpflichtet sei, eine wertende Stellungnahme abzugeben und einen Entscheidungsvorschlag zu machen. Dies dürfte zutreffend sein für ein Reihe von Ausnahmefällen insbesondere bei Scheidung der Eltern (fehlende Kooperationsbereitschaft der Eltern, Notwendigkeit eines Sachverstän-digengutachtens, Gleichwertigkeit der Eltern), es dürfte sich aber im Regelfall aufgrund der Fachlichkeit des Jugendamtes verbieten. Eine Befragung von badi-schen Jugendämtern zeigt, dass die Praxis uneinheitlich ist und zehn der 24

9 BGH v. 21. 5. 1954, FamRZ 1954, 2/9 = ZblJugR 1954, 236; OLG Hamm v. 11. 8. 1967, DAVorm 1969, 75; BGH v. 18. 6. 1986, DAVorm 1986, 800, 802.
10 BayObLG v. 11. 11. 1953, BayObLGZ 1953, 353.
11 OLG Hamm v. 11. 8. 1967, DAVorm 1969, 75.
12 OLG Frankfurt v. 28. 10. 1991, FamRZ 1992, 206; AmtsG Friedberg v. 1. 6. 1992, FamRZ 1992, 1333; OLG Schleswig v. 14. 01. 1994, FamRZ 1994, 1129.
13 Vgl. *Oberloskamp*, 1992, 1241, 1242.

befragten Jugendämter bei strittig bleibender elterlicher Haltung bewertende Stellungnahmen abgeben[14].

Dass sich hieran etwas durch das Inkrafttreten des KJHG (1. 1. 1991) geändert hat, ist nicht ersichtlich. Aus den beiden einzigen bekannt gewordenen Entscheidungen zu dieser Frage folgt unzweideutig, dass die Verpflichtungen des Jugendamtes die gleichen geblieben sind. In der Fachliteratur[15] wird allerdings unter Berufung auf § 50 II KJHG (»Das Jugendamt unterrichtet insbesondere…«) vertreten, dass das Jugendamt nicht verpflichtet sei, eine wertende Stellungnahme abzugeben und einen Entscheidungsvorschlag zu machen. Dies dürfte zutreffend sein für eine Reihe von Ausnahmefällen insbesondere bei Scheidung der Eltern (fehlende Kooperationsbereitschaft der Eltern, Notwendigkeit eines Sachverständigengutachtens, Gleichwertigkeit der Eltern), es dürfte sich aber im Regelfall aufgrund der Fachlichkeit des Jugendamtes verbieten. Eine Befragung von badischen Jugendämtern zeigt, dass die Praxis uneinheitlich ist und zehn der 24 befragten Jugendämter bei streitig bleibender elterlicher Haltung bewertende Stellungnahmen abgegeben haben[14]. – Nach Inkrafttreten des KindRG (1. 8. 1998) entzündete sich der Streit um das, was die Jugendämter nach § 50 KJHG zu tun haben, erneut. Zwar änderte sich der Wortlaut der genannten Vorschrift durch die Reform nicht. Aber die in §§ 49, 49a FGG in Bezug genommenen Sachverhalte, auf die sich die Mitwirkungspflicht des § 50 KJHG bezieht, erfuhren in BGB, ZPO und FGG zum Teil eine grundlegende andere juristische Behandlung. Hieraus wird von einigen hergeleitet, dass sich auch die Mitwirkungspflicht des Jugendamtes geändert habe, insbesondere dass bei Trennung und Scheidung kein Entscheidungsvorschlag zu machen sei, wohingegen dies bei Kindeswohlgefährdung nicht in Frage stehe[16]. Dass dies nicht zutreffend sein kann, versucht *Oberloskamp* in einer neueren Äußerung, die die Grundlage für die neuen Handlungsempfehlungen des Bayerischen Landesjugendamtes darstellt, nachzuweisen[17].

Während die Diskussion um wertende Stellungnahmen und insbesondere darüber, ob von den Jugendämtern in strittigen Fällen bei Trennung und Scheidung Entscheidungsvorschläge gemacht werden sollen, nach wie vor kontrovers geführt wird[16], ist dies im Hinblick auf die Anrufung des Familiengerichts bei Kindeswohlgefährdung unstrittig.

3.4 Eigenes Kompetenzverständnis der Sozialarbeiter

In der Praxis der Sozialarbeit werden sowohl Kompetenzzweifel im Hinblick auf die Aufgabe, gutachtliche Stellungnahmen zu erstellen, geäußert als auch entsprechende Kompetenzansprüche implizit oder explizit erhoben.

---

14 *Schön/Müllensiefen*, 1995, 54.
15 Nachweise hierzu bei *Oberloskamp*, 1992, 1241, 1242.
16 Vgl. *Lohrentz*, 1999.
17 *Oberloskamp*, Kind-Prax 2001, im Druck.

3.4.1 Kompetenzzweifel

Vergleicht man verbale Äußerungen von Sozialarbeitern mit ihrem berufspraktischen Tun hinsichtlich der Frage, inwieweit sie sich als kompetent erfahren,
gutachtliche Stellungnahmen in o. g. Bereichen abzugeben, so ist eine gewisse
Diskrepanz zu beobachten. Sowohl in Seminarveranstaltungen mit Studenten des
Studienganges Sozialarbeit/Sozialpädagogik, die während ihrer Praktika bereits
die Gerichtspraxis kennen gelernt hatten, als auch in Fortbildungsveranstaltungen
mit berufserfahrenen Sozialarbeitern von Jugendämtern tauchen bei Teilnehmern
nicht selten Zweifel auf, inwieweit sie für gutachtliche Stellungnahmen als kompetent angesehen werden oder auch tatsächlich sind.

Anlass zu solchen Selbstzweifeln sind u. a. ungünstige Erfahrungen mit Gerichten. Richter, die Stellungnahmen von Jugendämtern nur der Form halber zur
Kenntnis nehmen, sie bei ihrer Entscheidungsfindung ignorieren oder überwiegend abwertend berücksichtigen, begründen oder verstärken Kompetenzzweifel
von Sozialarbeitern. Die Begegnung mit Sachverständigen, insbesondere die mit
medizinischen oder psychologischen, die sich in derselben Angelegenheit auslas-
sen und über besondere Sachkompetenz in einem speziellen Bereich verfügen
sowie ein ausgeprägtes Rollenverhalten zeigen, ist mitunter ebenfalls geeignet,
bei beteiligten Sozialarbeitern Zweifel an ihrer Kompetenz auszulösen. Das ist
auch in der Konfrontation mit Rechtsanwälten zu beobachten, die bei Sorgerechtsübertragung im Zusammenhang mit Scheidungen obligatorisch beteiligt
sind (Anwaltszwang, § 78 II ZPO). Eine Untersuchung zur Tätigkeit von Sozialarbeitern in der Gerichtshilfe oder bei Sozialen Diensten der Justiz zeigte, dass
mehr als die Hälfte der befragten Sozialarbeiter davon ausgehen, dass ihr Ansehen
bei Staatsanwälten und Strafrichtern eher gering ist[18]. Schließlich zeigen Erfah-
rungsberichte von Praktikern, dass manche Sozialarbeiter befürchten, vom Richter nicht ernst genommen zu werden[19].

3.4.2 Kompetenzanspruch

Den von manchen Sozialarbeitern verbal geäußerten Zweifeln an der eigenen
Kompetenz steht eine berufliche Praxis entgegen, der zufolge sich Sozialarbeiter
an Jugendämtern in Sachen gutachtlicher Stellungnahmen durchaus als kompetent erachten. So zeigte sich bei der Studie von *Simitis* et al.[20], dass nur sehr selten
Vertreter von Jugendämter neben ihrer eigenen gutachtlichen Stellungnahme die
eines Sachverständigen für nötig hielten[21]. Wenn die Vertreter der Jugendämter so
selten Sachverständigengutachten anregen, liegt die Annahme nahe, dass die
hieran beteiligten Sozialarbeiter sich als hinreichend kompetent erachten.

In einer Studie über Beziehungen von Sozialarbeitern zu Angehörigen anderer
Berufsgruppen zeigte sich, dass Sozialarbeiter heute in verschiedenen Arbeitsfel-

---

18 *Kunze*, 1999, 158.
19 Vgl. *Knappert*, 1992, 145.
20 *Simitis* et al., 1979, 132.
21 *Simitis* et al., 1979, 102, 136.

dern Vertretern von Berufen mit tatsächlich oder vermeintlich höherem Status durchaus auch selbstbewusst begegnen[22].

3.5 Kompetenzbegründung

In der Fachliteratur findet derzeit eine breite und offensive Diskussion um Qualitätsentwicklung und Standardsicherung in der Sozialarbeit statt[23]. Gleichzeitig wird eine intensive Auseinandersetzung um eine Studienreform geführt, die bisherige Ausbildungsmängel beheben soll[24]. Diese Entwicklung findet auch in anderen Ländern statt. In Großbritannien wurden in den 90er Jahren Anforderungen an die Ausbildung formuliert und Studiengänge reformiert. Inzwischen liegen dort zahlreichen Veröffentlichungen vor, in denen Kompetenzen von Sozialarbeitern in verschiedenen Arbeitsfeldern dargestellt werden[25].

Die Ergebnisse der wenigen Untersuchungen über gutachtliche Stellungnahmen von Sozialarbeitern für Familien- und Vormundschaftsgerichte[26] oder der von *Gohde/Wolff*[27] vorgelegten Studie des Auftretens von Mitarbeitern der Jugendgerichtshilfe bei Gericht und Beobachtungen in der Praxis können dazu verleiten, Sozialarbeitern eine Kompetenz für gutachtliche Stellungnahme in einigen Bereichen oder gar generell abzusprechen. Diese Einstellung mag durch eine undifferenzierte Verwendung des Kompetenzbegriffs noch verstärkt werden[28].

Im Folgenden soll nun gezeigt werden, welche Teilaspekte zu berücksichtigen sind, wenn von Kompetenz die Rede ist und inwieweit Sozialarbeiter den dabei sichtbar werdenden Anforderungen entsprechen. In Anlehnung an *Roth*[29] sind bei der Beurteilung der Kompetenz beruflichen Handelns mindestens **Sachkompetenz**, **Selbstkompetenz** und **Sozialkompetenz** zu unterscheiden.

3.5.1 Sachkompetenz

Betrachtet man die in §§ 49, 49a FGG beschriebenen Tatbestände, bei denen gutachtliche Stellungnahmen des Jugendamtes einzuholen sind, so zeigt sich, dass Ärzte und Psychologen, gelegentlich auch Pädagogen, in der Tat in manchen Bereichen eine vergleichsweise höhere Sachkompetenz als Sozialarbeiter besitzen und auch besitzen müssen. Das gilt besonders für spezielle Einzelfragen wie die Abklärung von Ausmaß, Ursachen und Folgen pathologischer Zustände, die Beurteilung von besonderen Entwicklungs-, Lern- und Kommunikationsstörungen und die Bestimmung von Ausmaß und Bedingungsgefüge tiefgreifender Verhal-

---

22 *Kähler*, 1999.
23 Vgl. *Jordan*, 2001.
24 Vgl. *Engelke*, 1996, 2000; *Grohall*, 2000.
25 Vgl. *O'Hagan*, 1996; *Thompson*, 2000; *Vass*, 1996.
26 Z.B. *Erben/Schade*, 1994; *Simitis* et al., 1979.
27 *Gohde/Wolff*, 1990.
28 *Walter*, 1973, 458.
29 *Roth*, 1976

tensauffälligkeiten. In solchen besonders schwierigen Fällen kann der Richter nach der ZPO bzw. dem FGG selbstverständlich einen Gutachter zu Rate ziehen.

Doch auch hier – wie natürlich noch mehr in den weniger schwierigen Fällen – kann u. E. der Sozialarbeiter eine Sachkompetenz einbringen. Sie ist in folgenden Besonderheiten begründet, durch die sie sich von der der erwähnten Sachverständigen unterscheidet:

(1) Anders als die übrigen Sachverständigen hat der Sozialarbeiter nicht nur berufsrechtliche Kenntnisse, d. h. Wissen im Hinblick auf seine eigene berufliche Stellung, sondern auch und vor allem **Rechtskenntnisse** in den Bereichen, die seine Klienten und deren Probleme betreffen.

(2) Seine hier erforderliche Sachkompetenz gründet nicht in erster Linie in vertieften Einzelkenntnissen aus dem Bereich der von ihm zu studierenden Sozial-, Rechts- und Verhaltenswissenschaften. Vielmehr liegt sie einerseits in einer durch sein Studium bedingten größeren Vertrautheit mit den oft recht divergierenden Sichtweisen und methodischen Ansätzen der Einzelwissenschaften, andererseits in der ihm abverlangten berufsfeldbezogenen **Integration von** z. T. weit auseinanderliegenden Wissensinhalten und methodischen Vorgehensweisen aus den einzelnen **Grundlagendisziplinen**.

(3) Anders als Psychologen, Ärzte und Pädagogen werden Sozialarbeiter während ihrer Studienzeit und insbesondere in den beiden praktischen Studiensemestern oder im berufspraktischen Jahr ausdrücklich **für** dieses **Berufsfeld** und die dort auftauchenden Probleme **vorbereitet**. Im Unterschied zu den sonstigen Gutachtern haben sie somit eine für dieses Berufsfeld spezifische Ausbildung.

(4) Sozialarbeiter eines Jugendamtes können bei gutachtlichen Stellungnahmen nach §§ 49, 49a bzw. § 56d FGG in der Regel besonders relevante berufspraktische Erfahrungen mit einbringen. Anders als bei den genannten Sachverständigen besteht ihre Alltagsarbeit zu einem guten Teil aus dem **praktischen Umgang mit den Problemen**, die Gegenstand ihrer gutachtlichen Stellungnahme sind. Während Sachverständige die Klienten oft nur in wenigen Kontakten und auch da in gewisser Weise in Ausnahmesituationen erleben (Interview, Exploration, Verhaltensbeobachtung, gegebenenfalls testpsychologische Untersuchung), kennen Sozialarbeiter ihre Klienten oft aus vielfachen Kontakten, und zwar aus Kontakten in deren eigenem Lebensraum. Eine detaillierte Kenntnis der komplexen Lebenssituation der Klienten wird ihnen dadurch möglich.

Aus dem Gesagten ergibt sich, dass gerade das von Sozialarbeitern geforderte fächerübergreifende Wissen, die Integration unterschiedlicher Methoden, berufsfeldspezifische Kenntnisse und Fertigkeiten sowie die durch ihre Berufsaufgaben bedingte berufspraktische Erfahrung die Sachkompetenz von Sozialarbeitern für gutachtliche Stellungnahmen im beschriebenen Bereich begründen kann.

3.5.2 Selbstkompetenz

Neben der Sachkompetenz ist Selbstkompetenz für berufliches Handeln bedeutsam. Selbstkompetenz ist als die Fähigkeit zu verstehen, das eigene Erleben und Verhalten differenziert und relativ unverzerrt wahrzunehmen, diese Vorgänge sich selbst gegenüber offen und ohne entstellende Abwehrmaßnahmen zu reflektieren, sich selbst mit seinen Fähigkeiten und Grenzen anzunehmen und aus diesem Erleben heraus situationsadäquat zu handeln[30]. Eine angemessene Selbstkompetenz äußert sich in gutachtlichen Stellungnahmen u. a.
- in einer relativ vorurteilsfreien Sammlung problemrelevanter Informationen;
- in einer von Projektionen und Übertragungs- oder Gegenübertragungsprozessen verhältnismäßig wenig beeinträchtigten, dafür aber konkreten, den individuellen Besonderheiten des jeweiligen Falles weitgehend gerechtwerdenden Zusammenschau der einzelnen Aspekte, ihrer Erklärung oder Beurteilung;
- in wenig routinemäßigen oder formelhaften, sondern eher selbstkritischen, vorsichtig aber klar formulierten kreativen Entscheidungsempfehlungen;
- schließlich auch im Hinweis auf eventuelle Grenzen eigener Sach- oder Selbstkompetenz und die Notwendigkeit anderer Sachverständiger.

Sozialarbeiter haben während ihres Studiums Gruppen- und Einzelsupervisionsstunden zu absolvieren, die ihnen die Auseinandersetzung mit dem eigenen Selbst unter Anleitung ermöglichten bzw. abverlangten. Sie sind in ihrem Studium ausdrücklicher als Angehörige anderer Berufe auf die Entfaltung angemessener Selbstkompetenz verwiesen worden. In den meisten Arbeitsfeldern der Sozialarbeit erhalten Sozialarbeiter Supervision, die es ihnen ermöglicht, Selbstkompetenz weiter zu entwickeln.

3.5.3 Sozialkompetenz

Bei einem sehr engen Verständnis von Sozialkompetenz, dem dritten Teilaspekt von Kompetenz beruflichen Handelns, mag dieser Kompetenzbereich zunächst für gutachtliche Stellungnahmen als irrelevant erscheinen.

In unserem Verständnis von Sozialkompetenz umfasst diese u. a. die Fähigkeit eines Menschen, soziale Beziehungen aufzunehmen oder anderen zu ermöglichen, bestehende Sozialkontakte auch unter erschwerenden Umständen aufrecht zu erhalten und, wo erforderlich, sie in einer für alle Beteiligten weitgehend förderlichen Weise wieder aufzulösen. Sozialkompetenz beinhaltet ferner die Bereitschaft, einen anderen ohne Vorbedingung zu akzeptieren, auf das Erleben und Verhalten anderer von ihrem individuellen Bezugsrahmen aus[31] einzugehen, ihnen relativ fassadenfrei[32] und mit wenig ausgeprägtem Rollenverhalten zu begegnen[33], gegebenenfalls aber auch unangemessen erscheinende Ansprüche anderer

---

30 *Tausch/Tausch*, 1979, 51–98.
31 *Rogers*, 1978.
32 *Tausch/Tausch*, 1979, 68.
33 *Buber*, 1953.

zurückzuweisen und eigene Belange wirkungsvoll zu vertreten. Zur Sozialkompetenz zählen wir auch das Akzeptieren berufsethischer Normen, ein Engagement für Schwächere, Gefährdete oder Benachteiligte sowie die Übernahme von Mitverantwortung für gesellschaftliche Verhältnisse. Diese Aspekte sind integraler Bestandteil des Berufsbildes von Sozialarbeitern[34].

Eine angemessen ausgeprägte Sozialkompetenz wirkt sich auch auf gutachtliche Stellungnahmen und die damit in Zusammenhang stehenden Aktivitäten eines Sozialarbeiters positiv aus. Auf einige der Auswirkungen sei hier hingewiesen:
- Angemessene Sozialkompetenz erleichtert dem Sozialarbeiter die Gewinnung zuverlässiger, für die Beurteilung des Kindeswohls notwendiger Informationen.
- Sozialkompetenz fördert die »Kommunikation zwischen der Denkweise, Erkenntniswelt und Terminologie des Sozialarbeiters einerseits und des Richters andererseits«.
- Sie hilft dem Sozialarbeiter, den seinen Klienten gegenüber häufig aufkommenden Rollenkonflikt, gleichzeitig ihr Helfer und Gutachter zu sein, besser zu bewältigen.
- Eine befriedigende Sozialkompetenz befähigt den Sozialarbeiter, »im Überschneidungsfeld von sozialen und rechtlichen Normen«[35] nicht nur als bloßer »Normenanwender« auszuhalten, sondern mit Hilfe von Problemimpulsen »Normenbeeinflussung auf der Grundlage der Verfassung«[36] einzuleiten.

In der Ausbildung von Sozialarbeitern/Sozialpädagogen stellt die Entwicklung von Sozialkompetenz ein ausdrückliches Lernziel dar, das freilich ohne die gleichzeitige Förderung von Sach- und Selbstkompetenz nicht befriedigend zu erreichen ist. Insbesondere in den beiden praktischen Studiensemestern oder im berufspraktischen Jahr können in der Ausbildung befindliche Sozialarbeiter durch den unmittelbaren Klientenkontakt und die praxisbegleitenden Lehrveranstaltungen Sozialkompetenz entwickeln[37].

3.5.4 Kompetenzdefizit

Wenn Sozialarbeiter trotz der aufgewiesenen allgemeinen Kompetenz nicht immer qualifizierte gutachtliche Stellungnahmen abgeben, besteht Grund zur Annahme, dass die spezifische Aufgabe, ein Gutachten zu erstellen, in der Ausbildung von Sozialarbeitern bislang oft in einer wenig zufriedenstellenden Weise eingeübt wurde und somit ein spezieller Bereich der Sachkompetenz unterentwickelt blieb.

Es sollte allerdings nicht heißen, dass die Jugendämter dann keine Gutachten mehr, sondern nur »Berichte« erstellen sollen. Die gegenteilige Folgerung ist an-

---

34 Vgl. Deutscher Verein für öffentliche und private Fürsorge, 1996; *Gildemeister*, 1991.
35 *Liebel/Uslar*, 1975, 24.
36 *Gastiger*, 1974, 56.
37 So insbesondere *Erben/Schade*, 1994, 209.

gebracht: Die Sozialarbeiter müssen in Aus- und Fortbildung besser für ihre Aufgabe, Gutachten zu schreiben, vorbereitet werden.

Im übrigen soll an dieser Stelle nicht verschwiegen werden, dass ganz offensichtlich auch von Medizinern in Strafverfahren erstellte Gutachten häufig mit Mängeln behaftet sind, wie mehrere Studien zeigen[38]. Auch Psychologen sind von Kritik an ihren Gutachten nicht verschont geblieben[39]. Abgesehen davon, dass es in jeder Berufsgruppe Personen mit individuellen Kompetenzdefiziten gibt, handelt es sich bei der Forensische Psychiatrie und der Rechtspsychologie trotz beachtlicher Entwicklungen in den letzten Jahren nach wie vor eher um kleine Fachgebiete mit vergleichsweise geringen Ressourcen an den Universitäten. Insofern sind auch Psychiater und Psychologen ebenso wie Sozialarbeiter auf Fort- und Weiterbildungsveranstaltungen in diesen Fachgebieten angewiesen.

---

38 Z.B. *Heinz*, 1982; *Nowara*, 1994; *Pfäfflin*, 1978; *Venzlaff*, 1983.
39 Z.B. *Steller*, 1991.

4. Die Variablen gutachtlicher Stellungnahmen

Die in einer gutachtlichen Äußerung enthaltene Beschreibung eines Klienten und seiner Lebenssituation ist bei allem guten Willen des Sozialarbeiters keine völlig getreue Wiedergabe der zu beurteilenden Wirklichkeit[1]. Vielmehr wirken zahlreiche Faktoren, den eigentlichen Sachverhalt mitunter verzerrend, auf die später zu leistende Beurteilung ein. Einige von ihnen sollen im folgenden aufgewiesen werden, damit sie in der beruflichen Praxis angemessener berücksichtigt werden können.

4.1 Die Person des Sozialarbeiters

Eine der Variablen, durch welche die Fremdbeurteilung beeinflusst wird, ist in der Person des stellungnehmenden Sozialarbeiters selbst zu sehen.

4.1.1 Einstellungen, Wissen, Fertigkeiten

Die von dem Sozialarbeiter im Laufe seines Lebens erworbenen, gerade für ihn charakteristischen Einstellungen zu sich selbst, zu Lebensfragen und Klienten sowie der Umfang und die Aktualität seines Wissens über Rechtsgrundlagen und psychologische/soziologische Gesetzmäßigkeiten beeinflussen die Qualität seiner gutachtlichen Äußerung ebenso wie die hierzu erforderlichen methodischen Fertigkeiten[2].

4.1.2 Rollenverständnis

Wenn sich der Sozialarbeiter gutachtlich äußert, geschieht dies immer aus einem bestimmten Rollenverständnis heraus. Vier Extrempositionen sind hier zu beobachten: Der eine Sozialarbeiter handelt in diesem Zusammenhang unreflektiert als Erfüllungsgehilfe des Gerichts; ein anderer sieht sich in der gleichen Tätigkeit primär als Ankläger einer zu verändernden Gesellschaft; der dritte versteht sich als Anwalt des Klienten, den er zu schützen hat[3]; andere wiederum sehen sich als Interessenvertreter, manche sprechen sogar vom Begleiter aller beteiligten bzw. betroffenen Personen[4]. Zwischen diesen Polen ist die Mannigfaltigkeit der Ein-

---

1 Vgl. *Brunner*, 1984; *Bundesministerium für Familie und Senioren*, 1993; *Faltermeier/Fuchs*, 1992; *Heekerens*, 1991; *Presting*, 1991; *Reiter*, 1983; *Reiter, Brunner/Reiter-Theil*, 1988; *Schlippe/Kriz*, 1987; *Schneewind*, 1991; *Simon/Stierlin*, 1984.

2 *Neddenriep-Hanke*, 1987, 53.

3 *Kemper*, 1976, 478.

4 *Ernst/Mohr/Stracke*, 1991, 65.

stellungskombinationen zu suchen, die in der Praxis das Rollenverständnis von
Sozialarbeitern ausmachen, die sich vor Gericht zu äußern haben.

4.1.3 Allgemeine Gesetzmäßigkeiten von Wahrnehmungsprozessen

Bereits bei der Sammlung der für den Sachverhalt relevanten Fakten sind allgemeine Gesetzmäßigkeiten von Wahrnehmungsprozessen im Spiel, die Einfluss
auf die spätere Stellungnahme haben.

(1) In Sachen der Mitwirkung in Verfahren vor den Familien- und Vormundschaftsgerichten hat der Sozialarbeiter seine Aufmerksamkeit auf ausgesprochen
komplexe inter- und intrapersonelle Vorgänge zu richten. Diese Vielfalt des zu
Berücksichtigenden zwingt ihn, aus der Fülle der Erscheinungen ihm Bedeutsames auszuwählen (**Selektion**) und anderes zu vernachlässigen. Dieser Selektions-
vorgang wird von übergreifenden Einstellungen, aktuellen Bedürfnissen, theoretischen Vorannahmen und beruflichen Erfahrungen des Sozialarbeiters beeinflusst.

(2) Die so selektiv gewonnenen Fakten des Sachverhalts erfahren eine weitere
ungewollte Bearbeitung dadurch, dass sie für den beurteilenden Sozialarbeiter
von unterschiedlicher individueller Bedeutung sind. Persönliche Vorerfahrungen
und Wertungen des Sozialarbeiter führen zu einer **Akzentuierung** der Wahrneh-
mungsinhalte, die nicht notwendigerweise eine der Problemstellung entsprechende sein muss.

(3) Schließlich werden die den jeweiligen Sachverhalt betreffenden Wahrnehmungen mit entsprechenden früheren Erfahrungen verglichen und den dem
Sozialarbeiter vertrauten Vorstellungsinhalten durch Analogiebildung und Kate-
gorisierung zugeordnet. Dieser Vorgang der **Integration** von neu Wahrgenomme-
nem in bisher Gewusstes führt besonders dann zu Wahrnehmungsverzerrungen
und damit zu unzulänglicher Fremdbeurteilung, wenn der Sozialarbeiter ungenaue, mehrdeutige oder von seiner bisherigen Erfahrung stärker abweichende
Informationen verarbeiten soll – und das womöglich noch unter Zeitdruck[5].

4.1.4 Spezielle Gesetzmäßigkeiten der Personwahrnehmung und -beurteilung

Neben diesen mehr allgemeinen Gesetzmäßigkeiten der Wahrnehmung sind in der
Beurteilung von Mitmenschen noch die spezielleren der Personenwahrnehmung
und Personenbeurteilung zu beobachten.

(1) In Anlehnung an *Kaminski*[6] ist festzuhalten, dass unser »Bild vom anderen«
unterschiedlich ausfällt, je nachdem in welchem **Zusammenhang** wir es gewinnen. Als »Privatperson« betrachten wir einen Mitmenschen anders, als wenn wir
ihm von Berufs wegen gegenübertreten.

5 *Allport*, 1970, 505.
6 *Kaminski*, 1959.

(2) Die in Bezug auf die gutachtlichen Äußerung gegebenen **Fragestellungen** tun ein übriges, die Aufmerksamkeit von der gesamten beobachteten Wirklichkeit weg zu Teilaspekten zu lenken und damit die Beurteilung zu beeinflussen.

(3) In der Regel hat ein Sozialarbeiter aufgrund von Aktenstudium, Gesprächen mit Kollegen oder bisheriger Arbeit mit dem Klienten über dessen Person und psychosoziale Situation **Vorinformationen**, die ihn zu mehr oder weniger bewussten Hypothesenbildungen über den Klienten veranlassen. Auch sie modifizieren das Bild vom anderen.

(4) Während des ersten Hausbesuches oder Erstgesprächs im Jugendamt ist auf den »**primacy-Effekt**«[7] zu achten. Die Reihenfolge, in der Eindrücke über Menschen und ihre Lebenssituation gewonnen werden, bestimmt zum Teil, wie man einen Klienten sieht. Dabei kommt Ersteindrücken eine besondere Bedeutung zu. Sie sind am nachhaltigsten meinungsbildend, obwohl sie oft nicht nur unzulänglich, sondern ausgesprochen falsch sind.

(5) **Sympathie** oder **Antipathie** gegenüber Klienten sind Wirkgrößen der Personenwahrnehmung, die bei gutachtlichen Äußerungen berücksichtigt werden müssen. Vor allem erlebte oder vermutete Ähnlichkeit des Sozialarbeiters mit seinem Klienten löst Gefühle der Sympathie aus.

(6) **Erlebte** oder tatsächlich bestehende **Nähe** des Sozialarbeiters zum Klienten oder seiner Situation kann bewirken, dass der Sozialarbeiters für Wahrnehmungen in diesem Problembereich empfänglicher wird, eher eine bejahende Einstellung einnimmt und zu positiveren, milderen bzw. nachsichtigeren Beurteilungen kommt **(leniency-Effekt)** (z.B.: Ein Sozialarbeiter, selbst erst vor Monaten geschieden, soll in einer Angelegenheit nach § 1671 Abs. 2 Nr. 2 BGB Stellung nehmen). Erlebte Distanz kann gegenteilige Reaktionen auslösen. Der »leniency-Effekt« ist auch dann zu beobachten, wenn der Sozialarbeiter damit rechnet, sich bei einer negativ ausfallenden Beurteilung rechtfertigen zu müssen. Diese Tendenz zur »milden« Beurteilung taucht ferner auf, wenn ein Sozialarbeiter befürchten muss, eine ungünstige Beurteilung von Klienten könnte indirekt sein eigenes Tun in ein schlechtes Licht stellen (z.B.: Klienten wird das elterliche Sorgerecht entzogen, »weil« die bisherige Arbeit des Sozialarbeiters mit ihnen erfolglos blieb).

(7) In der Nähe des leniency-Effektes steht in mancher Hinsicht die Tendenz zu »mittleren« Beurteilungsäußerungen **(central tendency)**, die bei einem Sozialarbeiter besonders dann aufkommen kann, wenn er vor die Aufgabe gestellt ist, zu extremen Verhaltensweisen Aussagen zu machen (z.B.: Beurteilungen von Brutalität eines Vaters in der Erziehung seines Kindes). In solchen Situationen neigen Beobachter dazu, Aussagen über derart extremes Verhalten zu umgehen bzw. es nicht in seiner tatsächlichen Ausprägung zu beurteilen[8].

---

7 *Luchins*, 1957.
8 *Kemper*, 1977.

(8) Von den die Persönlichkeitsbeurteilung beeinträchtigenden Faktoren ist der
»**halo-Effekt**« (halo = Heiligenschein) wohl der bekannteste. Gemeint ist die
Tendenz, »sich in der Beurteilung oder Beobachtung einer einzelnen Persönlich-
keitseigenschaft vom Gesamteindruck oder von einer anderen hervorstechenden
Eigenschaft beeinflussen zu lassen«[9]. (Z.B.: Eine Frau stellt gem. §§ 1684 III,
1696 BGB den Antrag, das Umgangsrecht ihres geschiedenen Mannes einzuschränken. Wenn der Sozialarbeiter die Frau zuvor als warmherzige, treusorgende
Mutter erlebt hat, fällt es ihm nun schwerer, eventuell sich dahinter verbergende
Racheimpulse zu erkennen, als bei einer Frau, die er insgesamt als ausgeprägt
kühl, distanziert und betont rational erlebt hat.) Das heißt, weil eine Person einige
als »wertvoll« erachtete Eigenschaften zeigt, werden ihr vom Beobachter noch
andere »gute« zugeschrieben und umgekehrt (»wer lügt, der stiehlt«).

Nach *Symonds*[10] erliegen wir einem Gesamteindruck vom Klienten u.a. dann
leicht, wenn die in der Beurteilung zu berücksichtigenden Einzelmerkmale
1. schwer beobachtbar oder schlecht beschreibbar sind,
2. wenn der Beurteiler nur wenig über sie weiß,
3. wenn die gefragten speziellen Eigenschaften nicht hinreichend präzise definiert sind,
4. wenn sie eine hohe moralische Bedeutung haben.

(9) Hat ein Sozialarbeiter in der Zusammenarbeit mit dem Klienten einen überwiegend positiven Gesamteindruck gewonnen und wird er dann vom Klienten in
seinen Erwartungen enttäuscht, so bewirkt ein derartiger **Enttäuschungseffekt**,
dass der Sozialarbeiter das ihn enttäuschende Verhalten dieses Klienten negativer
bewertet als bei einem anderen, in den er »geringere« Erwartungen setzte.

(10) Während der halo-Effekt darin besteht, dass positive oder negative Verhal-
tensmerkmale als in der Persönlichkeit eines Klienten verankert angesehen werden, entstehen Fehlbeurteilungen in Form des **logical error** durch die Annahme,
»dass bestimmte Merkmale ganz allgemein und immer untereinander gekoppelt
seien«. Dies kann z.B. dazu führen, dass der Sozialarbeiter einen als agressiv
erlebten Klienten zugleich auch als sehr energiegeladen einschätzt.

(11) Ähnlich wie ein Arzt oder Psychologe kann ein Sozialarbeiter durch **Rollen-
kollisionen** in der Beurteilung seines Klienten beeinträchtigt werden. Eine Rol-
lenkollision kann für einen Sozialarbeiter dann entstehen, wenn er längere Zeit
familientherapeutisch mit Eheleuten arbeitete, die er nun nach Scheidung etwa im
Zusammenhang mit einer Umgangsrechtsregelung beurteilen soll. Der Rollenkonflikt, einerseits Berater, andererseits Beurteiler zu sein, wird noch verstärkt,
wenn dieser Sozialarbeiter genötigt ist, auch nach der Scheidung mit den Partnern
zu arbeiten.

(12) Neben den bisher erörterten Faktoren, die Beobachtung und Beurteilung von
Klienten und ihrer Situation beeinflussen, sind noch einige zu nennen, die häufi-

---

9 *v. Cranach/Frenz*, 1969, 282.
10 *Symonds*, 1934.

ger bei **autoritär strukturierten Persönlichkeiten** ermittelt wurden. Diese Untersuchungen[11] lassen vermuten, dass Menschen mit ausgeprägt autoritären Persönlichkeitsanteilen starke, z. T. moralisierende **Bewertungstendenzen** in Beobachtung und Beurteilung anderer Menschen einfließen lassen. Sie neigen zu **Projektionen**, d. h. sie tendieren dazu, Persönlichkeitseigenschaften, die sie selbst besitzen, anderen zuzuschreiben oder zumindest bei ihnen unverhältnismäßig ausgeprägt wahrzunehmen.

Sozialarbeiter mit solchen Bewertungstendenzen stehen in der Gefahr, gutachtliche Stellungnahmen vorurteilsbehafteter als ihre Kollegen abzufassen. Schon die Zugehörigkeit eines Klienten zu einer vom Sozialarbeiter abgelehnten Gruppe kann solche **Vorurteile** wirksam werden lassen. Die Zugehörigkeit z. B. zu einer anderen Schicht, zu einer anderen ethnischen Gruppe, einer anderen Religion, einer anderen Kultur oder auch bloß einer bestimmten Altersgruppe kann so zum Auslöser für vorurteilsvolle Beurteilungen werden.

Weiterhin hat sich gezeigt, dass Menschen mit autoritär strukturierter Persönlichkeit eine Intoleranz gegenüber der Mehrdeutigkeit menschlichen Verhaltens **(mangelnde Ambiguitätstoleranz)** zeigen. Durch stereotype, wenig differenzierte, voreilige Urteilsbildung versuchen sie, dem aus der Mehrdeutigkeit der beobachteten Merkmale entstandenen Druck zu entgehen, was im Fall des Sozialarbeiters auf Kosten der sachdienlichen Beurteilung des Klienten geschehen kann.

Die hier angesprochenen Befunde über Auswirkungen einer autoritären Persönlichkeit lassen erkennen, in welchem Ausmaß auch die Persönlichkeit des Sozialarbeiters in gutachtlichen Stellungnahmen wirksam wird. Daher kann man *Thomae*[12] zustimmen, der mitunter die Gefahr gegeben sieht, »dass die Beobachtung und Beurteilung von Kindern und Jugendlichen (und Erwachsenen, Anm. d. V.) mehr die Eigenart und Einstellung der Beobachter als die der Beobachteten und Beurteilten widerspiegeln«.

(13) Die für diesen Bereich der Arbeit so dringend erforderliche »soziale Sensitivität«[13], wird keineswegs durch die **subjektive Überzeugtheit** eines Sozialarbeiters garantiert, sie zu besitzen. Vielmehr zeigen Befunde der psychologischen Diagnostik[14], der Vorurteilsforschung[11] sowie spezielle Untersuchungen über gutachtliche Äußerungen von Sozialarbeitern[15], dass eher das Gegenteil anzunehmen ist: Sozialarbeiter, die unkritisch überzeugt sind, völlig hinreichende Beurteilungen der Klienten und ihrer psychosozialen Situation abzugeben, liefern den Richtern eher unqualifizierte Entscheidungshilfen.

---

11 *Adorno*, 1973.
12 *Thomae* 1976.
13 *Mann*, 1984, 153.
14 *Merz*, 1963.
15 *Simitis* et al., 1979.

Den Idealzustand von interpersoneller Sensivität dürfte ein Sozialarbeiter erreicht haben, wenn er zu einer **Empathie** im Sinne *Rogers*[16] fähig ist, d.h. wenn er imstande ist, »den inneren Bezugsrahmen eines anderen genau wahrzunehmen... so, als ob man selbst der andere wäre, ohne aber jemals den als-ob-Zustand zu verlassen«[17]. Bei dieser Weise der Einfühlung handelt es sich eher »um einen Prozess, weniger um einen Zustand«[18] in der Persönlichkeit des Sozialarbeiters.

Aber auch wenn eine so optimale Voraussetzung in der Persönlichkeit des Sozialarbeiters gegeben wäre, würde er sich nur bedingt »objektiv« gutachtlich äußern können. Denn neben den Besonderheiten der Person des Beurteilenden fließen solche der Beurteilungssituation, des Beurteilungsgegenstandes sowie der zu beurteilenden Person mit ein, was im folgenden näher dargestellt werden soll.

4.2   Beobachtungs- und Beurteilungsprozesse als Interaktion

In der Tatsache, dass Beobachtungs- und Beurteilungssituationen ein interaktionelles Geschehen sind, ist eine weitere umfangreiche Einflussvariable gutachtlicher Stellungnahmen zu sehen.

4.2.1   Wechselseitige Wahrnehmungsprozesse und ihre Auswirkungen

»Interaktion ist eine Art von aufeinander bezogenem Handeln, das davon ausgeht, dass jeder der Beteiligten in sein Handeln das Wissen um das Wissen des anderen einbaut«[19].

Gutachtliche Stellungnahmen im Rahmen der Mitwirkung im Familiengerichtsverfahren oder Vormundschaftsgerichtsverfahren beziehen sich nicht auf Sachen, sondern auf Personen und können nur dann angemessen angefertigt werden, wenn der Sozialarbeiter durch Hausbesuche und Gespräche im Jugendamt mit den betroffenen Klienten unmittelbaren Kontakt aufnimmt. Die hierbei gewonnenen Erkenntnisse sind daher nicht in erster Linie Ergebnisse einer Objektwahrnehmung, sondern einer **Personwahrnehmung**. Zwischen beiden Arten der Wahrnehmung liegt insofern ein wesentlicher Unterschied, als »Personen Handlungszentren darstellen, die deshalb mit uns in Beziehung treten und die Art unserer Wahrnehmung beeinflussen können .... (Daher) sprechen wir von interpersoneller Wahrnehmung, wenn zwischen den Personen eine Beziehung besteht und wenn die wahrgenommene Person auf die Gestalt der Wahrnehmung Einfluss nimmt«[20]. Insofern werden gutachtliche Äußerungen durch **Interaktionsprozesse** beeinflusst.

---

16 *Rogers*, 1978.
17 *Rogers*, 1959, 210.
18 *Rogers*, 1976, 36.
19 *Mueller/Thomas*, 1976, 55.
20 *Mueller/Thomas*, 1976, 157.

Nach Befunden von *Tagiuri/Petrullo* kann der Sozialarbeiter allein durch die »eigene Anwesenheit und sein Verhalten in der Wahrnehmungssituation die Perzeptionsmerkmale der Person, die er beurteilen will, selbst verändern«[21]. Allein die Wahrnehmung oder Vermutung des Klienten also, beobachtet bzw. beurteilt zu werden, ändert in der Regel sein Verhalten. Indem der Sozialarbeiter diese Veränderung wahrnimmt oder den Klienten gegenüber unterstellt, hat das wiederum Rückwirkungen auf sein Verhalten in der Beobachtungs- und Beurteilungssituation. Diese Vorgänge zeigen: Die vom Sozialarbeiter herbeigeführte »Beurteilungssituation enthält eine **doppelte Interaktion**...« (zwischen Sozialarbeiter und Klienten), »in der jeder die Rolle des Beurteilenden übernimmt«[21] und sein Verhalten dadurch ändert. Auf derartige, interaktionell bedingte Einflüsse auf das Verhalten des Sozialarbeiters wurde bereits in Kapitel 4.1 hingewiesen. Die Richtung der Verhaltensänderung des Klienten in der Beurteilungssituation ist zunächst ungewiss. Oft zeigen Klienten in Gesprächen mit Sozialarbeitern im Rahmen der Mitwirkung in Gerichtsverfahren eine Veränderung in Richtung auf sozial erwünschtes Verhalten oder solches, das vom Klienten als sozial erwünscht angesehen wird.

Beispiel: Geschiedene Eltern, die miteinander um das Sorgerecht für ihre Kinder streiten, zeigen sich in Beurteilungssituationen ihren Kindern gegenüber u. U. toleranter, fürsorglicher, interessierter, als es sonst der Fall ist. Oder: Eheleute, die ein Kind adoptieren wollen, betonen nicht selten, nach der Berufstätigkeit der Frau gefragt, nachdrücklicher als notwendig, dass die Frau im Falle einer Annahme eines Kindes ihre Berufstätigkeit »sofort« aufgeben werde.

In beiden Beispielen werden »Schlussfolgerungen« (**Inferenzprozesse**) sichtbar, die durch Gegebenheiten der Wahrnehmungssituation ausgelöst werden. *Mueller/ Thomas*[22] nennen sechs Arten von Inferenzprozessen, die in die Personwahrnehmung einfließen können:

1. Motorische Nachahmung und damit verbundene Gefühle

Beispiel: Der Sozialarbeiter imitiert verkürzt die niedergedrückte Haltung des depressiven Klienten und erlebt an seiner eigenen Haltung, wie sich in ihm eine niedergedrückte Stimmung anbahnt.

2. Zeitliche Generalisierung

Beispiel: Wir beobachten ein Kind bei einer Aufgabe, die ihm schwer fällt, die es aber zu Ende führt. Wir schließen daraus, dass es ausdauernd ist. »Wir nehmen an, dass das Verhalten, das wir im Augenblick beobachten, auch in späteren Situationen auftreten wird«.

3. Übertragung von Eigenschaften

Beispiel: Ein Klient fühlt sich von einem Sozialarbeiter misstrauisch und von oben herab behandelt. Es wird ihm kaum bewusst, dass er früher einmal entspre-

---

21 Zit. n. *Mann*, 1984, 139.
22 *Mueller/Thomas* 1976, 136.

chende Erfahrungen mit einem anderen Sozialarbeiter gemacht hat, der manche
Ähnlichkeiten mit dem »neuen« besitzt.

4. Einbeziehen einer Persönlichkeitstheorie

Beispiel: Der Sozialarbeiter hört, »dass Eltern eines Jungen sich haben scheiden
lassen, als der Junge drei Jahre alt war ... «. Es wundert ihn nun nicht mehr, »dass
der Junge, inzwischen 15, oft so unverantwortlich handelt ... «. Der Sozialarbeiter
folgert ein solches Verhalten »aufgrund der Freudschen Theorie der Über-Ich-
Entwicklung«.

5. »Metaphorische Generalisierung«

Beispiel: Ein Sozialarbeiter sieht eine Klientin mit vollen, weichen Lippen und
hält sie für sinnlich. Aus der angenommenen Funktion der Lippen (Küssen)
schließt er von ihren vollen Lippen auf ein volles, u. U. ausschweifendes Liebes-
leben.

6. Rollenbezogene Wahrnehmung

Beispiel: Ein Klient sieht im Gespräch im Sozialarbeiter nicht den Menschen
Herrn X, sondern registriert ihn »verkürzt« als »Amtsperson«, als seinen »Berater«, als »parteiischen Komplizen« und dgl.

Wie die Beispiele schon andeuten, kann es sowohl beim Sozialarbeiter als auch
beim Klienten zu solchen »Schlussfolgerungen« kommen, die in der Regel wenig
bewusst werden.

Ergänzend wäre noch darauf hinzuweisen, dass die Gefahr unkontrollierter
»Schlussfolgerungen« und anderer wechselseitiger Einflussnahmen zwischen
Sozialarbeiter und Klienten in dem Maße wächst, in dem die Beteiligten konflikt-
trächtige Persönlichkeiten im Sinne der Neurosenlehre sind. Die Arbeiten von
Beckmann[23] zur Übertragungsforschung zeigen deutlich, dass nicht nur für Klienten, sondern auch für die beteiligten Sozialarbeiter Probleme von Übertragung
und Gegenübertragung entstehen können. Die Gültigkeit einer aus derartigen Interaktionen erwachsenden Stellungnahme wird dann sehr fraglich.

4.2.2 Einstellungen und ihre Auswirkungen

Um das sich in Beobachtungs- und Beurteilungssituationen abspielende interaktionelle Geschehen besser verstehen zu können, sind vom Sozialarbeiter nicht nur
die oben genannten wechselseitigen Wahrnehmungsvorgänge, sondern auch noch
einige besondere Einstellungen und ihre Auswirkungen zu beachten. Bedeutsame
Einstellungen des Sozialarbeiter wurden bereits unter 4.1 angesprochen. Hier soll
auf einige **Einstellungen von Klienten** hingewiesen werden, die auf Beobachtung und Beurteilung Auswirkungen haben können.

---

23 *Beckmann*, 1978.

(1) Einstellungen des Klienten zum zu beurteilenden Problem und dessen Hintergrund. Kinderlose Eltern, die ein Kind adoptieren wollen, werden sich in eine diesbezügliche Beobachtungs- und Beurteilungssituation anders einlassen können, je nachdem ob sie ihre Kinderlosigkeit gut verarbeiten konnten oder ob sie sich dadurch noch immer persönlich betroffen, verletzt oder überfordert fühlen. Allein schon das unterschiedliche Ausmaß an Ich-Beteiligung im Verhalten der beiden beispielhaft genannten Klientengruppen bedingt ein unterschiedliches interaktionelles Geschehen während der Beurteilungssituation.

(2) Einstellungen des Klienten zur Tatsache, beurteilt zu werden. Auch diesbezüglich sind unterschiedliche Einstellungen der Klienten in der Praxis zu beobachten. Während der eine Klient den Hausbesuch des Sozialarbeiter und das Gespräch mit ihm als eine Chance ansieht, zu seinem Recht zu kommen, empört sich der andere offen oder verdeckt gegen die Zumutung, »kontrolliert« und »beurteilt« zu werden.

(3) Einstellungen des Klienten zu den möglichen Folgen der Beurteilung. Hier dürften vor allem angstbesetzte Erwartungen eine Rolle spielen, die oft mit den oben angedeuteten Einstellungen zum Problem und dessen Hintergrund verquickt sind. Die Angst z. B., aufgrund einer Entscheidung nach § 1684 BGB sein Kind demnächst nicht mehr sehen zu dürfen, kann die Beurteilungssituation ebenso entstellend beeinflussen wie etwa die Angst adoptivwilliger Eheleute vor einer Ablehnung ihres Adoptionsantrags.

(4) Einstellungen des Klienten zur Person des beurteilenden Sozialarbeiters. Anspielungen auf Alter, Geschlecht und sozioökonomischen Status des Sozialarbeiters sind beispielsweise einige der »Aufhänger«, an denen sich die Beurteilungssituation modifizierende Einstellungen der Klienten festmachen lassen.

Beispiele:
– »Was wissen Sie als Mann schon, wie das für mich als Mutter ist, wenn ... .« (Geschlechterrolle)
– »Fräulein, sind Sie denn eigentlich schon verheiratet? ... haben Sie denn Kinder... ?« (Alter, Kompetenz)
– »Das muss mein Hausarzt doch schließlich besser beurteilen können, ob Petra die Besuche beim Vater schaden oder nicht.« (Status).

4.2.3 Auswirkungen von Zielsetzungen

Außer den allgemeinen Gesetzmäßigkeiten interpersoneller Wahrnehmung und den individuellen Einstellungen von Sozialarbeitern und Klienten sind drittens die mehr oder weniger deutlich fassbaren speziellen Zielsetzungen der Beteiligten zu beachten, weil auch sie das interaktionelle Geschehen in Beobachtungs- und Beurteilungssituationen beeinflussen.

Gibt der Sozialarbeiter z. B. durch die Art seiner Gesprächsführung zu erkennen, dass der Gesprächspartner ihn weniger als Klient, sondern in erster Linie als **Informant** interessiert, wird sich das auf die Art der Interaktion entsprechend auswirken. Ähnliches gilt, wenn der Klient erkennen kann, dass der Sozialarbeiter auf **bestimmte** Informationen abzielt.

Ein besonderes Ziel des Sozialarbeiters in solchen Situationen wird sein, aus widersprüchlichen Informationen den tatsächlichen Sachverhalt herauszufinden. Damit kann der Sozialarbeiter jedoch seiner Zielsetzung entgegenstehende Ziele der Klienten berühren. Das ist z. B. dann der Fall, wenn ein Elternteil nach Scheidung das alleinige Sorgerecht für die gemeinsamen Kinder fordert, um sich dadurch am ehemaligen Partner zu rächen, ihn unter Druck zu setzen oder ihn zu verletzen. Ähnliches gilt beispielsweise auch dann, wenn Eheleute sich um die Adoption eines Kindes bewerben, sich dabei ins beste Licht rücken und zu verdecken suchen, dass dieses Kind helfen soll, eine brüchige Ehebeziehung zu festigen.

Gegensätzliche Zielvorstellungen solcher Art lösen, zumal wenn sie unausgesprochen bleiben, Interaktionen aus, die für den Beobachtungs- und Beurteilungsprozess in der Regel wenig förderlich sind.

4.2.4 Die Beurteilung der Glaubhaftigkeit von Klientenaussagen

Das interaktionelle Geschehen in Beobachtungssituationen ist nicht nur ein Hindernis für eine zuverlässige Erfassung des Sachverhalts, sondern zugleich auch das Medium, durch das u. a. die Glaubhaftigkeit von Klientenäußerungen überprüft werden kann.

Undeutsch[24] weist darauf hin, dass in einer Beurteilungssituation nicht die Glaubwürdigkeit des Klienten schlechthin Gegenstand der Prüfung ist, sondern stets nur seine in Wort und Ausdrucksverhalten sichtbar werdende Aussage zum jeweiligen konkreten Teilaspekt des Sachverhalts. Eine angemessene Beurteilung der Glaubhaftigkeit wird dem Sozialarbeiter am ehesten gelingen, wenn er sich durch die Interaktion im Gespräch mit dem Klienten nicht einen »allgemeinen Eindruck« von der Glaubwürdigkeit des Klienten zu verschaffen sucht, sondern gezielt die Glaubhaftigkeit der Klienten**aussagen** einzuschätzen sucht.

Bei der Frage nach der Glaubhaftigkeit des Aussagen ist zwischen der Aussagetüchtigkeit, der Aussagequalität und der Aussagevalidität zu unterscheiden[25].

Die **Aussagetüchtigkeit** bezieht sich auf die Fähigkeit,
– den in Frage stehenden Sachverhalt zuverlässig wahrzunehmen,
– ihn in der zwischen dem Geschehen und der Befragung liegenden Zeit im Gedächtnis zu bewahren,
– über ausreichendes Sprachverständnis für die Befragung sowie über ausreichende sprachliche Ausdrucksfähigkeit für die Schilderung des Geschehnisses zu verfügen,

---

24 *Undeutsch*, 1967.
25 *Greuel*, 1997.

– ein ausreichendes Maß an Kontrollmöglichkeiten gegenüber Suggestiveinflüssen zur Verfügung zu haben sowie
– Erlebtes von Phantasievorstellungen unterscheiden zu können.

Die Ausprägung der personenspezifischen Voraussetzungen für die Aussagefähigkeit ist nicht zeitüberdauernd stabil. So können u. a. Entwicklungsstand, überwertige Ängste oder Bedürfnisse die Aussagetüchtigkeit für einen bestimmten Sachverhalt entsprechend einschränken, wenn nicht ganz aufheben.

Die **Aussagequalität** bezieht sich darauf, ob die Aussage Merkmalsstrukturen ausweist, die in erlebnisfundierten Schilderungen zu erwarten sind. Zu den aussageimmanenten Qualitätsmerkmalen erlebnisfundierter Aussagen gehören z. B. Detailreichtum im Aussageinhalt, Ungesteuertheit der Aussageweise, die Schilderung von Komplikationen oder das Vorbringen von spontanen Aussageverbesserungen.

Die **Aussagevalidität** bezieht sich darauf, ob die internen (sozio-emotionalen und motivationalen) und externen Rahmenbedingungen der Aussage(entwicklung) frei von solchen Störungen sind, die Zweifel an der Zuverlässigkeit der Aussage begründen lassen. Dies bezieht sich insbesondere auf mögliche suggestive Beeinflussung der Aussage.

Die Glaubhaftigkeit ist in bezug auf jeden Aussagebereich einzeln und nicht auf die Person generell bezogen einzuschätzen. Sie kann innerhalb ein und desselben Gesprächs beim Klienten zu dem einen Fragenkomplex gegeben sein und zu einem anderen nicht. Die hierzu von *Undeutsch*[26] referierten Befunde zeigen, dass die Beachtung problembezogener ausgeprägter Bedürfnisse, Wünsche oder Befürchtungen der Klienten für die richtige Einschätzung der Glaubhaftigkeit der Aussagen bedeutsamer sind, als die Beachtung sogenannter Persönlichkeitseigenschaften wie »charakterliche Wohlanständigkeit« oder »Verwahrlosungstendenzen«. Die Art und Weise, wie Sozialarbeiter und Klient in der Beobachtungs-/Beurteilungssituation miteinander in Beziehung treten, trägt mit zur Bereitschaft sich offen mitzuteilen bei.

Auf die umfangreiche Literatur, die sich mit der Glaubhaftigkeit von Aussagen befasst, kann hier nur verwiesen werden[27].

4.2.5 Die Beachtung der »pragmatischen Axiome« der Kommunikationstheorie in der Beurteilungssituation

Die Beachtung der von *Watzlawick/Beavin/Jackson* postulierten »einfachsten Eigenschaften der Kommunikation« ist in unserem Zusammenhang in zweifacher Hinsicht bedeutsam: erstens unterliegt auch das interaktionelle Geschehen der Beobachtungs-/Beurteilungssituation diesen Gesetzmäßigkeiten; zweitens bieten

---

26 *Undeutsch*, 1967.
27 *Arntzen*, 1983; *Greuel/Offe/Fabian/Wetzels/Fabian/Offe/Stadler*, 1998; *Köhnken*, 1990; *Steller/Volbert*, 1997; *Trankell*, 1971.

die fünf Axiome nach *Watzlawick* u.a.[28] dem Sozialarbeiter Anhaltspunkte, die problemträchtigen zwischenmenschlichen Beziehungen der Klienten gezielt anzusprechen und zu hinterfragen.

(1) Nach dem ersten Axiom von *Watzlawick* u.a. ist es in jedem Zusammensein von Menschen einfach eine »**Unmöglichkeit, nicht zu kommunizieren**«. Das schließt nicht aus, dass ein Klient sowohl in seiner familiären wie in der Beurteilungssituation versucht, Kommunikation zu vermeiden.

Versuche, mit dem Sozialarbeiter **nicht zu kommunizieren**, sind nicht nur im Schweigen, in der Ablehnung eines Gesprächsangebots oder im widerwilligen Sicheinlassen zu sehen. Auch die mannigfaltigen **Entwertungsversuche** gehören dazu: Themawechsel, absichtliche Missverständnisse, bei Äußerlichkeiten oder Nebensächlichkeiten bleiben, ins Wort fallen, ohne auf das vom Gegenüber Gesagte einzugehen u.a.m. Ein extremer Versuch, Kommunikation zu verweigern, besteht in der **Symptombildung:** Dem Klienten wird übel, er bekommt Kopfschmerzen, er kann wegen Krankheit das notwendige Gespräch nicht führen, u.a.m.

Die Beachtung dieses ersten Axioms der Kommunikationstheorie hilft dem Sozialarbeiter zu überprüfen, in welchem Umfange die Klienten kommunikationsfähig sind, über welche Inhalte sie eine Kommunikation vermeiden und auf welche Weise sie in der Regel versuchen, einer Kommunikation auszuweichen oder sie abzubrechen.

(2) Das zweite pragmatische Axiom von *Watzlawick* u.a. verweist den Sozialarbeiter darauf, dass er »in jeder Kommunikation (seiner Klienten) einen **Inhalts- und einen Beziehungsaspekt**« finden wird. Der in einer Kommunikation enthaltene Beziehungsaspekt bestimmt, wie der Klient das auf der Inhaltsebene Geäußerte eigentlich verstanden wissen will.

Beispiel: Eine Frau, wegen einer strittigen Umgangsrechtsregelung nach § 1684 BGB mit einem Sozialarbeiter im Gespräch, fragt ihn:»Finden Sie das auch richtig, was mein früherer Mann an Begründungen vorgebracht hat?« (Inhaltsebene). Auf der Beziehungsebene kann sie ihn damit fragen:»Auf welcher Seite stehst Du? Auf meiner Seite oder auf der meines Mannes?«

Sofern ein Sozialarbeiter den Beziehungsaspekt in den Äußerungen der Klienten ignoriert, wird er nicht nur viele Informationen übersehen, sondern wahrscheinlich auch Schwierigkeiten bekommen, die Beobachtungs- und Beurteilungssituation für beide Seiten zufriedenstellend zu gestalten. *Watzlawick* u.a. erörtern Störungen auf diesem Gebiet im Hinblick auf die Konfusion von Inhalts- und Beziehungsaspekt, die Entwicklung von Meinungsverschiedenheiten oder Folgen der unausgesprochenen Ich-Du-Definition.

(3) Das dritte pragmatische Axiom von *Watzlawick u.a.* besagt, dass für Menschen, die miteinander kommunizieren, scheinbar »ein ununterbrochener Aus-

---

28 *Watzlawick* u.a., 1984, 50 ff.

tausch von Mitteilungen« besteht, dass tatsächlich aber jeder von ihnen diese Mitteilungen individuell strukturiert **(Interpunktion von Ereignisfolgen)**. Kommen die Gesprächsteilnehmer zu unterschiedlichen Strukturierungen der Mitteilungen, entstehen Kommunikationsstörungen und Beziehungskonflikte.

Beispiel: In der Ausübung seines Umgangsrechts spricht ein geschiedener Vater mit seiner von ihm getrennt lebenden 15-jährigen Tochter über ihren Alltag daheim bei der geschiedenen Mutter. Je mehr er, allmählich enttäuscht, versucht, mit der Tochter ins Gespräch zu kommen, desto schweigsamer wird sie. Beide haben den Gesprächsinhalt anders strukturiert: Die Tochter verschließt sich immer mehr den Fragen des Vaters, weil sie darin ein »Aushorchen« sieht; der Vater wird verärgert, weil er glaubt, seine Tochter ignoriere sein Interesse an ihrem alltäglichen Leben.

Die Beachtung dieses Axioms kann dem Sozialarbeiter zum einen helfen, Konflikte zwischen den streitenden Parteien besser zu verstehen, zum anderen kann sie ihn davor schützen, in der Beurteilungssituation selbst in so einen verhängnisvollen Kreisprozess mit dem Klienten zu geraten.

(4) In ihrem 4. Axiom schildern *Watzlawick* u. a. die unterschiedlichen Mitteilungsmöglichkeiten durch »**digitale und analoge Kommunikation**«. Neben dem sprachlich Mitgeteilten (digitale Kommunikation) kann der Sozialarbeiter also auch all das berücksichtigen, was er in diesem Zusammenhang an Ausdruckhaftem in Stimme, Mimik, Gestik u. a. (analoge Kommunikation) bei den Klienten wahrnehmen kann. Dabei ist jedoch zu bedenken, dass analoge Kommunikation stets mehrdeutig ist und es sehr schwierig ist, körpersprachliche Signale zutreffend zu erfassen. Dies gilt insbesondere für die Beurteilung der Glaubhaftigkeit von Klientenaussagen. So gibt es entgegen weit verbreiteter Überzeugungen kaum eindeutige Verhaltenskorrelate von Täuschungen, die der unmittelbaren Beobachtung zugänglich sind[29].

(5) Die Hinweise von *Watzlawick* u. a. auf »**symmetrische und komplementäre Interaktionen**« – fünftes pragmatisches Axiom – sind für den Sozialarbeiter wiederum sowohl für das Verständnis konflikthafter Beziehungen der Klienten untereinander als auch für Vorgänge in der Beobachtungs- und Beurteilungssituation bedeutsam. Insbesondere bei Fragen zu §§ 1741 ff. und 1671 BGB wird er darauf zu achten haben, welche komplementäre, d. h. ergänzende Funktion dem gewünschten bzw. umkämpften Kind von den Adoptiveltern bzw. Eltern zugesprochen wird und ob sie in erforderlicher Weise zu symmetrischen Beziehungen fähig sind, in denen das Kind als gleichwertiger, eigenständiger Partner akzeptiert wird.

In Beobachtungs- und Beurteilungssituationen werden sich »symmetrische Eskalationen« zwischen Sozialarbeiter und Klienten auf die Güte der gutachtlichen

---

29 Vgl. *Köhnken*, 1990.

Stellungnahme ebenso störend auswirken wie eine »starre Komplementarität«[30].

Symmetrische Eskalationen sind dann gegeben, wenn Sozialarbeiter und Klient im Gespräch weniger mit der Lösung von Sachfragen als vielmehr mit der Abklärung von Geltungsansprüchen beschäftigt sind.

Beispiel« Klient: »Das geht Sie gar nichts an.« Sozialarbeiter: »Dann muss ich dem Familiengericht eine entsprechende Mitteilung machen!«

Von **starrer Komplementarität** z. B. kann man sprechen, wenn ein depressiv strukturierter Sozialarbeiter, um sich seine »Helferrolle« erhalten zu können, Klienten in die »Rolle des Hilfsbedürftigen« drängt und diese die Rolle auch annehmen, obwohl sie zu einer gewissen Selbständigkeit fähig wären.

Betrachtet man die Aussagen der Kommunikationstheorie, so findet man nicht nur Hinweise auf mögliche Störungen, die in Beobachtungssituationen aufkommen können. Sie zeigen mit gleicher Deutlichkeit, dass solche Situationen und was in ihnen erfahrbar wird, stets Ergebnis von Interaktionen zwischen Klient und Sozialarbeiter sind. Sie verweisen ferner darauf, dass die als Ergebnis solcher Interaktionen verfügbaren Informationen immer auch situationsgebunden, damit bis zu einem gewissen Grade ausschnitthaft und daher nur vorsichtig zu verwerten sind. Übereinstimmend mit anderen Autoren[31] zeigen *Watzlawick* u.a.[32], wie bedeutsam es für den Sozialarbeiter und seine gutachtliche Stellungnahme werden kann, in Beobachtungssituationen zwischen dem vom Klienten Gesagten und dem dabei von ihm Gemeinten zu unterscheiden.

4.3   Besonderheiten des Beurteilungsgegenstandes und ihre Auswirkungen

4.3.1   Die Komplexität psychosozialer Vorgänge

Gutachtliche Stellungnahmen bei Mitwirkung in Verfahren vor Familien- und Vormundschaftsgerichten haben von ihrer Zielsetzung her nur in geringem Umfange zur Abklärung materieller Verhältnisse beizutragen. Nach dem Willen des Gesetzgebers bleibt es ihre Hauptaufgabe, die zum Wohle eines Kindes notwendigen psychosozialen Gegebenheiten aufzuweisen. Sowohl aus der Komplexität der Aufgabenstellung als auch aus der Eigenart des Psychischen ergeben sich bei der Erfassung und Darstellung solcher Gegebenheiten besondere Anforderungen. Will der Sozialarbeiter Erleben und Verhalten seiner Klienten vollständig beschreiben, so muss er zunächst die verschiedenen **Einzelaspekte** ihrer seelischen und sozialen Wirklichkeit beachten, als da sind:

---

30 *Watzlawick* u. a., 1984, 103.
31 Z. B. *Argelander*, 1983; *Harris*, 1975.
32 *Watzlawick u. a.*, 1984.

- **Wahrnehmungsfunktionen** (deren Entwicklungsstand, Grad der Differenziertheit, Ausmaß an Aufmerksamkeitsspanne u. a. m.)
- **Vorstellungswelt** (mit ihren Phantasien und Erinnerungen)
- **Denkvorgänge** (Höhe und Eigenart der Intelligenz, produktives oder reproduktives Denken u. a. m.)
- **Lernfähigkeit** (die Bereitschaft, sich Neuem zu öffnen, es in bisheriges Verhalten mit einzubeziehen u. a. m.)
- **Gefühlswelt** (Erlebnisfähigkeit, Grundstimmung, besondere Gefühle u. a.)
- **Bedürfnisse** (Umgang mit primären Bedürfnissen, bedeutsame sekundäre Bedürfnisse usw.)
- **Aktivität** (nach welchen Bedürfnissen ausgerichtet, in welcher Stärke, welcher Verlaufsform gegeben)
- **Steuerung des Verhaltens** (von Einsichten, langfristigen Zielsetzungen, affektiven Bindungen u. a. bestimmt).

Und selbst mit dieser Aufzählung von Einzelaspekten des Psychischen ist noch nicht alles genannt. Es kommt des weiteren dazu, dass verschiedene psychische Funktionen und Kräfte erst dann annähernd richtig erfasst und beschrieben werden, wenn man sie nicht isoliert betrachtet, sondern ihr in der Situation gegebenes **jeweiliges Zusammenspiel** mitberücksichtigt. Erschwerend wirkt außerdem, dass diese vielen Einzelaspekte psychischer Wirklichkeit und ihr Zusammenspiel nicht nur innerhalb einer Person bedingt und zu beobachten sind, sondern dass gerade die **Abhängigkeit und Veränderbarkeit dieser Vorgänge durch die Beziehung der Klienten zu anderen Menschen** für Stellungnahmen bedeutsam werden und daher zusätzlich zu erfassen sind. Gerade gutachtliche Stellungnahmen im Rahmen der Mitwirkung in Familiengerichtsverfahren können sich nicht auf die Darstellung individueller psychischer Strukturen beschränken, sondern haben in gleicher Weise die Besonderheiten des jeweiligen Familiensystems sichtbar werden zu lassen. Schließlich hat der Sozialarbeiter zu registrieren, welche psychischen Prozesse und Strukturanteile der zu Beurteilenden gestört sind, durch wen oder was aus der sozialen Umwelt diese **Beeinträchtigungen** gegebenenfalls verursacht wurden und ob bzw. in welchem Ausmaß sie zu normabweichendem Verhalten geführt haben. Damit nicht genug, soll der Sozialarbeiter überblicken, inwieweit diese Verhaltensauffälligkeiten für die Gefährdung des **Kindeswohls im Sinne des Gesetzes** bedeutsam sein könnten. Schließlich soll er **auf Ansätze hinweisen**, die geeignet sind, die Gefährdung einzudämmen oder zu beheben.

Aus diesen wenigen Andeutungen dürfte bereits erkennbar sein, dass allein die Eigenart des Hauptgegenstandes der Stellungnahme – **das menschliche Erleben und Verhalten im Bezugssystem des Sozialen** – etwas ist, das die Qualität von Beurteilungen in ganz anderer Weise beeinflusst als etwa die Beurteilung von hinreichenden Wohn- oder Einkommensverhältnissen.

4.3.2 Die Unschärfe des Begriffs »Kindeswohl«

Ist das Erfassen und Beurteilen von menschlichem Erleben und Verhalten – eingebettet in ein bestimmtes soziales Umfeld mit den ihm eigenen Kräften – an sich schon ein schwieriges Unterfangen, das stets nur annäherungsweise gelingen kann, so wird dieses noch schwieriger, wenn ein **bestimmtes** Erleben und Verhalten, wie das im Begriff »Kindeswohl« unterstellte, Gegenstand der Beurteilung werden soll.

Die nicht enden wollende Kette von Veröffentlichungen zum Thema Kindeswohl zeigt, dass hiermit offensichtlich ein sehr wichtiger Aspekt menschlichen Seins angesprochen ist, den die soziale Arbeit zu schützen hat. Die Flut einschlägiger Literatur macht aber auch deutlich, dass der Inhalt des Begriffs »Kindeswohl« für alle Beteiligten nicht befriedigend und erschöpfend umschrieben ist.

Daraus ergibt sich für den Sozialarbeiter die Schwierigkeit, definieren zu müssen, welche psychosozialen Gegebenheiten er für das Kindeswohl als relevant erachtet. Je weniger er diesen Begriff in konkretes Erleben und Verhalten übersetzen und seine »Definition« begründen kann, um so subjektiver werden die Aspekte sein, die er zur Beurteilung dieses Problems heranzieht.

Ohne den Anspruch auf Vollständigkeit erheben zu wollen, bringen wir als Orientierunghilfe in Kapitel 6 einige Konkretisierungsvorschläge, die sich aus der Berücksichtigung einschlägiger wissenschaftlicher Erkenntnisse und Rechtsprechung ergeben.

4.3.3 Probleme der Mitteilung von psychosozialen Sachverhalten

Unterstellt man, dass Gültigkeit und Zuverlässigkeit der Beobachtungen und Beurteilungen nicht wesentlich durch Besonderheiten der Persönlichkeit des Sozialarbeiters, das Verhalten des Klienten, die Beobachtungssituation und den Beurteilungsgegenstand beeinträchtigt wurden, so besteht dennoch die Frage, inwieweit das vom Sozialarbeiter angemessen Wahrgenommene und zutreffend Beurteilte adäquat dem Richter übermittelt wird. »Kriterium für Erfolg oder Misserfolg einer Informationsübertragung ist das Verhältnis von gesendeter und empfangener Information«[33]. Ob sich die mit der Stellungnahme des Sozialarbeiters »gesendete« Information mit der vom Richter »empfangenen« deckt, hängt von verschiedenen Faktoren ab.

Ein Faktor ist die **Verständlichkeit** der gutachtlichen Stellungnahme. Mit *Nietzsche* ist mitunter beim Stellungnehmenden zu registrieren: »Er hat eine Menge für sich gedacht, und jetzt fehlt ihm die Geschicklichkeit, diese Gedanken zu äußern«[34].

Zu guter Informationsübermittlung kommt es ferner, wenn Sozialarbeiter und Richter den in den Stellungnahmen auftauchenden Wörtern und Begriffen den

---

33 *Hartmann*, 1973, 76.

gleichen Bedeutungsgehalt unterlegen. Zwei Arten von »Bedeutung« sind hierbei zu beachten:

(1) Sozialarbeiter und Richter verstehen unter einem Begriff, z. B. »Hospitalismus«, **explizit** ein und dasselbe (denotative Bedeutung).

(2) Bei dem Sozialarbeiter wie dem Richter klingt **implizit** Vergleichbares an; z. B. beim Wort »Hospitalismus« etwa Gefühle des Mitleids, größeres Verständnis für abweichendes Verhalten o. ä. (konnotative Bedeutung).

Decken sich in dieser Weise denotative und konnotative Bedeutung von Aussagen bei dem Sozialarbeiter und dem Richter, so ist ein hohes Maß an zutreffender Informationsvermittlung erreicht. Wie in Kapitel 4.4.1 noch auszuführen sein wird, kann man das jedoch nicht als selbstverständlich voraussetzen.

Hinzu kommt noch, dass die einzelnen Begriffe in der gutachtlichen Stellungnahme in einem bestimmten **Zusammenhang** (Kontext) auftauchen. Dieser muss bei einer guten Informationsübermittlung vom Richter so gesehen werden können, wie ihn der Sozialarbeiter gemeint hat. Auch hier ist mit Schwierigkeiten zu rechnen[34].

Ein Problem ganz anderer Art besteht darin, für die Beschreibung menschlichen Erlebens und Verhaltens überhaupt **zutreffende Begriffe** zu finden. Die vielen Befunde aus der Persönlichkeitsforschung zeigen, dass auch hierin einer vollständigen Erfassung, Beschreibung und Beurteilung Grenzen gesetzt sind.

4.4 Der Richter als Adressat

Zu den Variablen, die gutachtliche Stellungnahmen von Sozialarbeitern beeinflussen, ist auch der Richter zu zählen. Für *Sodhi*[35] ist es eine »Binsenwahrheit, dass unsere Urteile nicht allein durch soziale Kräfte beeinflusst werden, die in Vis-à-vis-Gruppen selbst entstehen, (wie das beispielsweise im Gespräch des Sozialarbeiters mit den Klienten der Fall ist), ... sondern auch durch unser Wissen darüber, wie geachtete Personen ... über den Urteilsgegenstand denken«. Das können im vorliegenden Fall Kollegen oder der Jugendamtsleiter und vor allem der Richter sein. Wie die Vorstellungen des Sozialarbeiters über den Richter als Adressaten seiner Stellungnahme diese beeinflussen, hängt u. a. vom Selbstverständnis des Sozialarbeiters ab.

4.4.1 Mögliche Unterschiede zwischen juristischen und sozialwissenschaftlichen Arbeitsansätzen

Je nach den Schwerpunkten, die sich der Sozialarbeiter in seinem Studium und der beruflichen Praxis setzte, können unterschiedliche Denkweisen und Einstellun-

---

34 Vgl. *Hartmann*, 1973, 70.
35 *Sodhi*, 1963, 368.

gen zu Verständigungsschwierigkeiten zwischen Sozialarbeiter und Richter führen[36]. Der im Rahmen der Mitwirkung in Gerichtsverfahren tätige Sozialarbeiter
sollte prüfen, ob derartige Unterschiede zwischen einer mehr formal-juristischen
und sozial-pädagogischen Einstellung und Vorgehensweise seine Kommunikation mit dem Richter beeinträchtigen. Er tut gut daran, sich in diesem Zusammenhang auch die Art der Ausbildung des Richters zu verdeutlichen, um sich dadurch
besser auf ihn einstellen zu können.

---

36 Vgl. *Liebel/v. Uslar*, 1984, 8.

Unterschiedliche Denk- und Arbeitsansätze von Sozialarbeiter und Richtern

Betont juristische Aspekte	Betont sozialpädagogische Aspekte
1. Richter wollen mit ihrem Tun bestehende Ordnung zwischenmenschlicher Beziehungen wahren.	1. Sozialarbeiter versuchen, den Bedürfnissen des Individuums gerecht zu werden.
2. Die Arbeit von Richtern ist weitgehend öffentlich.	2. Die Arbeit von Sozialarbeiter mit dem Klienten hat – besonders im klinischen Bereich – oft Intimcharakter.
3. Tatbestandsmerkmale drängen Richter eher in eine normative Betrachtungsweise.	3. Kausale und finale Betrachtungsweise steckt Sozialarbeitern den Rahmen ihres Handelns ab.
4. Vorwürfe von manchen Richtern, Sachverständige und Sozialarbeiter würden sich Entscheidungskompetenzen anmaßen.	4. Vorwürfe von Sozialarbeitern, Richter sähen nur den Paragraphen und nicht den davon betroffenen Menschen.
5. Grenzwertdenken bestimmt die Richter (Ist der Klient verantwortlich oder nicht? Krank: ja oder nein?).	5. Phänomenbezogenes Denken bestimmt Sozialarbeiter (Was bedeutet es für den Klienten? Was löst es bei ihm aus? usw.).
6. Richter orientieren sich bei ihrer Wertung an den Gesetzen als Niederschlag gesellschaftlicher Normen.	6. Sozialarbeiter orientieren sich – im gesetzlichen Rahmen – in ihrer Wertung auch an der individuellen Bedeutung für den Betroffenen.
7. Gespräche der Richter mit den Parteien dienen ihnen zur Klärung des Sachverhalts im Sinne der Rechtsnorm.	7. Gespräche von Sozialarbeitern mit Betroffenen dienen neben der Abklärung des Sachverhalts im Sinne des Gesetzes auch der Abklärung seiner subjektiven Bedeutsamkeit für den Klienten und haben auch eine unterstützende Funktion.
8. Richter müssen »Wahrheitsfindung« betreiben.	8. Sozialarbeiter können immer nur Aussagen über »Wahrscheinlichkeiten« machen, sofern sie von psychosozialen Voraussetzungen und Auswirkungen sprechen.
9. Die Entscheidung der Richter bezieht sich auf einen bestimmten Zeitpunkt, ist also mehr statisch, enthält allenfalls prognostische Aspekte.	9. Die Arbeit von Sozialarbeitern ist eher dynamisch, prozesshaft, sie sehen die Menschen in ihren gewesenen und erwarteten biographischsozialen Zusammenhängen.
10. Richter müssen entscheiden.	10. Sozialarbeiter können notfalls einen Entscheidungsvorschlag weglassen und auf einen Sachverständigen oder den Richter verweisen.

4.4.2 Die Ausbildung des Richters

Der Richter hat, um seine Funktion ausüben zu können, Rechtswissenschaft studiert. Noch bis vor einigen Jahren bedeutete eine solche Ausbildung, dass man sich ca. vier Jahre lang an einer Hochschule ausschließlich mit dem Recht, und hier wiederum überwiegend mit der Rechtsdogmatik befasste und anschließend mindestens zwei Jahre im juristischen Vorbereitungsdienst die Umsetzung des Rechts auf die Praxis lernte. Kontakte mit den Sozialwissenschaften hatte man höchstens, sofern man sich persönlich dafür interessierte. – In vielen Studienordnungen der Universitäten und Gesamthochschulen hat sich dies in den letzten Jahren etwas geändert. Die Einführung von Grundlagenfächern, Pflichtfächern und Wahlfachgruppen hat dazu geführt, dass den Studenten im Rahmen der Wahlfachgruppen in den Bereichen, wo die Berührung mit den Sozialwissenschaften unübersehbar ist (z. B. Kriminologie, Jugendstrafrecht, Strafvollzug), Lehrveranstaltungen mit sozialwissenschaftlichem Einschlag angeboten werden. Die Möglichkeit des Juristen, sich im Verlauf des Studiums mit Denkansätzen und Handlungsweisen von Sozial- und Verhaltenswissenschaften vertraut zu machen, garantiert jedoch noch keineswegs, dass Sozialarbeiter mit Vormundschafts- und Familienrichtern heute keine Kommunikationsschwierigkeiten hätten: Erstens könnte sich eine größere Vertrautheit der Juristen mit den Sozial- und Verhaltenswissenschaften allein aufgrund geänderter Studienordnungen bestenfalls bei jüngeren Richtern auswirken. Zweitens gilt auch nach Änderung der Studienordnungen, dass sich die überwiegenden Ausbildungsinhalte und Lernerfahrungen von Richtern und Sozialarbeitern in Theorie und Praxis notwendigerweise so stark unterscheiden, dass berufsspezifisch andersartige Weisen der Auseinandersetzung mit ein und demselben »Gegenstand« (sprich Klient/Partei) begünstigt werden.

Im beruflichen Alltag wiederholt sich für Sozialarbeiter in ihrer Interaktion mit Richtern nicht selten etwas, was einigen von ihnen bereits während ihres Studiums, besonders in den Anfangssemestern der Fachhochschule, widerfahren ist: sie erlebten im Recht (Richter) etwas (jemanden), das (der) in seinen Strukturen (Denkstrukturen) anders ist als ein großer Teil der Wissenschaften, die er zu studieren hatte (sie selber).

Eine sich in solchen Erfahrungen abzeichnende reflektierte oder unreflektierte Polarisierung von Rechtswissenschaften als Sollenswissenschaft einerseits und Sozial- bzw. Verhaltenswissenschaften[37] andererseits ist jedoch weder kommunikationsfördernd noch berechtigt, zumal wenn man bedenkt, dass die Rechtswissenschaft selbst eine Sozialwissenschaft ist. In welcher Weise der Richter in seiner richterlichen Entscheidungsfindung auch sozial- und verhaltenswissenschaftlich relevanten Gesetzmäßigkeiten unterliegt, erörtert *Weimar*[38] ausführlich.

---

37 Vgl. *v. Savigny*, zit. nach *Lautmann*, 1971, 30.
38 *Weimar*, 1969.

So wichtig es für Sozialarbeiter bei ihren Stellungnahmen sein kann, die durch Ausbildung und Beruf geprägte, für Richter spezifische Denk- und Vorgehensweise zu berücksichtigen, so bedeutsam dürfte auch die Beachtung von Gemeinsamkeiten sein, die Sozialarbeiter in der Kommunikation mit Richtern voraussetzen können. Eine dieser Gemeinsamkeiten ist im Bereich der Familie die Gerichtetheit auf die Sicherung oder Förderung des körperlichen, geistigen und seelischen Wohls der mit Konflikten belasteten Familienangehörigen.

4.4.3 Rechtsanwendung durch den Richter

Die Anwendung des abstrakten Rechts auf konkret zu entscheidende Fälle erschöpft sich nicht in der dem Laien handwerklich anmutenden Vorgehensweise der Subsumtion. Diese ist zwar eine Technik, die der Rechtsanwender beherrschen muss. Mit ihrer Hilfe allein ist aber keine Rechtsfindung möglich.

Um dies zu erkennen, bedarf es eines Blicks auf die Struktur gesetzlicher Normen.

(1) Zum einen enthalten sie wertungsfreie **Tatsachenbegriffe** (z. B. »gesetzliche Empfängniszeit«: § 1.600 d II, »Verwandtschaft«: § 1589 BGB; »Vaterschaft«: § 1592 BGB). Vom Begriff im strengen Sinn lässt sich nur dort sprechen, wo es möglich ist, ihn durch die vollständige Angabe der ihn kennzeichnenden Merkmale eindeutig zu **definieren**[39]. Ein Begriff ist durch eine Definition in der Weise festgelegt, dass er auf einen konkreten Vorgang oder Sachverhalt »nur dann und immer dann« anzuwenden ist, wenn in ihm sämtliche Merkmale der Definition anzutreffen sind[40]. Unter Tatsachenbegriffe können Sachverhalte **logisch subsumiert** werden[41].

(2) Zum zweiten enthalten die Normen **Typenbeschreibungen** (z. B. »Verrichtungsgehilfe«, § 831 BGB, eine Person, die zu einer anderen Person in einem bestimmten sozialen Verhältnis steht, vermöge dessen sie deren Weisungen (mehr oder weniger) zu folgen hat; »Gleichgültigkeit« und »anhaltend gröbliche Pflichtverletzung«, § 1748 BGB). »Die in der Beschreibung des Typus angegebenen Merkmale ... brauchen nicht sämtlich vorzuliegen; sie können insbesondere in unterschiedlichem Maße gegeben sein. Sie sind häufig abstufbar und bis zu einem gewissen Grade gegeneinander austauschbar. Für sich allein genommen haben sie nur die Bedeutung von Kennzeichen oder Indizien. Entscheidend ist erst ihre jeweilige Verbindung in der konkreten Erscheinung« ... »Es kommt darauf an, ob die als »typisch« angesehenen Merkmale in solcher Zahl und Stärke vorhanden sind, dass der Sachverhalt »im ganzen« dem Erscheinungsbild des Typus entspricht. Der Typus wird nicht definiert, sondern beschrieben. Unter die Typenbeschreibung kann man nicht subsumieren« (im eigentlichen Sinne); »man kann

---

39 *Larenz*, 1983, 194.
40 *Larenz*, 1983, 200. Die Möglichkeit der Analogie ist hier außer Betracht gelassen.
41 *Fieseler*, 1977, der auf S. 20 feststellt, die Subsumtion sei kein logischer Vorgang, benutzt den Begriff der Subsumtion nicht nur für Tatsachenbegriffe, sondern auch für Typenbeschreibungen und ausfüllungsbedürftige Wertungsmaßstäbe. Insofern stimmt seine Aussage.

aber mit ihrer Hilfe beurteilen, ob eine Erscheinung dem Typus zugerechnet werden kann oder nicht«[42]. Diese Verbindung von Einzelaspekten zu einem Gesamtbild beruht darauf, dass der Gesetzgeber ihm eine bestimmte Rechtsfolge als angemessen zugedacht hat. Der Rechtsanwender muss also nach der sog. ratio legis fragen, d. h. danach, welchen Bereich der Gesetzgeber dieser Rechtsfolge unterordnen wollte. Dies wiederum hängt von dem leitenden Wertgesichtspunkt ab, der den Gesetzgeber dazu bewogen hat, an diesen Typus gerade diese Rechtsfolge zu knüpfen. Die Zuordnung zum Typus erfordert, diesen leitenden Wertgesichtspunkt mit in den Blick zu nehmen. Sie ist daher, anders als die Subsumtion unter einen Begriff, ein **Verfahren wertorientierten Denkens**[43].

(3) Schließlich enthalten die Gesetzesvorschriften **ausfüllungsbedürftige Wertungsmaßstäbe** (z. B. »Treu und Glauben«, § 242 BGB; »angemessene Frist«, »billiges Ermessen«, »unzumutbare Härte«, § 1565 BGB). Hierher gehört auch die Formulierung »Kindeswohl«. Diese Maßstäbe enthalten jeweils einen spezifischen Rechtsgedanken, der sich zwar jeder begrifflichen Definition entzieht, aber durch allgemein akzeptierte Beispiele verdeutlicht werden kann. Sie erhalten ihre inhaltliche Ausfüllung durch das allgemeine Rechtsbewusstsein der zur Rechtsgemeinschaft Verbundenen, das sowohl durch Tradition geprägt, wie in ständiger Neubildung begriffen ist. Gleichsam als »Sprachrohr« dieses allgemeinen Rechtsbewusstseins betrachten sich die Gerichte.

Bei der Konkretisierung ausfüllungsbedürftiger Wertungsmaßstäbe handelt es sich nicht um einen »irrationalen« Vorgang, sondern um einen solchen auf der Basis wertorientierten Denkens. Dies soll im folgenden gezeigt werden.

Unterstellen wir, der Vormundschafts-/Familienrichter wird mit einem Geschehen konfrontiert, das an einer Norm gemessen werden soll, die den Maßstab »Kindeswohl« enthält. Er wird dann wissen, dass die Rechtsprechung – je nach der Vorschrift, um die es sich handelt – eine Reihe von Aspekten entwickelt hat, die im allgemeinen zu berücksichtigen sind. Dennoch wird er Schwierigkeiten bei der Urteilsfindung haben; denn das Kindeswohl, das einen »unbestimmten Rechtsbegriff mit normativem Charakter«[44] darstellt, bedarf stets der Wertung, um angewandt werden zu können. Wie vollzieht sich nun diese Wertung? Werte sind nicht in der gleichen unmittelbaren Weise gegeben wie Gegenstände der Wahrnehmung. Eine Bewertung ist vielmehr eine Sache der Erkenntnis. Dabei ist die eigene Anschauung des Rechtsanwenders nur ein Glied in der Reihe vieler gleichberechtigter Wertungen. Die eigene Wertung ist also nur Bestandteil des Erkenntnismaterials, nicht letztgültiger Erkenntnismaßstab[45]. Die eigene Wertung wird aus verschiedenen Quellen gespeist, die rational häufig gar nicht fassbar sind. Zum einen spielt alles hinein, was der Richter erfahren und gelernt hat; zum anderen das, was man = die Gesellschaft (wirklich oder vermeintlich) von ihm

---

42 *Larenz*, 1983, 200.
43 *Larenz*, 1983, 202.
44 *Engisch*, 1983, 109.
45 *Engisch*, 1983, 125.

erwartet[46]; schließlich auch das, was er gefühlsmäßig durchsetzen möchte[47.] Zu dieser eigenen – mehr personengebundenen – Wertung kommt die Einbeziehung anderer – mehr fachgebundener – Wertungen hinzu. Als solche sind denkbar: Allgemeine (d. h. in der Verfassung und den von ihr getragenen Rechtsgrundsätzen) Wertungsmaßstäbe in der Rechtsordnung und Fallvergleichung[48].

Bei der letzteren handelt es sich darum, dass der Richter sich an Entscheidungen orientiert, die als fraglos empfunden werden oder durch eine längere Rechtsprechung gesichert sind. In jeder dieser Entscheidungen ist der in dem Maßstab gemeinte Rechtsgedanke zu einem bestimmten Fall in Bezug gesetzt und dadurch für diesen Fall – das heißt aber: für alle Fälle gerade dieser Art – mit zusätzlichem Inhalt erfüllt,»konkretisiert«; jede gelungene Konkretisierung trägt, als beispielgebend, zur weiteren Konkretisierung des Maßstabes bei, ohne dass dieser Prozess jemals »am Ende« wäre[49].

Ob schließlich auch – zumindest – grundlegende Erkenntnisse aus Soziologie, Kindermedizin, Verhaltensbiologie, Psychologie und Pädagogik und nicht nur der »gesunde Menschenverstand« in die eigene Wertung einfließen müssten, ist nicht zweifelhaft, wenn man den Willen des Gesetzgebers betrachtet. Dieser hat bei Schaffung der Familiengerichte[50] ausdrücklich betont, dass wenigstens die Richterfortbildung diese Bereiche umfassen müsse. In der Literatur besteht deshalb auch Einigkeit über die grundsätzliche Beachtung außerrechtlicher Vorstellungen über das Kindeswohl, insbesondere solcher der Sozial- und Verhaltenswissenschaften[51]. Dennoch scheint es in der Praxis keine Selbstverständlichkeit zu sein, dass ein Richter derartiges Grundwissen besitzt[52].

Der Jurist, der sich also im konkreten Fall mit dem ausfüllungsbedürftigen Wertungsmaßstab »Kindeswohl« auseinandersetzen muss, wird ihn mit eigener Wertung, allgemein rechtlichen Wertungsmaßstäben, Fallvergleichung und evtl. grundlegenden Erkenntnissen aus anderen Wissenschaften auszufüllen suchen. Dabei kommt der Fallvergleichung – obgleich Gerichtsentscheidungen nur dann, wenn sie vom BVerfG oder Landesverfassungsgericht stammen, Gesetzeskraft haben – eine überaus große Bedeutung zu. Jeder Richter, besonders der an über-

---

46 Zu weltanschaulichen, politischen, ideologischen, moralischen Wertungen in der Rspr. siehe *Münder*, RdJB 1981, 82, 85 ff.
47 *Fieseler*, 1977, 20.
48 Beispiele nach *Larenz*, 217: Billigkeit gem. §§ 315, 847 BGB meint einen beiden gerecht werdenden Ausgleich zwischen den Vertragspartnern bzw. Schädiger und Geschädigten. Dieser Gedanke liegt zugrunde, wenn der Jurist sagt, Chancen und Risiken, Vorteile und Lasten müssten in einem ausgewogenen Verhältnis stehen, kollidierende, aber schutzwürdige Interessen ausgeglichen werden.
49 *Larenz*, 1983, 203.
50 So RA/BT-Drucks. 8/2788, 42.
51 *Boxdorfer*, RdJ 1972, 261, 265; *Brüggemann*, in: Familienrechtsreform, 113; *Buschmann*, RdJ 1977, 284; *Dieckmann*, RdJ 1977, 284; *Hartwig/Riebe*, in: Familienrechtsreform, 24; *Hassenstein*, in: Familienrechtsreform, 231; *Müller-Freienfels*, JZ 1959, 379; ders., Ehe und Recht, 220; *Simitis*, 2. DFGT, 181; *Happe*, FS Stutte, 216; *Coester*, Kindeswohl, 158.
52 Vgl. die leidenschaftlichen Plädoyers von *Klußmann*, 44 ff.; *Prestien*, BlWPfl 1981, 253, 260a; *Hager*, JugWo 1982, 240, 242; *Beres*, ZblJugR 1982, 449, 458. Zu – mehr oder weniger bewussten – pädagogischen Wertungen in der Rspr. s. *Münder*, RdJB 1982, 82, 90 ff.

lasteten Untergerichten, ist dankbar, wenn er einen ähnlich gelagerten Fall entdeckt, der ihm bei der Entscheidung in seinem eigenen Fall helfen kann.

Neben diesen vier Wertungsquellen steht nun gleichrangig als weitere Erkenntnisquelle die Anhörung des Jugendamtes. Dieses soll in seiner Eigenschaft als Fachbehörde bewerten. Aus dem zuvor Ausgeführten ergibt sich, dass die Bewertung des Jugendamtes eine ganz andere sein muss als die des Juristen. Jedoch muss dem Sozialarbeiter des Jugendamtes klar sein, wie der Richter bewertet und welches Gewicht die gutachtliche Stellungnahme des Jugendamtes in diesem Zusammenhang hat.

4.4.4 Verfahrensrechtliche Kompetenz des Richters

Der Richter ist der Herr des Verfahrens, und insoweit müssen ihm alle Verfahrensgesetze Kompetenz einräumen. Im Verfahren der Freiwilligen Gerichtsbarkeit präzisieren die §§ 6 ff. FGG, wie sich die Macht des Richters auswirkt und was er im Rahmen seiner Befugnisse nicht tun darf bzw. zu tun hat. § 12 FGG verpflichtet ihn, **von Amts wegen** die zur Feststellung der Tatsachen erforderlichen Ermittlungen zu veranstalten und die geeignet erscheinenden Beweise (zumindest formlos) aufzunehmen. Die §§ 49, 49a sowie 50a–c FGG präzisieren diese Pflicht, indem sie die Anhörung bestimmter Personen bzw. Institutionen vorschreiben. § 15 FGG ergänzt, dass er die förmlichen Beweismittel der ZPO (Augenschein, Zeugen, Sachverständige) benützen kann. Sind Tatsachen zwischen gegeneinander kämpfenden Personen (Eltern) streitig, so muss – wie beim kontradiktorischen Verfahren der ZPO – förmlich Beweis erhoben werden. Im übrigen liegt es im pflichtgemäßen Ermessen des Gerichts, das Verfahren zu gestalten. Aus diesen bloßen»Markierungspunkten« ergibt sich für das richterliche Tun Folgendes: **Versäumt** es der Richter ausnahmsweise – was in der Praxis wohl selten vorkommen wird –, dem Jugendamt die **Möglichkeit der Stellungnahme** zu geben, so begründet dieses Unterlassen einen Verfahrensfehler, der das Jugendamt zur Einlegung der Beschwerde[53] berechtigt.

Entspricht der Richter in seiner Entscheidung **nicht dem Vorschlag** des Sozialarbeiters, so gibt dies für sich genommen dem Jugendamt nicht das Recht, ein Rechtsmittel einzulegen. Behauptet das Jugendamt jedoch, die Interessen des Minderjährigen seien nicht gewahrt, weil der Richter der gutachtlichen Stellungnahme nicht gefolgt sei, so begründet dies ein Beschwerderecht. Wie dieses im einzelnen aussieht (einfache, sofortige, befristete Beschwerde), richtet sich nach dem Gegenstand des Verfahrens[54].

---

53 So OLG Hamm v. 14. 1. 66, ZblJugR 1966, 203 = FamRZ 1966, 241 = NJW 66, 1126; OLG Celle v. 14. 10. 60, DVBl. 1961, 95; KG v. 13. 10. 77, FamRZ 1979, 69; *Wiesner/Oberloskamp* Anh. § 50 Rz. 17–20i; FrankfKo, Anh. Zu § 50 Rz. 4, *Kunkel* Anh. 3 Rz. 83. Ob diese auf § 20 I FGG (so die o. g. Entscheidungen) oder nur auf § 57 I Nr. 9 FGG zu stützen ist (so *Krug* u. a. § 50 Abschn. III.1), wird nicht einheitlich beantwortet. Für die praktische Sozialarbeit spielt die Frage keine wesentliche Rolle. Zu weiteren Einzelheiten s. 147 f.

54 Vgl. zu den Rechtsbehelfen Wiesner/Oberloskamp Anh. zu § 50 Rz. 165–167, 186–188, 195, 198.

Inwieweit der Richter bei unangreifbarer Beachtung der Verfahrensvorschriften (d. h. er hört an, er geht in seiner Entscheidung formal auf die gutachtliche Stellungnahme ein, er lehnt deren Ergebnis aber aus inhaltlich nicht nachprüfbaren Gründen ab) sich jedoch wirklich **von der Stellungnahme leiten** lässt, wird von der Einstellung des Richters zu den Sozialwissenschaften und zur Sozialarbeit abhängen.

Der umgekehrte Fall, dass nämlich der Richter dem Jugendamt ordnungsgemäß die Möglichkeit gibt, sich zu äußern, der zuständige Sozialarbeiter jedoch weder schriftlich Stellung nimmt noch zu dem mitgeteilten Gerichtstermin erscheint, zeigt, dass auch der verfahrensrechtlichen Kompetenz des Richters Grenzen gesetzt sind. Er kann nämlich das Jugendamt **nicht zu einem Tätigwerden zwingen**[55]. Auch die Kosten für einen vergeblich angesetzten Gerichtstermin kann er ihm nicht aufbürden[56]. Ihm bleibt höchstens die Möglichkeit der Dienstaufsichtsbeschwerde an den Vorgesetzten des Sozialarbeiters oder der Mitteilung des Sachverhalts an die die Rechtsaufsicht ausübende Behörde (Regierungspräsident).

Kann der Sozialarbeiter in seiner Stellungnahme ausnahmsweise keinen Entscheidungsvorschlag machen oder erscheint dem Richter die Sachlage so schwierig, dass er auch mit Hilfe der gutachtlichen Stellungnahme eine verantwortliche Entscheidung nicht glaubt treffen zu können, so kann er ein **Sachverständigengutachten** (psychologisches, pädiatrisches, psychiatrisches) einholen[57]. Anders als beim Jugendamt, dessen Auftrag sich unmittelbar aus dem Gesetz ergibt (Entscheidung im Interesse des **Kindeswohls**), hat der Richter dem Sachverständigen präzise Einzelfragen vorzulegen, wobei allerdings in der Praxis durchaus streitig ist, ob dies der Wahrheitsfindung wirklich dient oder den Sachverständigen nicht eher in seinen Möglichkeiten ungebührlich einschränkt[58]. Nicht einig ist sich die Praxis auch darüber, ob es typische Fälle gibt, in denen der Richter **unbedingt ein Gutachten einholen muss**, wenn er sich nicht Verfahrensfehler vorwerfen lassen will. *Fochen/Pfeiffer*[59] für Jugendgerichtsverfahren, *Böhm*[60] und *Arntzen*[61] für Vormundschafts- und Familiengerichtsverfahren haben einige Aspekte zusammengestellt. So dürfen der Wunsch, die Parteien zu befrieden, oder therapeutische Gesichtspunkte für die Gutachterbestellung keine Rolle spielen; ebenso wenig die Unsicherheit des Richters im Umgang mit anzuhörenden Kindern. Anderes gilt, wenn das Kind Bindungen und Neigungen offensichtlich nicht artikulieren kann oder Auffälligkeiten/Störungen aufweist, deren Ursache und Bedeutung für den

---

55 OLG Karlsruhe v. 30. 9. 1991, DAVorm 1991, 1089.
56 Zum Bereich der JGH, dem die VormGH/FamGH entspricht, vgl. LG Frankfurt v. 15. 5. 84, ZfJ 1984, 435 mit Anm. Rosenthal.
57 Hinsichtlich der Häufigkeit der Inanspruchnahme von Gutachten in Sorgerechtssachen gibt es keine genauen Zahlen. Die Schätzungen liegen bei höchstens 3–10%. Vgl. *Simitis*, 66, 85, 138, 190; *Grosse*, ZfJ 1982, 504, 513; *Balloff/Walter*, FuR 1991, 334–341; *Balloff* 1992b, 48–56.
60 *Böhm*, 1985, 731.
61 *Fochen/Pfeiffer*, 1979, 378.
62 *Böhm*, 1985, 732.
63 *Arntzen* 1980, 57.

Richter nicht klärbar ist (z. B. auffallende Ängstlichkeit, Störungen der sprachlichen und motorischen Entwicklung, Schulversagen, große Aggressivität, Ticks)
oder wenn der Richter Zweifel an der Erziehungsfähigkeit der Eltern hat (z. B.
wegen Alkohol- oder Drogenabhängigkeit, Suizidversuchen, affektive oder psychotischer Erkrankung).

Da der **Richter** die Entscheidung in eigener Verantwortung zu fällen hat, kann er
weder an das Gutachten des Sachverständigen **noch** an die gutachtliche Stellungnahme des Jugendamtes **gebunden** sein. Je sorgfältiger aber Gutachten und
Stellungnahme verfasst sind, desto mehr muss der Richter an Begründung anfüh-
ren, wenn er von ihnen abweichen will. Er wird dies leichter können – u. U. unter
Einholung eines neuen Gutachtens –, wenn nicht ersichtlich ist, woher die zugrunde gelegten Einzelbefunde rühren, wie sie gewonnen wurden und wenn die
Schlussfolgerungen für den Richter nicht nachvollziehbar sind[62]. Das Bundesverfassungsgericht[63] hat jüngst entschieden, dass Gerichte zwar grundsätzlich berechtigt seien, von fachkundigen Feststellungen und fachlichen Wertungen eines
gerichtlich bestellten *Sachverständigen* abzuweichen, dass dies aber einer einge-
henden Begründung und des Nachweises und eigener Sachkunde des Gerichts
bedürfe. Dies dürfte in Abschwächung auch gutachtliche Stellungnahmen von
Jugendämtern gelten.

4.5   Institutionsbedingte Einflüsse

4.5.1 Die organisatorisch-rechtliche Einordnung von Sozialarbeitern

Sozialarbeiter als Mitarbeiter eines Jugendamtes oder der Adoptionsvermittlungsstelle eines freien Trägers[64] sind Angehörige (Beamte, Angestellte) der
öffentlichen Verwaltung bzw. Angestellte der Kirchen oder privater Organisatio-
nen, die Jugend- und Sozialhilfe leisten.

Als Angehörige der öffentlichen Verwaltung sind sie in eine bürokratisch-hierar-
chische Struktur eingegliedert und unterstehen öffentlichem Dienstrecht (Beam-
tenrecht, BAT). Als Mitarbeiter eines freien Trägers unterliegen sie arbeitsrecht-
lichen Bestimmungen. Jedenfalls üben alle Sozialarbeiter, die im Rahmen der
Mitwirkung in Gerichtsverfahren gutachtliche Stellungnahmen abgeben, ihren
Beruf in abhängiger Tätigkeit aus. Das bedeutet, dass sie bei ihrer Arbeit nur
insoweit eine pädagogische Freiheit für sich in Anspruch nehmen können, als ihre
Vorgesetzten diese nicht durch Richtlinien oder Einzelanordnungen einschrän-

---

64 Vgl. *Böhm*, 1985, 741.
65 v. 2. 6. 1999, FamRZ 1999, 1417 unter Berufung auf BGH v. 21. 1. 1997, NJW 1997, 1446 f.
66 Dies ist der einzige Fall, in dem Sozialarbeiter eines freien Trägers eigenverantwortlich gutachtlich
    tätig werden dürfen. Im übrigen können freie Träger nur im Rahmen des § 76 KJHG Aufgaben des
    öffentlichen Trägers übertragen erhalten. Für evtl. Gutachten freier Träger muss der öffentliche Trä-
    ger die Verantwortung übernehmen. Vgl. zu den Einzelheiten 150 f.

ken. Darüber hinaus sind sie selbstverständlich an die bestehenden Gesetze und evtl. Aufträge der Gerichte, für die sie tätig werden, gebunden.

4.5.2 Die faktische Einordnung von Sozialarbeitern

(1) Jede Institution, sei sie öffentlicher oder privater Art, entwickelt im Laufe ihres Bestehens eine **Eigendynamik** und ein **Selbstverständnis**, denen sich der einzelne Mitarbeiter nur schwer entziehen kann. Das führt dazu, dass sich der jeweilige Sozialarbeiter einerseits in dieses Gefüge einbringt und damit eine Art persönlicher Sicherheit für seine Arbeit erwirbt, dass er aber andererseits auch in gewisser Weise »betriebsblind« wird und dadurch die Offenheit für die sich wandelnden Bedürfnisse der Klienten zuweilen verliert. Das letztere sei mit einem Beispiel belegt.

Beispiel: Eine Studentin, die an einem Gutachtenseminar teilgenommen hatte, arbeitete im Teilzeitpraktikum bei einem großen freien Träger in der Jugendgerichtshilfe. Die gutachtlichen Stellungnahmen ihrer Praxisstelle beschränkten sich herkömmlich darauf, Werdegang und derzeitige Situation der zu begutachtenden Personen wiederzugeben und einen (mehr oder weniger) begründeten Entscheidungsvorschlag zu machen. Da sie es als wichtig erkannt hatte, auch einen psychosozialen Befund zu erstellen, diagnostische Aussagen zu machen und eine belegbare Beurteilung abzugeben, versuchte sie, das Gelernte in ihrer Praxisstelle umzusetzen. Prompt bekam sie Schwierigkeiten mit dem Leiter der Einrichtung: Weder habe der Verband die Zeit, noch sei es seine Aufgabe, zu diesen Bereichen Aussagen zu machen. Das Gericht sei bisher immer mit ihrer Arbeit zufrieden gewesen. Notfalls könne es ja Sachverständige einschalten.

Offensichtlich sah sich diese Institution also nur als verlängerter Arm des Gerichts, der dem Richter eine Arbeit abzunehmen hat, die dieser bei erforderlichem Einsatz ohne zusätzliche Fachkenntnisse auch selber hätte leisten können. Dass der freie Träger als Facheinrichtung darüber hinaus auch im Rahmen der Mitwirkung in Gerichtsverfahren spezifische andere Aufgaben hat, war dem Leiter wohl noch nicht deutlich geworden.

(2) Eine weitere Beeinflussung der Arbeit des einzelnen Sozialarbeiters durch die Institution besteht darin, dass das, was er tut – auch ohne spezielle Anweisungen der Hierarchie – durch die Arbeit seiner Mitarbeiter (Team) und derer, die schon vor ihm da waren (Übernahme bisher geübter Praxis), geprägt wird. In beiden Fällen findet eine **Lenkung** des einzelnen und eine **Begrenzung** seiner pädagogisch/methodischen Möglichkeiten statt, gegen die sich insbesondere ein Berufsanfänger nur schwer zur Wehr setzen kann.

(3) Auf Seiten der bereits länger in der Institution/Einrichtung tätigen Mitarbeiter wird diese Lenkung und Begrenzung unter Umständen gar nicht mehr wahrgenommen. Es besteht die Gefahr, einer **Tradition** zu folgen und sich nicht einzugestehen, dass die Änderung bisheriger Übung bei ihnen zu einer großen **Verunsicherung** führt. Tradition gibt Sicherheit, Sicherheit fördert die Routine, und Routine erleichtert die Arbeit. Ob sie noch befriedigt und ob sie vor allem dem

betroffenen Klienten gerecht wird, der kein Routinefall sein will und darf, wird dabei zuweilen nicht mehr gefragt.

(4) Wie schon in der Einleitung erwähnt, gibt es wenige Anleitungen zur Abfassung gutachtlicher Stellungnahmen bei der Mitwirkung in Gerichtsverfahren, und häufig kommen die Absolventen bar jeglicher Kenntnis auf diesem Gebiet in die Praxis. Was bleibt da anderes übrig, als auf die »bewährte« Erfahrung zurückzugreifen und den Neuling in der herkömmlichen Weise zu schulen. So wird die nicht selten **negative Praxis** zum **Modell**, das dazu beiträgt, dass fragwürdige Praktiken von Generation zu Generation ungeprüft weitergetragen werden.

(5) Ein weiterer gutachtliche Stellungnahmen beeinflussender Faktor ist der des **Zeitdrucks**, unter dem Sozialarbeit und Sozialpädagogik häufig geleistet werden muss. Wenn man sich die **Fallzahlen**, von denen die Praxis berichtet[65], ansieht, so muss man gestehen, dass es schwer ist, unter solchen Bedingungen gute Stellungnahmen abzugeben. Häufig ist es nicht nur die Zeit, die zum Abfassen des Gutachtens fehlt, sondern schon die, sich mit den Klienten gründlich zu beschäftigen und bereits bei der anamnestischen Arbeit mit der nötigen Sorgfalt vorzugehen.

(6) Als letzter Punkt in diesem Zusammenhang sei der der **eigenen Vorarbeit und der Zuarbeit Dritter** genannt. Wie noch an anderer Stelle detailliert auszuführen sein wird (Kapitel 5), ist es von eminenter Bedeutung, die Darstellung von Fakten und ihre Bewertung getrennt vorzunehmen. Dies ist nicht nur für die Nachprüfbarkeit von Äußerungen des Sozialarbeiters durch den Richter wichtig[66], sondern auch für die Fortschreibung eines »Falles«. Beschäftigt sich ein Sozialarbeiter über einen längeren Zeitraum mit einem Klienten, so ist eine sorgfältige **Aktenführung**[67] nötig. Aktenführung bedeutet nicht, wertende oder schlussfolgernde Eindrücke festzuhalten, sondern die diesen Eindrücken zugrunde liegenden **Tatsachen** und Ereignisse festzuhalten. Vermerkt der Sozialarbeiter z. B. in seiner Protokollnotiz, dass das Kind aggressiv sei, so kann er diese Einschätzung in seiner gutachtlichen Stellungnahme im Rahmen seines psychosozialen Befundes durchaus verwerten. Er muss aber darüber hinaus in seiner Schilderung von Vorgeschichte und derzeitiger Situation darlegen, worauf er diese Charakterisierung stützt. Es wären daher Ausführung angebracht wie: »Bei meinem Hausbesuch am … sah ich, wie K. auf Aufforderungen seiner Mutter mit Schimpfworten antwortete, wie er seinem kleinen Bruder fortwährend Spielsachen wegnahm und ihn stieß und wie er den Hund der Familie mit einem Stock ärgerte. Bei meinem Hausbesuch am … ließ er zwar den Hund und den Bruder in Ruhe; auf Bitten seiner Mutter reagierte er aber mit Türenschlagen und Fußstampfen.« Eine derar-

---

67 Gesicherte Erkenntnisse zu diesem Gebiet gibt es nicht. Die Untersuchung der KGSt 4/1985 geht den umgekehrten Weg. Sie stellt Richtwerte zu einer angemessenen Arbeitsbelastung auf, die in Verbindung mit der Zahl der örtlich betreuten Klienten Aussagen über den örtlichen Personalbedarf zulasse.
68 Bei fehlender Trennung ist die Verwertung durch den Richter unzulässig: BayObLG v. 11. 11. 53, BayObLGZ 1953, 353.
69 *Geiser*, 2000; *Nentzel*, 1971; *Prince*, 1996; *Timms*, 1974.

tige Dokumentation lässt dem Richter (oder einem anderen Sozialarbeiter, der den Fall übernimmt) die Möglichkeit einer eigenen Einschätzung des Sachverhalts. Teilt z. B. die Lehrerin dem Sozialarbeiter mit, dass der Junge »oberflächlich« sei, so weiß er nicht wieso. Vielleicht würde er das dieser unzulänglichen Charakterisierung des Jungen zugrunde liegende Verhalten ganz anders beurteilen. Teilt die Lehrerin jedoch konkrete Verhaltensbeobachtungen mit, steht es dem Sozialarbeiter frei, u. U. zu einem Befund zu kommen, der von dem der Lehrerin abweicht.

Wird bei der Aktenführung überwiegend mit Begriffen aus der »Befund-Sprache« gearbeitet, so kann dies zu einer nur schwer korrigierbaren Stigmatisierung des Klienten führen. Nach einer bestimmten Zeit gilt das Kind eben nur noch als »aggressiv«, ohne dass noch nachvollziehbar ist, wie es zu dieser Beurteilung kam.

5. Allgemeine Merkmale eines Gutachtens im Bereich der Sozialarbeit

In diesem Kapitel werden Grundzüge einer gutachtlichen Stellungnahme in der Sozialarbeit vorgestellt. Transparenz, Nachvollziehbarkeit und Nachprüfbarkeit der Ausführungen des Sozialarbeiters durch den Adressaten, hier also durch den Richter, und auch den Klienten gehören zu den übergeordneten Anforderungen an eine gutachtliche Stellungnahme. **Transparenz** meint, dass ersichtlich wird, auf welchen Informationsquellen die gutachtliche Stellungnahme beruht und wie diese Informationen gewonnen wurden. **Nachvollziehbar** ist eine gutachtliche Stellungnahme dann, wenn die Darstellung von Sachverhalten und deren fachliche Interpretation eindeutig voneinander getrennt sind, der Leser also erschließen kann, aufgrund welcher Auswertungsschritte der Sozialarbeiter zu seinen Schlussfolgerungen gekommen ist. **Nachprüfbarkeit** besteht dann insofern, als zumindest theoretisch sowohl methodische Aspekte der Informationsgewinnung als auch die Beachtung beispielsweise der Regeln der Logik bei der Interpretation der Informationen geprüft werden können.

Die Kommunizierbarkeit der gutachtlichen Aussagen lässt sich dadurch fördern, dass ein folgerichtiger Aufbau der Stellungnahme beachtet wird:
1. Formale Angaben,
2. Vorgeschichte und derzeitige Situation,
3. Psychosozialer Befund,
4. Diagnose/Prognose,
5. Zusammenfassende Beurteilung,
6. Entscheidungsvorschlag.

Der erste Abschnitt enthält alle notwendigen formalen Abgaben. Dazu gehören u. a. die Personalien der Betroffenen, der Gegenstand der gutachtlichen Stellungnahme und genaue Angaben zu den Erkenntnisquellen (z. B. Gesprächtermine).

Der zweite Abschnitt enthält die problemrelevanten Einzelinformationen, die der Sozialarbeiter z. B. in Interviews oder durch Verhaltensbeobachtungen gewonnen oder anderen Akten entnommen hat. Es werden hier nur Fakten dargestellt, die in diesem Abschnitt nicht interpretiert werden.

In dem dritten Abschnitt werden die Einzelheiten verknüpft und zu übergreifenden Aussagen verdichtet. In dem psychosozialen Befund werden all die Verhaltensweisen wiedergegeben, die relative Konstanz haben. Der Befund bleibt insofern deskriptiv, als hier (noch) keine diagnostischen oder prognostischen Schlussfolgerungen gezogen werden.

Strukturierungsvorschlag

INFORMATIONEN	INFORMATIONEN	INFORMATIONEN	1. Quellen
aus: Interview (Anamnese, Explo-ration), Verhaltens-beobachtung	durch: Kollegen, Kindergarten, Schule, Polizei, Angehörige u.a.	durch: Aktenmaterial aus anderen Vorgängen	erschließen

FORMALE ANGABEN
Personalien der Betroffenen,
Gegenstand der Stellungnahme/Fragestellung, Erkenntnisquellen

VORGESCHICHTE UND AKTUELLE SITUATION
hat problemrelevante Einzelinformationen
bis zum Zeitpunkt der Stellungnahme zum Inhalt

2. Fakten darstellen

PSYCHOSOZIALER BEFUND
enthält, was aufgrund der Vorgeschichte und der aktuellen Situation
im Hinblick auf die Fragestellung zu den
relativ konstanten psychosozialen Gegebenheiten der Klienten gehört

DIAGNOSE/PROGNOSE
umfasst Erklärungsansätze zu bisherigem bzw. Überlegungen
zu künftigen erleben und Verhalten der Klienten
in einem bestimmten Lebensraum

3. mit Fach-wissen Fakten erklären/vor-wegnehmen

ZUSAMMENFASSENDE BEURTEILUNG
besteht aus dem Abwägen der Erkenntnisse aus dem psychosozialen Befund,
Diagnose und Prognose im Hinblick auf die Problemstellung (= Subsumtion)
sowie ggf. Vorschlägen zur Intervention

4. Erkenntnisse aus 2. und 3. bewerten

ENTSCHEIDUNGSVORSCHLAG
ist entwickelt aus der zusammenfassenden Beurteilung
und bezieht sich unmittelbar auf die im jeweiligen Gerichtsverfahren
zu beantwortende juristische Fragestellung

5. Konsequenz vorschlagen

Im vierten Abschnitt werden ggf. diagnostische, d. h. erklärende Aussagen und prognostische Überlegungen formuliert.

Im fünften Abschnitt erfolgt die fachliche Beurteilung der zuvor dargestellten Fakten und Erkenntnisse im Hinblick auf die rechtlich relevante Problemstellung.

Der sechste Abschnitt enthält dann einen Entscheidungsvorschlag.

Im folgenden wollen wir zunächst allgemein auf Probleme und Prinzipien eines strukturierten Vorgehens eingehen (Kapitel 5.1). Ferner sollen Bedenken der Praxis gegenüber ausdrücklich strukturierten Stellungnahmen, wie den von uns angeregten, Beachtung finden (Kapitel 5.2). Wir zeigen dann einige Beispiele von Strukturierungsvorschlägen aus der Fachliteratur und Praxis der Sozialarbeit (Kapitel 5.3). Anschließend werden die oben genannten Elemente einer gutachtlichen Stellungnahme detailliert vorgestellt (Kapitel 5.4). Schließlich gehen wir noch auf die Sprache (Kapitel 5.5), das Layout (Kapitel 5.6) und ethische Aspekte ein (Kapitel 5.7).

5.1 Das strukturierte Vorgehen bei der Gutachtenerstellung

Wenn gemäß §§ 1666, 1671 und 1672 BGB Fragen des elterlichen Sorgerechts, gemäß § 1684, 1685 BGB Probleme des Umgangsrechts des Kindes mit seinen Eltern oder anderen umgangsberechtigten Personen zu regeln sind oder nach §§ 1741 ff. BGB über eine Annahme als Kind zu entscheiden ist und Sozialarbeiter eines Jugendamtes sich hierzu äußern sollen, so haben die ihren Stellungnahmen zugrunde liegenden Sachverhalte bei aller Unterschiedlichkeit miteinander gemeinsam, dass sie für alle Beteiligten in der Regel lebensbedeutsam und außerordentlich **komplex** sind.

In allen genannten Fällen gilt es, **innerseelische Voraussetzungen** (psychische Struktur) und **Vorgänge** (psychische Prozesse) der Betroffenen, die **Beziehungen** der Betroffenen zueinander (Interaktion/Kommunikation) und die sich daraus ergebenden Auswirkungen (insbesondere hinsichtlich der Verhaltensweisen der Betroffenen) sowie ihr Eingebundensein in ihr übriges **soziales Umfeld** differenziert zu erfassen und angemessen zu berücksichtigen. So liegt es schon in der Eigenart der zu beurteilenden Gegebenheiten, dass sie ausgesprochen vielschichtig sind und damit auch schwer überschaubar werden. Die verwirrende Komplexität der Fakten wird noch größer, wenn es sich bei den Betroffenen um Klienten handelt, die schon in der zweiten Generation vom Jugendamt erfasst sind. Die Komplexität des einer solchen Stellungnahme zugrunde liegenden Sachverhalts drängt nach einer **Strukturierung der Informationen und Einsichten**.

5.1.1 Probleme bei der Strukturierung

Strukturierungsprobleme werden in der Praxis oft bereits in der Auswahl und sinnvollen Anordnung der vielen Aspekte innerhalb eines Gutachtenelementes (also in Vorgeschichte, Befund usw.) sichtbar, ferner auch in der angemessenen Zuordnung dieser Elemente zueinander (»Aufbau« einer gutachtlichen Äußerung).

Das Strukturieren von Informationen und Einsichten ist sinnvoll und notwendig, birgt aber die Gefahr in sich, nicht mehr den vollständigen Sachverhalt wiederzugeben. Auf einige der in der Praxis zu beobachtenden **Gefahren** soll im folgenden hingewiesen werden:

(1) Gutachtliche Äußerungen von Sozialarbeitern sollten nicht von einer **einzigen wissenschaftlichen Theorie**, z. B. von einer tiefenpsychologischen, ausgehend strukturiert wurden. Der Rückgriff auf eine Theorie als Orientierungshilfe, zumal auf eine einzige, führt leicht zu einer Einengung der Betrachtungsweise und u. U. zu einer verzerrten Darstellung des zu Beurteilenden.

(2) Noch problematischer sind Ordnungsversuche, die aus einer mehr **privaten Theorie** des Sozialarbeiters erwachsen. Das ist z. B. dann der Fall, wenn dessen subjektive Vorstellungen und Werthaltungen in bezug auf Kinder, Kindererziehung, Partnerschaft, Ehe oder Familie die Auswahl, Zuordnung und Bewertung der Fakten bestimmen[1]. Besonders in generalisierenden oder typisierenden Äußerungen wie etwa »Kinder entwickeln sich am besten bei der Mutter« oder »die Mädchen bekommt am besten die Mutter, die Jungen der Vater« werden derartig subjektive Bezugssysteme sichtbar[2].

(3) Eine Strukturierung der Vorgänge nach **Dominanzen** in Erleben und Verhalten der Betroffenen vorzunehmen, ist ein dritter und ebenfalls nicht unproblematischer Versuch, die Komplexität des zu vermittelnden Sachverhalts in den Griff zu bekommen. Werden auffällige, dominante Verhaltensweisen von Klienten Ausgangspunkt der Fragestellung und Grundlage der Beurteilung, dann ist die Gefahr einer subjektiven Betrachtungsweise nicht zu übersehen. Was dem Sozialarbeiter auffällt, hängt zu einem beträchtlichen Teil von seiner Weise, soziale Wirklichkeit wahrzunehmen, ab. Die Beachtung vorwiegend dominanter Verhaltensweisen führt leicht dazu, dass nicht deutlich sichtbares Verhalten des Klienten übersehen wird, obwohl es für die Beurteilung des Sachverhalts von großer Bedeutung sein kann.

Beispiel: Im Falle einer Stellungnahme zu § 1671 Abs. 2 Nr. 2 BGB kann dem Sozialarbeiter die »Einsatzbereitschaft, Fürsorglichkeit und Selbstlosigkeit« einer Mutter für ihr Kind auffallen. Die diesem tatsächlich beobachtbaren ausgeprägten Verhalten eventuell zugrunde liegenden Erziehungsunsicherheiten oder Bindungswünsche der Frau werden dabei u. U. übersehen.

(4) In dem Bemühen, den o. g. Gefahren nicht zu erliegen, versuchen manche Sozialarbeiter, sich an **vorgegebene Muster** einer gutachtlichen Stellungnahme zu halten. Wir fanden in der Praxis des öfteren einen Ordnungsversuch mit folgender Zweiteilung:

---

1 Vgl. *Winter-v.Gregory*, 1979.
2 Vgl. *Erben/Schade*, 1994, 212, 213.

1. Gegenwärtige Beziehungen des Klienten zu Familie
   - Arbeit
   - Freizeit
   - Soziale Bindungen
   - Finanzen
   - Institutionen

2. Entwicklung des Klienten während
   - frühester Kindheit
   - früher Kindheit
   - Spielalter
   - Schulalter

Dieses Muster legt dem Sozialarbeiter nahe, von den konkreten Lebensbezügen des Klienten im Hier und Jetzt auszugehen und sein heutiges Erleben und Verhalten mit seiner Entwicklung erklärend und/oder beurteilend in Beziehung zu setzen. Auf den ersten Blick mag ein solcher Ordnungsversuch geeignet erscheinen, den genannten Gefahren zu begegnen, die durch den Rückgriff auf eine Theorie, auf subjektive Wertsysteme oder auf dominante Auffälligkeiten bei Strukturierungsversuchen entstehen können.

Nach diesem Muster aufgebaute Gutachten zeigen freilich, dass die Entwicklung des Klienten oft wieder nur unter phasenspezifischen Gesichtspunkten der Tiefenpsychologie, bei Vernachlässigung sonstiger Erkenntnisse der Entwicklungspsychologie und der Familienpsychologie, betrachtet wird und die inhaltlich sehr bestimmte Ausgliederung des Beziehungsgeflechts dazu verleiten kann, dass des Klienten Verhalten **zu diesen Bereichen** Gegenstand der Erörterung wird und nicht so sehr das zu beurteilende **Problem**, das sich u. a. auch **in diesen Bezügen** manifestieren kann. Ein nach diesem Muster abgefasster »Bericht« ist bestenfalls eine halbwegs brauchbare Faktensammlung, aber keine »Stellungnahme«. Hinzu kommt, dass eine beispielhafte Aufzählung inhaltlicher Gesichtspunkte in diesem Zusammenhang geeignet ist, eine gewisse Vollständigkeit der zu beachtenden Aspekte zu suggerieren. Dies führt leicht dazu, die vom Problem her erforderlichen, im Schema aber nicht aufgeführten Gesichtspunkte zu vernachlässigen, andererseits aber zu allen Punkten Stellung zu nehmen, auch dann, wenn im konkreten Fall nicht alle für die Beantwortung der Fragestellung bedeutsam sind.

5.1.2 Prinzipien für Strukturierungsansätze

Die Strukturierung des Sachverhalts, seine Darstellung und Beurteilung sollte von den jeweils zu beurteilenden **Betroffenen und der Problemsituation** her vorgenommen werden. »Aussage(n) über bestimmte Handlungssysteme, über Handlungsformen und -richtungen und die das Handeln regulierenden Systeme«[3] der Betroffenen, unter Berücksichtigung des zu beurteilenden Problems, stellen einen

---

3 *Thomae*, 1976, 65.

Ansatz zur Strukturierung dar. Bezugspunkte eines derartigen Strukturierungsversuchs können dann Fragen etwa folgender Art werden:
- Was macht die aktuelle Lebenssituation der Betroffenen aus?
- Welche Verhaltensweisen sind für die Betroffenen charakteristisch?
- Durch welche übergreifenden Anliegen wird ihr Verhalten bestimmt?
- Wie geht jeder der Betroffenen mit sich und seiner aktuellen Lebenssituation um?
- Was für Beziehungen bestehen zwischen dem einzelnen und den übrigen Betroffenen?
- In welcher Weise trug und trägt jeder der Betroffenen zum Konflikt bei?
- Wie wirkt der Konflikt auf die einzelnen zurück?
- Auf welche – für jeden Betroffenen charakteristische – Art setzen sich die einzelnen mit der Konfliktsituation auseinander, und über welche Möglichkeiten verfügen sie, mit ihren Problemen umzugehen?
- Was von alledem ist rechtlich relevant?

Zur Erfassung und Beurteilung der in den §§ 1666, 1671, 1672, 1684, 1685 und 1741 BGB angesprochenen unterschiedlichen psychosozialen Probleme sind solche Fragestellungen noch konkreter und detaillierter zu formulieren. Sie werden im 6. Kapitel erörtert.

Eine in der angedeuteten Weise strukturierte gutachtliche Stellungnahme kann ebenfalls nicht auf psychologische, soziologische oder sozialmedizinische **Theorien** verzichten. Diese Theorien besitzen jedoch in diesem Zusammenhang eine andere, nämlich **begrenzte Funktion**, z. B. für die zusammenfassende Beurteilung der Situation. Außerdem können **mehrere Theorien** berücksichtigt werden. Daten der Vorgeschichte z. B. können hier aus tiefenpsychologischer, lerntheoretischer und kommunikationstheoretischer oder systemischer Sicht gesammelt und erörtert werden. Was durch Erkenntnisse aus der einen Theorie nicht geleistet werden kann, ist somit durch die der anderen Theorien ergänzbar.

Wenn die gutachtlichen Äußerungen des Sozialarbeiters ihre »kommunikative Funktion«[4] erfüllen sollen, ergeben sich bestimmte Prinzipien für den Aufbau der Stellungnahmen. Daher führen die hier dargestellten Überlegungen und Erfahrungen zu einem bestimmten **Gutachtenmuster**.
Die sich aus einer Orientierung an festen »Mustervorschlägen« ergebenden Gefahren dürften bei unserem Vorschlag dadurch reduziert werden, dass in erster Linie **formale Gesichtspunkte** und nicht inhaltliche das »Muster« bestimmen und wir dort, wo wir auch inhaltliche Aspekte nennen, auf die notwendige Flexibilität und Konkretisierung verweisen.

Auch die Beachtung von markanten, bedeutsamen, für die Betroffenen charakteristischen Verhaltensweisen **(Dominanzen)** ist durch unseren Vorschlag nicht zu umgehen. Anders als in manchen anderen Strukturierungsversuchen sind sie hier jedoch nicht der rote Faden der gutachtlichen Äußerung, sondern nur **Teil** der zusammenfassenden Beurteilung.

---

4 *Thomae*, 1967, 745.

Der in diesem Buch vorgeschlagene Ansatz der Gestaltung von gutachtlichen Stellungnahmen kann auch nicht verhindern, dass eine nach diesem Muster verfasste Äußerung eines Sozialarbeiters subjektiv gefärbt ist. Er scheint jedoch geeignet zu sein, **subjektive Sichtweisen** auf ein Minimum zu **reduzieren**. Wo sie dennoch einfließen, werden sie leichter als Subjektivismen erkennbar.

5.2 Einwände der Praxis gegen eine deutlich strukturierte gutachtliche Stellungnahme

In der Begegnung und Zusammenarbeit mit Sozialarbeitern, die Stellungnahmen abzugeben haben, wurden mitunter Einwände gegenüber ausgeprägt strukturierten gutachtlichen Äußerungen laut. Besonders vier Einwände sind so bedenkenswert, dass sie hier vorgestellt werden.

(1) Formale Zuständigkeit
Verschiedentlich wurde von den Vertretern der Praxis Befremden darüber laut, dass unsere Entwürfe gutachtlicher Äußerungen **zu juristischen Fragen Stellung nehmen**. Dies sei nicht Aufgabe des Sozialarbeiters, sondern des Richters oder im Vorfeld der Entscheidung des Notars. Selbstverständlich ist es zutreffend, dass der Richter es ist, der Recht zu sprechen hat und dass es nach dem Gesetz dem Notar zusteht, alles, was er zu beurkunden hat (Anträge, Einwilligungen), auf seine juristische Fehlerfreiheit hin zu überprüfen. Das schließt aber nicht aus, dass der Sozialarbeiter sich des juristischen Rahmens, der auch ihm gesteckt ist, bewusst ist (wozu lernt der Student der Sozialarbeit/Sozialpädagogik sonst Recht?) und dass er dies dem Richter deutlich macht. Darüber hinaus heißt es, sich etwas vorzumachen, wollte man behaupten, man könne die entscheidungsrelevanten Fakten (Vorgeschichte und derzeitige Situation) sammeln, ohne dabei das Recht im Auge zu haben.

Beispiel 1: Junge Eltern, die beide voll berufstätig sind, kümmern sich werktags so gut wie gar nicht um ihr Kleinkind. An den Abenden und Wochenenden gehen sie fast immer ihren Freizeitbeschäfigungen nach und nehmen dabei auf das Kind keine Rücksicht. Kontaktversuche des Kindes stoßen sie zurück. – Sozialarbeiter/ Sozialpädagogen, die nur mit diesem Sachverhaltsausschnitt arbeiten, könnten auf den Gedanken kommen, ein Verfahren nach § 1666 BGB anzuregen, da die Eltern das Kind im Sinne dieser Vorschrift vernachlässigen. Des Rechts kundige Sozialarbeiter/Sozialpädagogen dagegen werden wissen, dass nur die Vernachlässigung rechtsrelevant ist, die eine Gefährdung des Kindeswohls zur Folge hat (Kausalität). Daher wird hier zu berücksichtigen sein, dass die Eltern die Großmutter ins Haus genommen haben und diese das Kind gut versorgt, so dass es in seiner Entwicklung keinen Schaden nimmt.

Beispiel 2: Eine ledige Mutter hat ihr Neugeborenes gleich nach der Geburt in eine Pflegefamilie gegeben mit dem Ziel späterer Adoption. Als sie nach acht Wochen ihre Einwilligungserklärung gem. § 1747 BGB abgeben soll, ist sie unauffindbar. Mehrmonatige Nachforschungen des Jugendamtes unter Einschaltung der Meldebehörden bleiben erfolglos. Nach einem Jahr regt das Jugendamt trotzdem die Stellung des Annahmeantrags an. Der des Rechts kundige Sozialarbeiter/Sozialpädagoge weiß, dass er die Mutter intensiv gesucht hat, um die Adoption ggf. über § 1747 IV BGB auch ohne Einwilligung des leiblichen Elternteils durchführen zu können und dass er die Stellung des Antrags erst dann anregt, wenn er das Tatbestandsmerkmal »Aufenthalt dauernd unbekannt« als erfüllt ansieht. Warum soll der Sozialarbeiter dann nicht aussprechen dürfen, dass seiner Meinung nach die juristischen Erfordernisse erfüllt sind?

Ebenfalls im Zusammenhang mit Fragen der Zuständigkeit wurde von einigen Vertretern der Praxis die Sorge laut, eine Stellungnahme von Sozialarbeitern in den hier zu behandelnden Rechtssachen, die eine zusammenfassende Beurteilung und gar einen Entscheidungsvorschlag beinhalte, **greife der Entscheidung des Richters vor** und sei daher so nicht vertretbar. – Auch dieser Einwand beinhaltet eine wichtige Erfahrung, nämlich die, dass das Jugendamt dem Gericht gegenüber in erster Linie eine helfende Funktion ausübt, nämlich von seinem besonderen Kenntnisstand her zur Erhellung eines Problems beizutragen und dass dieser Beitrag nicht darin bestehen kann, die Faktensammlung ausschließlich im Hinblick auf schon im voraus fixierte Zielvorstellungen vorzunehmen (die zudem eine zusammenfassende Beurteilung nicht nur erübrigen, sondern auch verunmöglichen würde). Ein solches Verständnis von Mitwirkung in Gerichtsverfahren schließt jedoch nicht die Tatsache aus, dass Sozialarbeiter sich in ihren gutachtlichen Äußerungen stets von (reflektierten oder unreflektierten) Zielvorstellungen leiten lassen. Wenn sie glauben, durch eine Beschränkung ihres Tuns auf Erarbeitung einer Vorgeschichte und/oder eines psychosozialen Befundes dem Problem der Zielgerichtetheit der Datensammlung entgehen zu können, so täuschen sie sich selbst, ausgenommen den Fall, sie übermitteln dem Richter ohne jegliche Begrenzung tatsächlich alle ihnen verfügbaren Informationen, relevante und irrelevante, die sie über die Betroffenen haben. Das aber dürfte dann kaum eine Hilfe für das Gericht darstellen. Wird hingegen die sie leitende Zielvorstellung in einer zusammenfassenden Beurteilung und vor allem in dem Entscheidungsvorschlag sichtbar, so ist sie von den übrigen Teilen der Stellungnahme her hinsichtlich ihrer Folgerichtigkeit überprüfbar. Außerdem kann kritisch festgestellt werden, ob die Fakten in Vorgeschichte und psychosozialem Befund in ihrer ganzen Vielschichtigkeit vorgestellt oder zu einseitig auf den (impliziten) Entscheidungsvorschlag hin ausgewählt wurden.

Hinzu kommt, dass nach vorliegenden empirischen Befunden[5] Vormundschaftsgerichte sich in hohem Maße, wenn nicht dem Wortlaut so doch der Sache nach, an Entscheidungsvorschlägen von Jugendämtern orientieren. Dabei scheint es sogar unwichtig zu sein, wie die Entscheidungsvorschläge nahegelegt werden.

Schließlich hat auch die Rechtsprechung[6] wiederholt geäußert, dass die Aufgabe des Jugendamtes nicht lediglich in der Sammlung von Fakten bestehe, sondern

---

5 *Simitis* et al., 1979.
6 BGH v. 21. 5. 54, FamRZ 1954, 219 = ZblJugR 1954, 236 = SjE E 14, 621; OLG Hamm v. 11. 3. 64,

dass es sich zu den zu ergreifenden Maßnahmen zu äußern habe. Hieran ändert auch § 50 II KJHG nichts, zumal dieser ausdrücklich das Wort »insbesondere« enthält, was bedeutet: Alles, was fachlich sinnvoll ist, soll selbstverständlich eingebracht werden.

(2) Sachkompetenz
Vor allem Berufsanfänger vertraten die Ansicht, eine Stellungnahme in der Form, wie sie in Kapitel 5.4 vorschlagen wird, bedinge ein abgeschlossenes Studium in **Psychologie, Sozialmedizin, Pädagogik** oder **Soziologie**, wenn nicht gar in allen vier Disziplinen zugleich. Auch bei manchem erfahrenen Praktiker, der schon einen zeitlich größeren Abstand zu seiner theoretischen Ausbildung hat, mögen bisweilen latente Unsicherheiten durch so ein Modell ausgelöst werden. – In der Tat müssen Jugendämter manchmal zu Fällen Stellung nehmen, in denen Sozialarbeiter fachlich überfordert sind. In solchen Fällen ist sicher ein **Sachverständigengutachten** eines Psychologen, Mediziners, etc. angebracht, das eher zu selten angeregt wird. Eine folgerichtig und detailliert strukturierte Stellungnahme verlangt so viel an fachlichem Wissen, dass der sich damit befassende Sozialarbeiter eventuelle Wissenslücken nicht mehr übersehen oder umgehen kann. Er steht dann vor der Entscheidung, sein Wissen aufzufrischen bzw. erweitern oder mangels Kompetenz die Berufung eines Sachverständigen anzuregen.

(3) Zeitaufwand
Manche Sozialarbeiter melden Bedenken gegenüber einem Gliederungsvorschlag an, weil er ihnen zu zeitaufwendig erscheint. Tatsächlich erfordert eine derartige Stellungnahme zunächst mehr Zeit als jene Form der Stellungnahmen von Jugendämtern, die wir in unserer Tätigkeit als Gerichtsgutachter in Originalakten zu sehen bekamen. Bedenkt man die immer wieder angeführte Arbeitslast, die Sozialarbeiter tragen, so muss man sich mit Recht fragen, ob ihnen ein Mehr an Arbeit noch zumutbar ist, ja ob ein Gutachtenmuster nicht eher Zeit einsparen helfen sollte.

Erfahrungen aus Seminarveranstaltungen machen jedoch deutlich, dass der anfänglich nicht unbeträchtliche Zeitaufwand durch **Übung** bald erheblich reduziert werden kann. Hinzu kommt, dass sicher nicht jeder Fall eine gleich ausführliche Bearbeitung erfordert, Erfahrungen aus der Gestaltung differenzierter Stellungnahmen jedoch auch **einfachere Stellungnahmen** verbessern können. Ferner zeigt sich, dass der Zeitaufwand für die Erarbeitung einer gutachtlichen Äußerung in direktem Zusammenhang mit der Qualität der **Aktenführung** steht. Genaue Zeit-, Orts- und Personenangaben, vor allem aber Notizen über konkrete Verhaltensbeobachtungen bei Hausbesuchen oder Gesprächen im Jugendamt sowie Gesprächsnotizen, die die Äußerungen der Klienten noch erkennen lassen, helfen, bei der Erarbeitung von Stellungnahmen Zeit zu gewinnen. Wenn daher der Hin-

zitiert in OLG Hamm v. 11. 8. 67, NJW 1968, 454; BayObLG v. 27. 8. 65, DAVorm 1966, 8 i OLG Köln v. 13. 2. 81, FamRZ 1981, 599.

weis auf zu großen Zeitaufwand laut wird, ist auch die Frage zu prüfen, ob nicht
u. U. die Akten qualifizierter geführt werden müßten.

(4) Menschenwürde
Gelegentlich wurden auch Bedenken geäußert, die sich gegen die Begutachtung
von Klienten überhaupt richten. Hier handelt es sich um die Befürchtung, ein
solches Tun mache den zu Beurteilenden zu einer Sache, zu einem Objekt. Der
Sozialarbeiter werde der Persönlichkeit des Klienten und seiner Menschenwürde
damit nicht gerecht. Jede Beurteilung eines anderen sei subjektiv, begrenzt und
damit falsch. Die Einmaligkeit eines Menschen lasse sich in einer Stellungnahme,
die zwangsläufig nicht mehr als ein Klischee sein könne, nicht angemessen darstellen.

Auch dieser Einwand trifft einen bedenkenswerten Umstand in der Praxis, nämlich den, dass tatsächlich manche **Beurteilung** eine versteckte, wenn nicht gar
offene **Verurteilung** des Klienten ist. Er zeigt, wie gefährlich es ist, wenn man in
seiner gutachtlichen Äußerung zwischen Beschreibung und Beurteilung einerseits und Beurteilung des Problems und persönlicher Bewertung andererseits
nicht zu unterscheiden vermag. Dieser Einwand ist vor allem gegenüber jenen
Stellungnahmen angebracht, die wegen ihrer Kürze und Unstrukturiertheit dem
Leser nicht gestatten, den Beurteilungsprozess des Schreibers nachzuvollziehen,
die aber durch ihre definitiven und stark wertenden Aussagen dem Adressaten ein
ausgesprochen sicheres d. h. zutreffendes Bild vom Klienten suggerieren.

Auch die geäußerten Bedenken gegen eine **klischeehafte Beurteilung** von Betroffenen werden sicher von jedem verantwortungsbewussten Sozialarbeiter voll
geteilt. Sozialarbeiter, die die o. g. Einwände vorbrachten, hatten jedoch einige
Schwierigkeiten, den wesentlichen Unterschied zu erfassen, der zwischen einer
klischeehaften und einer strukturierten Stellungnahme, die gerade Klischees vermeiden helfen kann, besteht. Ferner zeigte sich bei diesen Gesprächspartnern,
durchweg Berufsanfänger in der Sozialarbeit, eine deutliche Unsicherheit, notwendige Entscheidungen selbständig zu fällen. Außerdem fanden sich Hinweise
darauf, dass Lücken in theoretischem Wissen und praktischer Erfahrung eine solche Einstellung begünstigten. Einige von ihnen argumentierten aus der Einstellung heraus, man könne Klienten in ihren Problemen nur durch gemeinsame
Gespräche mit ihnen helfen. Dabei übersahen sie, dass gutachtliche Stellungnahmen in der Sozialarbeit nur dadurch ihre Rechtfertigung erfahren, dass sie zur
Lösung von Problemen der Klienten beitragen.

5.3 Strukturierungsvorschläge aus Literatur und sozialer Praxis

Neben den eben angeführten Bedenken gibt es jedoch in der Literatur wie in
Arbeitsmaterialien der Praxis der Sozialen Arbeit auch viele Vorschläge und Anregungen zu sinnvoll gegliederten Stellungnahmen. Manche der Beiträge haben
untereinander zwar wenig gemeinsam hinsichtlich der Frage, was in eine gutachtliche Äußerung eines Sozialarbeiters hineingehört und in welcher Weise sie
sinnvoll zu gliedern ist; zusammengenommen jedoch finden sich in diesen Mate-

rialien alle Strukturanteile wieder, die im folgenden Kapitel 5.4 ausführlich diskutiert werden.

Anregungen aus der Praxis zu Stellungnahmen im Rahmen der Mitwirkung in Gerichtsverfahren bieten u. a.
- der differenzierte »Entwurf einer Arbeitshilfe für die Feststellung der Eignung von Pflegefamilien« des Landes Württemberg-Hohenzollern vom 15. 8. 1978.
- die »Arbeitshilfe für die Prüfung von Pflegestellen« der Freien und Hansestadt Hamburg, o. J.
- die »Empfehlungen zur Adoptionsvermittlung« der Bundesarbeitsgemeinschaft der Landesjugendämter vom 15. 12. 1988 (2. Aufl.) und
- die »Richtlinien für die Erstellung psychosozialer Diagnosen« des Kultusministeriums des Landes Niedersachsen vom 26. 8. 1976 in Verbindung mit dem RdErl. v. 23. 10. 1981.

Aus der **Literatur** zur Mitwirkung in Familien- und Vormundschaftsgerichtsverfahren wäre in diesem Zusammenhang auf die »Fallstudien aus der sozialen Arbeit« von *Siegismund/Tiesler*[7] zu verweisen, deren psychosoziale Diagnose jedoch nicht primär für gutachtliche Äußerungen, sondern für die unmittelbare Arbeit am Klienten gedacht ist und von daher einen anderen Akzent erkennen läßt. *Arndt/Oberloskamp*[8] machten einen Vorschlag zur gutachtlichen Stellungnahme einer Adoptionsvermittlungsstelle.

Der Titel der deutschsprachigen Ausgabe des Buches »Der Bericht in der sozialen Arbeit« von *Timms*[9] lässt zunächst eine ähnliche Orientierungshilfe vermuten. Wie sich jedoch bereits aus dem englischen Originaltitel (»Recording in Social Work«) ergibt, bietet dieses Buch ausschließlich eine Anleitung zu qualifizierter **Aktenführung**. Insofern ist es nur eine – allerdings wichtige – Hilfe für die Vorarbeit zu gutachtlichen Stellungnahmen und keine Anleitung zu deren Erstellung. Weitere wichtige Hinweise zur Dokumentation bieten das neuere Buch von *Prince*[10] und die Ausführungen von *Geiser*[11].

Orientierungshilfen zur Gestaltung einer gutachtlichen Stellungnahme bei strittiger Sorgerechtsregelung und einer Mitteilung an das Familiengericht bei Gefährdung des Kindeswohls bieten die Gliederungsvorschläge und Beispiele von *Harnach-Beck*[12] und die Ausführungen von *Weisbrodt*[13]. Gleiches gilt für den Leitfaden zur Erstellung eines **Jugendgerichtshilfeberichts** des Bayerischen Landesjugendhilfeausschusses[14]. *Lindemann*[15] formuliert im Rahmen seiner kri-

---

7 *Siegismund/Tiesler*, 1979.
8 *Arndt/Oberloskamp*, 1977.
9 *Timms*, 1974.
10 *Prince*, 1996.
11 *Geiser*, 2000.
12 *Harnach-Beck*, 2000.
13 *Weisbrodt*, 2000.
14 Jugendgerichtshilfebericht des Bayerischen Landesjugendhilfeausschusses, 1993.
15 *Lindemann*, 1998.

tischen Analyse von Gutachtenmaterial ebenfalls Anregungen für die Gestaltung gutachtlicher Stellungnahmen, um deren Nachvollziehbarkeit zu ermöglichen.

Zum Problem gutachtlicher Stellungnahmen im Rahmen der **Jugendgerichtshilfe** finden sich vergleichsweise mehr Veröffentlichungen, Richtlinien und Mustervorschläge. Hier scheint die Bedeutung der gutachtlichen Äußerung des Sozialarbeiters höher veranschlagt zu werden als im Rahmen der Mitwirkung im Familien- oder Vormundschaftsgerichtsverfahren.

So unterstreicht *Wagner*[16] ausführlich »die Bedeutung des Jugendgerichtshilfeberichtes in der Verhandlung vor dem Jugendrichter« und erwartet als Richter von der Jugendgerichtshilfe einen »gutachtlichen Bericht«, der weitgehend beinhalten soll, was den Gutachtenanteilen **Psychosozialer Befund** und **Zusammenfassende Beurteilung** zugeordnet werden kann.

Walter[17] äußert zwar die Ansicht, Sozialarbeiter seien in der Regel überfordert, eine vollständige gutachtliche Stellungnahme abzugeben; er erwartet von ihnen in einem Jugendgerichtshilfe-Bericht jedoch einen über die Einzeltatsachen der **Vorgeschichte** hinausgehenden **psychosozialen Befund**, in dem »eine Reihe von Einzelerscheinungen unter gleichbleibendem Blickwinkel zusammenschauend gesehen wird«, darüber hinaus eine **psychosoziale Diagnose**, »indem bestimmte Ereignisse als zum Kausalzusammenhang des beobachteten Entwicklungsablaufs gehörig erkannt werden«[18]. Der **Entscheidungsvorschlag** des Sozialarbeiters im Rahmen seiner Stellungnahme ist für *Walter* eine Selbstverständlichkeit. Eine der Stellungnahme vorausgehende und sie **begründende zusammenfassende Beurteilung** scheint *Walter*[17] auf den ersten Blick abzulehnen. Schaut man genauer hin, so wird deutlich, dass der Autor nicht in einer qualifizierten zusammenfassenden Beurteilung an sich, wohl aber »in der schlüssigen Begründung eines am Ende des Berichts niedergelegten Entscheidungsvorschlags« eine Gefahr der Verzerrung und Fehlbeurteilung des Sachverhalts durch den Sozialarbeiter gegeben sieht.

Der Bericht der Jugendgerichtshilfe, die für *Roestel*[19] »das sozialpädagogische Gewissen des Jugendgerichts« ist, hat in diesem Bereich einen hohen Stellenwert. Nach *Roestel*[18] soll der Bericht des Sozialarbeiter dem Richter nicht nur »die Möglichkeit (…) geben, sich im Gespräch in den Jugendlichen und seine etwaige Problematik hineinzuversetzen (…), sondern er soll ihn auch sozusagen unauffällig dazu **zwingen**, sich »am Leitseil« des JGH-Berichts entsprechend vorzubewegen.

Roestel[20] hält ein derart anspruchsvolles Unterfangen des Sozialarbeiters für möglich, wenn dieser seine Stellungnahme wie folgt aufbaut:
1. »Zunächst ist über die Familie des Angeklagten zu berichten…«

---

16 *Wagner*, 1977, 281.
17 *Walter*, 1973.
18 *Walter*, 1973, 490.
19 *Roestel*, 1965, 543.
20 *Roestel*, 1965, 544.

2. »Das äußere Leben, der Lebensgang des Angeklagten ist darzustellen, und zwar zunächst ohne eigene Stellungnahme … «, d. h. **Trennung von Vorgeschichte bzw. Befund** und **Diagnose bzw. Beurteilung.**
3. »Bisherige Maßnahmen« (Teil der **Vorgeschichte**).
4. »Eigene **Beurteilung**« von Verhalten des Klienten und
5. seiner Verantwortungsreife bzw. seines Entwicklungsstandes.
6. »Der **Vorschlag** … für die zu treffende Maßnahme.«

Bleibt für *Roestel*[21] trotz der erwähnten Wertschätzung der Bericht des Sozialarbeiters letztlich doch nur ein Interviewleitfaden für den Richter, so besteht nach den Ausführungen von *Ullrich*[22] »kein Zweifel mehr darüber, dass den Berichten (…) mehr als nur die Rolle eines personalstatistischen Fragebogens zukommt«. Indem die Stellungnahme des Sozialarbeiters »eine umfassende Ermittlung der Lebens- und Familienverhältnisse, des Werdegangs und all der Umstände, die zur Beurteilung der seelischen, geistigen und charakterlichen Eigenart (des Klienten) dienen können« wiedergibt, wird ein solcher »gutachtlicher Bericht«[23] »zu einer sozialpädagogischen Topographie«[24].

Mit Nachdruck betont *Ullrich*[25], dass eine so verantwortungsvolle Aufgabe nicht mit irgendwelchen Fragebögen oder Vordrucken, sondern nur durch die eigenständige Arbeit qualifiziert ausgebildeter Sozialarbeiter/Sozialpädagogen zu leisten sei. Für ihn ist die Forderung nach einer umfassenden und dementsprechend anspruchsvollen Stellungnahme auch insofern wichtig, als dadurch dem Richter mehr Möglichkeit gegeben wird, die Aussagen des Sozialarbeiters nachzuvollziehen und zu überprüfen.

Vergleicht man die angeführten Gliederungsvorschläge mit dem in diesem Buch vorgelegten Konzept, so finden sich viele Gemeinsamkeiten hinsichtlich der Auswahl der für eine gutachtliche Äußerung bedeutsamen Aspekte und teilweise Unterschiede in der Anordnung dieser Elemente zu einem zusammenhängenden Bericht. Warum wir eine Stellungnahme zum Teil anders strukturieren, soll unter 5.4 begründet werden.

5.4 Ein Strukturierungsvorschlag für gutachtliche Äußerungen

Im Folgenden von der Struktur einer gutachtlichen Stellungnahme zu reden, ist insofern berechtigt, als die einzelnen Bestandteile eines Gutachtens nicht beliebig weggelassen, hinzugefügt oder isoliert betrachtet werden können. Vielmehr stehen sie entsprechend einer bestimmten **Ordnung** miteinander in **Beziehung**. Jeder Teil einer strukturierten gutachtlichen Äußerung besitzt eine spezifische Funktion für das Ganze. Erst die Betrachtung des Ganzen führt den Leser (Rich-

---

21 *Roestel*, 1965.
22 *Ullrich*, 1969, 186.
23 *Wagner*, 1977, 281.
24 *Ullrich*, 1969, 186; 1982, 53.
25 *Ullrich*, 1969.

ter) zum vollen Nachvollzug der vom Sozialarbeiter intendierten Aussage. Eine
bloß additive Verknüpfung von Informationen, Einsichten und Wertungen wäre
das extremste Gegenstück dazu. Auch wenn so etwas gelegentlich noch in der
Praxis auftaucht, halten wir ein darartiges Vorgehen für so unqualifiziert, dass es
hier nicht weiter diskutiert werden soll.

Bisweilen werden **Zweifel** aufkommen, ob tatsächlich jede gutachtliche Stellungnahme derart **differenziert**, wie hier vorgeschlagen, abzugeben ist. In der Praxis
dürften wohl Komplexität und Gewichtigkeit des Problems das Ausmaß an De-
tailliertheit einer Stellungnahme bestimmen. Die **Prinzipien**, um die es hier geht,
werden jedoch in jeder verantwortbaren Stellungnahme zu finden sein. Gerade für
einen Richter, der sehr unter Zeitdruck steht, ist eine strukturierte Äußerung hilfreich. Wenn er sich unbedingt mit einer Kurzinformation begnügen will, findet er
sie in der zusammenfassenden Beurteilung und dem Entscheidungsvorschlag des
Sozialarbeiters. Es bleibt dem Richter aber noch immer die Möglichkeit gewahrt,
sich eine so gründliche Einsicht in die Zusammenhänge des anstehenden Problems zu verschaffen, wie der Sozialarbeiter sie aus seiner Nähe zu den Klienten
besitzt, indem er nachträglich noch die Abschnitte »Vorgeschichte und derzeitige
Situation« und »Psychosozialer Befund« liest. Ob es dazu kommt, hängt eventuell
auch von der Qualität des Teiles »Zusammenfassende Beurteilung« ab.

Ein weiterer Grund für eine deutlich strukturierte Stellungnahme ist die bei ihr
notwendig gegebene strikte **Trennung** von Informationen über **Fakten** und deren
Interpretation im Sinne einer Erklärung (Deutung) und Beurteilung. Zumindest
erleichtert ein derartiger Strukturierungsansatz die Unterscheidung dieser qualitativ grundverschiedenen Vorgänge.

Entsprechend dem oben angedeuteten Strukturbegriff haben die verschiedenen
Teile einer gutachtlichen Stellungnahme eine je spezifische Funktion. In diesem
Kapitel soll gezeigt werden, wie einerseits die Funktion der Teile deren Inhalt
bestimmt, und wie andererseits die Beachtung formaler Aspekte zur Funktionali-
tät der Strukturanteile beiträgt.

5.4.1 Formale Angaben

Die gutachtliche Stellungnahme beginnt mit der Nennung von **Adressaten** und
Absender. Im Betreff wird – unter Bezugnahme auf die einschlägigen Paragra-
phen[26] – das zu beurteilende **Problem** eingeführt. Dann folgen die **Personalien**
der von der gutachtlichen Stellungnahme betroffenen Personen[27]. Abschließend
werden in diesem Teil die **Quellen** genannt, die dem stellungnehmenden Sozialarbeiter zur Verfügung standen. Was dazu zählt, deckt sich inhaltlich mit den in

---

26 Die Bezugnahme hat nicht den Sinn, den Richter zu belehren, sondern den Betreff zu präzisieren.
27 Bei gutachtlichen Stellungnahmen zur Frage der Ersetzung der Einwilligung gem. § 1748 BGB ist auf
    die Wahrung des Inkognitos zu achten. Da der Ersetzungsbeschluss den leiblichen Eltern zugestellt
    werden muss, ist es besser, schon in der gutachtlichen Stellungnahme über die Adoptiveltern nur
    verfremdet zu berichten, d. h. jedenfalls die Personalien verschlüsselt oder abgekürzt wiederzuge-
    ben.

der Vorgeschichte verarbeiteten Informationen. Hierzu gehört also auch die mit Datum und Ortsangabe versehene Auflistung eigener Kontakte mit den Klienten, z. B. im Rahmen von Hausbesuchen. Die Gliederung der Quellenangaben kann entweder nach chronologischen Gesichtspunkten oder nach betroffenen Personen vorgenommen werden.

Mit diesen einleitenden Feststellungen soll dem Richter ein erster rascher Überblick über das anstehende Problem, die davon betroffenen Personen und die herangezogenen Informationsquellen ermöglicht werden.

Um dem Richter in besonders schwerwiegenden Fällen augenfällig zu machen, dass die im psychosozialen Befund enthaltenen Aussagen belegbar sind, kann es manchmal vorteilhaft sein, die einzelnen Informationsquellen in der Einleitung numerisch zu kennzeichnen und diese Ziffern später als Hinweis auf Belegstellen zu verwenden.

Bei der Aufzählung von Informationsquellen ist darauf zu achten, dass nicht eigene Mitteilungen an eine andere Dienststelle, nur weil sie ein das anstehende Problem berührender aktenkundiger Vorgang sind, als Erkenntnisquelle berücksichtigt werden.

5.4.2 Vorgeschichte und derzeitige Situation

5.4.2.1 Funktion

Die im Gutachtenabschnitt »Vorgeschichte und derzeitige Situation« zusammengetragenen Einzeldaten sollen dem Adressaten einen der Problemlage entsprechend detaillierten Einblick in die komplexen intrapsychischen und psychosozialen Gegebenheiten der Betroffenen ermöglichen.

Ferner können sie zu einem besseren Verständnis der individuellen Entwicklung der Betroffenen, ihrer Beziehungen zueinander und damit zum Verständnis der aktuellen Problemlage beitragen. Nicht zuletzt schafft die angemessene Gestaltung dieses Gutachtenteils dem Richter die Voraussetzung, die Gültigkeit des nachfolgenden psychosozialen Befundes, die zusammenfassende Beurteilung und den Entscheidungsvorschlag des Sozialarbeiters zu überprüfen und dessen Stellungnahme argumentativ in das eigene richterliche Tun einzubeziehen bzw. abzulehnen.

5.4.2.2 Inhalt

Der Abschnitt »Vorgeschichte und derzeitige Situation« kann die genannten Funktionen umso besser erfüllen, je mehr sie a) **problemrelevante** Einzelinformationen wiedergibt, die b) möglichst **konkret situatives** Erleben und Verhalten problembezogen widerspiegeln. Er umfasst daher – vorbehaltlich datenschutzrechtlicher Zulässigkeit – u. a.

– Informationen, die der Sozialarbeiter selbst durch **Anamnese**, problemorientierte **Exploration** und gezielte **Verhaltensbeobachtung** der Betroffenen während Hausbesuch oder Gespräch im Jugendamt gewinnen konnte;
– Mitteilungen zum Problemverhalten der Klienten durch **nicht Betroffene** (z. B. von Nachbarn, Verwandten, Polizei, Kindergarten, Lehrer usw.);
– Erkenntnisse aus Gesprächen mit **Kollegen**, die schon früher mit Mitgliedern der Familie(n) zu arbeiten hatten;
– Bereits **vorhandene Stellungnahmen** zu Familienmitgliedern oder deren Problemverhalten;
– Äußerungen von Sachverständigen (z. B. Ärzten, Psychologen), die der Sozialarbeiter einholte oder schon vorfand;
– Problemrelevante **Aktennotizen** aus anderen Vorgängen.

Bei allen Daten, die der Sozialarbeiter nicht im Rahmen von Interviews und Beobachtungen bei den betroffenen Klienten selbst erhoben hat, ist der Datenschutz gem. §§ 61 ff. KJHG zu beachten. So sind Gespräche mit Nachbarn z. B. nur in Fällen des § 1666 BGB ohne Einwilligung der Sorgeberechtigten denkbar. Das gleiche gilt für Gespräche mit Kollegen und die anderen genannten Datenquellen.

5.4.2.3 Form

Um diese vielen Informationen in ihrer verwirrenden Mannigfaltigkeit dem Adressaten überschaubar zu machen, ist es hilfreich, die Daten in der zeitlichen Abfolge der Ereignisse am Hauptproblem orientiert wiederzugeben. Auch eine Gliederung der Aussagen nach den betroffenen Personen, unter Berücksichtigung chronologischer Gesichtspunkte, erleichtert den Überblick.

Wenn eine Familie schon längere Zeit vom Jugendamt betreut wird oder das Problem schon zu umfassenderen rechtlichen Auseinandersetzungen geführt hat, besteht in der Regel die Notwendigkeit, bereits vorhandene Berichte, Stellungnahmen und Sachverständigengutachten **auszuwählen und zu kürzen**, um Wiederholungen ein und derselben Quelle zu vermeiden und die Vorgeschichte nicht zu umfangreich werden zu lassen. Bei der Auswahl bzw. Kürzung von Informationen, die nicht vom Sozialarbeiter stammen, ist darauf zu achten, dass **möglichst konkrete Angaben** in den Abschnitt »Vorgeschichte und derzeitige Situation« aufgenommen werden und Verallgemeinerungen (Befund) nur dann, wenn die Information sonst entfallen müsste. Nur im Ausnahmefall, nämlich dann, wenn feststeht, dass dem Adressaten bestimmte Fakten bereits bekannt sind, genügt ein Hinweis auf sie.

In dem Abschnitt »Vorgeschichte und derzeitige Situation« sollte grundsätzlich bei der Darstellung der einzelnen Informationen jeweils angegeben werden, woher sie stammen (Akten, Gespräche, Beobachtungen). Durch Hinweis wie »Bei meinem Hausbesuch am… « oder »Nach Angaben von Frau X soll… « wird der Richter darauf aufmerksam gemacht, inwieweit die Informationen vom Sozialarbeiter selbst gewonnen oder von anderen Personen eingebracht wurden, was die

Transparenz erhöht und auch für die Beurteilung der Zuverlässigkeit dieser Mitteilungen bedeutsam wird. Der Bezug auf eine konkrete Situation oder eine bestimmte Äußerung einer Person macht außerdem deutlich, dass die in dem Abschnitt »Vorgeschichte und derzeitige Situation« zusammengetragenen Einzelangaben zunächst nur **situative** Befunde von **relativem** Wert sind und jede für sich alleine genommen noch keine grundsätzliche Aussage über Personen und ihr Verhalten zulässt. Durch die Verwendung des Konjunktivs bzw. der Form der indirekten Rede kann die Relativierung der Angaben noch verstärkt werden.

Im allgemeinen ist es sinnvoll, bei Wiedergabe unstreitiger Tatsachen und der vom Sozialarbeiter selbst gemachten Beobachtungen die indikativische Aussageform zu wählen. Das Situative eigener Beobachtungen wird am besten in einer Vergangenheitsform des Indikativs ausgedrückt. Diese sprachliche Form ist auch dann zutreffend, wenn Fremdbeobachtungen unter ausdrücklicher Bezugnahme auf die Quelle Erwähnung finden. Fehlt in der Wiedergabe solcher Beobachtung Dritter der ausdrückliche Bezug zur Quelle, wodurch diese Aussage ja relativiert wird, sollte der Konjunktiv Perfekt verwendet werden oder eine Umschreibung mit modalen Hilfsverben.

5.4.2.4 Fehlerquellen

Die Qualität des Abschnittes »Vorgeschichte und derzeitige Situation« ist eine entscheidende Voraussetzung für den Wert der gutachtlichen Äußerung überhaupt. Deshalb gilt es, bei der Abfassung der Vorgeschichte u.a. folgenden Gefahren vorzubeugen:

– Einfluss der Fragestellung
In der diagnostischen Literatur ist die Gefahr der Einflussnahme von Fragestellungen auf die Datensammlung und Gutachtengestaltung hinlänglich bekannt[28]. Bei der Abfassung gutachtlicher Stellungnahmen durch das Jugendamt ist die Gefahr geringer, weil sich die Fragestellung immer unmittelbar aus dem Gesetz (§§ 49, 49a, 56d FGG) ergibt. Dennoch tut der Sozialarbeiter gut daran, kritisch zu prüfen,
1. mit welchem Vorverständnis er an die der Stellungnahme zugrunde liegende Fragestellung herangeht (und sie damit akzentuiert),
2. inwieweit die Fragestellung dem zu beurteilenden Problem angemessen ist.

– Einfluss von Vorentscheidungen
Bisweilen lassen sich Sozialarbeiter bei der Datensammlung und -zusammmenstellung nicht so sehr von der Problemstellung, sondern von dem »intuitiv« angestrebten Problemlösungsversuch (Entscheidungsvorschlag) lenken. Ein solches Vorgehen garantiert zwar einen hohen Grad von »Stimmigkeit« der Stellungnahme von der Einleitung bis zum Entscheidungsvorschlag, wird dem Anspruch einer reflektierten Aussage aber nicht gerecht.

---

28 *Hartmann/Haubl*, 1984; *Jäger*, 1983.

– Ausklammern von Widersprüchlichem
Beim Sammeln und Anordnen der Informationen finden sich gehäuft solche, die
einen gemeinsamen Trend erkennen lassen, und einige wenige, die in das Bild
nicht passen wollen. Hier ist es wichtig, die vereinzelten, zum Gesamtbild nicht
gut passenden oder dazu ausdrücklich in Widerspruch stehenden Hinweise nicht
zu übersehen oder wegzulassen, sondern ausdrücklich aufzunehmen und im psychosozialen Befund und den übrigen Teilen der Stellungnahme zu verwerten.

– Abhängigkeit von Autoritäten
Sofern Sachverständigenäußerungen vorliegen, neigen Sozialarbeiter mitunter
dazu, die Aussagen einer Fachautorität auch dann unkritisch zu übernehmen,
wenn selbst einem Laien die Fehlerhaftigkeit der Äußerung erkennbar ist. Abhängigkeit von Autoritäten sind besonders dann zu beobachten, wenn Sozialarbeiter
medizinische Befunde in Entwicklungsberichten, sowie psychologische oder medizinische Sachverständigengutachten zu berücksichtigen hatten.

Beispiel: In den Gefälligkeitsgutachten eines Hausarztes und des von ihm mit
einbezogenen Kollegen wird übereinstimmend ausgesagt, die von der Kindesmutter bei ihrer Tochter Hannelore beobachtete Nervosität, Gereiztheit und
geringe Belastbarkeit seien eine Folge der seelischen Überforderung des Kindes,
die durch die Besuche des getrennt lebenden Vaters entstünden. Dem Vater sei
daher das Umgangsrecht zu entziehen. Hannelores Verhalten falle nicht aus der
Norm gleichaltriger Kinder. Das Kind bedürfe keiner besonderen medizinischen
oder psychotherapeutischen Hilfe.

In diesem Falle dürfte die Äußerung der Fachleute nicht einfach übernommen
werden. Vielmehr ist hier das angesprochene Verhalten des Kindes, gleichzeitig
aber auch der Widerspruch der gutachtlichen Äußerung zu registrieren.
Auf die Suggestionskraft des geschriebenen Wortes sei in diesem Zusammenhang
noch einmal ausdrücklich hingewiesen.

– Befund statt »Vorgeschichte und derzeitige Situation«
Eine Schwierigkeit bei der Formulierung des Abschnittes »Vorgeschichte und
derzeitige Situation« besteht für manche darin, die dort aufzuführenden Einzel-
vorkommnisse dem Richter auch tatsächlich als solche kenntlich zu machen.
Nicht selten schleichen sich dann Formulierungen ein, sprachlich durch die Prä-
sensform begünstigt, die wegen ihres hohen Maßes an Verallgemeinerung eher in
den psychosozialen Befund gehören.

Beispiel: »... dabei zeigte sich, dass die Mutter unfähig ist, ihr Kind zu erziehen«,
statt »... sie gab dem anhaltenden Drängeln des Kindes nach und holte ihm immer
wieder eine Tafel Schokolade.«

Möglichst konkrete Verhaltensbeschreibungen sind eine der Hilfen, voreiligen
Verallgemeinerungstendenzen vorzubeugen.

– Bewertung statt Beschreibung
Eine andere Schwierigkeit besteht offensichtlich darin, in der Vorgeschichte Vorkommnisse rein beschreibend wiederzugeben und nicht vorschnelle Bewertungen

einfließen zu lassen. Das eben genannte Beispiel macht das bereits deutlich. Dieser Gefahr kann man begegnen, indem man adjektivische Wendungen (...»sie ist unfähig...«) oder substantivische Wendungen (»... ihre Unfähigkeit, ein Kind zu erziehen...«) vermeidet und dafür eine Verbform bevorzugt (»... sie gab dem Drängen des Kindes nach...«).

Die Bewertung sollte aus der Vorgeschichte herausgehalten werden. Sie hat in der zusammenfassenden Beurteilung einen begrenzten Platz.

– Deutung statt Beschreibung

Auch das Erklären, Klassifizieren und Deuten von Vorkommnissen ist in dem Abschnitt »Vorgeschichte und derzeitige Situation« zu meiden. Ein zu frühes Einsetzen von diagnostischem Tun hindert den Richter, zunächst einmal möglichst offen den Sachverhalt zur Kenntnis zu nehmen. Statt dessen wird der Leser dazu gedrängt, die Einzelereignisse aus dem Blickwinkel einer bestimmten Annahme heraus wahrzunehmen. Der Adressat wird ferner daran gehindert, sich ein eigenständiges Bild vom Ganzen zu verschaffen, da bereits von wenigen Einzelsituationen aus Erklärungsansätze für das Gesamtverhalten der Persönlichkeit angeboten werden. Eine solche Aufgabe scheint uns erst auf der Grundlage des psychosozialen Befundes leistbar.

5.4.2.5 Zusammenfassung

Der Abschnitt »Vorgeschichte und derzeitige Situation« hat die Funktion, das für die gutachtliche Stellungnahme erforderliche Material sinnvoll geordnet zur Verfügung zu stellen. Dazu ist eine auf Wesentliches reduzierte, möglichst konkrete, auch Widersprüchliches berücksichtigende Wiedergabe **problemrelevanter Einzelereignisse** sowie der besonderen Umstände, unter denen diese beobachtet wurden, notwendig. Verallgemeinernde, bewertende oder deutende Aussagen sollten zugunsten bloß beschreibender, informierender Formulierungen unterbleiben. Der Einfluss der Sprache ist zu beachten.

5.4.3 Der psychosoziale Befund

5.4.3.1 Zur Funktion des Befundes

Der psychosoziale Befund hat die Aufgabe, ausgehend von den vielen Einzeldaten des Abschnitts »Vorgeschichte und derzeitige Situation«, dem Adressaten ein deutlich konturiertes Bild der Gesamtsituation der Betroffenen zu vermitteln. Dieses wird – neben den diagnostischen Erkenntnissen – zum Ausgangspunkt der (ab)wägenden zusammenfassenden Beurteilung.

Ähnlich wie die »Vorgeschichte«, nur von einem höheren Abstraktionsniveau aus, bietet auch der Befund dem Richter die Möglichkeit, die Argumente der zusammenfassenden Beurteilung des Sozialarbeiter sowie den daraus abgeleiteten Entscheidungsvorschlag inhaltlich zu überprüfen. Seine Funktion ist erfüllt, wenn der psychosoziale Befund den »Istzustand« des Klienten, d. h. dessen relativ kon-

stante intra- und interpersonalen Bezüge in ihren sozialen Bedingtheiten und die
sich daraus ergebende Problemsituation, möglichst klar erkennen lässt.

5.4.3.2 Der Inhalt des psychosozialen Befundes

Im Befund werden Einzelinformationen aus der Vorgeschichte und zur aktuellen
Situation thematisch zusammengefasst und miteinander verknüpft. Es erfolgt also
eine Integration von Aussagen, wobei der Befund deskriptiv bleibt, da er keine
diagnostischen oder prognostischen Schlussfolgerungen enthält.

Auf den ersten Blick mag bei dem Leser der Eindruck entstehen, der psychosoziale Befund sei nichts anderes als eine (und damit unnötige) Wiederholung der
»Vorgeschichte«. Im Einzelfall mag ein solcher Eindruck sogar berechtigt sein.
Dies trifft zum Beispiel zu, wenn die Vorgeschichte und die derzeitige Situation
schlecht erstellt wurden, indem die einzelnen Begebenheiten so verallgemeinernd
wiedergegeben sind, dass sie Befundcharakter erhielten, obwohl er ihnen unter
diesen Voraussetzungen nicht zusteht.

Tatsächlich ist der psychosoziale Befund ein notwendiger eigenständiger Teil einer gutachtlichen Stellungnahme. Denn **ausgehend von** den vielen in der **Vorgeschichte** gesammelten Einzelergebnissen sind im psychosozialen Befund die
**relativ konstanten Weisen des Erlebens und Verhaltens der Klienten, ihre
charakteristischen sozialen Bezüge sowie deren typische Formen der Auseinandersetzung mit dem zu beurteilenden Problem herauszuarbeiten.** Nur die
weitgehend konstanten Verhaltensweisen der Klienten und die sich daraus ergebenden ähnlich wiederkehrenden Problemsituationen können für eine diagno-
stisch-prognostische Überlegung, die Beurteilung und den sich daraus eventuell
ergebenden Entscheidungsvorschlag bedeutsam werden.

Von relativ konstantem Verhalten kann frühestens dann gesprochen werden, wenn
Informationen aus wenigstens zwei oder drei voneinander unabhängigen Quellen
auf gleiches oder ähnliches Verhalten verweisen. Eine **Längsschnittkonstanz**
(Persistenz) kann man annehmen, wenn im Leben eines Menschen (z. B. durch
Fremd- und Selbstanamnese) zu verschiedenen Zeitpunkten in ähnlichen Situatio-
nen gleiche oder ähnliche Verhaltensweisen zu finden sind.

Eine **Querschnittkonstanz** (Konsistenz) ist dann gegeben, wenn in einem bestimmten Zeitraum gleiches oder ähnliches Verhalten eines Menschen in Situationen mit unterschiedlichem Aufforderungscharakter beobachtbar ist[29]. Zu ein und
demselben Verhaltensbereich des Klienten können in der Vorgeschichte mitunter
gegensätzliche Verhaltensweisen sichtbar geworden sein; z. B. kann die Zuwendung des Vaters zum Kind in manchen Situationen fürsorglich, in manchen
ausgesprochen aggressiv sein. Derartige Diskrepanzen im Verhalten sind in den
psychosozialen Befund ausdrücklich aufzunehmen. Sie geben Aufschluss über
die »Schwankungsbreite der Persönlichkeit in einem Verhaltensbereich«[30]. Er-

---

29 Vgl. *Thomae*, 1967, 747.
30 *Heiß*, 1964, 990.

wähnt der Sozialarbeiter hierbei noch die besonderen Umstände, unter denen das eine (z. B. fürsorgliche) und unter denen das andere (z. B. aggressive) Verhalten eines Klienten in der Regel auftritt, so wird dadurch die später zu leistende zusammenfassende Beurteilung erleichtert.

Verhaltensweisen, die **problemrelevant, aber nur vereinzelt belegbar** sind, finden im psychosozialen Befund ebenfalls Beachtung. Durch entsprechend vorsichtige Formulierungen muss der Sozialarbeiter jedoch dem Leser erkennbar machen, dass diese Verhaltensweisen nicht Teil eines gesicherten Befundes sind, wohl aber für die Beurteilung bedeutsame Hinweise bzw. Denkanstöße bieten können. Auch wenn üblicherweise zu erwartende oder zu beobachtende **Verhaltensweisen fehlen,** sollte das im psychosozialen Befund berücksichtigt werden.

Beispiel: Anlässlich der Neuregelung des Umgangsrechts nach Scheidung vermag in einer Exploration ein Elternteil von ihm selbst und vom ehemaligen Partner begangene »Fehler« zu sehen und dazu selbstkritisch Stellung zu beziehen. Der andere Elternteil setzt sich nur mit den Fehlern des Partners auseinander. Einen eigenen Anteil an der gestörten Beziehung bemerkt er auch dann nicht, wenn ihn der Sozialarbeiter behutsam, aber gezielt darauf anspricht.

Auf die in diesem Beispiel fehlende selbstkritische Haltung wäre in einem psychosozialen Befund hinzuweisen.

Es versteht sich von selbst, dass der **Inhalt** des psychosozialen Befunds, wenn er der Individualität der zu Beurteilenden gerecht werden soll, von Fall zu Fall **variieren** wird. Unterschiedliche Akzente in der Befunderstellung ergeben sich außerdem aus der Besonderheit der jeweils zu beurteilenden Problemsituation. Eine Stellungnahme zu Fragen des Entzugs des elterlichen Sorgerechts z. B. macht andere Inhalte des psychosozialen Befunds erforderlich als eine gutachtliche Äußerung anlässlich einer Annahme als Kind.

5.4.3.3 Formale Aspekte der Befunderstellung

Schwierigkeiten bereitet in der Regel die Frage, wie ein psychosozialer Befund gegliedert werden soll. Es widerspricht der Einmaligkeit der Betroffenen und ihrer Lebenssituation, die sie betreffenden Daten in ein starres Schema zu pressen. Es gilt noch einmal darauf hinzuweisen, dass Auswahl und Zusammenstellung der Daten (Einzelbeobachtungen bzw. Einzelinformationen) stets eine reflektierte oder – was weitaus problematischer ist – unreflektierte Gewichtung dieser Einzelsituationen beinhalten. Der Sozialarbeiter sollte sich daran »erinnern«, dass solches Wägen kein Messen, sondern immer nur ein Schätzen sein kann[31]. Wie ein Sozialarbeiter einen psychosozialen Befund zusammenstellt, hängt zu einem großen Teil von seinen persönlichkeitstheoretischen Kenntnissen und seinen Einstellungen dazu ab.

---

31 *Heiß*, 1964, 987.

Ausgehend von *Thomaes*[32] Anregungen zum Inhalt einer gutachtlichen Äußerung, erscheint uns eine Gliederung der Inhalte in etwa folgender Reihenfolge sinnvoll zu sein:

(1) In seltenen Fällen Aussagen über das **körperliche Erscheinungsbild** der Klienten; ggf. mit Hinweisen auf Entwicklungsstand, Gesundheitszustand, Besonderheiten im körperlichen Bereich wie Missbildungen, Behinderungen etc.

(2) Hinweise auf **psychische Charakteristika** der Betroffenen. Dazu zählen u. a.

– Aussagen über ihre Antriebe, Bedürfnisse, Zielsetzungen.

– Aussagen über Fähigkeiten und Fertigkeiten der Klienten; u. a. mit Hinweisen auf Intelligenzbeschaffenheit, andere Begabungen, praktische u. a. Fertigkeiten, die für die Lebensbewältigung eingesetzt werden und für die Beurteilung der Problemsituationen wichtig sind.

– Aussagen über Orientierungs- und Regulierungsbemühungen der Klienten; d. h. u. a. Hinweise darauf, welchen Einfluss Selbst- und Fremdbild auf das Verhalten der Betroffenen haben, inwieweit übergreifende oder nur naheliegende Zielsetzungen verhaltensbestimmend sind, inwiefern affektive Bindungen, Anpassungs- und Steuerungstendenzen wirksam werden und wie differenziert Klienten sich mit einer Situation befassen.

– Aussagen über bevorzugte »Formen der Auseinandersetzung mit der Umwelt«[33], d. h. u. a. Hinweise darauf, ob und wie von dem Klienten leistungsbezogenes, sich anpassendes, abwehrendes, ausweichendes oder aggressives Verhalten in ihn bezeichnender Weise eingesetzt wird[34].

(3) Aussagen über Aspekte der **sozialen Wirklichkeit** soweit sie für den Klienten und das zu beurteilende Problem von Bedeutung sind, z. B. Aussagen über die familiäre Situation, Familienbeziehungen, Freundeskreis, wirtschaftliche und berufliche Situation, Wohnverhältnis u. a.[35]

Fisseni[36] empfiehlt, bei der Befunderstellung in folgenden Schritten vorzugehen:

– In einer Befundliste werden einzelne Informationen stichwortartig zu thematischen Einheiten gruppiert.

– In einer Befundskizze werden Informationen aus der Befundliste ausgewählt und integriert, d. h. unterschiedliche Informationen zu demselben Merkmal werden in eine Aussage integriert.

– Die Formulierung des Befundes erfolgt durch Erstellung eines fortlaufenden Textes aus der Befundskizze. Die Aussagen werden nun nach größeren thematischen Einheiten geordnet.

Die Befundliste und die Befundskizze haben nur Dienstfunktion und sollen die Formulierung des Befundes, der dann in der gutachtlichen Stellungnahme erscheint, erleichtern.

---

32 *Thomae*, 1967, 1976.
33 *Thomae*, 1967, 749.
34 *Thomae*, 1968, 366–400.
35 *Oswald*, 1968; *Schiepek*, 1986; *Schlippe/Kriz*, 1987.
36 *Fisseni*, 1997, 462–466.

5.4.3.4 Ansatzpunkte unzulänglicher Befunderstellung

In der Praxis der Befunderstellung werden immer wieder typische Fehler sichtbar, die die Funktion des psychosozialen Befundes beeinträchtigen. Auf einige charakteristische Gefahrenpunkte soll hier hingewiesen werden.

– Faszination der Informationen
Wenn Sozialarbeiter mit zu beurteilenden Klienten längere Zeit arbeiten, bekommen sie oft einen tiefen Einblick in die durch die Konfliktsituation ausgelösten Nöte, Ängste und erlebten Ausweglosigkeiten ihrer Klienten. Mitunter werden sie auch unmittelbare Zeugen heftiger Auseinandersetzungen zwischen den Betroffenen. Hier gilt es, sich »von allen Faszinationen durch Informationen über spezifische Milieueinflüsse, auffällige Kindheitserlebnisse, prägende Erlebnisse der späteren Zeit«[37] einerseits und durch unmittelbares Erleben der Konfliktsituation andererseits so weit wie möglich freizuhalten. Andernfalls besteht die Gefahr, im Befund einseitig Akzente zu setzen.

– Suggestibilität infolge Autoritätsabhängigkeit
Die Gefahr, eine einmal (z. B. in einem psychologischen oder medizinischen Gutachten) schriftlich fixierte Aussage über einen Menschen unkritisch zu tradieren, wurde bereits oben angesprochen. Sie besteht auch für die Befunderstellung. Neben der Sachkompetenz scheint vor allem der soziale Status des Sachverständigen dazu beizutragen, dass seine Aussagen von Sozialarbeitern mitunter unkritisch in den eigenen Befund übernommen werden.

– Betonung von Dominanzen
Ein psychosozialer Befund, dessen Gliederung sich aus den dominanten Verhaltensweisen der Klienten »ergibt«, mag für den Leser zwar geschlossen, eindrucksvoll oder »stimmig« erscheinen, wird aber dadurch leicht einseitig und subjektiv.

– Betonung von Konflikthaftem
Manche Sozialarbeiter richten ihre Aufmerksamkeit nur auf das Konflikthafte in den Klienten und ihren sozialen Beziehungen. Sie übersehen dadurch die Ressourcen oder die »funktionierenden« Persönlichkeitsanteile, Verhaltensweisen oder Beziehungsformen. Diese Einstellung auf das »Gestörte«, »Defekte« ist ebenfalls eine Einseitigkeit im Erfassen der psychosozialen Wirklichkeit und beeinträchtigt nicht nur den Befund, sondern später auch die von ihm her vorzunehmende Beurteilung der Problemlage.

– Einfluss tradierter Informationen
Wenn aufgrund jahrelanger Arbeit mit Klienten umfangreiches Aktenmaterial angewachsen ist, wird zu überprüfen sein, ob der Jetztzustand im psychosozialen Befund erfasst ist oder ob stärker vor Jahren Zutreffendes den Befund bestimmt. Im übrigen sind auch hier die datenschutzrechtlichen Regelungen gemäß §§ 61 ff. KJHG strikt einzuhalten.

---

37 *Thomae*, 1967, 748.

– Wiederholung der Vorgeschichte
Bisweilen macht es Sozialarbeitern Schwierigkeiten, Vorgeschichte und psychosozialen Befund zu trennen, dann zum Beispiel, wenn Schilderungen von Einzelsituationen als solche in den Befund aufgenommen werden und ihn dadurch mit
prägen, obwohl er nur relativ Konstantes widerspiegeln sollte.

– Befund mit diagnostischen Aussagen
Soll der psychosoziale Befund seine Funktion erfüllen, darf er nicht mit diagnostischen Aussagen vermischt werden. Vorzeitiges Deuten, Erklären oder Klassifizieren von Verhaltensweisen verleitet, sich mit einem vereinfachten und damit
unzulänglichen Befund zufrieden zu geben (man hat ja bereits seine »Erklärung«
für das Problem). Außerdem sind solche Verquickungen von Befund und Diagnose nicht selten »Kurzschlüsse« im Sinne der mehrfachen Bedeutung des
Wortes: von wenigen Einsichten über einen Klienten (etwa: mehrjähriger Heim-
aufenthalt eines Kindes und derzeitige Erziehungsprobleme) wird kurzerhand auf
nur eine Ursache geschlossen (z. B. Hospitalismusfolgen) und dadurch eine u. U.
genauere Beurteilung des Problems verhindert.

– Befund und Bewertung
Ein besonderes Problem in der Befunderstellung ergibt sich aus der Verwendung
wertender Eigenschaftsbegriffe (z. B. »er ist ein eigensinniger Querulant, der
nur... «). Sie führen leichter zu einer Verurteilung als zu einer Beurteilung. Auf
die etikettierende Wirkung von Stellungnahmen sei hier noch einmal hingewiesen.

– Dosierung der Aussage
Der unkontrollierte Gebrauch von Ausdrücken, die sich auf die Intensität des
geäußerten Verhaltens beziehen (z. B. »sehr«), beeinträchtigt ebenfalls die Qualität eines Befundes. Eine häufige Verwendung von Superlativen, gleichgültig ob
sie sich auf sozial erwünschtes oder unerwünschtes Verhalten der Klienten beziehen, verweist auf wenig sorgfältige Gewichtung der einzelnen Vorkommnisse.

– Verallgemeinerungstendenzen
Geht es bei Dosierungsproblemen eher darum, die Intensität des Verhaltens angemessen auszudrücken, so beziehen sich Verallgemeinerungstendenzen auf deren
Extensität, d. h. ein Verhalten wird als ein immer gegebenes hingestellt. Eine Aussage wie: »Frau L. zeigt sich niemals imstande, persönliche Interessen zum Wohle
ihres Kindes zurückzustellen«, ist so umfassend, dass nur außerordentlich genaue
Kenntnisse dieser Person und ihrer Lebensgewohnheiten eine solche Verallgemeinerung zulassen. In der Sozialarbeit dürften diese Voraussetzungen nur selten
gegeben sein.

– Schablonenbefund
Da wir selbst einen Gliederungsvorschlag für den psychosozialen Befund vorstel-
len, soll noch einmal auf die Gefahr hingewiesen werden, die in einer schablonen-
haften Anwendung der Gliederungspunkte gegeben ist. Der Befund nach
Schablone kann die Individualität der Klienten und die Besonderheit ihres Problems nicht wiedergeben.

5.4.4 Die psychosoziale Diagnose und Prognose

Der Begriff »Diagnose« hat in der Sozialarbeit einerseits eine lange Tradition[38] und ist andererseits seit spätestens Anfang der 70er Jahre umstritten[39]. In der Diskussion um den Begriff »Diagnose« vermischen sich verschiedene Aspekte, die letztlich eng miteinander zusammenhängen: Es geht um die Bestimmung von Fachlichkeit, die Abgrenzung von anderen Professionen und das Verständnis von Sozialarbeit im allgemeinen und der Jugendhilfe im Besonderen. Mit der Entwicklung und Anwendung diagnostischer Verfahren soll die fachliche Kompetenz in der Sozialarbeit gefördert werden. Mit einem fachspezifischen Verständnis von Diagnostik oder aber dem Verzicht auf den Begriff »Diagnose« soll die Besonderheit von Sozialarbeit gegenüber anderen Disziplinen hervorgehoben werden. An dem Begriff »Diagnose« entzündet sich schließlich die Diskussion um das Selbstverständnis der Sozialarbeit insbesondere im Hinblick auf die Art und das Ausmaß von Partizipation seitens der Klienten.

In neueren amerikanischen Lehrbüchern der Sozialarbeit[40] und insbesondere in der einschlägigen Fachliteratur zu diagnostischen Strategien in der Sozialarbeit[41] wird der Begriff **»assessment«** (Beurteilung/Einschätzung) statt des Begriffes Diagnose verwendet. Auch *Barker*[42] weist in seinem Wörterbuch der Sozialarbeit darauf hin, dass in der Sozialarbeit heutzutage der Begriff des »assessment« dem der »Diagnose« vorgezogen wird. Damit soll schon auf der begrifflichen Ebene eine Abgrenzung vom medizinischen Modell und die eigenständige Arbeitsweise der Sozialarbeit deutlich gemacht werden. Dies bezieht sich vor allem darauf, dass
- aus der Perspektive der Sozialarbeit die Lebenswelt des Klienten mindestens ebenso bedeutsam ist wie personenbezogene Aspekte;
- in der Sozialarbeit Problemlösungen mit Klienten gemeinsam erarbeitet werden sollen und
- Sozialarbeit sich nicht nur auf die Probleme von Klienten bezieht, sondern auch ihre Stärken betont[43].

Sozialräumliche oder sozialökologische Orientierung und Ressourcenarbeit sind grundlegende Arbeitsprinzipien des methodischen Handelns in der Sozialarbeit[44]. Ebenso ist die aktive Mitwirkung des Klienten eine wichtige Grundlage für die Sozialarbeit. Auch aus diesem Grunde wird der Begriff des »assessment« dem der »Diagnose« vorgezogen[45]. Mit der Verwendung der Begriffe »Einschätzung« oder »Beurteilung« an Stelle von »Diagnose« soll insbesondere deutlich gemacht

---

38 Vgl. *Richmond*, 1917; *Salomon*, 1926.
39 Vgl. *Meyer*, 1995; *Peters*, 1999.
40 *Compton/Galaway*, 1998, 254; *Kirst-Ashman/Hull*, 1993, 149.
41 *Kemshall/Pritchard*, 1996, 1997; *Meyer*, 1993; *Milner/O'Byrne*, 1998; *Moore*, 1996; *Parsloe*, 1999.
42 *Barker*, 1995, 100.
43 *Kirst-Ashman/Hull*, 1993, 149.
44 Vgl. konkrete Beispiele bei *Meinhold*, 1995, 195–201.
45 *Wendt*, 1995, 27.

werden, dass in der Sozialarbeit vermieden werden soll, Klienten zu etikettieren, Kategorien zuzuordnen oder zu stigmatisieren[46].

Gleichwohl sind Sozialarbeiter mit der Abklärung von Tatbeständen, der Ermittlung von Entstehungsbedingungen sowie der fachlichen Beurteilung von Problemkonstellationen mit Blick auf eine zu entwerfende Änderungsstrategie[47] in verschiedenen Arbeitsfeldern mehr als je zuvor diagnostisch tätig[48]. Insofern verwundert es nicht, dass insbesondere in der klinischen Sozialarbeit von einigen Autoren aus dem angelsächsischen Bereich[49] der Begriff Diagnose weiterhin verwendet wird.

Der Begriff »Diagnose« bedeutet ursprünglich »unterscheidende Beurteilung« und wird in der Medizin gewöhnlich im Sinne von »Krankheitserkennung« verwendet. In der Psychiatrie versteht man unter Diagnose die Zuordnung der Symptome zu einer Kategorie eines Klassifikationsschemas psychischer Störungen. In der Sozialarbeit und in der Sozialpädagogik ist die Verwendung des Begriffes »Diagnose« weniger einheitlich und eindeutig. So haben beispielsweise *Franke/Sander-Franke*[50] ein eher »klassisches« Verständnis von Diagnose, in der nach ihrer Darstellung auf der Grundlage von Fachwissen der zu verändernde Zustand/Prozess bestimmt und die Bedingungen, von denen die Entstehung und Aufrechterhaltung des Zustandes/Prozesses abhängen, erfasst werden. *Müller*[51] hingegen grenzt den Begriff der »sozialpädagogische Diagnose« deutlich von dem störungsbildbezogenen medizinischen Verständnis von Diagnose ab und beschreibt die sozialpädagogische Diagnose als einen Prozess der Klärung von Fragen wie »Wer hat welches Problem?«, »Wer erteilt welches Mandat« und »Wer hat welche Ressourcen?«. Aus seiner Sicht geht es bei sozialpädagogischen Fällen selten um objektiv feststellbare Befunde, sondern um Schwierigkeiten zwischen Personen, die unterschiedlich definieren, wer oder was das Problem ist.

Während *Merchel/Schrapper*[52] im Hinblick auf die Partizipation von Klienten den Begriff »Aushandlung« anstelle von »Diagnose« in die Diskussion eingeführt haben, sehen andere Autoren keinen Grund, auf den Begriff »Diagnose« zu verzichten[53]. *Hanses*[54] argumentiert gegen die »Verbannung« der Diagnose aus dem methodischen Kanon der Sozialen Arbeit und plädiert unter Verweis auf neue Konzepte für die Hilfeplanung wie das sozialpädagogisch-hermeneutische Diagnoseverfahren[55] für die »Wiedereinführung« des Begriffes »Diagnose« aus professionsstrategischen Gründen.

46 *Compton/Galaway*, 1998, 254.
47 *Harnach-Beck*, 2000, 15.
48 Vgl. *Fabian*, 2000, 114 f.
49 Z. B. *Turner*, 1994.
50 *Franke/Sander-Franke*, 1998.
51 *Müller*, 1997.
52 *Merchel/Schrapper*, 1995.
53 Z. B. *Höpfner/Jöbgen/Becker*, 1999, 206.
54 *Hanses*, 2000, 358 f.
55 *Mollenhauer/Uhlendorf*, 1997.

Maas[56] wendet sich gegen die Vorstellung, dass eine fachlich begründete Feststellung seitens des Jugendamtes z. B. des erzieherischen Bedarfs sich im Rahmen eines Aushandlungsprozesses erübrige. *Krieger*[57] weist schließlich darauf hin, dass mit der Einführung des KJHG die Bereiche, in denen differenzierte diagnostische Abklärungen zur Vorbereitung von Entscheidungen vorzunehmen sind, eher ausgedehnt wurden.

Während in verschiedenen Vorschlägen für die Gliederung von Gutachten in Veröffentlichungen aus der Rechtspsychologie[58] oder der Forensischen Psychiatrie[59] und auch bereits in der ersten Auflage des Lehrbuches zur psychologischen Diagnostik von *Fisseni*[60] ein gesonderter Abschnitt »Diagnose/Prognose« nicht enthalten ist und diagnostische und prognostische Aussagen dort in den Abschnitten vorgesehen sind, die mit »Beantwortung der gerichtlichen Fragestellung«, »Interpretation der Ergebnisse« oder »Beurteilung« überschrieben werden, schlagen wir vor, den Abschnitt »Diagnose/Prognose« beizubehalten, um eine klare Strukturierung der gutachtlichen Stellungnahme zu erleichtern.

5.4.4.1 Funktion diagnostischer/prognostischer Aussagen

Diagnostische Aussagen haben die Aufgabe, im Befund aufgewiesene besonders problemrelevante Fakten, deren Bedingungsgefüge nicht unmittelbar »durchschaubar« ist, im Rückgriff auf entsprechendes Fachwissen aus Studium, Fachliteratur und Praxis zu **erklären** oder einem bestimmten »Verlaufstypus« **zuzuordnen**[61]. **Prognostische Überlegungen** haben die Funktion, die wahrscheinlichen **Entwicklungsverläufe bzw. Auswirkungen** der im »Ist-Zustand« des Befundes vorgefundenen Fakten mit Hilfe von Fachkenntnissen möglichst zuverlässig **abzuschätzen**. Sowohl durch diagnostische als auch durch prognostische Überlegungen wird der im psychosozialen Befund bereits vorhandene problembezogene Erkenntnisstand erweitert. Auf diese Weise wird auch die sich anschließende »zusammenfassende Beurteilung« verstärkt fachlich fundiert.

5.4.4.2 Inhaltliche Gesichtspunkte

– Inhalte diagnostischer Aussagen
Diagnostische Überlegungen beziehen sich stets auf konkrete **Teile** des psychosozialen Befundes, d. h. weder auf Einzelereignisse der Vorgeschichte noch auf das der Stellungnahme zugrunde liegende Gesamtproblem.

Psychosoziale Befunde sind unspezifisch, d. h. aus ihnen kann nicht unmittelbar auf eine zugrunde liegende Ursache geschlossen werden. Differenzierte diagnostische Bemühungen im Sinne von **Erklärungsversuchen** werden daher Soziali-

---

56 *Maas*, 1996, 197.
57 *Krieger*, 1994, 49.
58 Z. B. *Salzgeber/Stadler*, 1990, 83; *Hemminger/Beck*, 1997, 52.
59 Z. B. *Venzlaff*, 1994, 141; *Nedopil*, 1997, 203; *Konrad*, 1997, 10; *Rasch*, 1999, 320.
60 *Fisseni*, 1990, 279 f.
61 *Thomae*, 1967, 750; 1976, 76.

sationseinflüsse unterschiedlichster Art, ehemalige und derzeitige Lebensbedingungen, epochale Einflüsse, aktuelle oder genetische Belastungen und vieles andere mehr als mögliche Ursachen berücksichtigen müssen.

Diagnostische Versuche, relevantes Verhalten der Klienten von seinen Ursachen her zu erklären oder durch Zuordnung zu typischen Verlaufsformen zu deuten, stellen somit außerordentliche Ansprüche an das **Fachwissen** des Sozialarbeiters. Spätestens an dieser Stelle wird er sich die Frage stellen müssen, ob er im konkreten Falle hinreichende Fachkompetenz besitzt, die Fakten des psychosozialen Befundes diagnostisch zu berücksichtigen, oder ob es wünschenswert erscheint, ein **Sachverständigengutachten** anzuregen. Es kann jedoch nicht Sache des Sozialarbeiters sein, sich in jedem Falle dem durch den Gesetzgeber festgelegten Auftrag zu einer umsichtigen gutachtlichen Stellungnahme dadurch zu entziehen, dass er dem Gericht die Herbeiziehung eines Sachverständigen vorschlägt[62]. So wird er von Fall zu Fall prüfen müssen, welche diagnostischen Fragen zu beantworten er befähigt ist und welche nicht.

Die **Zuordnung von Verhaltensweisen** der Klienten zu bestimmten Krankheitsbildern, d. h. die Erstellung einer klinisch-pathologischen Diagnose wie »Depression« oder »Schizophrenie« gehört nicht in den Aufgabenbereich des Sozialarbeiters, sondern ist Sache des **Arztes**; desgleichen die Erklärung mancher Verhaltensweisen durch organisch bedingte Besonderheiten der Klienten. Der Sozialarbeiter dürfte aber aufgrund seines Studiums hinreichende sozialmedizinische Kenntnisse haben, vorliegende Äußerungen medizinischer Sachverständiger in diesem Zusammenhang sachgemäß zu erwähnen und da, wo sie fehlen, den Richter auf mögliche Zusammenhänge hinzuweisen und eine entsprechende fachärztliche Abklärung anzuregen. Ähnliches gilt, wenn der Sozialarbeiter komplexe Störungen der Persönlichkeitsentwicklung bekannten Formen zuordnen, ihr Ausmaß abschätzen und ihr Bedingungsgefüge erklären soll. In solchen Fällen wird er oft die Fachkompetenz eines **Psychologen** in Anspruch zu nehmen haben. Aber auch hier kann der Sozialarbeiter auf entsprechende Erkenntnisse von psychologischen Sachverständigen hinweisen bzw. anregen, solche anzufordern.

Abgesehen von solchen Einschränkungen bleibt dem Sozialarbeiter eine große Anzahl von Fällen, in denen er sich aufgrund seiner theoretischen Kenntnisse, seiner praktischen Erfahrungen und der sehr konkreten Vertrautheit mit der Lebenssituation seiner Klienten eigenverantwortlich diagnostisch zu betätigen hat. Kenntnisse, die er während seines Studiums insbesondere aus dem Bereich der Sozialmedizin, Soziologie und Psychologie erworben hat, werden ihm dabei helfen können. Einer vielseitigen Betrachtungsweise ist im diagnostischen Tun der Vorzug zu geben. Das heißt, der Sozialarbeiter tut gut daran, auffälliges Verhalten z. B. nicht nur mit Hilfe *einer* Theorie zu erklären, sondern vor dem Hintergrund der gesamten Biographie eines Klienten und seiner besonderen Lebensumstände

---

62 Dies ergibt sich daraus, dass es in der Rechtsprechung eine Tendenz gibt, dem Richter die Kompetenz abzusprechen, aus einer Summe von Fakten auf unbestimmte Rechtsbegriffe wie Gefährdung, Schädigung etc. zu schließen. Vgl. hierzu OLG Hamm v. 4. 6. 84 – 15 W 144/84 – unveröffentlicht.

zu betrachten. Wenn er dabei noch entwicklungspsychologische, sozialpsychologische oder lerntheoretische Erkenntnisse berücksichtigt, wächst die Wahrscheinlichkeit, dass er in einer den Problemen angemessenen Weise diagnostisch arbeitet.

– Inhalt prognostischer Überlegungen
Vom Sozialarbeiter werden im Zusammenhang mit diagnostischen Aussagen des öfteren auch solche über künftiges Verhalten der Klienten, insbesondere Aussagen über das künftige Wohl des Kindes erwartet. Auch prognostische Überlegungen richten sich – wie diagnostische Aussagen – auf **Einzelaspekte** des Befundes, nicht auf das Gesamtproblem der Fragestellung. Sie sind sozusagen die Verlängerung des Befundes in die Zukunft. Der Vorhersagewert derartiger prognostischer Äußerungen ist von der Beachtung der Lebensumstände abhängig, die Erleben und Verhalten des Klienten zur Zeit oder demnächst bedingen oder bedingen können. In ein und demselben Fall sind unterschiedliche Prognosen denkbar, je nachdem welche Lebensumstände für den Klienten bedeutsam werden.

Es ist u. U. sinnvoll, mehrere prognostische Alternativen hervorzuheben, da **eine** eindeutige und sichere prognostische Aussage über Menschen (Frage der Validität) insbesondere bei sehr jungen Kindern kaum möglich ist. Dass es sich hierbei nicht um sogenannte »intuitive Prognosen« handeln kann, die nur »aus dem persönlichen Gefühl und der vermeintlichen Erfahrung, ja aus der ungeschulten Fähigkeit zur Einschätzung menschlicher Verhaltensweisen herausgestellt werden«[63], versteht sich von selbst. Vielmehr sollten sie weitgehend den Voraussetzungen entsprechen, die *Schneider*[64] für eine »klinische Individualprognose« umreißt. Solche Voraussetzungen sind für *Schneider* das Studium des Lebenslaufs und der Familienverhältnisse der Klienten, gezielte Explorationen und andere psychodiagnostische Verfahren, wie z. B. die Beobachtung. Ein knapper Überblick über Prognoseverfahren und deren Probleme befindet sich in dem Handbuch von *Northoff*[65]. Neuere Ergebnisse der Prognoseforschung werden in dem Lehrbuch von *Amelang/Zielinski*[66] dargestellt.

5.4.4.3 Formale Aspekte

Mehr noch als für andere Teilbereiche einer gutachtlichen Stellungnahme gilt für diagnostische und prognostische Äußerungen, dass sie nur einen mehr oder weniger großen Wahrscheinlichkeitswert besitzen. Das sollte auch durch die Art der Formulierung zum Ausdruck kommen. Die Verwendung relativierender Begriffe und des Konjunktivs können dazu beitragen. Nehmen solche sprachlichen Gestaltungsmittel bei der Wiedergabe diagnostisch-prognostischer Überlegungen jedoch überhand, weil sicher diagnostizierbare Sachverhalte fehlen bzw. eine fachlich gesicherte Prognose nicht möglich ist, so sollte besser **auf diesen Gut-**

---

63 *Mey*, 1967, 513.
64 *Schneider*, 1967, 400.
65 *Northoff*, 1996, 499–505.
66 *Amelang/Zielinski*, 1997, 377–397.

achtenteil ganz verzichtet werden, da er seine Funktion – Erkenntniszuwachs zu ermöglichen – nicht erfüllen kann.

In Aus- und Fortbildungsveranstaltungen gewonnene Erfahrungen zeigen, dass manche unzulängliche diagnostische oder prognostische Aussage vermieden werden kann, wenn sich der Sozialarbeiter vorab über zwei Fragen Rechenschaft gibt:

1. **Was** will ich erklären, zuordnen/prognostizieren?
2. **Womit** kann ich dieses erklären/begründen?

Ferner hat sich gezeigt, dass der in der Praxis häufig zu beobachtende Fehler, bei diagnostischen Aussagen zuviel vom Befund zu wiederholen und dann zum eigentlich Diagnostischen (oder Prognostischen) nicht mehr zu kommen, weitgehend vermieden werden kann, wenn das, was diagnostiziert werden soll, sofort an den Satzanfang gestellt wird. Zwei Beispiele sollen das Gemeinte verdeutlichen.

Beispiel: Peter hat seinen Entwicklungsrückstand im Sozialverhalten nicht nur aufgeholt, sondern er zeigt inzwischen sogar einen Entwicklungsvorsprung von fünf Monaten.

Der berichtende Sozialarbeiter mag hier, sich orientierend an einer der verfügbaren Entwicklungsskalen, eine recht sorgfältige Beobachtung wiedergeben. Seine Aussage ist jedoch keine diagnostische Aussage und schon gar nicht eine prognostische Überlegung, sondern ein wichtiger Teil des Befundes. Der für die Beurteilung des Problems (etwa Forderung der Eltern an die Pflegeeltern, das Kind herauszugeben) wichtige, aus der diagnostischen Beurteilung dieses Sachverhalts sich u. U. ergebende Erkenntniszuwachs fehlt hier. Zutreffend ist folgende Aussage:

Beispiel: Dass Peter inzwischen seinen Entwicklungsrückstand im Sozialverhalten eingeholt und heute sogar einen Entwicklungsvorsprung von fünf Monaten erreicht hat, steht zum großen Teil in ursächlichem Zusammenhang mit dem seit ca. zwei Jahren kontinuierlich bestehenden belastbaren Beziehungsangebot der Pflegeeltern sowie der für den Jungen sich sehr befriedigend gestaltenden engen Beziehungen zu den Pflegegeschwistern.

In dieser Aussage wird **etwas** (Entwicklungsrückstand) durch **etwas anderes** (Sozialbezüge) erklärt. Damit wird die Bedeutung der Pflegeeltern und -geschwister für Peter sichtbar. Diese Erkenntnis ist ein Informationsgewinn, der zur vorhandenen Information des Befundes (Aufholen des Entwicklungsrückstandes) **hinzukommt** und somit die zusammenfassende Beurteilung ergänzend fundiert.

5.4.4.4 Fehlerquellen

Der Gutachtenteil »Diagnose« bereitet meistens die größten Schwierigkeiten. Dabei werden vor allem folgende Fehlerquellen sichtbar:

– Wiederholungstendenzen
Offensichtlich als Folge bestimmter bisheriger Anleitungen in »Psychosozialer Diagnose« (die dann aber nicht eine bestimmten Schritt in der Gutachtengestaltung, sondern mehr oder weniger die Stellungnahme als Ganzes meinen) neigen viele Sozialarbeiter dazu, Teile aus dem Befund, nicht selten sogar aus der Vorgeschichte, zu wiederholen, ohne damit aber diesen Ist-Zustand zu »erklären«, d. h. zusätzlich zu erhellen, was jedoch für die »Beurteilung« hernach wichtig wäre. Eine solche Vorgehensweise führt den Adressaten nicht nur nicht zu neuen Einsichten, sondern lähmt darüber hinaus sein Interesse am übrigen Gesagten.

– Vermengung von Erklärung und Bewertung
Eine weitere typische Unzulänglichkeit mancher diagnostischer Ausführungen besteht darin, dass der Sozialarbeiter, statt erklärende Begriffe zu verwenden, wertende gebraucht – oder aber sich (mit gutem Grund) gegen voreilige (Ab-) Wertungen des Klienten wehrt und daher »das Kind mit dem Bade ausschüttet«, d. h. auf diagnostische Überlegungen ganz verzichtet.

– Spekulative Interpretation
Verzichtet werden sollte allerdings auf jede Form spekulativer Interpretation. Schon *Thomae*[67] hat eindringlich davor gewarnt, vorschnell auf im Befund als »konstant« bezeichnete Verhaltensweisen ungesicherte »Modelle« oder nicht überprüfte Theorien mit begrenztem Aussagewert anzuwenden. Auch die vorzeitige Zuordnung als konstant angesehener Verhaltensweisen zu einem bestimmten Verlaufstypus ist auf jeden Fall zu vermeiden. Aus diesem Grunde ist mit *Thomae*[68] ein gewisses Maß an »diagnostischer Abstinenz« sehr zu empfehlen, womit allerdings nicht der diagnostische Prozess der Datenerhebung und -auswertung, sondern die Erstellung einer Diagnose im engeren Sinne gemeint ist.

– Diagnostische Aussagen ohne Relevanz
Wenn diagnostische Aussagen keine unmittelbare Relevanz für die anschließende Beurteilung des Falles und die vorgeschlagenen Maßnahmen haben, sollte schon allein aufgrund der damit immer verbundenen Gefahr einer leichtfertigen Ettiketierung davon abgesehen werden, entsprechende in diesem Fall überflüssige Ausführungen zu machen.

5.4.5   Die zusammenfassende Beurteilung

5.4.5.1   Zur Funktion der Beurteilung

In diesem Gutachtenabschnitt fachlich fundierter Stellungnahmen geht es darum, die gewonnenen **Erkenntnisse zusammenzufassen,** auf ihre psychosozialen Auswirkungen hin gegeneinander **abzuwägen** und dabei immer wieder auf die **rechtlich relevante Problemstellung** zurückzuführen, d. h. das so gewonnene Ergebnis mit den rechtlich/gesetzlich vorgegebenen Tatbestandsmerkmalen in

67 *Thomae*, 1967, 751.
68 *Thomae*, 1967, 752.

Beziehung zu setzen (**Subsumtion**). Auf diese Weise wird es möglich, argumentativ einen **Entscheidungsvorschlag vorzubereiten**. Im Idealfall wird eine so gestaltete Beurteilung einen **Richter**, der erst an dieser Stelle das Gutachten zu lesen beginnt, **motivieren** können, die gesamte Stellungnahme zur Kenntnis zu nehmen.

5.4.5.2 Besonderheiten der inhaltlichen Gestaltung

Das vom Sozialarbeiter geforderte für die zusammenfassende Beurteilung charakteristische **Abwägen** der gewonnenen Erkenntnisse hinsichtlich ihrer psychosozialen Bedeutung unter Einbeziehung des rechtlichen Beurteilungsrahmens (**Tatbestandsmerkmale**) kann durch Fragen wie diese eingeleitet werden:

– Was aus Befund und eventuell in diesem Kapitel enthaltenen diagnostischen Aussagen oder prognostischen Überlegungen spricht dafür oder dagegen, dass im vorliegenden Fall eine Kindeswohlgefährdung (im Sinne des § 1666 BGB) vorliegt?
– Welche Erkenntnisse aus den vorausgehenden Teilen der gutachtlichen Stellungnahme lassen darauf schließen, dass es dem Kindeswohl am ehesten entspräche, dem Antrag der Mutter oder dem Antrag des Vaters auf Übertragung des Alleinsorgerechts stattzugeben oder es beiden zwangsweise zu belassen? (Bezug zu § 1671 Abs. 2 Nr. 2 BGB).
– Inwiefern sprechen die gewonnenen Einsichten dafür, das es zum Wohl des Kindes erforderlich ist, das Umgangsrecht eines Elternteils zu beschränken oder gar ganz auszuschließen? (Bezug zu § 1684 BGB).
– Was sagen die vorhandenen Fakten und ihre Bewertung darüber aus, ob es dem Wohle des Kindes B dient, von den Eheleuten A adoptiert zu werden und ob es zu erwarten ist, dass zwischen den Eheleuten A und dem Kind B ein Eltern-Kind-Verhältnis entsteht? (Bezug zu §§ 1741 ff. BGB).

Solche Überlegungen lassen erkennen, dass der Sozialarbeiter an dieser Stelle Rechtsfragen nicht nur berücksichtigen darf, sondern sogar gründlich überdenken muss. Zwar ist es richtig, dass nur der Richter die abschließende rechtliche Beurteilung vorzunehmen hat. Der Sozialarbeiter muss jedoch bei seiner Stellungnahme einen rechtlichen Rahmen einhalten, was sowohl bei der **Sammlung** der problemrelevanten Erkenntnisse (Vorgeschichte, Befund, diagnostische Aussagen, prognostische Überlegungen) als auch bei der **Gewichtung** ihrer psychosozialen (nicht rechtlichen!) Bedeutung zum Tragen kommt.

Beim Abwägen der problemrelevanten Erkenntnisse muss der Sozialarbeiter die Ressourcen, die in Form von Hilfen des Jugendamtes zur Verfügung stehen, mit in seine Überlegungen einbeziehen.

Beispiel: Das Kindeswohl ist durch die bestehende Umgangsregelung nicht gefährdet, da das Kind seit vier Wochen regelmäßig die Erziehungsberatungsstelle des Jugendamtes besucht und dort mit ihm an den durch die Besuche entstehenden Spannungen gearbeitet wird.

Den inhaltlichen Anforderungen an die zusammenfassende Beurteilung werden solche Stellungnahmen nicht gerecht, die an dieser Stelle – u. U. zum dritten Mal – die bereits im Abschnitt »Vorgeschichte und derzeitige Situation« erwähnten Daten lediglich wiederholen, ohne sie zu gewichten. Von einer fachlich begründeten Beurteilung kann man auch dann nicht reden, wenn sie zwar Wertungen enthält, letztere jedoch lediglich unreflektierte Vor-Urteile des Sozialarbeiter widerspiegeln, die zu einem Beurteilungsergebnis führen, das offensichtlich in Gegensatz zu den vorausgehenden Ausführungen steht.

Da der Inhalt der zusammenfassenden Beurteilung wesentlich vom zu beurteilenden Gesamtproblem und den dafür zur Verfügung stehenden Informationen abhängt, ist ein bestimmter Vorschlag zur Strukturierung dieses Teils gutachtlicher Stellungnahmen kaum möglich. Einige Anregungen hierfür finden sich in den Beispielen für gutachtliche Stellungnahmen.

5.4.6 Der Entscheidungsvorschlag

Der Entscheidungsvorschlag ist **keine Vorwegnahme** der richterlichen Entscheidung durch den Sozialarbeiter. Dieser Vorschlag ist die Konsequenz aus der zusammenfassenden Beurteilung aller Fakten, soweit sie für das zu behandelnde Problem rechtlich relevant sind. Es ist natürlich ein Vorschlag aus der Sicht des Sozialarbeiters, die jedoch im Rahmen einer so differenziert aufgebauten Stellungnahme für den Richter nachvollziehbar und überprüfbar ist.

Der Entscheidungsvorschlag bezieht sich unmittelbar auf die im jeweiligen Gerichtsverfahren zu beantwortende juristische Fragestellung. Er ist ein Vorschlag zur Rechtsfolge auf der Basis der in der zusammenfassenden Beurteilung vorgenommenen Subsumtion. Daher sollte er nicht weiter gehen, als es der Tenor der richterlichen Entscheidung kann. Insbesondere sollte er keine Zusätze enthalten, die auf künftig zu entfaltende Aktivitäten des Jugendamtes verweisen, es sei denn, entsprechende Regelungen sind gesetzlich vorgesehen, wie im § 1684 Abs. 4 S. 3, 4 BGB zum Umgangsrecht. Ansonsten sind derartige Überlegungen u. a. Gegenstand der zusammenfassenden Beurteilung.

Beispiel: Ich schlage daher vor, dem Vater das alleinige Sorgerecht zu übertragen. *Oder:* Ich schlage daher vor, in das Sorgerecht des Vaters nicht einzugreifen. *Oder:* Ich schlage daher vor, ein psychologisches Gutachten einzuholen zu der Frage,...

Über den primären Entscheidungsvorschlag hinaus kann der Sozialarbeiter je nach Sachlage weitere Maßnahmen vorschlagen, die im Gefolge der Erstentscheidung notwendig werden.

Beispiel: Ich schlage vor, beiden Eltern das Sorgerecht zu entziehen. Die Vormundschaft über das Kind könnte der Bruder der Mutter übernehmen, der hierzu bereit ist und im Haus der Mutter wohnt.

5.5   Die Sprache in gutachtlichen Äußerungen

5.5.1 Allgemeines

Für die Fertigung gutachtlicher Stellungnahmen im allgemeinen gilt, was bei allem schriftlich Abgefassten im beruflichen, insbesondere behördlichen Bereich zu beachten ist: Die Äußerung des Sozialarbeiters/Sozialpädagogen für das Gericht muss leicht verständlich sein. Das wird vor allem durch eine einfache, klare Sprache erreicht, in der die Aussagen kurz, prägnant und folgerichtig formuliert sind. Schachtelsätze, Häufungen von Substantiven und schwerfällige Partizipialkonstruktionen sind zu vermeiden. Alles, was für das richtige Erfassen des Sachverhalts und seiner Beurteilung von Bedeutung ist, sollte in Hauptsätzen dargestellt, und nur Nebendinge sollten den Nebensätzen vorbehalten bleiben. Es sind Wörter zu verwenden, die allgemein verstanden werden. Fremde, landschaftlich gebundene, veraltete, neumodische, doppelsinnige, dem »Fachjargon« entlehnte Ausdrücke sollten nicht benutzt werden[69]. Fachvokabular, soweit es Allgemeingut geworden ist, kann selbstverständlich Anwendung finden. Entstammen Begriffe dagegen speziellen Wissensgebieten, mit denen der Jurist nicht unbedingt vertraut ist, und sind sie unvermeidlich, so sollten sie kurz erläutert werden. Um sich die Arbeit an gutachtlichen Stellungnahmen zu erleichtern, sollten mindestens ein Duden zur Rechtschreibung, ein Fremdwörterbuch und ein Fachlexikon der Sozialarbeit immer griffbereit auf dem Schreibtisch stehen.

Da das Gericht den Beteiligten die gutachtliche Stellungnahmen des Jugendamtes zur Kenntnis geben muss[70], werden diese nicht nur vom Richter, sondern auch von den betroffenen Klienten gelesen und richten sich also auch an diese. Eine angemessene und verständliche Formulierung erhöht die Wahrscheinlichkeit, dass die Stellungnahme auch von den Betroffenen akzeptiert werden kann und im Idealfall weitere eigene Reflektionen anregt. Hierfür kann es hilfreich sein, sich beim Schreiben auch in die Rolle des Betroffenen zu versetzen, der die gutachtliche Stellungnahme liest.

5.5.2 Vorgeschichte und derzeitige Situation

Wiedergabe von Vorgeschichte und derzeitiger Situation dienen dazu, über tatsächliche Vorgänge zu informieren. Der Schreiber hat sich hier nicht nur jeder Parteinahme, sondern auch jeder Wertung, ja selbst jeglicher Akzentuierung zu enthalten. Nach der Lektüre dieses Abschnittes der gutachtlichen Stellungnahme sollte der Leser in der Beurteilung noch völlig unbeeinflusst sein.

Die Vorgeschichte gehört dem Gebiet einer fast geschäftlichen Mitteilung an, die den Leser nur unterrichten soll. Es werden darin gewöhnliche Tatsachen, die abgeschlossen in der Vergangenheit liegen, chronologisch in allen Einzelheiten mitgeteilt; es wird der Verlauf von Vorgängen dargestellt, die miteinander zusam-

---

69 Vgl. *Badry/Knapp/Stockinger*, 1993, 60–64.
70 Vgl. *Kaufmann*, 2001, 9.

menhängen, aufeinanderfolgen, sich auseinander entwickelt haben. Chronologische Darstellung heißt **nicht**, dass der Schreiber kundtut, wann er die Fakten **erfahren** hat; entscheidend ist vielmehr, dass er sie – unabhängig von seiner Kenntnisnahme – in der historischen Abfolge wiedergibt. Dieses Prinzip darf jedoch dort durchbrochen werden, wo über verschiedene Personen und deren Werdegänge berichtet wird (z. B. Adoptivkind – Adoptiveltern). Innerhalb dieser Personenblöcke allerdings sollte die Chronologie eingehalten werden.

Die gegebene **Zeitform (Tempus)** für die Geschichtserzählung (Vorgeschichte) ist die erste Vergangenheitsform, das Imperfekt, und für die dieser vorausgehenden Ereignisse, die dritte Vergangenheitsform, das Plusquamperfekt. Die derzeitige Situation dagegen wird in der Gegenwartsform, dem Präsens, geschildert und die dieser vorausgehenden Ereignisse, die noch in die Gegenwart hineinwirken, in der zweiten Vergangenheitsform, dem Perfekt.

Beispiel:
(1) Nachdem der Schulleiter den Eltern mehrfach (u. a. am 3. 3. 1998, am 5. 5. 1998, am 15. 6. 1998) mitgeteilt hatte, dass der Junge dem Unterricht fernbleibe, verwies er ihn am Ende des Schuljahres der Schule.

(2) Die Eheleute wohnen jetzt in einer geräumigen Neubauwohnung (3 ZKDB), die sie in ihrer Freizeit selbst renoviert haben.

Bei der Wahl der **Aussageweise (Modus)** ist zu unterscheiden, ob etwas wirklich oder nur vorgestellt (behauptet) ist. Der Schreiber darf etwas nur dann als wirklich darstellen und somit die Wirklichkeitsform, den Indikativ, benutzen, wenn Tatsachen offenkundig sind:

Beispiel: Das Kind ist am 1. 1. 1990 geboren (nachzuweisen durch Urkunden),

oder wenn die Betroffenen sie einmütig als unstreitig behandeln:

Beispiel: Aus Aussagen von Vater, Mutter und Lehrerin geht hervor, dass der Vater das Kind am 10. 3. 1989 geschlagen hat.

Trägt dagegen nur eine Seite etwas vor oder beruht eine Information auf einer Fremdbeobachtung, so muss dies in der Vorstellungsform, dem Konjunktiv, unter Angabe der Quelle berichtet werden. Dies kann in Haupt- (Indikativ) und Nebensatz (Konjunktiv) oder nur in konjunktivischen Hauptsätzen geschehen, oder es können modale Hilfsverben benutzt werden (indirekte Rede).

Beispiel:
(1) Die Nachbarin berichtete, der Vater habe das Kind am 3. 10. 98 geschlagen. Sie habe (nicht hätte!) an diesem Tag lautes Wehgeschrei gehört. Am nächsten Tag sei (nicht wäre!) Peter von ihrem Sohn mit einem blauen Auge gesehen worden.

(2) Nach Aussagen des Freundes von K. soll dieser oft jähzornig gewesen sein.

Im Zusammenhang mit der Wahl von Konjunktivformen ist unter sprachlichen Gesichtspunkten hervorzuheben, dass Konjunktiv Imperfekt, Plusquamperfekt und Konditional nur dann anstelle des Konjunktiv Präsens, Perfekt und Futur treten, wenn diese mit dem Indikativ übereinstimmen.

Beispiel: Die Eheleute äußerten immer wieder, dass sie größten Wert auf eine repressionsfreie Erziehung legten (nicht: legen, aber auch nicht: legen würden!).

Ferner muss betont werden, dass auch in Nebensätzen die Konjunktivform zu verwenden ist, wenn der Nebensatz eine Meinung oder Behauptung der Person wiedergibt.

Beispiel: Sie – so die Lehrerin – sei im Hause der Eltern des Mädchens gewesen und habe dort einen Nachbarn getroffen, der vage von einem Freund der Tochter gesprochen habe (nicht sprach).

5.5.3 Der psychosoziale Befund

Dieser Abschnitt soll dem Leser die relativ konstanten Weisen des Erlebens und Verhaltens einer Person zum Jetztzeitpunkt vermitteln. Er ist grundsätzlich im Indikativ Präsens zu halten.

Beispiel: P. zeigt das Bestreben, sich von der als dominant erlebten Mutter zu lösen.

In diesem Bereich empfiehlt es sich, Hauptsätze zu benützen und insbesondere konjunktionale Nebensätze (weil, obwohl, indem) zu vermeiden. Diese verknüpfen nämlich vielfach Einstellungen, Verhaltensweisen, Reaktionen etc. und gehören daher in den diagnostischen Teil.

Beispiel: Frau H. fühlt sich in ihrer häuslichen Umwelt nicht wohl. Sie hat keine sie befriedigende Beziehung zu den Familienmitgliedern.
Nicht dagegen: Frau H. fühlt sich in ihrer häuslichen Umwelt nicht wohl, da sie keine befriedigenden Beziehungen hat.

Anzumerken ist fernerhin, dass auch im Befund noch keine Beurteilung erfolgen darf und daher sprachliche Gestaltungsmöglichkeiten wie Hervorhebungen durch Inversion (Abweichen vom regelmäßigen Satzbau), Anwendung bekräftigender Formulierungen (mit Sicherheit, ohne weiteres, unter keinen Umständen) unterbleiben sollten. Eine fachliche subjektive Unsicherheit des Schreibers kann durch eine vorsichtige Formulierung zum Ausdruck gebracht werden.

Beispiel: Herr S. **scheint** Petras Persönlichkeitsentwicklung durch positive Zuwendung zu fördern. Seiner Pflegemutter gegenüber **dürfte** Paul ausgesprochen ambivalente Gefühle besitzen ... P. **neigt dazu**, plötzlich auftretenden Impulsen nachzugeben. ... Menschen seiner sozialen Mitwelt gegenüber begegnet er **eher** aggressiv.

5.5.4 Diagnose/Prognose

Bei diagnostischen Aussagen wird eine Erklärung des relativ konstanten Erlebens und Verhaltens einer Person und ihrer Lebenssituation versucht. Dies lässt sich sprachlich durch konjunktionale Nebensätze (weil, indem, obwohl, da, dadurch dass) oder durch Hauptsätze, die mit entsprechenden Konjunktionen (daher, deshalb, trotzdem) eingeleitet werden, erreichen. Als Modus und Tempus ist weitgehend der Indikativ Präsens angemessen; es kommt aber, insbesondere in den begründenden Sätzen, die ja Ereignisse aus der Vergangenheit aufgreifen, auch der Indikativ Imperfekt in Betracht. Ferner kann die Tatsache, dass Erkenntnisse ungesichert sind, durch den Konjunktiv und das entsprechende Tempus ausgedrückt werden.

Beispiel: Die niedrige Frustrationstoleranz **dürfte** u. a. dadurch begünstigt worden sein, dass er … Begrenzungen und Forderungen ausweichen **konnte** … Die Ausbildung geschlechtsspezifischen Rollenverhaltens **war** ihm nicht möglich, da ihm eine dafür geeignete Bezugsperson **fehlte**.

Da es sich bei diagnostischen Aussagen um Deutungsversuche handelt (eine absolute Sicherheit kommt nicht in Betracht), empfiehlt sich ein vorsichtiges, den Leser nicht einengendes Formulieren, wobei ein Stellungbeziehen jedoch erforderlich ist.

Beispiel: Seine Unselbständigkeit **dürfte** in der übermäßig behütenden Erzieherhaltung begründet sein. Erkenntnisse der Entwicklungspsychologie **legen die Annahme nahe**, dass … Auswirkungen von Hospitalismusschäden … insofern nicht mit Sicherheit ausgeschlossen werden können, als … .

5.5.5 Zusammenfassende Beurteilung

Dieser Teil der gutachtlichen Äußerung soll den Entscheidungsvorschlag einleiten und begründen. Daher ist es hier gerechtfertigt, eine sichere und akzentuierende Sprache zu verwenden, die – neben dem Inhaltlichen – dazu beiträgt, den Leser zu überzeugen. Nur wenn dies nicht gewünscht wird, weil
– der Schreiber das Problem aufgrund der unzulänglichen Informationen nicht glaubt verantwortlich lösen zu können oder
– er sich fachlich überfordert fühlt und die Einschaltung eines Gutachters empfiehlt,

wird vorsichtiger formuliert werden müssen. Aber dafür muss dann deutlich herauskommen, worauf die Entscheidungsskrupel des Verfassers zurückzuführen sind.

Als Modus und Tempus kommt vorrangig der Indikativ Präsens in Frage. Bei der Subsumtion (Unterordnung von Sachverhaltensteilen unter ein Tatbestandsmerkmal) allerdings können auch Formulierungen im Imperfekt angebracht sein.

5.5.6 Entscheidungsvorschlag

Er gibt die Antwort auf die dem Jugendamt vom Gericht gestellte Frage und muss sich inhaltlich zwanglos aus den vorherigen Ausführungen ergeben. Er steht im Indikativ Präsens oder Futur (soweit es sich um prognostische Begründungen handelt) bzw. bei Unsicherheit des Sozialarbeiters/Sozialpädagogen im Konjunktiv Präsens.

Beispiel: Ich schlage vor, dem Antrag der Mutter auf Übertragung des Sorgerechts stattzugeben.

5.6 Layout/äußere Gestaltung

Eine gutachtliche Stellungnahme sollte nicht nur inhaltlich strukturiert sein, sondern auch in ihrer äußeren Erscheinung so gestaltet sein, dass sie gut lesbar und leicht nachvollziehbar ist. Unabhängig davon, ob die gutachtliche Stellungnahme mit der Schreibmaschine getippt oder mit einem Computer erstellt wird, wird empfohlen folgende Hinweise zur Formatierung und formalen Gestaltung zu beachten:

– Das Papier sollte **einseitig beschrieben** oder bedruckt sein.
– Der Zeilenabstand sollte **1,5 Zeilen** betragen, und es sollte ein ausreichender Rand frei gelassen werden. Dadurch wird die gutachtliche Stellungnahme länger, aber auch leichter lesbar.
– Hervorhebungen im Text sollten **kursiv** oder durch Unterstreichung erfolgen.
– Bei längeren gutachtlichen Stellungnahmen sollten die einzelnen Abschnitte durch weitere **Zwischenüberschriften** weiter untergliedert werden, die dem Leser die Orientierung im Text erleichtern. Die Zwischenüberschriften richten sich nach dem Inhalt der jeweiligen Textabschnitte.
– Ein **Absatz** sollte in der Regel **nur einen inhaltlichen Aspekt behandeln**. Die Sätze sollten möglichst kurz sein. Die Absätze selbst sollten mehrere Sätze enthalten. Absätze sollten durch eine Leerzeile getrennt werden.
– Die gutachtliche Stellungnahme sollte so wenig wie möglich Fehler in der **Rechtschreibung** und der **Zeichensetzung** enthalten.

Auch wenn manchem Leser diese Hinweise zum Layout trivial erscheinen mögen, so darf die Wirkung der äußeren Gestaltung auf den Leser nicht unterschätzt werden. Eine übersichtlich gestaltete gutachtliche Stellungnahme erleichtert die Lektüre erheblich.

5.7 Ethische Aspekte

Die Sozialarbeit ist eine Disziplin, in der ethische Aspekte eine ganz besondere Rolle spielen[71]. Zu dieser Thematik existiert inzwischen eine umfangreiche Fachliteratur[72]. In manchen Studienordnungen ist das Fach Ethik in der Sozialen Arbeit enthalten. Der Berufverband (DBSH) hat berufsethische Prinzipien formuliert, die eine grundlegende Orientierung für die sozialarbeiterische Praxis bieten.

In Großbritannien wurden Qualitätsstandards für gutachtliche Stellungnahmen bereits in mehreren Regierungspublikationen formuliert[73], die insbesondere auch Hinweise auf ethische Grundsätze enthalten und großen Wert auf eine anti-diskriminierende Praxis legen. *Plotnikoff/Woolfson*[74] formulieren u. a. folgende Fragen, die sich der Verfasser einer gutachtlichen Stellungnahme stellen sollte:

– Ist die gutachtliche Stellungnahme ausgewogen und fair?
– Enthält die gutachtliche Stellungnahme alle relevanten Fakten unabhängig davon, ob sie die Schlussfolgerungen des Sozialarbeiters stützen oder nicht stützen?
– Werden die Informationen in der gutachtlichen Stellungnahme rücksichtsvoll präsentiert?
– Wird in der gutachtlichen Stellungnahme auf relevante ethische Hintergründe Bezug genommen?
– Wird in der gutachtlichen Stellungnahme eine Übertragung eigener kultureller oder moralischer Werte auf andere (Sub-)Kulturen vermieden?

---

71 Vgl. *Brumlik*, 1997.
72 *Hugman/Smith*, 1995; *McGowan*, 1995; *Pearce*, 1996; *Sinclair*, 1993.
73 Z. B. *Social Work Services Group*, 1991.
74 *Plotnikoff/Woolfson*, 1996, 83 f.

6. Die für eine gutachtliche Stellungnahme notwendigen Daten

Um dem Vormundschafts- bzw. dem Familiengericht gegenüber eine angemessene Stellungnahme abgeben zu können, ist es erforderlich, die für Vorgeschichte und psychosozialen Befund notwendigen Fakten und den für die zusammenfassende Beurteilung verbindlichen rechtlichen Rahmen zu berücksichtigen.

Für die Entscheidung, was notwendig und was verbindlich sein soll, ergeben sich somit zwei Orientierungspunkte:
1. Der Gesetzestext.
2. Die mit dem Gesetz implizit gegebenen psychosozialen Aspekte.

Ohne den Anspruch erheben zu können, alle diesbezüglichen Aspekte erfasst zu haben, sollen im folgenden einige wichtige Orientierungspunkte zu den §§ 1666, 1671, 1684, 1741 ff. BGB vorgestellt und ihre unterschiedliche Bewertung in der Praxis diskutiert werden. Außerdem sollen in Kapitel 6.2 noch juristische und methodische Probleme angesprochen werden, die sich bei der Datengewinnung ergeben.

6.1 Für die Beurteilung des Kindeswohls entscheidungsrelevante Fakten

Das Wohl des Kindes ist – so bereits *Lempp*[1] – »ein im Familienrecht mehrfach verwandter fester Begriff, der auch so in die Kommentare übernommen wird, ohne dass klar definiert wäre, was unter dem Wohl des Kindes zu verstehen sei, vor allem aber ohne Hinweis, nach welchen Gesichtspunkten festzustellen sei, was dem Wohl des Kindes diene oder ihm zuwiderlaufe« (vgl. auch die Definitionen und Einzelkategorien in Kapitel 2.2.1).

Gemäß *Uffelmanns*[2] Definitionsversuch ist unter »Wohl des Kindes« ein Zustand zu verstehen, bei dem die leibliche Existenz sowie eine angemessene geistige und seelische Entwicklung des Kindes zugleich im Sinne der Formung des Kindes zu einer vollwertigen Persönlichkeit und zu einem lebenstüchtigen Glied der Gemeinschaft gewährleistet ist. Diese Definition dürfte jedoch für die Praxis der Sozialarbeit noch immer zu allgemein gehalten sein. Konkretere Vorschläge zur Berücksichtigung des Kindeswohls machen *Goldstein/Freud/Solnit*[3]: Sie schla-

---

1 *Lempp*, 1963.
2 *Uffelmanns*, 1977, 14.
3 *Goldstein/Freud/Solnit*, 1974, 49.

gen vor, statt vom »Wohl des Kindes« von der »am wenigsten schädlichen Alternative zum Schutz von Wachstum und Entwicklung des Kindes« zu sprechen.

Die am wenigsten schädliche Alternative ist danach die Unterbringung und die Verfahrensweise, die – unter Berücksichtigung des kindlichen Zeitgefühls[4] und auf der eingeschränkten Grundlage kurzfristiger Prognosen – die Chance des Kindes erhöhen, erwünscht zu sein, und die es ermöglichen, dass das Kind eine dauerhafte Beziehung mit wenigstens einem Erwachsenen eingeht.

Maßstab für die »am wenigsten schädliche Alternative« – sprich Kindeswohl – beinhalten demnach drei Gesichtspunkte:

1. Wo wird dem Kind am ehesten die Chance zu einer dauerhaften Beziehung und sicheren Bindung zu wenigstens einem Erwachsenen geboten?
2. Welche der Problemlösungsmöglichkeiten wird dem kindlichen Zeitgefühl am meisten gerecht, das sich von dem Erwachsener umso mehr unterscheidet, je jünger das betroffene Kind ist?
3. Mit welcher Alternative werden – angesichts der Unsicherheit langfristiger Prognosen – allgemein anwendbare, kurzfristige Voraussagen berücksichtigt[5]?

Es gehört zu den Verdiensten von *Goldstein/Freud/Solnit*[6], dass sie den u. U. – je nach Falllage – irreführend optimistischen Gehalt des Begriffs »Kindeswohl« zutreffend relativierten und auf die in diesem Zusammenhang nicht unbedeutenden Besonderheiten der kindlichen Zeitperspektive[7] hingewiesen haben sowie zu einer problemgerechteren Wertschätzung der faktischen Elternschaft[8] beitrugen.

Unbefriedigend – und nach heutiger Auffassung überholt – ist an ihrem Ansatz ihre
– eher statische Betrachtungsweise von Trennungs- und Scheidungsfamilien,
– einseitige Wertung des Beziehungs- und Bindungsaspektes für die weitere Entwicklung des Kindes und ihre
– daraus abgeleitete Intention, den nicht sorgeberechtigten Elternteil aus dem bisherigen familialen Beziehungssystem rigoros auszuklammern[9].

Bereits 1963 wies *Lempp*[10] darauf hin, dass das »Kindeswohl« in der Praxis insofern verkürzt Beachtung findet, als »praktisch allein nach dem leiblichen Wohl des Kindes, also nach den Gesichtspunkten, ob das Kind an dieser oder jener Stelle besser versorgt, wirtschaftlich gesicherter oder in besser geordneten sozialen Verhältnissen untergebracht ist« sein Wohl beurteilt wird[11]. Auch die Unter-

---

4 Vgl. *Heilmann*, 1998.
5 Vgl. *Goldstein* u. a. 1974, 47 f.
6 *Goldstein/Freud/Solnit*, 1974.
7 A. a. O., 33.
8 A. a. O., 17 ff.
9 Vgl. dazu *Fthenakis* o. J.
10 *Lempp* 1963, 1659.
11 *Lempp*, NJW 1963, S. 1659.

suchung von *Simitis* u. a.[12] belegt, dass Stellungnahmen von Jugendämtern im Rahmen der Vormundschafts- und Familiengerichtsbarkeit vor allem etwas über Wohnverhältnisse, wirtschaftliche Lage und physischen Zustand der Betroffenen aussagen, psychische Sachverhalte jedoch, also das »geistige und seelische Wohl des Kindes« betreffend, nur selten und dann meist in wenig informativen, mehr allgemeinen Redewendungen wiedergeben. Entsprechend den Untersuchungsergebnissen von *Plessen/Bommert*[13] muss man ferner damit rechnen, dass zwischen den Vorstellungen von Richtern, Anwälten und Vertretern des Jugendamtes beträchtliche Unterschiede darüber bestehen, was **konkret** dem Kindeswohl gerecht wird. Auch diese – nicht nur berufsgruppenspezifisch – diskrepante Betrachtungsweise erschwert es, dem Kindeswohl gerecht zu werden.

Die Rechtsprechung ordnet seit Jahren dem Kindeswohl als Entscheidungsmaßstab folgende so genannte Sorgerechtskriterien zu:
– die Erziehungsfähigkeit bzw. die elterliche Eignung, ihren Erziehungs-, Betreuungs- und Versorgungsaufgaben nachzukommen,
– das Förderprinzip,
– das Kontinuitäts- und Stabilitätsprinzip,
– die so genannte Bindungstoleranz (als Begründungselement einer Entscheidung über die elterliche Sorge spielt die so genannte Bindungstoleranz in der Rechtsprechung[14] erst seit wenigen Jahren eine derart bedeutsame Rolle),
– der Wunsch und Wille des Kindes und
– die Beziehungen und Bindungen des Kindes.

Gemeint ist, dass ein Kind ohne Schuldgefühle die von gegenseitiger Zuneigung getragene Beziehung zu beiden Eltern aufrechterhalten und pflegen können soll. Der Elternteil, der dies beispielsweise im Trennungs- oder Scheidungsfall eher gewährleistet, wird unter diesem Gesichtspunkt als besser geeignet zur Übernahme der Alleinsorge im Streitfall bei Antragstellung eines oder beider Elternteile nach § 1671 BGB angesehen (vgl. auch § 1626 III BGB – die Gewährung und Förderung eines reibungslosen Umgangs mit dem anderen Elternteil durch den das Sorgerecht innehabenden oder begehrenden Elternteil)[15]. Der Vorteil der Handhabung des unbestimmten Rechtsbegriffs »Kindeswohl« liegt darin, dass er als unbestimmter »wertausfüllungsbedürftiger« Rechtsbegriff jederzeit neuen Erkenntnissen und Gegebenheiten angepasst werden kann. Wenn darüber hinaus der Kindeswohlbegriff grundsätzlich als Herstellungs- und Gestaltungsprinzip verstanden wird, besteht durchaus die Chance, eine am Wohlergehen des Kindes ausgerichtete Vorgehensweise und Lösung zu erreichen. Das Kindeswohlprinzip beinhaltet aber nicht zwangsläufig ein »Wohlergehen« der Kindeseltern oder anderer das Kind betreuender Personen, obwohl »Kindeswohl« und »Elternwohl« sowie »Kindeswohl« und »Familienwohl« regelmäßig zu beachtende Größen dar-

---

12 *Simitis* u. a., 1979, 70, 101, 106, 114, 153
13 *Plessen/Bommert*, 1985, 7.
14 OLG Celle, FamRZ 1994, 924; OLG Frankfurt, ZfJ 1998, 343 f.; OLG Frankfurt, FamRZ 1999, 612 f.; OLG Hamm, FamRZ 199, 394 f.
15 *Motzer*, 1999, 1102 f.

stellen, die normalerweise – und nicht nur aus systemischer Sicht – auch als
Einheit angesehen werden sollten.

6.1.1 Entscheidungsrelevante Fakten zu § 1666 BGB

6.1.1.1 Die Vernachlässigung psychischer Fakten in gutachtlichen Stellungnahmen

Das physische Wohl und die materielle Sicherung des Kindes scheinen auch in der
Sozialarbeit immer dann entscheidungsrelevante Fakten zu sein, wenn es um die
Frage nach § 1666 BGB geht, Eltern das Sorgerecht für ihr Kind einzuschränken
oder zu entziehen. Bereits 1979 stellten *Simitis* u. a.[15] in ihren Untersuchungen
fest: »Die Jugendamtsberichte lassen eine Selektion der Informationen erkennen,
die zur Ausblendung der psychischen Dimension der Kindesinteressen tendiert …
Der »Antrag« des Jugendamtes nach § 1666 gründet sich regelmäßig auf die Gefährdung des physischen Wohls des Kindes – auf Misshandlungen, mangelnde
Ernährung und Pflege, Verlassen kleiner Kinder. Psychische Misshandlungen allein oder auch schwere neurotische Fehlentwicklungen bildeten in keinem Fall
den Anlass zur Überprüfung der Situation eines Kindes. Soweit aber neben den
Zeichen physischer Gefährdung auch Verhaltensauffälligkeiten oder Entwick-
lungsdefizite geschildert werden, bleibt oft die Genese der Störungen, ihr Zusammenhang mit der Familienstruktur unklar. Informationen über die wichtigsten
Beziehungen des Kindes in und außerhalb der Familie und über Beziehungsprobleme aus seiner Perspektive sind den Berichten nur selten zu entnehmen, obgleich
es in den meisten Fällen gerade darum geht, ob diese Beziehungen aufrechterhalten werden sollen oder nicht«[16].

Die einseitige Beachtung des physischen Wohls des Kindes in Jugendamt-Berich-
ten lässt sich teilweise aus der nach wie vor hohen Zahl körperlich misshandelter
Kinder in der Bundesrepublik erklären. Nach *Ammon*[17] waren 1979 – unter Berücksichtigung der nur vage schätzbaren Dunkelziffer – im Vergleich zu repräsen-
tativen Daten aus dem angelsächsischen Raum »in der Bundesrepublik jährlich
etwa 19.100 Misshandlungen bzw. ca. 700 Todesfälle (bei Kindern als Folge von
Gewalt, Anm. d. Verf.) zu erwarten«. Neuere Schätzungen[18] sprechen von 20 000
bis 240 000 Misshandlungen jährlich, andere von noch höheren Zahlen[19]. Auch
wenn die letztere Zahl zu hoch gegriffen sein mag, deutet sie etwas vom Ausmaß
physischer Not von Kindern an, die im Jugendamt bekannt werden. Bedenkt man,
dass nach *Nau*[20] in 80% der Fälle die Misshandlungen schon jahrelang andauer-

---

16 *Simitis*, 1979, 165 f.; zur seelischen Misshandlung vgl. *Cowitz*, Der Familienfluch. Seelische Kindes-
    misshandlung, 1992.
17 *Ammon*, 1979, 16.
18 *Schneider*, Kriminologie, Berlin, 1987, 671.
19 Vgl. die Hinweise bei *Balloff*, 1992, 190 ff.; vgl. auch *Wegner*, Misshandelte Kinder, 1997, der sowohl
    die körperliche als auch die seelische Misshandlung vornimmt sowie der Vernachlässigung und des
    sexuellen Missbrauchs.
20 Zitiert in *Ammon*, Kindesmißhandlung, 1979, 15.

ten, bevor Anzeige erstattet wurde, so unterstreicht das nur das Maß an physischer Bedrängnis und seelischer Belastungen, mit der die Mitarbeiterinnen und Mitarbeiter in den jeweiligen Teilbereichen ihrer beruflichen Praxis damit konfrontiert werden.

Die unmittelbare Anschauung zahlreicher erschreckender Misshandlungen besitzt für Mitarbeiterinnen und Mitarbeiter im Jugendamt sicher eine ausgeprägte Appellfunktion. Sie entschuldigt jedoch nicht, die weniger deutlich beeindruckende, aber das Kind nicht geringer belastende seelische Not zu übersehen. Das ist schon deshalb nicht vertretbar, weil nach *Ammons*[21] Untersuchungen Beziehungsprobleme, also psychosoziale Vorgänge, auch bei körperlichen Misshandlungen eine überdurchschnittliche Rolle spielen. Dies lässt sich durch folgendes belegen:
(1) Betrachtet man die misshandelnden Erwachsenen, so zeigte sich, »dass kindesmisshandelnde Eltern selbst in der Kindheit von ihren Eltern misshandelt wurden«[22]. *Ammon* versteht das Misshandeln von Kindern durch solche Personen als das Ergebnis einer schweren Persönlichkeitsschädigung, die als Folge selbst erlittener, aber nicht verarbeiteter Misshandlungen anzusehen sei.

(2) Innerhalb der jeweiligen Familiendynamik nehmen misshandelte Kinder stets einen bestimmten Platz ein. In 41% der untersuchten Fälle war das misshandelte Kind der »Sündenbock« der Familie. In der Regel wurde auch dann nur ein bestimmtes Kind misshandelt, wenn noch Geschwisterkinder vorhanden waren. Misshandelte Kinder lebten fast ausschließlich in Familien mit gestörten Partnerbeziehungen. Diese und andere Befunde[23] zeigen: »Das Kind trägt als schwächstes Mitglied die Konflikte der Gruppe ...«[24]. Eine erst in den letzten Jahren deutlicher ins Blickfeld tretende Art der Misshandlung ist der sexuelle Missbrauch von Kindern. Hier ist die Dunkelziffer offenbar noch erheblich höher als bei der körperlichen Misshandlung, obwohl »gesicherte« Zahlen auch hier fehlen[25].

6.1.1.2 Die vom Gesetz geforderten Fakten

Für Stellungnahmen in Fällen nach § 1666 BGB sind folgende Fakten[26] zu berücksichtigen:
1) Elterliches Fehlverhalten oder Verhalten Dritter, ersteres in Form von
    a) schuldhaftem oder schuldlosem Tun (= Missbrauch der elterlichen Sorge oder unverschuldetes Versagen)
    b) schuldhaftem oder schuldlosem Unterlassen (= Vernachlässigung des Kindes oder unverschuldetes Versagen).

---

21 *Ammons*, 1979, 86.
22 *Ammon*, 1979, 8.
23 Vgl. auch *Zenz*, 185 ff.
24 *Ammon*, 1979, 86.
25 *Trube-Becker*, 1992, S. 20 ff; *Balloff*, a. a. O.,1992, 190 ff.
26 Vgl. auch *Oberloskamp* 1991, 137 ff.; *Oberloskamp*, FPR 2001, 267.

2) Die Gefährdung des Kindes in seinem
   a) körperlichen,
   b) geistigen oder
   c) seelischen Wohl.
3) Ursächlichkeit von 1. für 2.
4) Unfähigkeit oder Unwilligkeit der Eltern, die Gefahr abzuwenden.

Zu 1. a) Als **Missbrauch** des elterlichen Sorgerechts werden in der Rechtsprechung[27] angesehen[28]:
- entwürdigende, auf Unterwerfung und blinden Gehorsam ausgerichtete Erziehungsmethoden;
- unangemessene Strafen (Art, Ausmaß, Härte);
- Unterbinden von Kontakten (zu Verwandten, Freunden);
- übermäßige Ausnutzung der Arbeitskraft des Kindes;
- Herausnahme von Kindern aus langjährigen Pflegeverhältnissen;
- (versuchte) sexuelle Kontakte zum Kind;
- Benutzung des Kindes als »Sündenbock«;
- Ausweisung aus dem Elternhaus ohne anderweitige Unterbringung;
- überfürsorgliche Erziehungshaltung;
- extreme Einschränkung des Bedürfnisses nach Selbständigkeit einer 16jährigen;
- Verwehrung des Umgangs mit dem Vater u. a. m.[29].

Weiter zu *1. a)* Als unverschuldetes Versagen wurden z. B. qualifiziert:
- Schizophrenie eines Elternteils;
- psychische Erkrankung in Schüben;

---

27 Vgl. die Nachweise bei *Palandt/Diederichsen*, § 1666 Anm. 4 a), aa); MünchKo/*Hinz*, § 1666 Anm. 24 ff.; AltKo/*Münder*, § 1666 Anm. 12; *Firsching*, 332 ff. und Nachtrag 11 f.

28 Abgelehnt wurden Eingriffe z. B. in folgenden Fällen: Verweigerung der Einwilligung in einen Schwangerschaftsabbruch (AmtsG Helmstedt v. 25. 6. 1986, FamRZ 1987, 621); teilweises Versorgenlassen des Kindes durch andere Personen (BayObLG v. 21. 9. 1989, FamRZ 1990, 304); Freigabe des Kindes zur Adoption (BayObLG v. 2. 3. 1990, FamRZ 1990, 903); starkes Rauchen von Eltern (BayObLG v. 30. 4. 1993, FamRZ 1993, 1350).

29 Inwieweit die Erziehungspraktiken ausländischer Eltern (hauptsächlich von Türken) als Missbrauch des Sorgerechts anzusehen sind, ist in letzter Zeit zunehmend Gegenstand von Gerichtsentscheidungen gewesen. Vgl. LG Berlin v. 1. 4. 1982, FamRZ 1982, 841; LG Berlin v. 26. 4. 1983, FamRZ 1983, 947; LG Berlin v. 18. 3. 1983, FamRZ 1983, 943; BayObLG v. 19. 7. 1984, FamRZ 1984, 1259; OLG Düsseldorf v. 10. 8. 1984, FamRZ 1984, 1258; KG v. 14. 9. 1984, FamRZ 1985, 97 (in allen Fällen Türken). OLG Hamburg v. 17. 5. 1983, FamRZ 1983, 1271 (Ghanese); OLG Zweibrücken v. 24. 1. 1984, FamRZ 1984, 931 (Pakistani). Das Problem rührt u. a. daher, dass aufgrund des Haager Minderjährigenschutzabkommens (MSA) vom 5. 10. 1961 auch auf ausländische Kinder, die hier ihren gewöhnlichen Aufenthalt haben, deutsches Recht anzuwenden ist. Zum MSA vgl. *Oberloskamp*, 1983.

– konfliktreiche Eltern-Kind-Beziehung, für die weder Elternteil noch Kind verantwortlich gemacht werden können[30].

Zu 1. b) **Vernachlässigung**[31] des Kindes wäre gegeben durch:
– mangelhafte Ernährung, Kleidung, Unterbringung;
– unzureichende oder völlig abgelehnte ärztliche Versorgung;
– völliges Desinteresse an schulischer Erziehung;
– Duldung von »Herumtreiben«;
– Duldung von ungünstigen Einflüssen Dritter;
– Verkümmerung »ordentlicher« Lebensführung;
– wiederholtes Verlassen oder »Abschieben« des Kindes u. a. m.

Die unter *1. a)* und *1. b)* aufgeführten Beispiele aus der Rechtsprechung, die traditionellerweise eher den physischen Bereich berücksichtigen, sind durch den Tatbestand der seelischen (psychischen) Misshandlungen zu ergänzen.

Betrachtet man die von *Simitis* u. a.[32] zum § 1666 BGB untersuchten Fallgruppen nach dem sie charakterisierenden zentralen Konflikt, sind nur 34 von 69 Fällen dem oft zitierten Bereich der »Kindesmisshandlung« und »Vernachlässigung« zuzuordnen. In den 35 verbleibenden Fällen wird eine Gefährdung des seelischen Wohls deutlich, bedingt durch »Wechsel der Bezugspersonen«, »Adoleszenz-Konflikte« und »Elternkonflikte«.

Zu 1. a) und b): Auch allein die **Unfähigkeit** der Eltern, für das Wohl des Kindes zu sorgen, ist hinreichender Grund für entsprechende Maßnahmen. Allerdings muss sie, da das grundgesetzlich geschützte Elternrecht hier wegen fehlenden Verschuldens besonders zu berücksichtigen ist, sehr gravierend sein[33].

Zu 2.: Um ein Verfahren nach § 1666 BGB einzuleiten, genügt es, wenn **nur ein** Bereich des kindlichen Wohls gefährdet ist, z. B. der seelische oder körperliche, wobei eine körperliche Misshandlung meistens eine seelische Misshandlung impliziert. Anzeichen von Gefährdung sind nach gängiger Rechtsprechung[34]:
– Vernachlässigung schulischer und beruflicher Pflichten,
– Herumstreunen,
– Alkoholmissbrauch[35],
– Drogenkonsum,
– sexuelle Abartigkeit,
– schwere neurotische Fehlentwicklungen (Aggressivität, starke Depressionen, Suizidgefährdung),
– Tendenz zu strafbaren Handlungen u. a. m.

---

30 Ein unverschuldetes Versagen wurde aber abgelehnt bei Zugehörigkeit eines Elternteils zu den Zeugen Jehovas (AmtsG Meschede v. 28. 1. 1997, FamRZ 1997, 958).
31 Vgl. a. a. O. (**FN 18**), Anm. 4a), bb) bzw. Anm. 29 ff. bzw. Anm. 13.
32 *Simitis* u. a., 1979, 152.
33 Vgl. BT-Drucks. 8/2788, 57 ff.
34 Vgl. bei *Palandt/Diederichsen*, § 1666 Anm. 3.
35 Vgl. hierzu auch *Zobel*, 2000.

Zu 3.: Die Gefährdung des Kindes muss durch das oben beschriebene Verhalten der Eltern oder eines Dritten **verursacht** sein.
Es bleibt also zu prüfen, in welchem Umfang das zutrifft bzw. welche anderen Gründe (z. B. Krankheiten, Unfallfolgen, soziales Umfeld o. a.) auch oder allein ursächlich sein könnten.

Zu 4.: Immer muss auch geprüft werden, ob die Eltern nicht willens oder »unfähig« sind, eine Gefährdung des Kindes abzuwenden oder ob ambulante Hilfen den Erziehungsnotstand und damit die Gefährdung des Kindes beheben.

Fälle der so genannten Unfähigkeit kommen häufig bei Gefährdungen durch Dritte vor:
– Stiefelternteile oder neue Partner, die Kinder misshandeln oder sexuell missbrauchen,
– Großeltern, die Kinder extrem verwöhnen und verziehen,
– Zuhälter, die junge Mädchen an sich binden,
– Drogensüchtige oder Drogenhändler, die Kinder und Jugendliche beeinflussen,
– Cliquen, die Minderjährige zu Straftaten verführen etc.

Bereits *Goldstein* u. a.[36], warnen davor, die vom Gesetz her erforderlichen Fakten ausschließlich aus der Sicht eines Erwachsenen heraus zu betrachten. Sie verlangen, dass beim Abwägen und Bilanzieren immer das Für und Wider (vgl. »Zusammenfassende Beurteilung«) zu bedenken ist, ob also die Sicht der Sozialpädagogin bzw. des Sozialarbeiters auch der Erlebnis- und Sichtweise des betroffenen Kindes entspricht.

Goldstein u. a.[37] diskutieren einige Interventionsgründe und Implikationen, die in engerem Zusammenhang mit den hier vorgestellten entscheidungsrelevanten Fakten zu § 1666 BGB zu sehen sind. *Hassenstein*[38] unterstreicht die allgemeine Bedeutung stabiler individueller Bindungen für das Kindeswohl. Ähnlich argumentiert *Klußmann*[39]. *Mnookin*[40] geht insbesondere auf die Bedeutung der Beziehung von gefährdeten Kindern zu ihren Eltern ein und sieht die Herausnahme eines solchen Kindes aus seiner bisherigen Familie – auch dann, wenn es sich um einen Fall von Kindesvernachlässigung handelt – nur aufgrund bestimmter gesicherter Erkenntnisse für voll verantwortbar an. Voraussetzung wäre für ihn:

Unsere »Kenntnis müsste das Wissen enthalten, wie die Eltern sich in der Vergangenheit verhalten haben, wie sich dieses elterliche Verhalten auf das Kind ausgewirkt hat und in welchem Zustand sich das Kind derzeit befindet…« Außerdem »müssten wir … das voraussichtlich zukünftige Verhalten des Elternteils vorhersagen können, wenn das Kind zu Hause bliebe, und die Wirkungen dieses Verhaltens auf das Kind abschätzen…« »Ferner müssten wir … diesen Strauß

---

36 *Goldstein* u.a., 1982, 17 ff., 33 ff.
37 *Goldstein* u. a.,1982, 57 ff.
38 *Hassenstein*, 1975, 66 ff.; ders. 1977, 49 ff.
39 *Klußmann*, 1981, 116 ff.
40 *Mnookin*, 1975, 1 ff.

möglicher Konsequenzen mit denen vergleichen, die sich ergeben, wenn das Kind in andere Obhut kommt ... Dies würde erfordern, dass ebenso vorhergesagt wird, wie es sich auswirken wird, wenn das Kind aus dem elterlichen Haus, der Schule herausgenommen und von seinen Freunden und seiner gewohnten Umgebung getrennt wird, wie auch welche Wirkung sein Verbleiben bei Pflegeeltern haben wird«[41].

Nicht nur beziehungstheoretische Annahmen, sondern ebenso die Bindungstheorie sollte die Professionellen veranlassen, gewachsene Bindungen zwischen Kind und Bezugsperson zu beachten und abzuwägen, ob der angestrebte Nutzen für das Kind, der in derartigen Fällen oft mit der Herausnahme des Kindes aus dem Elternhaus verbunden ist, den Trennungs-, Beziehungs- und Bindungsverlust aufwiegt[42].

Wie wenig die Gerichtspraxis einem solchen Anspruch genügt, wird bereits in der Studie über das Kindeswohl von *Simitis* u. a.[43] belegt, an deren Aktualität sich bis heute nichts geändert hat und auch die Weiterentwicklung der Theorie – und hier vor allem die Bindungstheorie – bisher keinen nennenswerten Beitrag leisten konnte, die bereits Ende der siebziger Jahre thematisierten Missstände zu beseitigen.

Daher fordert *Mnookin* schon 1975 zu recht[44]: »Die Entfernung des Kindes aus dem Elternhaus sollte die letzte Möglichkeit sein, von der nur Gebrauch gemacht wird, wenn das Kind im Elternhaus nicht geschützt werden kann«[45].

Solche Überlegungen und Befunde machen deutlich, wie wichtig es ist, dass nicht nur der Lebensraum des Kindes in der gutachtlichen Stellungnahme differenziert dargelegt und ein Vorschlag zu Maßnahmen unterbreitet wird, die nicht nur einen einzigen Aspekt berücksichtigen, sondern nach Möglichkeit die gesamte Lebens-Beziehungs- und Bindungssituation des Kindes erfasst.

6.1.1.3 Gliederungsvorschlag für die erforderlichen Fakten

Die Gliederung einer gutachtlichen Stellungnahme zu einem Fall nach § 1666 BGB sollte den Leser (Richterinnen und Richter, Rechtsanwältinnen und Rechtsanwälte, Verfahrenspflegerinnen und Verfahrenspfleger, Kindeseltern und andere Personen) über die Gefährdung des Kindes durch das Verhalten der Eltern (oder Dritter) so informieren, dass dieser aufgrund der Darstellung der Fakten, ihrer Erklärung und Gewichtung den Entscheidungsvorschlag gedanklich nachvollziehen kann.

---

41 Vgl. a. a. O., 1 f.
42 Vgl. hierzu die mittlerweile umfassende neuere Bindungsliteratur: *Beck-Gernsheim*, 1995; *Bowlby*, 1975; ders. 1995; *Brisch*, 1999a, 1999b; *Brisch/Buchheim/Kächele*, 1999; *Crittenden*, 1996; *Gloger-Tippelt*, 2000; *Grossmann/Grossmann*, 1998; *Hédervári*, 1995; *Herbert*, 1999; *Perrig-Chiello*, 1997; *Spangeler/Zimmermann*, 1995; *Suess/Pfeiffer*, 1999; *Unzner*, 1999.
43 *Simitis* u. a., 1979, 178 f.
44 *Mnookin*, 1975, 6.
45 S. zu diesem Thema auch: OLG Köln v. 5. 1. 1996, FamRZ 1996, 1027.

Gliederungsvorschlag zu einem Fall nach § 1666 BGB

I.   EINLEITUNG
Es werden Datum, Zeitumfang, Ort der Gespräche und Beobachtungen benannt sowie
Personalien der Betroffenen, Fragestellung und Erkenntnisquellen (z. B. Akten, andere
Schriftstücke, Gespräche und Verhaltensbeobachtungen) angegeben.

II.   VORGESCHICHTE UND DERZEITIGE SITUATION
Sie umfasst
1. die Vorgeschichte und derzeitige Situation des Kindes und beispielsweise der Familie,
   des Heims, der Pflegefamilie etc. (Erfassen, feststellen und hervorheben des Sachverhalts).
2. Einzelsituationen, in denen **Verhalten der Eltern oder Dritter** sichtbar wird, das
   womöglich **eine Gefahr** für das Wohl des Kindes darstellt;
3. Verhaltensweisen des Kindes in den möglicherweise gefährdenden Situationen;
4. Einwirkungen sonstiger gefährdender oder unterstützender psychosozialer Gegebenheiten auf das Kind.

III.   PSYCHOSOZIALER BEFUND
Er zeigt,
1. was infolge der Hinweise aus den unterschiedlichen Einzelsituationen als relativ konstantes **Erleben und Verhalten des Kindes anzusehen ist und**
2. **welche Ressourcen beim und für das Kind** in seiner sozialen Umwelt identifizier-
   bar sind und
3. inwiefern das Kind somit in seiner körperlichen, geistigen oder seelischen Entwicklung **gefährdet** erscheint.

IV.   Sozialpädagogische DIAGNOSE UND PROGNOSE
Sie zeigt auf,
1. ob zwischen dem Verhalten der Eltern oder eines Dritten und den die Gefährdung des
   Kindes ausmachenden Einzelheiten ein **ursächlicher Zusammenhang** besteht
2. oder ob andere Ursachen mit zu berücksichtigen sind und
3. ob und in welchem Umfang die **Gefährdung** voraussichtlich **anhalten** wird.

V.   ZUSAMMENFASSENDE BEURTEILUNG
Sie weist auf
1. alle Erkenntnisse der Sachverhaltsfeststellungen;
2. den Befund und die Diagnose;
3. gegebenenfalls eine die weiteren Perspektiven aufzeigende Prognose;

   dabei werden Sachverhaltsfeststellungen, Befund, Diagnose und Prognose in Beziehung gesetzt und **gegeneinander abgewogen, bewertet und beurteilt,** ob die
   unbestimmten Rechtsbegriffe des Tatbestands erfüllt sind, z. B. ob
   – das Kind gefährdet ist und zwar
   – durch das Verhalten der Eltern oder Dritter,
   – die Eltern in der Lage sind, die Gefahr für das Kind abzuwenden.

VI.   VORSCHLÄGE
1. Unterbreiten eines Vorschlags zum weiteren Vorgehen,
2. vorlegen eines Entscheidungsvorschlags,
3. thematisieren geeigneter Maßnahmen nach dem KJHG[46].

---

46 vgl. *Balloff*, 1999c, 341.

6.1.1.4 Die zu ergreifenden Maßnahmen

Bei Vorliegen der Tatbestandsmerkmale des § 1666 I 1 BGB besteht die Rechtsfolge darin, dass das Gericht »die zur Abwendung der Gefahr erforderlichen
Maßnahmen zu treffen« hat. Diese Formulierung beschreibt, dass Verwaltungshandeln im justiziellen Rahmen[47] zur Beseitigung weiterer Gefahr für das Kindeswohl zu erfolgen hat. Sie beinhaltet, dass der Richter im Rahmen der Ausübung
pflichtgemäßen Ermessens nach den Grundsätzen der Verhältnismäßigkeit diejenige Maßnahme zu wählen hat, die pädagogisch möglichst effektiv ist, aber so
wenig wie möglich in die Familienautonomie eingreift.

In den §§ 1666, 1666a BGB zählt das Gesetz beispielhaft verschiedene Maßnahmen auf und versieht einige von ihnen zugleich mit Einschränkungen, die auf dem
Verhältnismäßigkeitsgrundsatz beruhen.

Folgende Maßnahmen benennt das Gesetz:
– Entzug der Vermögenssorge bei Verletzung der Unterhaltspflicht (§ 1666 II
  BGB),
– Ersetzung von Erklärungen der Eltern durch das Gericht (z. B. Einwilligung in
  eine Operation) § 1666 III BGB,
– Maßnahmen gegen Dritte (z. B. Stiefelternteile, Geschwister, Nachbarn, zwei-
  felhafte Freunde), § 1666 IV BGB,
– Maßnahmen, die eine Trennung des Kindes von seiner Familie beinhalten[48],
  sofern der Gefahr nicht auf andere Weise, insbesondere nicht durch öffentliche
  Hilfen begegnet werden kann (§ 1666a I BGB),
– Entzug der gesamten Personensorge, wenn andere Maßnahmen erfolglos geblieben sind oder wenn sie zur Abwendung der Gefahr höchstwahrscheinlich
  nicht ausreichen (§ 1666a II BGB).

Über diese ausdrücklich genannten Rechtsfolgen hinaus darf der Richter alle
möglichen anderen Maßnahmen anordnen, die ihm pädagogisch erfolgversprechend erscheinen. Gerade in diesem Bereich kann eine richtig gewählte Hilfe für
die weitere Entwicklung des Minderjährigen äußerst bedeutsam sein. Deswegen
ist es sehr wichtig, dass die gutachtliche Stellungnahme viel pädagogische Phantasie und hinreichendes fachliches Rüstzeug aufweist.

Folgende Maßnahmen kommen insbesondere (d. h. viele weitere sind denkbar) in
Betracht:
– Hinweise, Ermahnungen (z. B. eindringliche Darstellung der Rechtslage),
– Anweisungen, Gebote, Verbote (z. B. Umgangsverbot, Anweisung zur Teil-
  nahme an einem Erziehungskurs),
– Entzug von Teilbereichen des Sorgerechts; z. B. Anweisung, sich dem Haus/der
  Wohnung/der Kindertagesstätte/der Schule sich bis auf eine Entfernung von …
  Metern nicht zu nähern (in der Praxis am häufigsten: Entzug des Aufenthalts-

---

47 AltKo/*Münder*, § 1666 Rz. 32.
48 Zu den strengen Voraussetzungen bei geistig behinderten Eltern: Vgl. BVerfG v. 17. 2. 1982, FamRZ
    1982, 567; LG Berlin v. 2. 8. 1988, FamRZ 1988, 1308.

bestimmungsrechts – wegen ihrer geringen Reichweite ist diese Maßnahme höchst zweifelhaft)[49],

– Verfügen einer »go-order«, d. h. der gerichtlichen Anweisung, dass die das Kind gefährdende Person die Wohnung nicht mehr bewohnen darf, beinhaltet auch ein Betretungsverbot der Wohnung[50],

– Vermittlung von Leistungen der Jugendhilfe (z. B. Erziehungsberatung, Tagespflegestelle, Hortplatz)[51],

– Vermittlung materieller sozialer Leistungen (z. B. Wohngeld, Sozialhilfe).

Greift eine Maßnahme in das Sorgerecht der Eltern ein, muss gleichzeitig entschieden werden, wer anstelle des Betroffenen die entzogenen Befugnisse ausüben soll.

Handelt es sich um einen vollständigen Entzug bei beiden Sorgeberechtigten, so muss gem. §§ 1773 I, 1774, 1 BGB ein Vormund bestellt werden. Wird einem der Elternteile das Sorgerecht ganz oder teilweise entzogen, ist der andere Elternteil insoweit alleinberechtigt, wenn die Eltern gemeinsam das Sorgerecht innehatten, § 1680 III i. V. m. I BGB). Würde dies das Kind gefährden, bestellt das Gericht einen Vormund oder Pfleger, §§ 1666 i.V. m. 1773 I bzw. 1909, 1915 BGB.

Hatten die Eltern nicht gemeinsam das Sorgerecht, so kommt es darauf an, warum der Elternteil, dem das Sorgerecht entzogen wird, alleinsorgeberechtigt war. War es die Mutter gem. § 1626 a II BGB, so hat das Familiengericht dem Vater das Sorgerecht nach §§ 1671, 1672 BGB zu übertragen, wenn dies dem Wohl des Kindes nicht widerspricht.

Ist kein anderer Elternteil vorhanden (z. B. bei der ledigen Mutter eines Kindes, dessen Vater nicht bekannt ist), muss ebenfalls ein Vormund bzw. Pfleger bestellt werden, § 1773 I BGB.

In den Fällen, in denen die Bestellung eines Vormundes oder Pflegers notwendig wird, hat das Jugendamt dem Familiengericht eine Person vorzuschlagen, die sich hierzu eignet, §§ 53 I KJHG, 1849 BGB.

---

49 Seit Inkrafttreten des KJHG ist zu beachten, dass der Entzug von bestimmten Sorgerechtsanteilen nicht zwangsläufig das Recht, erzieherische Hilfen gem. § 27 KJHG in Anspruch zu nehmen, umfasst. Dient der Entzug der elterlichen Sorge also der Gewährung von erzieherischer Hilfe, sollte gerade dieses Recht ausdrücklich entzogen werden (vgl. *Oberloskamp/Adams*, 9. Aufl. S. 217, 271; *Fricke*, ZfJ 1993, 284.

50 Vgl. dazu OLG Köln v. 24. 1. 1999; Kind-Prax 1999, 95

51 Zu den Einzelheiten vgl. AltKo/*Münder*, Anhang § 1666 a sowie spi Berlin, 19 ff.

Im Regelfall, der jedoch in der Praxis statistisch die Ausnahme ist[52], soll dies eine Einzelperson (vgl. § 1887 BGB) oder ein Verein sein (§ 1791 a BGB). Notfalls[53] muss das Jugendamt die Aufgabe selber übernehmen (§§ 55 KJHG, 1791b BGB).

Die Maßnahme des Familiengerichts kann darin bestehen, dass es das Jugendamt zur Erbringung einer bestimmten Leistung verpflichtet. Dieser Durchgriff der Dritten auf die Zweite Gewalt ist ausnahmsweise möglich[54]. Man wird dem Jugendamt jedoch das Recht zubilligen müssen, die Durchführung der Maßnahme abzulehnen, wenn pädagogische Bedenken gegen sie bestehen.

Ob nicht vorhandene finanzielle Mittel oder fehlende pädagogische Angebote eine Verweigerung rechtfertigen, erscheint fraglich und wird daher eher abzulehnen sein[55], da fiskalische Erwägungen nicht zu Kindeswohlgefährdungen führen dürfen.

6.1.2 Entscheidungsrelevante Fakten zu § 1671 BGB

Die 1. bis 5. Auflage dieses Buches haben sich unter 6.1.2 mit der Sorgerechtsregelung bei Scheidung (vgl. § 1671 BGB a. F.) und unter 6.1.3 mit der Sorgerechtsregelung bei dauerndem Getrenntleben verheirateter Eltern (§ 1672 BGB a. F.) beschäftigt. Das neue Kindschaftsrecht vom 1. 7. 1998 zwingt zu einer neuen Systematik und auch im übrigen zu einer grundlegend anderen Sichtweise. Daher können die beiden Kapitel grundsätzlich zu einem zusammengeführt werden.

Zum Ersten ist festzuhalten, dass die Trennung und/oder Scheidung als solche keinen Grund für ein gerichtliches Verfahren zur Sorgerechtsregelung mehr darstellt, so dass nicht mehr in allen Trennungs- und Scheidungsfällen mit Kindern und Jugendlichen das Jugendamt eine gutachtliche Stellungnahme abzugeben hat. Vielmehr ist eine solche nur noch dann erforderlich, wenn ein Elternteil einen Antrag stellt und der Andere nicht zustimmt oder beide einen Übertragungsantrag bei Gericht gestellt haben (§ 1671 II Nr. 2 BGB).

Zum anderen ist zu konstatieren, dass ein regelungsauslösendes Element (neben dem bereits genannten Antrag) ein Getrenntleben von gemeinsam sorgeberechtigten Eltern ist. Das bedeutet einerseits, dass es sich nicht zwangsläufig um

---

52 Die Statistik des Statistischen Bundesamtes (Fachserie 13, Reihe 6) gibt keine genaue Auskunft, da sie nicht zwischen gesetzlichen und bestellten Amtspflegschaften und -vormundschaften unterscheidet. Jedoch weist sie z. B. für 1981 folgendes aus: Von den 106 595 Vormundschaften für Minderjährige werden 68,6% vom Jugendamt, 26,2% von Einzelpersonen, 4,2% von Vereinen geführt. Von den 382 748 Pflegschaften für Minderjährige werden 89,0% vom Jugendamt, 10,0% von Einzelpersonen, 0,9% von Vereinen geführt.

53 Der Unsitte, dass sich Jugendämter gar nicht erst die Mühe machen, nach Einzel- oder Vereinsvormündern zu suchen, sondern sich sogleich selber vorschlagen, versucht die Rechtsprechung entgegenzuwirken (vgl. dazu OLG Frankfurt v. 13. 11. 79, FamRZ 80, 284; LG Heilbronn v. 2. 4. 84, FamRZ 84, 822). Zu der Frage, ob dies sachlich notwendig wäre, die Jugendämter hiermit zu betrauen, s. *Oberloskamp*, FamRZ 1988, 7.

54 AltKo/*Münder*, § 1666 Rz. 36.

55 So AltKo/*Münder*, Anhang § 1666a Rz. 9 ff.; *Jans/Happe*, § 48c Anm. 5.

verheiratete Eltern handelt, sondern auch um unverheiratete, die aufgrund einer Sorgeerklärung (§§ 1626b ff. BGB) gemeinsam das Sorgerecht haben. Andererseits wird auf ein Getrenntleben und nicht auf eine Trennung abgestellt. Das bedeutet in der Regel bei Eltern, die verheiratet sind, dass sie sich getrennt haben und jetzt oder später eine Reglung begehren. Bei Eltern, die nie verheiratet waren, kann ebenfalls ein vorausgegangener Trennungsvorgang zugrundeliegen. Es kann aber auch sein, dass diese Eltern nie zusammengelebt und trotzdem gemeinsam das Sorgerecht ausgeübt haben. Wenn sie es nun nicht mehr möchten, haben sie jederzeit die Möglichkeit, einen Antrag auf Übertragung des Sorgerechts zu stellen.

Es sind also vier Kategorien von Eltern, die nunmehr unter § 1671 BGB fallen:
1. Verheiratete Eltern, die sich scheiden lassen oder geschieden sind,
2. Verheiratete Eltern, die sich nicht scheiden lassen, aber getrennt leben,
3. Nicht verheiratete Eltern mit gemeinsamem Sorgerecht, die zunächst zusammengelebt, sich dann aber trennen oder getrennt haben,
4. Nicht verheiratete Eltern mit gemeinsamem Sorgerecht, die nie zusammengelebt haben.

In allen Fällen muss hinzukommen, dass zumindest einer einen Antrag auf Übertragung des Sorgerechts stellt. Die Antragstellung bewirkt, dass ein Gerichtsverfahren der freiwilligen Gerichtsbarkeit in Gang kommt, in dem das Familiengericht verpflichtet ist, die im Gesetz aufgezählten Betroffenen, u. a. das Jugendamt nach § 49a I Nr. 9 FGG oder den Verfahrenspfleger gemäß § 50 FGG anzuhören. Die Pflicht des Jugendamtes besteht dann in einer Mitwirkung im Gerichtsverfahren nach § 50 II KJHG.

Darüber hinaus ist im Fall einer Scheidung, unabhängig von einem Sorgerechtsverfahren, das Familiengericht verpflichtet, das Jugendamt von dem Scheidungsverfahren in Kenntnis zu setzen, damit dieses seine Trennungs- und Scheidungsberatung nach § 17 II KJHG anbieten kann (§ 17 III KJHG). Diese Verpflichtung besteht nur bei Scheidung, weil es trotz minderjähriger Kinder und Jugendlicher Scheidungsverfahren ohne Sorgerechtsregelung geben wird. Die oben aufgezählten Nummern 2–4 sind in § 17 III KJHG nicht genannt, weil das Jugendamt in diesen Fällen bereits über 49a I Nr. 9 FGG von dem Verfahren Kenntnis erhält und dann seine Beratungsdienste anbieten kann.

In wie vielen Fällen künftig bei Scheidung keine Sorgerechtsregelung mehr erfolgen wird, ist nach wie vor nicht sicher einzuschätzen. Selbst wenn die Zahl größer als erwartet sein sollte, wird die Sorgerechtsregelung auf Antrag aus Anlass einer Scheidung vermutlich die größte Gruppe im Rahmen des § 1671 BGB bleiben. Sie soll daher auch weiterhin (bis zum Vorliegen anderer Entwicklungen und Erkenntnisse) behandelt werden.

6.1.2.1 Die Gefährdung des Kindeswohls nach einer Elterntrennung oder Scheidung

Die Zahl der Kinder und Jugendlichen, die durch die Trennung oder Scheidung ihrer Eltern vor eine neue und nicht selten belastende Lebenssituation gestellt werden, ist in der Bundesrepublik – ähnlich wie in anderen europäischen und nordamerikanischen Ländern – sehr groß. Ob diese belastende Lebenssituation immer zu einer Kindeswohlgefährdung führt, ist selbstverständlich zu bezweifeln. Dennoch ist davon auszugehen, dass in allen dauerhaft hochstrittigen Fällen, in denen die Kindeseltern oft krasse Unvereinbarkeiten aufweisen, die Kinder instrumentalisieren, sie beeinflussen und manipulieren sowie in den nachehelichen Machtkampf mit einbeziehen, das Wohlergehen der betreffenden Kinder und Jugendlichen gefährdet ist, so dass u. U. im Rahmen der Trennung oder Scheidung eine Maßnahme nach § 1666 BGB zu treffen ist.

Seit 1999 wird in diesem Zusammenhang in Deutschland auch das so genannte Parental Alienation Syndrome (PAS) diskutiert – ein Elternteilentfremdungssyndrom, bei dem der manipulierende Elternteil, meist der, bei dem sich das Kind aufhält, das Kind gegen den anderen Elternteil in meist besonders krasser Weise aufbringt und manipuliert. Gerade in diesen Fällen muss normalerweise in diesem Verhalten des manipulierenden Elternteils eine Kindeswohlgefährdung gesehen werden, die auch zu einem Sorgerechtsentzug führen kann[56].

Mittlerweile wird in Deutschland ca. jede zweite Ehe geschieden und ca. jedes fünfte Kind erlebt die Trennung oder Scheidung seiner Eltern vor dem Erreichen seiner Volljährigkeitsgrenze. 1980 – neuere Zahlen sind nicht veröffentlicht – lebten hier rund 571 000 Kinder unter 18 Jahren in Familien mit einem geschiedenen Familienvorstand[57]. In den darauf folgenden Jahren nahm die Zahl der durch eine Trennung oder Scheidung mit betroffenen Kinder erheblich zu.

---

56 vgl. die mittlerweile auch in deutscher Sprache verfügbare Literatur zum PAS: *Fischer*, 1998a, 1998b; *Kodjoe/Koeppel*, 1998a, 1998b; *Leitner/Schoeler*, 1998; *Rexilius*, 1999; *Salzgeber/Stadler*, 1998
57 Presse- und Informationsamt 1982, S. 309; Statistisches Jahrebuch 1997, 3.19

Scheidungshäufigkeit in der alten Bundesrepublik Deutschland, der alten DDR und der neuen Bundesrepublik Deutschland sowie davon betroffene Kinder

Geschiedene Ehen (alte BRD)[58]			Anzahl der Kinder	
im Jahre	insgesamt	je 1000 beste-hende Ehen	keine	mehr als…
1980	96 222	61,3	45 344	78 329
1985	128 124	86,1	60 897	96 077
1990	122 869	81,0	63 342	87 328

Geschiedene Ehen (alte DDR)[59]			Anzahl der Kinder	
im Jahre	insgesamt	je 1000 beste-hende Ehen	keine	mehr als…
1989	50 083	122,8	15 993	50 068
1990	31 917	79,4	keine Angaben	31 012

Geschiedene Ehen in Deutschland[60]			Anzahl der Kinder	
im Jahre	insgesamt	je 1000 beste-hende Ehen	keine	mehr als…
1991	136 317	70,5	69 175	98 126
1992	135 010	69,5	66 175	98 139
1993	156 425	80,2	74 572	121 853
1994	166 052	85,0	76 808	133 488
1995	169 425	86,8	76 761	140 238
1996	175 550	90,0	78 973	148 782
1997	187 802	98,9	82 802	163 112

Selbst wenn man unterstellt, dass ein großer Teil der geschiedenen Paare, die Eltern sind, wieder heiratet und dass etliche neue Ehepartner die mitgebrachten Kinder adoptieren, ist davon auszugehen, dass bis zur Erreichung der Volljährigkeit derzeit mehr als eine Millionen Kinder und Jugendliche von der Scheidung ihrer Eltern tangiert sind. Und selbst wenn die Situation dieser Kinder – etwa durch Wiederheirat der Eltern oder Adoption durch Stiefeltern – konsolidiert erscheint, ist zu berücksichtigen, dass die psychosoziale Situation der Kinder und Jugendlichen keinesfalls »geheilt« oder stabil zu sein braucht.

Nach heutigem Kenntnisstand wird man nicht in jeder Trennung oder Scheidung bereits eine Gefährdung des Wohls der davon mit berührten Kinder sehen; in den meisten Fällen wird es sich aber um ein belastendes Lebensereignis für das Kind

---

58 Statistisches Bundesamt, 1999, a. a. O.
59 Statistisches Bundesamt, 1999, a. a. O.
60 Statistisches Bundesamt, 2000.

handeln, selbst wenn man unterstellt, dass ca. 90 bis 95% aller Trennungen und Scheidungen nicht dauerhaft Konflikte nach sich ziehen; ohne eine ausreichende empirische Grundlage zu haben, wird aber nach wie vor davon ausgegangen, dass ca. 5 bis 10% aller Trennungen und Scheidungen hochstrittig verliefen (vgl. hierzu den Geschäftsanfall der Familiengerichte[61]).

Dennoch stellt nicht jedes Belastungserleben bzw. jede seelische Belastung des Kindes bereits eine Gefährdung oder Traumatisierung dar. Berücksichtigt man andererseits die spezifische Qualität und Intensität elterlichen Streits im Einzelfall, so spricht manches dafür, dass Kinder für viele Eltern nicht nur vor, während und nach einer Trennung oder Scheidung zum Streitobjekt werden (»Zankapfel« Kind), sondern darüber hinaus massiv manipuliert, beeinflusst, bedrängt und instrumentalisiert werden (»Kampf ums Kind«). Spätestens hier sollte der Frage vom Jugendamt und dem Familiengericht – u. U. von Amts wegen – nachgegangen werden, ob eine Gefährdung des Wohls dieser Kinder vorliegt.

Der Inhalt des § 1671 BGB bezieht sich explizit nur auf das Kindeswohl **nach Scheidung**, setzt jedoch implizit dessen Beachtung in der Zeit **vor und während eines Scheidungsprozesses** voraus. Und das mit gutem Grund. Besteht doch bei den meisten Autoren[62] Einigkeit darüber, dass mindestens die seelische Belastung vieler Trennungs- und Scheidungskinder bereits vor der eigentlichen Scheidung einsetzt.

Überholt ist offenbar die mittlerweile veraltete Auffassung, »... dass Scheidung als ein einmaliges Ereignis angesehen worden ist und nicht als eine Sequenz von Erfahrungen, bei denen Kinder sich in ihrem Leben umstellen«[63].

Wie vielfältig die Konsequenzen einer Ehescheidung für das davon betroffene Kind und seine Eltern sind und welche differenzierenden Überlegungen sie hinsichtlich des Kindeswohls erfordern, belegen *Fthenakis/Niesel/Kunze*[64] ausführlich mit empirischem Material.

Insbesondere *Fthenakis*[65] hat in Deutschland in Bezug auf die Trennungs- und Scheidungsfamilie richtungweisende Impulse gegeben: Nach ihm lag den BGB-Vorschriften zur Scheidung und zur Regelung der elterlichen Sorge bisher ein Modell zugrunde, das unter Hinweis auf *Goldstein/Freud/Solnit*[66] als »Desorganisationsmodell« beschrieben wird. Nach dieser Sicht löst sich die Familie nach einer Trennung und Scheidung auf. Die Elterntrennung oder Scheidung wird somit als Endpunkt der familialen Entwicklung angesehen; gemeinsame Lösungen werden nicht mehr angestrebt. Die als Folge daraus resultierende »Rest- oder

---

61 Statistisches Bundesamt, 1980 bis 2000.
62 Z.B. *Haffter* 1948, *Goldstein* u. a. 1974, *Lempp* 1978, *Steffen* 1979, *Arntzen* 1994, *Hetherington* 1980; *Wallerstein/Blakeslee* 1989; *Cherlin/Furstenberg* u. a., Science, Vol. 252, 6, 1386 ff.; *Furstenberg/Cherlin*, 1991.
63 *Hetherington*, a. a.O, 16.
64 *Fthenakis/Niesel/Kunze*, 1982, 93 ff.
65 *Fthenakis*, 1998, 84 ff.
66 *Goldstein/Freud/Solnit*, 1974.

Teilfamilie« wird als hinreichende Entwicklungsbedingung für das Kind betrachtet, die es nach den alten Vorstellungen – auch in der Jugendhilfe (z. B. nach §§ 17, 18 KJHG a. F.) – zu stärken gilt. Damit wird auch der nichtsorgeberechtigte Elternteil – oft mit dem so genannten »Ruheargument« – aus der Restfamilie (meist der Mutter-Kind-Familie) ausgegrenzt.

Seit den achtziger Jahren wurde das Phänomen Trennung und Scheidung theoretisch neu konzipiert. Beispielsweise lassen heute die meisten Forschungsergebnisse erkennen, dass die Elterntrennung oder Ehescheidung das familiale System nicht beendet, sondern eine Neuorganisation der familialen Beziehungen bewirkt[67]. Hinzu kommt, dass mittlerweile auch ein Netzwerkansatz[68] favorisiert wird, demzufolge sich das Mikrosystem Familie (Mutter, Vater, Kind) auf weitere Systemebenen erstreckt und von ihnen beeinflusst wird, die die Großeltern und weitere Verwandte erfassen, Freunde, Bekannte, Lehrerinnen und Lehrer, Erzieherinnen und Erzieher in der Kindertagesstätte, das Jugendamt und Familiengericht oder auch Beratungsstellen.

Aus diesen Überlegungen wurde das so genannte Reorganisationsmodell entwickelt, nach dem sich das familiale Trennungs- oder Scheidungssystem nach einer gewissen Zeit der Anpassung an die neuen Gegebenheiten des Getrenntseins neu formiert, wobei vor allem eine Beratung oder Mediation diesen Prozess beschleunigen und fundieren kann[69].

Letztlich wird auch die Vorstellung aufgegeben, dass es sich bei einer Elterntrennung oder Scheidung um eine atypische oder pathogene Entwicklung der Familie handelt. Vielmehr sei die Elterntrennung oder Scheidung, wie beispielsweise auch die Wiederheirat oder sogar eine erneute Trennung im Vergleich zu anderen bedeutsamen familialen Entwicklungsübergängen (z. B. Aufnahme einer Partnerschaft, Eheschließung, Geburt des Kindes, Tod eines Elternteils) ein Entwicklungsprozess, der nicht als einzelnes Ereignis angesehen und bewertet werden darf, sondern als Übergang (Transition) in einer Abfolge von Übergängen, die jede Familie kennzeichnet[70].

Dem Transitionsmodell zufolge stellt somit eine Elterntrennung oder Scheidung einen Familienentwicklungsprozess dar, dem häufig einer Phase von Alleinerziehung eine neue Partnerschaft oder Wiederheirat – und vielen Fällen eine erneute Trennung oder Scheidung folgt. All diese prozesshaften Verläufe führen bei allen von der Trennung oder Scheidung betroffenen Mitgliedern zur Entwicklung eines neuen Lebensplans und Rollenverhaltens, zu einer neuen Identität und Neubestimmung des Selbst sowie einer neuen Strukturierung vorhandener oder zu entwickelnder Netzwerke.

Für diesen umfangreichen Prozess der Neuorganisierung persönlicher und familialer Entwicklungen steht die Jugendhilfe mit einem mittlerweile zeitgemäßen

---

67 Vgl. *Fthenakis*, 1998, 85, m. w. N.
68 Vgl. *Niepel*, 1994; allgemein zum Netzwerkansatz *Röhrle*, 1994.
69 Vgl. z. B. für viele *Witte/Sibbert/Kesten*, 1991.
70 *Fthenakis*, 1998, 86, m. w. N.

Leistungsangebot nach dem KJHG zur Verfügung[71], bevor in Wahrnehmung »Anderer Aufgaben« nach §§ 2 III, 50 II KJHG – beispielsweise nach Antragstellung eines Elternteils oder beider Elternteile gemäß § 1671 II Nr. 2 BGB – das Jugendamt eine gutachtliche Stellungnahme abzugeben hat.

Eine Gefährdung des seelischen Wohls des Kindes kann jedoch, wie bereits mehrfach betont, zu dem Zeitpunkt auftreten, in dem das Kind destruktive und möglicherweise auch gewalttätige Paar- und Familienbeziehungen erlebt. Die seelische Belastung steigert sich, wenn dem Kind die Aussichtslosigkeit seiner Bemühungen bewusst wird, die Familie zu kitten[72].

Im übrigen erlebt das Kind die Trennung und das daraus resultierende Verlusterleben nicht nur als belastend, sondern in den oben erwähnten Fällen auch meist extrem ängstigend und destabilisierend[73]. Eine befriedigende, Stabilität und Sicherheit gebende emotionale Beziehung zu Mutter **und** Vater wird dem Kind durch das Auseinanderleben der Eltern und die nachfolgende Trennung oder Scheidung insbesondere in den hochstrittigen Fällen erschwert, bisweilen von den Kindeseltern unmöglich gemacht. Auch das Versprechen eines großzügigen Umgangsrechts, das in den hochstrittigen Fällen häufig nicht eingehalten wird, allein ändert wenig daran. Entscheidend ist nach einer Elterntrennung die Neuorganisierung qualitativ tragfähiger Beziehungen der Eltern untereinander und der Beziehungen der Eltern zum Kind. Als hilfreich und in vielen Fällen unabdingbar wird für diesen Prozess angesehen, den Eltern in der Beratung oder Mediation nach §§ 17, 18 KJHG Hilfestellungen zu geben, damit sie beispielsweise begreifen, dass es für das Kind von Nutzen ist, die zerstrittene Paarebene von der Elternebene zu trennen. Gelingt dies den Eltern nicht, besteht die Gefahr einer Kindeswohlgefährdung nach § 1666.

Deshalb gilt nach wie vor die Forderung, gesellschaftliche, juristische und familiale Rahmenbedingungen zu schaffen, die es dem Kind ermöglichen, beide Eltern auch nach der Trennung oder Scheidung weiterhin als bedeutsam und wertvoll in ihrem Leben zu erleben. Die seelische Belastung und die Loyalitätskonflikte des Kindes können u. U. wachsen, wenn es seinen **Wunsch und Willen** zu erkennen geben soll, **bei welchem Elternteil** es weiterhin verbleiben möchte. Eine Befragung in Anwesenheit der Eltern oder auch nur eines Elternteils durch die Sozialpädagogin bzw. den Sozialarbeiter kann das Kind – je nach Alter – in seiner Antwortmöglichkeit nicht nur überfordern, sondern zugleich auch mit starken Schuldgefühlen und neuen Loyalitätskonflikten belasten, da es sich meist beiden Elternteilen, wenn möglicherweise auch in unterschiedlicher Intensität, verbunden fühlt. Eine solche Zuneigung zu beiden Elternteilen fand *Arntzen* schon

---

71 Vgl. *Kunkel*, 1995; *Lohrentz*, 1999; *Münder*, 1999; siehe in diesem Zusammenhang der Diskussion um den Stand und die Folgen von Trennung und Scheidung auch *Brauns-Hermann/Busch/Dinse*, 1997; *Fthenakis*, 1999; *Sander*, 1999; *Walper/Schwarz*, 1999; *LBS-Initiative Junge Familie*, 1996, 1999.
72 S. *Petri*, 1992.
73 So schon *Arntzen*, 1980, 4.

1980[74] bei 82% der Kinder aus geschiedenen Ehen. 75% der untersuchten Kinder wünschten, dass die Eltern sich wieder vertragen und zusammenziehen sollten; 7% wollten ein weiteres Zusammenleben mit den Eltern auch dann, wenn die Eltern sich noch nicht wieder vertragen konnten.

Schuldgefühle und Loyalitätskonflikte des Kindes, den Aufenthaltsort zwischen Vater und Mutter wählen zu sollen, sind jedoch deutlich herabgesetzt, wenn sich bereits eine Abneigung gegen ein Elternteil entwickelt hat. Nach *Arntzens*[75] Befunden ist das dann der Fall, wenn ein Kind vom Vater oder von der Mutter früher

– körperlich oder psychisch misshandelt worden ist,
– wenn es sich anhaltend vernachlässigt gefühlt hat,
– wenn es die Misshandlung der Mutter durch den Vater oder
– häufige Trunkenheit eines Elternteils, die ekelerregend wirkte oder mit aggressiven Handlungen verbunden war, erlebt hat.

Nach *Hetherington*[76] erleben fast alle Kinder die Übergangszeit der Scheidung als schmerzhaft. Die typischen frühen Reaktionen von Kindern auf Scheidung sind Ärger, Furcht, Depression und Schuldgefühle. Gewöhnlich dauert es je nach Alter des Kindes und der Qualität des Elternstreits bis zu einem Jahr nach der Trennung oder Scheidung, bis sich beim Kind die akuten Spannungen reduzieren und ein wachsendes Gefühl des Wohlbefindens zu entstehen beginnt, obwohl die Langzeitfolgen einer Elterntrennung oder Scheidung nicht nur für das Kind oft ein Leben lang anhalten[77].

Insofern sind die o. g. Reaktionen im Hinblick auf die auslösende Belastung »normalerweise« als **akute Kurzzeiteffekte** zu erwarten, die aber durchaus latente Langzeitwirkungen entfalten können, um so mehr, je schwerer und unzureichender den Kindeseltern die Anpassung an die neue Trennungs- und Scheidungsrealität gelingt.

Die gutachtliche Stellungnahme im Rahmen der Gerichtsmitwirkung nach § 50 II KJHG sollte bei einer Reglung nach § 1671 III BGB im Gefährdungsfall (§ 1666 BGB) jedoch nicht nur wahrscheinliche Kurzzeiteffekte, sondern auch die notwendige **langfristige Anpassung** des Kindes an seine veränderte Lebenssituation berücksichtigen. Wie diese verläuft, ist mittlerweile durchaus erforscht[78]. Offensichtlich zeigt sich eine große Variabilität in der Qualität und der Intensität der Reaktionen und der Anpassung von Kindern an Scheidung. Einige Kinder zeigen schwerwiegende und andauernde Entwicklungsstörungen, andere scheinen durch eine turbulente Scheidung und die stressvolle Zeit danach hindurchzuschweben

---

74 1980, 3.
75 *Arntzen*, 1980, 4.
76 *Hetherington*, 1980.
77 Vgl. die Langzeitstudie von *Napp-Peters*, 1995; *Hetherington*, 16; *Wallerstein/Blakeslee* 1989; *Balloff*, Sozialmagazin 1992, 26 ff.; *Balloff/Walter*, FamRZ 1990, 445 ff.; dies.: Psychologie in Erziehung und Unterricht 1991, 8 ff.; *Gründel*, 1995, 93 ff.; *Fthenakis*, 1996a, 57 ff.; *Schmidt-Denter/Schmitz*, 1999, 73 ff.
78 Vgl. für viele *Napp-Peters*, 1995.

und als kompetente, gut funktionierende Individuen dabei herauszukommen[79]. Beeinträchtigungen in der Identitätsentwicklung und Entwicklung geschlechtsspezifischen Rollenverhaltens sind bei Abwesenheit eines Elternteils sehr wahrscheinlich[80]. Interessanterweise fehlt es nach wie vor an Untersuchungen, die die Auswirkungen einer Mütterabwesenheit im Trennungs- oder Scheidungsfall beinhalten und belegen[81]. Selbst in dem neuesten Trennungs- und Scheidungsbuch von *Sander*[82] findet man zu dieser Frage keine Hinweise.

Einige Ursachen für die unterschiedlichen langfristigen Entwicklungsverläufe von Kindern aus geschiedenen Ehen scheinen in folgenden Variablen zu liegen:

– Alter des Kindes zum Zeitpunkt der Scheidung
Nach *Lempp*[83] ist es offenbar für Kinder im Vorschul- und Schulalter am schwierigsten, mit den Veränderungen, die eine Scheidung der Eltern mit sich bringt, fertig zu werden. Gründe für die schlechtere Anpassung gerade jüngerer Kinder an die veränderte Lebenssituation sind für *Hetherington*[84] die noch eingeschränkten kognitiven und sozialen Kompetenzen des jungen Kindes, die Abhängigkeit des jungen Kindes von Eltern und ihr stärkeres Beschränktsein auf das Zuhause. Kleinkinder und Jugendliche haben andere Möglichkeiten, mit der Situation umzugehen. Sofern den zwei- bis dreijährigen Kindern durch umfangreiche Kontakte und eine intensive Beziehungs- und Bindungspflege die bisherigen Bezugspersonen erhalten bleiben, werden sie den Verlust des anderen Elternteils leichter überwinden. Die Ansicht, dass Kinder angesichts einer Trennung oder Scheidung ihrer Eltern ausnahmslos einen Elternteil »verlieren« und dementsprechend mehr oder weniger immer einen Trennungs- und Beziehungsverlust hinnehmen müssen, lässt sich nach heutigem Kenntnisstand nicht mehr aufrechterhalten[85].

Jugendliche erleben eine Scheidung der Eltern nicht unbedingt der Intensität, wohl aber der Qualität nach anders als Vorschul- und Schulkinder. Ihnen ist es eher möglich, »die Verantwortlichkeit für die Scheidung an die richtige Person zu verweisen, Loyalitätskonflikte zu lösen und die ökonomischen und anderen praktischen Probleme zu erfassen und mit ihnen fertig zu werden«[86]. Entsprechend ihrem Entwicklungsstand können sie sich stärker von der Familie ablösen und auf ihre eigene Zukunft einstellen. Außerdem haben sie mehr Möglichkeiten an ergänzenden Sozialkontakten außerhalb der Familie, als das für Vorschul- und Schulkinder der Fall ist.

---

79 *Hetherington*, 1980, 17; *Wallerstein/Blakeslee*, 1989.
80 Vgl. *Lehr*, 1992, 886 ff.; LBS-Initiative Junge Familie, 1999; 174 ff.
81 S. *Fthenakis*, 1996b, 105 ff.
82 *Sander*, 1999.
83 *Lempp*, 1982, 15.
84 *Hetherington*, 1980, 17
85 Vgl. aber noch in diesem alten Sinne mehr oder weniger *Lempp*, 1982, 14; vgl. hierzu auch die Zusammenfassung bei *Fthenakis*, 1995a; 1995b, 94 ff.
86 *Hetherington*, 1980, 18; *Fthenakis*, 1995b, 95.

– Geschlecht des Kindes

Etliche von *Hetherington*[87] zitierte Untersuchungen verweisen darauf, dass Jungen eine Scheidung weniger gut verarbeiten als Mädchen. Sie zeigen einen höheren Grad an Verhaltensstörungen und Problemen bei interpersonellen Beziehungen zu Hause und in der Schule mit Lehrern und Gleichaltrigen, während bei Mädchen beobachtete Störungen im emotionalen und sozialen Bereich in der Regel zwei Jahre nach der Scheidung abklingen, allerdings im Jugendalter in der Entwicklung von Partnerbeziehungen wieder aufleben können.

Die beobachteten Unterschiede sind nicht biologisch erklärbar, sondern sind das Ergebnis eines Zusammenspiels vieler psychosozialer Faktoren, von denen hier einige exemplarisch angeführt werden:
– In den meisten Fällen leben meist auch die Jungen nach einer Trennung oder Scheidung der Eltern mit ihren Müttern zusammen (Verlust eines angemessenen Identifikationsobjektes, Überforderung als Partnerersatz),
– Jungen wird generell ein höheres Maß an Aggressivität und Durchsetzungswillen eingeräumt und
– Jungen werden eher dem elterlichen Streit ausgesetzt als Mädchen[88].
– Insgesamt scheint – im übrigen nicht nur für Jungen – ein dauerhaft hoch zerstrittener Familientyp sehr ungünstige Entwicklungsbedingungen für Kinder zu bieten[89].

– Persönlichkeitsbesonderheiten des Kindes vor Scheidung

Kinder, die bereits vor Scheidung »schwierige« Kinder waren, möglicherweise wegen anhaltender Konflikte und Krisen der Kindeseltern schon lange vor einer Trennung oder Scheidung, verkraften die neue Situation nach Scheidung schlechter als seelisch stabile und bindungssichere Kinder. Sie sind auch mit größerer Wahrscheinlichkeit Auslöser und Ziel aversiver und aggressiver Verhaltensweisen ihrer mit sich selbst beschäftigten Eltern.

– Kumulativer Stress nach Scheidung

In der Regel hat das Kind nicht nur der Auszug eines Elternteils, sondern noch eine Reihe anderer Veränderungen seiner **Lebenssituation** zu verarbeiten. Dazu gehören häufig:
– Wohnungswechsel und Verlust der vertrauten Umgebung,
– Verlust von Bekannten und Freunden,
– Einleben in neue Kita- oder Schulsituation,
– Überforderung des alleinerziehenden Elternteils,
– wirtschaftliche Einschränkungen,
– Zusammenleben mit neuem Partner eines Elternteils etc.

Je nachdem, ob die Veränderungen vom Kind als eine Erleichterung der bisherigen Lebenssituation oder als eine zusätzliche Belastung erlebt werden, ist auch mit unterschiedlichen Anpassungsleistungen bei diesem Kinde zu rechnen.

---

87 *Hetherington*, 1980, 18.
88 vgl. zu diesem Themenbereich auch *Walbiner*, 1996, 53 ff.
89 *Schmidt-Denter/Schmidt*, 1999, 87 f.

– Die Beziehung des Kindes zum nichtsorgeberechtigten Elternteil
Nach wie vor handelt es sich hier – trotz steigender Zahlen alleinerziehender
Väter – um die Beziehung zum Vater, dessen Bedeutung für die gesunde psychosoziale Entwicklung des Kindes, insbesondere die des Kleinkindes, lange übersehen wurde. Demgegenüber dokumentiert *Fthenakis*[90] mit einer Vielzahl empiri-
scher Befunde, welchen Einfluss Väter tatsächlich – z. B. auf
– die kognitive Entwicklung,
– die Internalisation moralischer Standards oder
– das geschlechtsspezifische Erleben und Verhalten ihrer Kinder
  haben.

Vor dem Hintergrund solcher entwicklungspsychologischer Erkenntnisse entspricht es dem Kindeswohl,
– die Perspektive und die Beziehungen des Kindes in Bezug auf den Vater,
– die Perspektive und Lebensplanung des Vaters und
– seine Beziehungen zum Kind

noch stärker als bisher bei Sorgerechts- und Umgangsregelungen zu beachten.

6.1.2.2 Die Beachtung des Kindeswohls in Jugendamtsberichten zu Fällen nach § 1671 BGB

Betrachtet man einschlägige Stellungnahmen aus dem ASD-Bereich, scheint es
nach wir vor so zu sein, dass dem **seelischen Wohlergehen** des Kindes immer
noch zu wenig Beachtung geschenkt wird. Die **äußere Versorgung** des Kindes
wird dagegen in 96% der Berichte angeführt und die ökonomisch-soziale Situation in 89% der Fälle, wie die schon mehrfach erwähnte ältere Untersuchung von
Simitis u. a.[91] zeigt. Das psychische Befinden des Kindes hingegen wird nur in
28% aller Fälle angesprochen. Hier zeigt sich eine eindeutige Vernachlässigung
des Aspektes »seelisches Wohl des Kindes« zugunsten des wirtschaftlich-mate-
riellen. In die gleiche Richtung verweisen auch die Befunde, denen zufolge nur bei
12% der Fälle die Problemlösungsfähigkeit der Eltern und nur bei 6% ihre affektive Sozialisationskompetenz beachtet wurden, zwei komplexe Verhaltensweisen, die für die gesunde seelische Weiterentwicklung eines Kindes nach Trennung
oder Scheidung hochbedeutsam sind. Auch das **geistige Wohl** des Kindes blieb in
den untersuchten Stellungnahmen der Jugendämter weithin unberücksichtigt. Nur
in 15% der Fälle wurde in den gutachtlichen Stellungnahmen die kognitive Sozialisationskompetenz der Eltern berücksichtigt, die zumindest als eine Grundbedin-
gung für kognitive – und möglicherweise auch für die emotionale – Förderung
von Kindern anzusehen ist.

Wie wenig das seelische Wohl des Kindes Gegenstand solcher gutachtlicher Stellungnahmen war, zeigt sich auch darin, dass in nur 11% der untersuchten Fälle das
Verhältnis des Kindes zum jeweiligen Elternteil besprochen wurde. Auch die Be-

---

90 1985; 1995a; 1995b.
91 *Simitis* u. a., 1979, 70 f.

deutung dauerhafter Beziehungen für die Trennungs- und Scheidungskinder wurde in 42% aller Jugendamt-Berichte ignoriert[92]. Nach den Untersuchungsergebnissen von *Plessen/Bommert*[93] hielt es nur jeder dritte Jugendamtsmitarbeiter (34%) für »sehr wichtig« einem gemeinsamen Elternvorschlag zu widersprechen, wenn die Kontinuität der Erziehung durch diesen Vorschlag abgebrochen wird. Und wenn in der gutachtlichen Stellungnahme ausdrücklich die Bedeutung und Erhaltung der Kontinuität in der Eltern-Kind-Beziehung betonen, ist im Einzelfall zu prüfen, inwieweit hier eine stärkere Identifikation mit dem Klienten (sprich: in der Gemeinde, im Bezirk, im Bundesland wohnenden Elternteil) oder eine fachliche Beurteilung der Gesamtsituation dafür ausschlaggebend war: Denn die Zahl der Jugendämter, in deren Bereich ein Elternteil mit Kind wohnte und die mit dem Kontinuitätsprinzip argumentierten, war in o. g. Untersuchung fünfmal höher als die der Jugendämter, die allein den Elternteil zu begutachten hatten, der mit dem Kind nicht zusammenlebte.

6.1.2.3 Vom Gesetz gegebene Gesichtspunkte für eine Sorgerechtsregelung bei Scheidung

Die Anwendung des § 1671 BGB in der Scheidungssituation bedeutet, dass dem Jugendamt schon unter verschiedenen Aspekten Informationen zugegangen sein können:

1. Es ist denkbar, dass die Eltern wegen des Anwaltszwangs im Scheidungsverfahren bereits vor der Inanspruchnahme einer Rechtsanwältin bzw. eines Rechtsanwaltes (§ 78 II ZPO) das Jugendamt aufgesucht und sich beraten lassen haben.
2. Es kann aber auch sein, dass der wegen § 78 II Nr. 1 ZPO aufgesuchte Anwalt den Eltern empfohlen hat, eine Beratung oder Mediation in Anspruch zu nehmen und dass die Eltern das getan haben.
3. Es ist ferner möglich, dass das Jugendamt aufgrund der Mitteilung des Familiengerichts, dass an der betreffenden Scheidung gemeinsame minderjährige Kinder oder Jugendliche beteiligt sind (§ 17 III KJHG), die Eltern angeschrieben hat und diese daraufhin die Angebote des Jugendamtes aufgegriffen haben.
4. Zudem ist denkbar, dass angesichts der ersten mündlichen Anhörung und dem Hinweis auf Beratungsstellen (§ 613 I 2 ZPO) die Eltern die Dienste des Jugendamtes in Anspruch genommen haben.
5. Ferner ist vorstellbar, dass ein Elternteil einen Antrag auf Sorgerechtsübertragung gestellt hat, das Gericht im Rahmen der Anhörung hierzu (vgl. § 52 FGG) auf die Angebote des Jugendamtes hingewiesen hat und die Eltern sich darauf eingelassen haben.

In all diesen Fällen hat das Jugendamt, sofern nicht die Dienste getrennt angeboten werden (Beratung nach § 17 III KJHG einerseits und Mitwirkung nach § 50 II

---

92 A. a. O., 70.
93 *Plessen/Bommert*, 1985, 5.

KJHG andererseits) Kenntnis darüber, ob ein Antrag auf Übertragung der elterlichen Sorge gestellt worden ist und wie die Eltern mit diesem Antrag umgehen. Es kann aber auch sein, dass die Eltern die Beratungsdienste gemieden haben und das Jugendamt im Zusammenhang mit einem Antrag auf Sorgerechtsübertragung zum ersten Mal Kenntnis von den Wünschen und Absichten der Eltern erhält.

In jedem Fall sind verschiedene Konstellationen denkbar, die mit § 1671 BGB und seinen Interpretationsmöglichkeiten bewältigt werden müssen:
1. Ein Elternteil stellt einen Antrag, der andere stimmt zu. Das Kind über 14 Jahren widerspricht nicht (§ 1671 II Nr. 1 Hs. 1 BGB).
2. Ein Elternteil stellt einen Antrag, der andere stimmt zu. Das Kind über 14 Jahren widerspricht (§ 1671 II Nr. 1 Hs. 2 BGB).
3. Ein Elternteil stellt einen Antrag, der andere stimmt nicht zu, stellt aber keinen eigenen Antrag (§ 1671 II Nr. 2 BGB). Worauf die fehlende Zustimmung beruht, ist offen. Es kann sein, dass der andere das gemeinsame Sorgerecht aufrechterhalten will. Es kann aber auch sein, dass er den Partner nicht für erziehungskompetent hält, sich aber selber die Alleinsorge nicht zutraut.
4. Beide Elternteile stellen gegensätzliche Anträge (jeweils nach § 1671 II Nr. 2 BGB) (dies ist ausdrücklich nicht geregelt, aber dieses Problem ist zu lösen mit Hilfe der zuvor genannten Grundsätze).

Im ersten Fall ist dem Antrag im Normalfall ohne weitere Prüfung stattzugeben (also grundlegend anders als nach altem Recht, nach dem zu prüfen war, ob es zum Wohle des Kindes erforderlich war, von dem Vorschlag abzuweichen). Ein Ausnahmefall liegt nur dann vor, wenn sich aus dem Vorbringen der Parteien oder aus sonstigen Quellen ergibt, dass das Kind durch die angestrebte Regelung gefährdet wäre. Wenn das zutrifft, muss das Gericht nach § 1671 III BGB vorgehen und unter dem Gesichtspunkt des staatlichen Wächteramtes handeln und gegebenenfalls in das elterliche Sorgerecht eingreifen (§ 1666 BGB). Es handelt sich dann nicht um einen scheidungsspezifischen Fall, sondern um einen Gefährdungsfall, der nur anlässlich der Scheidung offenbar geworden ist.

Im zweiten Fall steht zunächst fest, dass auf der Basis des § 1671 II Nr. 1 BGB das Sorgerecht nicht zu übertragen ist. Das heißt aber nicht, dass dem Antrag unter keinem Gesichtspunkt stattgegeben werden kann. Vielmehr ist der Antrag dann nach § 1671 II Nr. 2 BGB zu behandeln.

Im dritten Fall ist dem Antrag stattzugeben, wenn zu erwarten ist, dass die Aufhebung der gemeinsamen Sorge und die Übertragung auf den Antragsteller dem Wohl des Kindes am besten dient.

Im vierten Fall wird das Familiengericht die beiden Verfahren, die durch die jeweiligen Anträge in Gang gesetzt worden sind, zu einem Verfahren verbinden, um ein Abwägen der Gesichtspunkte zu ermöglichen. Wenn einer der Anträge die Voraussetzungen des § 1671 II Nr. 2 BGB erfüllt, ist ihm stattzugeben, und der andere Antrag ist abzuweisen. Erfüllt keiner der Anträge die Voraussetzungen des § 1671 II Nr. 2 BGB, werden beide Anträge abgelehnt mit der Folge, dass beide Eltern – auch gegen ihren Willen – Sorgerechtsinhaber bleiben.

In den Fällen 3 und 4, in die auch der Fall 2 hineingehört, wird der Stellungnahme des Jugendamtes eine ähnlich wichtige Bedeutung wie nach altem Recht zukommen. In ihrem Rahmen sind dann zwei Fragen zu klären:

a. Dient die Aufhebung der gemeinsamen Sorge dem Wohl des Kindes am besten?
b. Dient die Übertragung der Alleinsorge auf den Antragsteller dem Wohl des Kindes am besten?[94]

Zu a. Grundsätzlich geht das neue Recht davon aus, dass es so weit wie möglich anzustreben ist, einem Kind zwei verantwortliche Elternteile zu verschaffen bzw. zu belassen (gemeinsame elterliche Sorge auch ohne Ehe) und diese auch dauerhaft zu erhalten (auch bei einer räumlichen Trennung des Elternpaars). Deswegen ist eine »Entlassung« aus der gemeinsamen Sorgeverantwortung – jedenfalls wenn sie nicht von beiden Elternteilen gewünscht ist – nur dann die beste Lösung für das Kind, wenn die Einigungsunfähigkeit der Eltern trotz gemeinsamer und eventuell zusätzlicher fachlicher Anstrengungen so groß ist, dass dem Kind aus der gemeinsamen Sorge mehr Schaden als Nutzen droht. Solange aber die Kommunikation auf der Elternebene noch durchschnittlich funktioniert, soll es nach neuem Recht nicht mehr möglich sein, dass einer der Eltern sich einseitig aus der Verantwortung schleicht.

Zu b. Die Übertragung der elterlichen Sorge auf den Antragsteller muss also die beste Lösung sein. Das bedeutet, dass es (anders als nach altem Recht, wonach es genügte, dass die Übertragung dem Kindeswohl diente) nunmehr tatsächlich um die Klärung der Frage geht, ob es für das Kind deutlich vorteilhafter ist, wenn der antragstellende Elternteil die alleinige Erziehungsverantwortung erhält.

Geht es also bei der ersten Frage um die Fähigkeit der Eltern, im Interesse des Kindes miteinander zu kommunizieren – Elternebene in Bezug auf das Kind –, so geht es bei der zweiten Frage um eine optimale Eltern-Kind-Beziehung. Bei der Beantwortung dieser Frage werden viele Aspekte eine Rolle spielen, die die »alte« Rechtsprechung und die »alte« Fachliteratur entwickelt haben, angefangen mit der Förderungsfähigkeit über Beziehungen und Bindungen, Kontinuität, Neigungen und Wille des Kindes bis hin zu den materiellen Gegebenheiten und dem sozialen Umfeld.

Vergleiche hierzu folgende Auflistung zu
– so genannten psychosozialen Grundbedürfnissen des Kindes oder Jugendlichen;
– Fragen der Erziehungsfähigkeit bzw. elterlichen Eignung;
– typischen Kindeswohlkriterien;
– typischen Sorgerechtskriterien.

---

94 Vgl. hierzu auch den richtungweisenden Beschluss des BGH v. 29. 9. 1999, FuR 1999, S. 88 ff., nach dem die Neuregelung der elterlichen Sorge kein Regel-Ausnahme-Verhältnis enthalte und deshalb auch keine Priorität zugunsten der gemeinsamen elterlichen Sorge bestehe.

1. *Psychosoziale Grundbedürfnisse des Kindes*
   als bedeutsame psychosoziale Bedürfnisse des Kindes definiert, die dem Aufbau seiner Persönlichkeit, Identität und seines Selbstkonzepts dienen

1.1 Bedürfnis nach Liebe, Geborgenheit, Zuwendung, Unterstützung.
1.2 Bedürfnis nach neuen Erfahrungen.
1.3 Bedürfnis nach Lob und (adäquater) Anerkennung.
1.4 Bedürfnis nach Verantwortung und Selbständigkeit.
1.5 Bedürfnis nach Übersicht und Zusammenhang.
1.6 Bedürfnis, Orientierung, Regeln und Grenzen zu erleben und zu erfahren.

2. *Erziehungsfähigkeit bzw. elterliche Eignung*

2.1 Die Erziehungsfähigkeit (gelegentlich von den Gerichten auch als elterliche Eignung bezeichnet und hinterfragt) stellt nach wie vor in der Rechtsprechung und bezüglich konkreter Fragestellung in richterlichen Beschlüssen, vor allen bei der Regelung der elterlichen Sorge, eine zentrale Kategorie dar. Dabei ist die Kategorie »Erziehungsfähigkeit« eine Unterkategorie der sog. Sorgerechtskategorie bzw. des Kategorialsystems, die bzw. das das Kindeswohl beinhaltet (anzumerken ist, dass beispielsweise aus systemischer Sicht eine linear-kausale und bewertende Begrifflichkeit dieser Art – Erziehungsfähigkeit oder elterliche Eignung – kritisiert wird). Im familienrechtlichen Sinn umfasst die Erziehungsfähigkeit der Kindeseltern, die von den Kindeseltern in den Gesprächen, gegebenenfalls in den Fragebögen oder anlässlich den Verhaltensbeobachtungen
   – geäußerten Erziehungsideale,
   – die Erziehungseinstellungen und Erziehungspraktiken, aber auch die
   – Motivationen und deren instrumentelle Überzeugung (welche erzieherischen Interaktionen und Verhaltensweisen beispielsweise in welcher Situation welche Wirkung haben sollen) und
   – die im konkreten Umgang mit dem Kind verfügbaren und eingesetzten, also auch beobachtbaren, Erziehungsverhaltensweisen und Erziehungspraktiken.

2.2 Normalerweise hat die Sozialpädagogin bzw. der Sozialarbeiter im Rahmen der Mitwirkung im Gerichtsverfahren nach § 50 II KJHG ausreichende diagnostische Erkenntnismöglichkeiten, die Erziehungsvorstellungen und Erziehungspraktiken der Kindeseltern nicht nur von den Eltern selbst in Erfahrung zu bringen oder zu beobachten, sondern mit Einwilligung der Eltern und gegebenenfalls im akuten Gefährdungsfall auch ohne Einwilligung der Kindeseltern vom Kind selbst, von den Geschwistern oder anderen Angehörigen, den Erziehern in der Kita, den Lehrern in der Schule etc. zum Schutz des betreffenden Kindes in Erfahrung zu bringen.

3. *Der Kindeswohlbegriff im einzelnen*
   bei der Regelung der elterlichen Sorge in hochstrittigen Fällen mit Kindeswohlgefährdung nach § 1666 BGB

Das Kindeswohl hat alleiniger Maßstab und alleinige Richtschnur der jugendamtlichen, gutachtlichen und richterlichen Vorgehensweise im familienrechtlichen Verfahren zu sein. Das Kindeswohl stellt somit die einzige Eingriffslegitimation durch den Staat in die Familie dar. Damit der Kindeswohlbegriff flexibel gehandhabt werden kann, muss er als sog. unbestimmter Rechtsbegriff mit psychologischen und juristischen Werten und Erkenntnissen ausgefüllt werden. Nach heute herrschender Auffassung ist der Kindeswohlbegriff darüber hinaus als Herstellungsanweisung zu begreifen und weniger als Suchanweisung – beispielsweise nach dem besseren oder geeigneteren Elternteil.

4. Die Sorgerechtskriterien im einzelnen

4.1 Elternzentrierte Kriterien
– Erziehungsfähigkeit der Eltern,
– Fähigkeit der Eltern, zwischen Paar- und Elternebene zu differenzieren,
– übereinstimmender Elternvorschlag,
– das Förderprinzip (wer von beiden Elternteilen kann das Kind in seinen seelischen, körperlichen und gefühlsmäßigen Belangen am besten unterstützen),
– das Prinzip der Kontinuität und Stabilität von Lebensbeziehungen (welcher Elternteil kann dem Kind in bezug auf seine eigene Person und alle anderen bedeutsamen Personen des Kindes ein Höchstmaß an Kontinuität und Stabilität zusichern und sicherstellen),
– das Prinzip der Kooperation und des Aufrechterhaltens von Beziehungen und Bindungen des Kindes mit dem anderen Elternteil, neuerdings von der Rechtsprechung auch als »Bindungstoleranz« – besser wäre »Beziehungstoleranz«, weil dieser Begriff alle Kontakte mit allen bedeutsamen Bezugspersonen umfasst – bezeichnet (welcher Elternteil ist am besten in der Lage und bietet die beste Gewähr, dass dem Kind der andere Elternteil als Bezugsperson erhalten bleibt. Ist dieser Elternteil darüber hinaus willens, diese Kontakte nicht nur zu akzeptieren oder zu billigen, sondern ebenso aktiv zu unterstützen) und
– das Prinzip des uneingeschränkten Willkommenseins.

4.2 Kindzentrierte Kriterien
– Der Wunsch und Wille des Kindes, aber auch Haltungen, Einstellungen, Meinungen, Favorisierungen, Prioritäten, Neigungen etc. Beachte bei Säuglingen und sehr jungen Kindern, die z. B. noch nicht sprechen oder sich sonst artikulieren können, auch die Mimik, Körperhaltung und Gestik,
– die Bindungen des Kindes an die Eltern (gemeint sind hier bindungstheoretische Implikationen, wobei zu beachten ist, dass der im Gesetz (vor allem früher im alten § 1671 BGB) benutzte Bindungsbegriff ein erweiterter Beziehungsbegriff ist und mit dem psychologischen Bindungsbegriff bowlbyscher Prägung nicht identisch ist),

– die Beziehungen des Kindes an die Eltern, Geschwister und alle anderen für das Kind bedeutsamen Personen.

Hinsichtlich der Rechtsfolgen enthielt **der alte § 1671 BGB** relativ klare Vorgaben, die durch das Bundesverfassungsgericht noch erweitert wurden. Es war z.B. möglich,

– die elterliche Sorge in ihrer Gesamtheit auf einen Elternteil zu übertragen oder
– sie zwischen den Eltern nach Personen- oder Vermögenssorge aufzusplitten,
– die Vermögenssorge aufzuspalten und Teile dem Personensorgerechtsinhaber zuzuordnen,
– einem Elternteil Teile des Sorgerechts zu belassen und für die anderen Teile einen Pfleger zu bestellen,
– beiden Elternteilen die gesamte Sorge zu entziehen mit der Folge der Vormundsbestellung oder
– beiden Elternteilen die gesamte elterliche Sorge gemeinsam zu belassen.

Das einzige, was definitiv nicht ging, war die Aufteilung der Personensorge zwischen den Eltern. Alle diese Regelungen ergingen von Amts wegen, so dass etwaige »Anträge« der Betroffenen allenfalls als Wünsche Bedeutung hatten.

Der neue § 1671 BGB geht von einem antragsgebundenen Verfahren aus. Das bedeutet, dass das Gericht nie über einen gestellten Antrag hinaus gehen kann. Ein Weniger kann es allerdings zusprechen, wenn der Antrag nicht auf einen übereinstimmenden Willen beider Betroffenen beruht (also im Fall des § 1671 II Nr. 2 BGB). Es kann auch dann jenseits des Antrags entscheiden, wenn es auf § 1671 III BGB »umsteigt«, weil das Kind gefährdet ist.

Der Antrag selber muss nicht auf die Übertragung der gesamten Alleinsorge gerichtet sein. Er kann sich auf beliebige Teile der elterlichen Sorge beschränken. In der Praxis am häufigsten wird vermutlich der Antrag auf Übertragung des Aufenthaltsbestimmungsrechts sein. Es bedarf keiner allzu großen Phantasie sich vorzustellen, dass möglicherweise viele Eltern bereit sind, sich auf das gemeinsame Sorgerecht einzulassen, wenn sie nur sicher sein können, dass das Kind zweifelsfrei in ihrer Obhut bleibt. Der Wunsch nach einer solchen Regelung ist auch nicht deshalb überflüssig, weil § 1687 I 2 BGB dem Elternteil, in dessen Obhut sich das Kind befindet, das alleinige Entscheidungsrecht in Alltagsangelegenheiten überlässt. Die Frage, bei wem das Kind lebt, ist gerade keine solche Alltagsangelegenheit und bedarf daher nach § 1687 I 1 BGB des Einverständnisses beider Eltern. Von daher ist es beruhigend, jedenfalls in Fragen des Aufenthalts des Kindes nicht vom Willen des anderen Elternteils abhängig zu sein.

Was nach § 1671 BGB nicht beantragt werden kann, ist – anders als nach altem Recht – der gerichtliche Ausspruch, dass beide Eltern trotz Getrenntlebens gemeinsam das Sorgerecht haben. Dieser Zustand ist kraft Gesetzes vorhanden, und es fehlt das Rechtsschutzinteresse, sich dies durch das Gericht bestätigen zu lassen.

**6.1.2.4 Einzelne Orientierungspunkte für eine gutachtliche
Stellungnahme zur Sorgerechtsregelung bei Trennung oder
Scheidung bei Kindeswohlgefährdung nach § 1666 BGB**

Zu bedenken ist seit der Kindschaftsrechtsreform, dass gutachtliche Stellungnahmen im Trennungs- (z. B. bei gemeinsamer Sorge nicht miteinander Verheirateter) oder Scheidungsfall nur noch in den Fällen erforderlich sind, in denen ein Elternteil versucht, im Antragswege die elterliche Sorge zu erhalten.

Orientierungspunkte:
1. Das bisherige Verhalten des Kindes zu seinen Eltern.
2. Der stabile Wunsch und Wille des Kindes (zu Fragen, den Willen des Kindes betreffend hat sich folgendes Kategorialsystem bewährt:
   – die Zielorientiertheit des Willens in Erfahrung bringen,
   – die Intensität,
   – die Stabilität – über die Zeit – und
   – die Art und Weise einer autonomen Willensbildung).
3. Bestehende Beziehungen und Bindungen des Kindes, ihre Intensität und Stabilität zu verschiedenen Personen.
4. Kontinuität des vertrauten Lebensraumes des Kindes mit den dort entwickelten sozialen Beziehungen.
5. Die aus dem Alter des Kindes sich ergebenden unterschiedlichen Anforderungen an zeitliche Verfügbarkeit und pflegerisches Können des Elternteils.
6. Zusammenbleiben von Geschwisterkindern bei geringem Altersabstand und enger Beziehung untereinander.
7. Das bisherige Verhalten der Eltern zum Kind.
8. Die affektiven Beziehungen der beiden Elternteile zum Kind bzw. zu den verschiedenen Kindern.
9. Die psychophysische und psychosoziale Belastbarkeit der Elternteile.
10. Die Bereitschaft der Eltern, eigenes Tun kritisch zu reflektieren und eigene Anteile am Gesamtgeschehen erkennen und zugeben zu können.
11. Die Problemlösungsfähigkeit der Elternteile.
12. Die kognitiven und affektiven Voraussetzungen der Eltern, das Kind zu erziehen, zu betreuen und zu fördern (Erziehungsziele, Verwendung von Lob und Strafe, Verhalten in Konfliktsituationen u. a.).
13. Voraussetzungen der Eltern, die Kinder schulisch und beruflich zu fördern.
14. Die Möglichkeiten und Ressourcen der Eltern, auch für die äußere Versorgung des Kindes zu sorgen (Ernährung, Kleidung, Pflege im Krankheitsfall etc.).
15. Wirtschaftliche und finanzielle Voraussetzungen bei Vater und Mutter.
16. Die konkreten Wohnverhältnisse der Eltern.
17. Möglichkeiten der Kindeseltern, andere Personen in Pflege und Erziehung des Kindes einzubeziehen; Einstellung des Kindes zu diesen Personen.
18. Beziehungen des neuen Partners/der neuen Partnerin (und dessen/deren Kindern) zum Kind und umgekehrt.

19. Fähigkeit der Elternteile, Kontakte des Kindes zum anderen Elternteil und zu allen anderen bedeutsamen Personen des Kindes zu akzeptieren und aktiv zu fördern.
20. Fremdunterbringung des Kindes nur im Rahmen der am wenigsten schädliche Alternative.

Diese Zusammenstellung von Orientierungspunkten ist nicht vollständig. Sie erfasst jedoch wesentliche Aspekte. Diese sind von der konkreten Situation aus jeweils individuell zu ergänzen.

Fthenakis[95] weist auf spezielle vom Jugendamt zu beantwortende Fragen hin, die das innerfamiliale Beziehungsnetz tangieren:
1. Wie stellt sich die Eltern-Kind-Beziehung aus der Sicht des Kindes und der Eltern dar?
2. Welche (qualitativen) Beziehungen bestehen zwischen Kind und Eltern, die im Interesse seiner weiteren gedeihlichen Entwicklung erhalten werden sollten?
3. Welche Erziehungspotentiale lassen sich bei beiden Eltern identifizieren, die im Interesse der Förderung des Kindes erhalten bleiben sollen?

Darüber hinaus werden in seinem Fragenkatalog Kompetenzen, Präferenzen und Wünsche des Kindes (Kindeswille) erwähnt:
1. Wie wird die kindliche Kompetenz, mit der elterlichen Krise umzugehen, beurteilt?
2. Welche Bewältigungsmechanismen entwickeln Kinder und gegebenenfalls mit welchen Verhaltensweisen reagieren sie auf eheliche Konflikte?
3. Zeigen die Kinder Präferenzen hinsichtlich ihres Aufenthaltsortes, und welche Wünsche haben sie hinsichtlich der Gestaltung ihres Kontaktes zum anderen Elternteil?

Ferner werden
1. die Ehepartner-Beziehung,
2. die Beziehungs- und Erziehungskontinuität sowie
3. die Kontinuität der Wohnumgebung,
4. die Pflege und Versorgung des Kindes,
5. die sozialen Netze (Großeltern, Verwandte, Freunde, neue Partner der Eltern, Kita oder Schule),
6. die speziellen familialen Probleme einer kritischen Bestandsaufnahme unterzogen, und
7. Hilfen und Unterstützung gebende Interventionsansätze vorgeschlagen und Modelle denkbarer Sorge- und Umgangsregelungen diskutiert.

---

95 *Fthenakis*, o. J.

6.1.3 Entscheidungsrelevante Fakten zu § 1684 BGB[96]

6.1.3.1 Aufgrund des Gesetzes zu beachtende Fakten

Nach der bis zum Inkrafttreten der Kindschaftsrechtsreform am 1. 7. 1998 geltenden Regelung gab es zwei Gesetzesvorschriften, die das Umgangsrecht regelten: § 1634 BGB a.F. für eheliche Kinder und § 1711 BGB a.F. für nichteheliche Kinder – § 1634 BGB a.F. galt entsprechend, wenn die Eltern gemeinsam das Sorgerecht hatten, aber nicht nur vorübergehend getrennt lebten (also bei getrenntlebenden Eltern mit ehelichen Kindern sowie geschiedenen Eltern, die ein gemeinsames Sorgerecht behalten hatten), § 1634 IV BGB a.F..

Nach dem neuen Recht gibt es nur noch **eine** Vorschrift für das Umgangsrecht zwischen Eltern und Kinder, § 1684 BGB. Diese Norm regelt die Eltern-Kind-Kontakte unabhängig vom Status des Kindes und unabhängig von der Sorgeberechtigung der Eltern. Das heißt, dass diese Vorschrift alle leiblichen und alle Adoptivkinder erfasst und dass es gleichgültig ist, ob der betroffene Elternteil kein Sorgerecht hat (nur die juristische Elternschaft muss feststehen), ein Allein- oder ein Teilsorgerecht besitzt oder »nur« über ein gemeinsames Sorgerecht verfügt: für alle Eltern, die getrennt leben, gilt die so genannte Wohlverhaltensklausel des § 1684 II BGB, und für das Familiengericht gelten bei Streitigkeiten der Eltern die Regelungs- und Eingriffsbefugnisse der Absätze 3 und 4. Haben die Eltern ein gemeinsames Sorgerecht, findet bezüglich des Umgangs nicht etwa § 1687 BGB Anwendung, der die Kompetenzen zwischen dem Elternteil, in dessen Obhut sich das Kind befindet und dem anderen Elternteil regelt, sondern ebenfalls § 1684 BGB.

Zur Bedeutung des Umgangsrechts und seinem Stellenwert im Rahmen der Eltern-Kind-Beziehung ist hervorzuheben, dass das Gesetz zum ersten Mal mit dem nötigen Nachdruck zum Ausdruck bringt, dass für ein Kind die Beziehung zu beiden Elternteilen essentiell ist und dass es weniger denn je dem Gutdünken eines Elternteils überlassen bleiben darf, Kontakte des Kindes mit dem anderen Elternteil zu gestatten oder zu unterbinden. § 1684 I BGB formuliert daher schlicht:»Das Kind hat das Recht auf Umgang mit jedem Elternteil; jeder Elternteil ist zum Umgang mit dem Kind verpflichtet und berechtigt.«

Diese neue Sichtweise kann zur Folge haben, dass im Streit um die Alleinsorge durchaus dem »schwächeren« Elternteil das Sorgerecht eingeräumt werden kann, wenn er im Gegensatz zum anderen Elternteil gewährleistet, dass das Kind Kontakt zu diesem halten kann.

Zur Frage, inwieweit das Jugendamt mit Umgangsrechtsfragen zu tun hat, ist festzustellen, dass es einerseits verpflichtet ist, in beratender Funktion tätig zu werden (§ 18 III KJHG), und dass es andererseits aufgefordert ist, in einem hierzu

---

96 Neuere Aufsätze: *Knöpfel*, FamRZ 1989, 1017; *Oelkers*, FamRZ, 448; *Klenner*, FamRZ 1995, 1529; *Walter*, ZfJ 1996, 270; *Spangenberg*, FamRZ 1996, 1058; *Spangenberg*, DAVorm 1997, 557. Die neuere Rechtsprechung: *Oelkers*, FamRZ 1997, 779.

anhängigen Gerichtsverfahren mitzuwirken (§ 50 II i. V. m. § 49 a I Nr. 7 FGG). Darüber hinaus kann das Jugendamt beim Vollzug einer gerichtlichen Regelung oder einer Vereinbarung durch die Betroffenen beteiligt sein, indem es vermittelt oder Hilfestellung leistet (§ 18 III 4 KJHG) oder als sog. mitwirkungsbereiter Dritter bei der Ausübung des Umgangs mit dabei ist (§ 1684 IV 3, 4 BGB).

Zu den Inhalten einer möglichen gerichtlichen Umgangsregelung ergeben sich einige Aspekte aus § 1684 BGB:

1. *Grundsätzlich vorhandenes Recht des Elternteils, in dessen Obhut sich das Kind nicht befindet, zum persönlichen Umgang mit dem Kind*
1.1 In welcher Weise wird diesem sein Recht vom Elternteil, in dessen Obhut das Kind ist (Obhutsberechtigter), tatsächlich gewährt?
1.2 Was macht der nicht obhutsberechtigte Elternteil mit seiner Befugnis?
2. *Pflicht beider Elternteile, alles zu unterlassen, was*
2.1 das Verhältnis des Kindes zum anderen beeinträchtigt,
2.2 die Erziehung erschwert,
2.3 zur Erfüllung dieser Pflicht kann das Gericht die Beteiligten durch Anordnungen anhalten (§ 1684 III 2 BGB).
3. *Eine Entscheidung über*
3.1 den Umfang des Umgangsrechts und
3.2 eine Regelung der Ausübung des Umgangsrechts möglich ist. Da § 1684 III BGB insoweit keine Kriterien enthält, geschieht dies auf der Basis von § 1697a BGB (»unter Berücksichtigung der tatsächlichen Gegebenheiten und Möglichkeiten sowie der berechtigten Interessen der Beteiligten dem Wohl des Kindes am besten entsprechend«).
4. *Recht auf Auskunft des nicht Obhutsberechtigten vom Obhutsberechtigten über persönliche Verhältnisse des Kindes* (§ 1686 BGB)
4.1 Inwieweit handelt es sich um ein berechtigtes Interesse?
4.2 Inwiefern können die Auskünfte dem Wohl des Kindes widersprechen?
5. *Eine Einschränkung oder ein Ausschluss des Umgangsrechts ist möglich*
5.1 für längere Zeit oder auf Dauer bei Gefährdung des Kindeswohls (Abs. 4 S. 2),
5.2 zur Vermeidung des Ausschlusses als »Betreuter Umgang«
5.3 im übrigen soweit dies zum Wohl des Kindes erforderlich ist (Abs. 4 S. 1).

Ob und inwiefern die Befugnis zum persönlichen Umgang mit dem Kind zu regeln ist, hängt also immer davon ab, inwieweit das Wohl dieses Kindes es erfordert.

6.1.3.2 Notwendigkeit, im Interesse des Kindeswohls den Umgang mit dem Kind zu regeln

Das Recht erachtet das Umgangsrecht grundsätzlich als etwas Positives und daher zu Schützendes.

Dies hängt u. a. auch damit zusammen, dass es Konstellationen kennt, in denen der nur Umgangsberechtigte wieder Obhutsberechtigter wird. Für diesen Fall soll einer Entfremdung zwischen Elternteil und Kind vorgebeugt werden.

Ein Wechsel im Obhutsrecht kommt insbesondere in folgenden Fällen in Betracht:

1. Von gemeinsam Sorgeberechtigten (ehemals oder noch verheiratete Eltern, die getrennt leben oder nicht verheiratete Eltern, die eine Sorgeerklärung abgegeben haben) stirbt der bisher Obhutsberechtigte. Dann kommt das Kind in der Regel in die Obhut des bisher nur Umgangsberechtigten (§ 1680 I BGB).
2. Von gemeinsam Sorgeberechtigten (s. o.) wird dem Obhutsberechtigten das Sorgerecht entzogen. Dann wird das Kind ebenfalls in der Regel zu dem bisher nur Umgangsberechtigten gegeben (§ 1680 III BGB).
3. Der gemäß § 1671 BGB Sorgeberechtigte stirbt. Dann hat das Familiengericht dem bisher Nicht-Sorgeberechtigten das Sorgerecht zu übertragen, wenn dies dem Wohl des Kindes nicht widerspricht, § 1680 II 1 BGB.
4. Dem gem. § 1671 BGB Sorgeberechtigten wird die gesamte elterliche Sorge oder die Personensorge entzogen. Dann hat das Familiengericht dem bisher Nicht-Sorgeberechtigten das Sorgerecht bzw. die Personensorge zu übertragen, wenn dies dem Wohl des Kindes nicht widerspricht, § 1680 III BGB.
5. Die gemäß § 1626 a II BGB alleinsorgeberechtigte Mutter stirbt, oder es wird ihr das Sorgerecht entzogen, wie unter 3. und 4.
6. Es ist aus triftigen, das Wohl des Kindes nachhaltig berührenden Gründen angezeigt (z. B. anhaltender Wunsch und Wille des Kindes; oder in der Pubertät), dem Nichtsorgeberechtigten das Sorgerecht zu übertragen. Dann hat das Familiengericht dies gem. § 1696 I BGB zu tun.

Die Auswirkungen auf das Wohl des Kindes, bedingt durch seinen Umgang mit dem obhutsberechtigten Elternteil, werden unterschiedlich beurteilt. Während in der älteren Literatur[97] nach unserem heutigen Verständnis und Kenntnisstand geradezu groteske Vorstellungen in Bezug auf die Knappheit der Ausgestaltung, Häufigkeit und Intensität von Umgangskontakten erkennbar sind[98] und in der Befugnis des nicht Obhutsberechtigten im persönlichen Umgang mit dem Kind eher eine Gefährdung für sein Wohl gesehen wird, erhält im Gegensatz zu *Dürr*[99] und *Lempp*[100], aber vor allem in der neueren Literatur – eine derartige Kontakt- und Beziehungspflege im Rahmen einer Umgangsregelung einen durchweg positiven Stellenwert[101].

---

97 So z. B. *Tägert*,1967; *Steffen*, 1979; *Arntzen*, 1980; *Hetherington* , 1980.
98 Vgl. z. B. *Dürr*, 1978; *Lempp*, 1982.
99 *Dürr*, 1978.
100 *Lempp*, 1998.
101 Vgl. bspw. *Fthenakis et al.*, 1982; *Fthenakis*, 1995; *Klenner*, 1995; *Kluck*, 1995b; *Limbrock*, 1999; *Oelkers*, 2000; *Peschel-Gutzeit*, 1995b; *Rauscher*, 1998; *Rexilius*, 1999; *Richter/Kreuznacht*, 1999; *Salzgeber/Stadler/Schmidt/Partale*, 1999; *Troschier/Schönebeck*, 2000; *Walter*, 1996; *Weisbrodt*, 2000a, 2000b.

Heute hat sich die Ansicht durchgesetzt, dass nach einer Trennung des Paares und/oder Scheidung das Aufrechterhalten möglichst vielfältiger und vor allem qualitativ tragfähiger Bindungen und Beziehungen zu beiden Elternteilen dem Wohl des Kindes dient.

Um die Auswirkungen des Umgangs mit dem Kind angemessen abschätzen zu können, sollte zunächst versucht werden, die psychosoziale Entwicklung des Kindes vor dem Zeitpunkt dieser Regelung zu erfassen und zu beschreiben. Erst vor diesem Hintergrund ist es u. U. möglich, etwas zuverlässiger einzuschätzen und abzuwägen, inwieweit bereits vorhandene oder drohende Verhaltensauffälligkeiten und Entwicklungsstörungen des Kindes Folgen eines ungünstigen Umgangs mit dem Nichtobhutsberechtigten sind oder auf Manipulationen beruhen oder Folge anderer belastender, möglicherweise sogar traumatisierender Erfahrungen. Ob es durch den Umgang mit dem Nichtobhutsberechtigten zu einer Gefährdung des Kindes kommt oder nicht, hängt vor allem von drei Voraussetzungen ab:
1. von emotionalen Voraussetzungen aller Betroffenen und dem Entwicklungsstand des Kindes,
2. vom zeitlichen Umfang des Umgangs,
3. von der Art und Weise der Ausübung des Umgangs.

Zu 1.: Emotionale Erfordernisse

Aus der Vielzahl der möglichen Voraussetzungen seien hier einige exemplarisch genannt:

a) Beispielhaft einige förderliche emotionale Voraussetzungen:
– Das Kind hat eine enge gefühlsmäßige Beziehung und Bindung an beide Elternteile und eine enge Beziehung zu dem möglicherweise von ihm getrenntlebenden Geschwisterkind (besonders Vorschul- und Grundschulalter).
– Das Kind will, u. U. entwicklungsbedingt (Pubertät), im Nichtobhutsberechtigten einen weiteren Ansprechpartner haben.
– Das Kind hat das Bedürfnis nach Abklärung eines eigenen Standpunktes in der Beziehung zum Nichtobhutsberechtigten (vordringlich tritt dieses Bedürfnis in der Vorpubertät und Pubertät auf).
– Die Eltern haben die Trennung und die Folgen der Scheidung verarbeitet und können ohne Hass- und Rachegefühle dem früheren Partner in seiner Rolle als Elternteil begegnen.
– Die Eltern können ihre Emotionen soweit kontrollieren, dass sie nicht abwertend über den früheren Partner und vor allem nicht über die Elternschaft des früheren Partners sprechen.
– Der Nichtobhutsberechtigte kann akzeptieren, dass der Obhutsberechtigte die Grundzüge der Erziehung des Kindes bestimmt.
– Der Obhutsberechtigte wiederum kann akzeptieren, dass Auskunftswünsche des Nichtobhutsberechtigten über persönliche Verhältnisse des Kindes keine unerwünschte Einmischung in die Erziehung, sondern echtes Interesse am Kind sind (siehe auch § 1687 a BGB).

b) Beispielhaft einige beeinträchtigende emotionale Voraussetzungen:
- Das Kind lehnt von sich aus und nicht nur situationsbedingt den nicht obhuts-
berechtigten Elternteil ab.
- Das Kind entfremdete sich vom Nichtobhutsberechtigten durch dessen lange
Abwesenheit (die das Kind u. U. als »Verlassenwerden« deutete).
- Die Eltern erleben im Vorenthalten des Kindes oder im Nichteinhalten von
vereinbarten Zeiten Möglichkeiten, den ehemaligen Partner zu verletzen.
- Das Kind wird vom obhutsberechtigten Elternteil gegen den anderen Elternteil
durch Manipulationen und Instrumentalisierungen aufgebracht.
- Der Obhutsberechtigte empfindet starke Eifersucht auf den jetzigen Lebens-
gefährten des Nichtobhutsberechtigten und/oder umgekehrt.

Zu 2.: Zeitlicher Umfang des Umgangs mit dem Kind

Wie schon erwähnt sind die bei *Dürr*[102] vorgetragenen konkreten Zeitangaben für
die verschiedenen Lebensalter überholt. Obwohl im Vergleich zu *Dürr*[103]
Lempp[104] flexiblere Vorschläge unterbreitet – kleine Kinder bis zum dritten oder
vierten Lebensjahr sollten nach dieser Sicht im allgemeinen nur stundenweise
zum nicht obhutsberechtigten Elternteil kommen –, ist nicht zu verkennen, dass
im Vergleich zu der seit 1982 knapp 20 Jahre zurückliegenden Zeit Kinder wesentlich häufiger und umfangreicher beim Nichtobhutsberechtigten sind. Heute
übliche Regelungen, auch für sehr junge Kinder, umfassen oft in einem 14-tägi-
gem Rhythmus erweiterte Wochenendregelungen, etwa von Freitagnachmittag
bis Sonntagnachmittag oder Montagfrüh, zuzüglich der mittlerweile auch allgemein üblichen Feiertags- und Urlaubsregelungen. *Steffens*[105] gibt aber zu bedenken, dass, bei Übernachtungen eines Kindes beim Nichtobhutsberechtigten vor
dem vollendeten zweiten Lebensjahr, überprüft werden sollte, ob die physische
Versorgung und pflegerische Betreuung sichergestellt werden kann[106]. Entsprechend dem Prinzip, die Bedürfnisse des Kindes stärker zu berücksichtigen und
nicht unnötig in ein fremdes Familiensystem einzugreifen, sollte es älteren Kindern »weitgehend selbst überlassen (werden), Zeitpunkt und Dauer eines Besu-
ches mit dem nicht sorgeberechtigten Elternteil auszumachen«[107]. Statt der häufig
üblichen Praxis, zu Ostern, Pfingsten, Weihnachten und Silvester/Neujahr das
Kind am 2. Festtag dem Nichtobhutsberechtigten zu überlassen, ist es im Erleben
des Kindes vermutlich vorteilhafter, weil »gerechter«, im Wechsel das eine Fest
beim Obhutsberechtigten, ein anderes als verlängertes Wochenende beim Nichtobhutsberechtigten zu erleben; vorausgesetzt, das Kind hat keinen ausdrücklich
anderen Wunsch.

---

102 *Dürr*, 1978.
103 *Dürr*, 1978.
104 *Lempp*, 1982.
105 *Steffens*, 1977.
106 A. a. O., 150.
107 So schon *Lempp*, 1982, 55.

Desweiteren sollte dem Kind und dem nicht obhutsberechtigten Elternteil Gelegenheit zu gemeinsamem Urlaub gegeben werden, der je nach Alter des Kindes (Vorschulalter, Grundschulalter oder später) auch mehrere Wochen umfassen kann. Unerlässlich ist für eine derartige Ausgestaltung des Umgangs nicht nur die »Betreuungsfähigkeit« des Nichtobhutsberechtigten, sondern – zumindest beim älteren Kind – auch die eigenen Vorstellungen, Meinungen, Haltungen und Wünsche. Entscheidende Bedeutung kommt somit auch hier einer **zielgerichteten, intensiven, stabilen und autonomen Willensbekundung** des – zumindest älteren – Kindes zu. Im Falle einer gutachtlichen Stellungnahme ist ferner zu berücksichtigen, wie flexibel die Eltern des Kindes die Besuchszeiten miteinander verabreden und wie verbindlich sie sich an konkrete Absprachen zu halten vermögen.
Ferner wird auch zu prüfen sein, ob das Alter und der Entwicklungsstand des Kindes veränderte Besuchszeiten erfordern.

Zu 3.: Die Art der Ausübung des Umgangs mit dem Kind

Der Umgang des nicht obhutsberechtigten Elternteils mit dem Kind beinhaltet auch einen freundlichen Umgang mit dem ehemaligen Partner. Das wird besonders häufig in den Übergabesituationen am Anfang und Ende des Kontaktes mit dem Kind sichtbar und stellt bei problemgeladenen Übergaben für das Kind oft eine große seelische Belastung dar.

a) Förderlicher Umgang, z. B.:
– Der Umgang mit dem Kind wird ähnlich gestaltet wie der Besuch bei einem der Familie gut bekannten Onkel oder einer Tante[108].
– Entgegen weithin eingeschliffener Gewohnheit, dass der Nichtobhutsberechtigte das Kind holt und bringt, könnte auch von Fall zu Fall – besonders bei ängstlichen und widerstrebenden Kindern – der Obhutsberechtigte das Kind zum Nichtobhutsberechtigten hinbringen, und der Nichtobhutsberechtigte würde dann das Kind zurückbringen so schon *Lempp*[109], mit anderer Terminologie).
– Bei konflikthaften Übergabesituationen wird eine »neutrale« Person eingeschaltet oder die Übergabe kann beispielsweise in der Kindertagesstätte oder Schule erfolgen.
– Bei besonders konfliktreichen Umgangskontakten sollte ein »Begleiteter Umgang« durch »mitwirkungsbereite Dritte« in Erwägung gezogen werden (vgl. 1684 IV S. 3, 4, § 18 III KJHG)[110].

b) Beeinträchtigender Umgang, z. B.:
– bei der Übergabe kein Kontakt zwischen den Elternteilen;
– Anfeindungen während der Übergabe;
– das Erzwingen-Wollen einer Herausgabe des Kindes gegen seinen Willen durch den Nichtobhutsberechtigten (Beachte aber, dass rechtliche Zwangsmittel des

---

108 *Lempp*, 1982, 41 ff.
109 *Lempp*, 1979, 517 ff.
110 *Oelkers*, 1999, 100; *Weisbrodt*, 2000, 14

Nichtobhutsberechtigten gegenüber dem Kind zur Realisierung der Umgangskontakte nach § 33 II S. 2 FGG unzweifelhaft nicht mehr möglich sind);
- übermäßiges Verwöhnen während des Umgangs mit dem Kind;
- gegenseitiges Ausspionieren über das Kind;
- herabsetzendes Reden über den abwesenden Elternteil vor dem Kind (hier wäre
  das in jüngster Zeit außerordentlich kontrovers diskutierte Parental Alienation
  Syndrome (PAS) zu beachten)[111];
- Nichteinhalten vereinbarter Zeiten (zu spät kommen, Termine nicht absagen etc.).

Solche und weitere einzelfallbezogenen, aus der jeweiligen Situation sich ergebenden Aspekte werden im Rahmen der Mitwirkung (§ 50 II KJHG) in einem
Umgangsverfahren zu überprüfen und die diagnostischen Erkenntnisse gegeneinander abzuwägen sein.

Gelingt es, die im jeweiligen Fall individuell gegebenen Voraussetzungen mit den
Eltern und Kindern zu erarbeiten und dem Gericht gegenüber angemessen zu
beschreiben und zu beurteilen, so trägt es mit dazu bei, dass der Umgang des
Nichtobhutsberechtigten mit dem Kind diesem hilft, die Trennung besser zu
verarbeiten, Schuldgefühle zu reduzieren, Beziehungs- und Bindungswünsche
realistisch abzusichern, Identifikationsmöglichkeiten zu finden, ein positives
Selbstkonzept zu entwickeln und allmählich seinen eigenen Standort in den neuen
Beziehungen zu definieren.

6.1.3.3 Die Praxis gutachtlicher Äußerungen von Jugendämtern zur Umgangsregelung

Der hohe Stellenwert, den Richter Jugendamtsäußerungen auch in Fragen zu
§ 1684 BGB beimessen, wird bereits in der schon wiederholt erwähnten älteren
Untersuchung (neuere Untersuchungen zu diesem Thema sind nicht bekannt) zum
Kindeswohl von *Simitis* u. a.[112] sichtbar. Dort zeigte sich, dass Stellungnahmen
des Jugendamts für Richter die entscheidende Informationsquelle waren, da Gutachten damals fast gar nicht eingeholt wurden und Gespräche mit Betroffenen
auch nur in 39% der Verfahren stattfanden. Dieser Zustand mag sich mittlerweile
verändert haben, da Familienrichterinnen und Familienrichter bei hochstrittigen
Umgangsfragen offenbar heute weitaus mehr als früher dazu neigen, psychologische Gutachten in Auftrag zu geben, sofern die Bemühungen des Jugendamtes
keinen durchgreifenden Erfolg im Sinne des § 1626 III BGB hatten.

Allerdings wurde in den von *Simitis* u. a.[113] untersuchten Fällen in 6 von 74 Fällen
Kontakt zu allen Betroffenen aufgenommen. Die unzulängliche Orientierung an
der konkreten Lebenssituation der Betroffenen wird in solchen Äußerungen ferner
daran sichtbar, dass Informationen von Erzieherinnen in der Kindestagesstätte,
Schule oder anderen Betreuungspersonen kaum eingeholt wurden. Nach wie vor

---

111 *Fischer*, 1998a, 306 ff., 1998b, 343 ff.; *Gerth*, 1998, 171 ff.; *Kodjoe/Koeppel*, 1998a, 9 ff., 1998b,
     138 ff.; *Leitner/Schöler*, 1998, 850 ff.; *Rexilius*, 1999, 149 ff.; *Salzgeber/Stadler*, 1998, 167 ff.
112 *Simitis* u. a., 1979, 95.
113 *Simitis* u. a., 1979.

kann nicht vorausgesetzt werden, dass dem betreffenden Mitarbeiter im Jugendamt die Familie bereits aus früherer Arbeit bekannt ist. Im Untersuchungsgut von
Simitis u. a.[114] waren den die Stellungnahmen abgebenden Sozialpädagoginnen
und Sozialarbeiter von 73 Kindern nur 39 persönlich bekannt. Trotzdem äußerten
sie sich gutachtlich über diese.

Wenn aber mit dem Kind nur im Haushalt eines Elternteils Kontakt aufgenommen
wird, wie es offenbar nach wie vor gängige Jugendamtspraxis ist, also nicht auch
mit dem Kind in Abwesenheit der Bezugspersonen gesprochen wird, besteht immer die Gefahr, sich von dem betreffenden Elternteil vereinnahmen zu lassen und
schlimmer noch: bei Befragungen das Kind in neue Loyalitätskonflikte zu stür-
zen. Der Einfluss der direkten Interaktion von Klienten und Sozialpädagoginnen
bzw. Sozialarbeiter zeichnet sich in der o. g. Untersuchung auch in einem anderen
Zusammenhang ab: Nur 46 der insgesamt 74 Berichte gingen auf die Auswirkungen bestehender Umgangsregelungen ein. Unter diesen Berichten fanden sich
jedoch 86% aller Fälle, in denen Kinder sich weigerten, den Umgang mit dem
Nichtobhutsberechtigten (damals durchweg Nichtsorgeberechtigten) aufrechtzuerhalten, und 70% aller Anträge von Obhutsberechtigten (damals durchweg die
Sorgeberechtigten) auf Ablehnung oder Aussetzung des Besuchsrechts.

Die betreffenden Mitarbeiterinnen und Mitarbeiter im Jugendamt nahmen in 30
dieser 46 Fälle auch persönlich Kontakt mit dem Kind auf, während das in den
übrigen Fällen nur viermal vorkam. *Simitis* u. a.[115] erklären diese Besonderheiten
damit, dass hier Obhutsberechtigte und Kinder in der Lage waren, ihre Bedürfnisse und Schwierigkeiten nachdrücklich vorzutragen. Nur selten finden sich in
Jugendamtsberichten differenzierte Darstellungen darüber, welche Bedeutung die
Beziehung und Bindung des Kindes zu seinen Elternteilen für das Kind hat.
Wie bereits erwähnt, werden Auswirkungen der Umgangsregelung auf das Kind
und der Wille des Kindes – wohl die beiden zentralen Probleme in solchen strittigen Fällen – nur selten beachtet. Wenn sie angesprochen werden, dann allerdings
oft wenig konkret und wenig differenziert. Dass eine Beurteilung der Auswirkungen des Umgangsrechts und der Wille des Kindes nur möglich ist, wenn man die
psychosoziale Situation des Kindes vor Beginn dieses Umgangs kennt und berücksichtigt, findet kaum Erwähnung. Entsprechend informative »Vorgeschich-
ten« und daraus entwickelte psychosoziale Befunde fehlen meist. Wenn Äußerungen in dieser Art vorhanden sind, dann oft vermengt mit diagnostischen und
wertenden Überlegungen. Auch die Probleme einer **abgebrochenen Beziehung**
werden in den meisten Fällen offensichtlich erst dann in der gutachtlichen Stellungnahme bedeutsam, wenn vom Obhutsberechtigten ausdrücklich darauf hingewiesen wurde.

Nach den Erkenntnissen aus der o. g. Untersuchung blenden Jugendamtsberichte
Überlegungen zur aktuellen Beziehungssituation und den entwicklungsspezifi-
schen Bedürfnissen der betroffenen Kinder zumindest dann aus, wenn sich ein

---

114 *Simitis* u. a., 1979.
115 *Simitis* u. a., 1979, 101.

Kompromiss herbeiführen lässt[116]. Die Tendenz zur Bevorzugung alter, längst überholter Argumente (z. B. das vielbeschworene »Ruheargument«, das Kind müsse nach der Elterntrennung erst zur Ruhe kommen) und auch tradierter rechtlicher Argumente vor sozialpädagogisch und psychologisch orientierten ist auch heute immer wieder zu beobachten, selbst in solchen Zusammenhängen, wo gerade derartige Überlegungen dringend notwendig wären.

Wenn gutachtliche Äußerungen von Jugendamtsmitarbeitern auch heute noch den Erfordernissen nicht immer nachkommen, gibt es verschiedene Ursachen. Einmal mag es dadurch begründet sein, dass sie in manchen Fällen fachlich überfordert sind, es an Personal fehlt, nicht ausreichend Zeit für derart schwierige und langwierige Fälle zur Verfügung steht oder Ärger und Abwehr angesichts der Verbitterung der Eltern entsteht.

Es bleibt abzuwarten, ob nunmehr der so genannte Begleitete Umgang zu einer Veränderung der Gesamtsituation bei Fragen des Umgangs und der Umgangsgestaltung im Jugendamt führt oder ob nun derartige Fälle vermehrt – dem modernen Trend der Kosteneinsparung Folge leistend – an Freie Träger der Jugendhilfe delegiert werden. *Fthenakis*[117] schlägt im Rahmen seiner Überlegungen sowohl im Rahmen freier, also einverständlicher Vereinbarungen, als auch im Rahmen von strukturierten, also strittigen – möglicherweise sogar gerichtlich angeordneter – Regelungen beispielhaft vor:

1. Freie Vereinbarung

- Beide Eltern vereinbaren einvernehmlich, dass sie Rahmenbedingungen schaffen, die für eine qualitativ umfassende und gute Ausgestaltung der Beziehungen des Kindes zu seinen Eltern erforderlich sind.
- Den kindlichen Bedürfnissen und Interessen wird Priorität eingeräumt.
- Anerkennung der Rechte des Kindes auf Kontakt- und Beziehungspflege mit allen für das Kind bedeutsamen Personen.
- Beide Elternteile erkennen an, dass sie auch nach einer Trennung oder Scheidung ihre Erziehungsverantwortung (unabhängig von der Regelung der elterlichen Verantwortung) dem Kind gegenüber wahrnehmen und sich gegenseitig bei der Ausübung ihrer elterlichen Verantwortung unterstützen.

2. Strukturierte Vereinbarung

- Regelung der Betreuung des Kindes unter der Woche (an den verlängerten Wochenenden, zuzüglich der Kontakte an Wochentagen, zugestehen ungehinderter telefonischer und brieflicher Kontakte).
- Ferien- und Feiertagsregelung (z. B. die Hälfte der Sommerferien), Entscheidungsbefugnis des Kindes, wo es die Herbstferien verbringen möchte, Weihnachts-, Oster- und Pfingstregelungen für jeweils mehrere Tage beim nicht obhutsberechtigten Elternteil).

---

116 *Simitis*, 1979, 106.
117 *Fthenakis*, 1995b, 96 ff.

– Regelung von Einzelereignissen (Geburtstagsfeier des Kindes, Unterstützung von Hobbys und Neigungen des Kindes).
– Beziehungspflege des Kindes zu verwandtschaftlichen und sozialen Netzwerken (vgl. auch § 1685 BGB; z.B. Großelternkontakte, Teilnahme an für das Kind bedeutsamen Familienfesten).
– Rahmenbedingungen (Bereitschaft der Eltern bei der Reglung des Umgangs, auf berufs- oder situationsbedingte Abweichungen Rücksicht zu nehmen und flexibel zu reagieren; Bereitschaft zur Überprüfung des Kontaktmodells in regelmäßigen Zeitabständen; Inanspruchnahme des Nichtobhutsberechtigten bei Ausfall des Obhutsberechtigten, bevor andere Personen die Betreuung des Kindes übernehmen; Verbot der Abwertung des anderen Elternteils und seiner Partnerin/seines Partners).

6.1.4 Entscheidungsrelevante Fakten zu §§ 1741 ff. BGB[118]

6.1.4.1 Das Kindeswohl als Entscheidungskriterium für die Annahme als Kind

Sobald für ein Kind eine Adoptionsvermittlung in Betracht kommt, verpflichtet § 7 I AdVermiG die Adoptionsvermittlungsstelle zu sachdienlichen Ermittlungen bei den Adoptionsbewerbern, bei dem Kind und seiner Familie. Dabei ist insbesondere zu prüfen, ob die **Adoptionsbewerber** unter Berücksichtigung der Persönlichkeit des Kindes **geeignet** sind.

Nach § 56d FGG hat die Vermittlungsstelle ein Gutachten über die Eignung des Kindes und seiner besonderen Bedürfnisse für die Annahme des Kindes und der Annehmenden abzugeben. Auch die vom Gesetz geforderte **angemessene Pflegezeit**, während der das Kind in der künftigen Adoptivfamilie lebt (§ 1744 BGB), soll das Wohl des Kindes sichern. In der Praxis wird überwiegend ein volles Jahr als angemessene Probezeit angesehen. Diese Zeit dürfte angesichts der Bedeutung des dadurch zu sichernden Gutes bei vielen Kindern angemessen sein, besonders bei solchen, die nach dem ersten Lebensjahr vermittelt werden oder in mehreren Pflegestellen waren oder verhaltensgestört oder in einer bestimmten Weise behindert sind. Der Zeitraum erscheint in manchen Fällen jedoch als unnötig lang; dann z.B., wenn ein gesundes Baby nach der Geburt sofort zur Pflege in eine Familie gegeben wird, deren allgemeine Eignung als Adoptivfamilie bereits bekannt ist, für die nur noch abzuklären ist, ob die Eignung speziell für dieses Kind gewährleistet ist.

Der Wert der **Frühadoption** ist unumstritten[119]. Als gesichert kann mittlerweile aber gelten, dass je früher ein Kind in die Familie kommt, es um so weniger Schwierigkeiten gibt[120]. Dementsprechend wird eine Adoption als besonders posi-

---

118 *Wagnerová*, 1981; *Weyer*, 1979; *Balloff*, 1992, S. 118 ff.; *Hoksbergen/Textor*, 1993; *Oberloskamp*, 1999; *Paulitz* (Hrg), 2000.
119 *Pechstein*, 1974, 206 ff.
120 *Balloff*, 1992a, 118 ff.

tiv erlebt, wenn das Kind zum Zeitpunkt der Annahme nicht älter als 1 Jahr war, mit der fatalen Entwicklung, dass Adoptionswillige vordringlich sehr junge Kinder adoptieren wollen, und dementsprechend ältere Kinder oft nicht begehrt sind.

Für die von *Pechstein*[121] geforderte Frühadoption (Pflegebeginn spätestens bis zum 6. Lebensmonat, volle rechtliche Annahme als Kind spätestens um den 18. Lebensmonat) spricht nicht nur aus bindungstheoretischer Sicht, dass in dieser Zeit das Kind wichtige Beziehungen zu seiner sozialen Umwelt entfalten muss. Auch auf die Eltern haben die Interaktionen mit dem Kind konkrete Auswirkungen. Eine frühzeitige »**gegenseitige Adaptation**«[122] trägt offenbar entscheidend zur Stabilität der emotionalen Eltern-Kind-Beziehung und zur Haltbarkeit des Adoptivbündnisses, der Beziehungen und Bindungen, vordringlich bei späteren Belastungen bei. Je länger eine Pflegezeit dauerte, desto sorgfältiger ist in der gutachtlichen Stellungnahme die Intensität der **gewachsenen Beziehungen und Bindungen** zu erfassen, darzustellen und ihren Stellenwert hervorzuheben. Im Einzelfall wird u. U., um das Wohl des Kindes zu schützen, in der Stellungnahme gegen die leiblichen Eltern argumentiert werden müssen, wenn diese »grundlos« ihre gem. § 1747 BGB notwendige Einwilligung in die Annahme als Kind verweigern, ohne sich um das Kind kümmern zu können bzw. zu wollen, so dass sie gem. § 1748 BGB möglicherweise ersetzt werden muss.

Dem Wohle des Kindes entspricht es auch, wenn in der Beratung wie in der gutachtlichen Stellungnahme vorurteilsfrei gearbeitet wird: Beispielsweise bezüglich der Kinder von Prostituierten, Kriminellen, Drogenabhängigen. Aus solchen Vorurteilen erwachsende Befürchtungen richten sich vor allem auf die künftige Intelligenzentwicklung des Kindes und das spätere »Durchbrechen« sozial unerwünschter oder gar pathologischer Verhaltensmuster. Die bereits 1975 von *Mietzel*[123] referierten Befunde zeigen zwar, dass Intelligenzhöhe und Anlagefaktoren miteinander in Beziehung stehen, der Zeitpunkt der Adoption jedoch für die Intelligenzentwicklung eines Kindes mindestens gleich bedeutsam ist.

Wynne u. a.[124] fanden bei Adoptivkindern, die schizophren wurden, dass hierfür zum Teil Erbfaktoren, zum Teil aber auch schizophrenogene Beziehungsmuster der Adoptiveltern verantwortlich waren. Stärkere Beachtung sollte in der gutachtlichen Stellungnahme daher die konkrete **Entwicklungsgeschichte** des Kindes bis zum Zeitpunkt der Adoptionspflege finden und hier vor allem auf Zeitpunkt und Häufigkeit des Wechsels von Bezugspersonen bei Pflegestellen oder Heimen eingegangen werden. Auch die Bedeutung von prä-, peri- und postnatalen **Alkohol-, Drogen-** oder **Hirnschäden** des Kindes, die sich häufig erst in der späteren Entwicklung auswirken, sind bei der Beurteilung der Eignung der Adoptiveltern zu berücksichtigen.

---

121 *Pechstein*, 1974.
122 *Pechstein*, 1994, 208
123 *Mietzel*, 1975, 126, 186 ff.
124 *Wynne* u. a., 1977, 125 ff.

Überwiegend werden Kinder an Ehepaare und **nicht an Einzelpersonen** vermittelt. Die Bedeutung von Vater und Mutter für die Entwicklung des Kindes scheint damit berücksichtigt zu sein. Deshalb sollte die gutachtliche Stellungnahme auch darauf eingehen, welche Bedeutung das Kind für die annehmenden Eltern hat, wie deren Beziehung untereinander ist und wie sich ihre Interaktionen und ihre Lebenssituation, bedingt durch das Hinzukommen eines Kindes, umgestalten. So bedeutet die Adoption eines Kindes für bislang kinderlose Eheleute in der Regel eine beträchtliche Veränderung ihrer Partnerbeziehungen und der Lebensplanung. Nach wie vor wird nicht selten von einer **berufstätigen Ehefrau** bei Adoption eines Kindes erwartet, dass sie ihre Arbeit aufgibt, um sich dem Kind entsprechend widmen zu können. Eine solche Forderung mag im Interesse des Kindes – dann aber in Bezug auf beide Elternteile – berechtigt sein, wenn es sich um das Einleben eines Adoptivkindes mit »Heimkarriere« o. ä. handelt. Bei der Adoption eines Säuglings hingegen erscheint uns eine solche Forderung wenig angemessen, sofern durch den Ehepartner/der Ehepartnerin, die Großeltern oder andere Erwachsene dem Kind sichere Bezugspersonen zur Verfügung stehen.

Das Wohl des Kindes verlangt es auch, dass in der gutachtlichen Stellungnahme das **Erzieherverhalten** der Annehmenden und ihre **emotionale Zuwendung** zum Kind in seiner Stellungnahme umfassend beschrieben wird. Die Beurteilung der Integration des Kindes in die Familie, Großfamilie und das nähere soziale Umfeld gehört hier ebenfalls hinzu. In der gutachtlichen Stellungnahme wird auch die Frage nach dem Wohnraum und einer ausreichenden wirtschaftlichen Sicherheit zu beantworten sein.

6.1.4.2 Zur Praxis der Jugendamtsberichte zur Annahme als Kind

Auch in Adoptionsangelegenheiten ist die gutachtliche Stellungnahme des Jugendamtes eine entscheidende Informationsquelle des Vormundschaftsgerichts darüber, wie die Situation des Kindes vor und nach Inpflegegabe zu den Adoptiveltern zu beurteilen ist[125], weshalb auch an solche Berichte besondere Anforderungen zu stellen sind.

Stärker als in anderen Bereichen gutachtlicher Äußerungen des Jugendamtes dürften gerade hier Einstellungen und Praktiken von Richtern einen unmittelbaren Einfluss auf die Gestaltung der Berichte der Sozialpädagoginnen und Sozialarbeiter nehmen. Denn dadurch, dass in den meisten Fällen die Jugendämter die Adoption anregen, wird der Ausspruch der Annahme als Kind auch zu einer Bewertung und Überprüfung der Arbeit der jeweiligen Adoptionsvermittlungsstelle durch das Vormundschaftsgericht, das auf diese Weise zu »einer potentiellen Kontrollinstanz« wird. Welche Auswirkungen eine solche potentielle Kontrollinstanz auf die Berichte haben kann, lässt sich in Bezug auf Sorgfalt und Fundiertheit bislang nur vermuten. Untersuchungen von Jugendamtsberichten zur Annahme als Kind wie auch verwaltungsgerichtliche Entscheidungen, die besagen, die sozialpädagogischen Überlegungen und Erfahrungswerte von den betreffen-

---

125 Vgl. *Simitis*, 1979, 195.

den Jugendämter seien verwaltungsgerichtlich nicht hinreichend überprüfbar dargestellt und begründet worden, verweisen auf einige Defizite in der Praxis. Vor allem sollten folgende Mängel ausgemerzt werden:

Umfang

Berichte zur Adoptionsvermittlung sind meistens sehr kurz, genauer gesagt zu kurz, um informativ zu sein (60% der Berichte waren nicht länger ½ bis 1 Seite, weitere 28% nicht länger als zwei Seiten).

Wertung des Abgebenden

Selten fließen wertschätzende, häufiger aber unbegründet diskriminierende Äußerungen über die Abgebenden in die Stellungnahmen ein.

Aussagen über Adoptiveltern

Selten finden sich differenzierte Angaben über **Motivation** der Adoptiveltern. Wenn Kinderlosigkeit als Motiv genannt wird, finden sich kaum Hinweise, wie die Eheleute mit ihrer bisherigen Kinderlosigkeit fertig wurden[126]. Die Angaben über **Eignung** der Adoptiveltern werden ebenfalls oft zu allgemein gehalten. Eine spezielle Eignung der Adoptiveltern für ein bestimmtes Kind wird am ehesten bei der Vermittlung psychisch gestörter oder anders behinderter Kinder angesprochen. Die psychische Stabilität der Adoptiveltern, die sich u. a. in der Qualität der Partnerbeziehungen, der Rollenverteilung zwischen den Eheleuten und den sie charakterisierenden Interaktionsmustern, wird nur selten erwähnt. Am häufigsten und ausführlichsten finden sich sozioökonomische Daten.

Aussagen über das Kind

Daten zur Sozialisationsgeschichte des Kindes bis zum Zeitpunkt der Adoptionspflege und zum Entwicklungsstand des Kindes finden sich nur beim geringeren Teil der Jugendamtsberichte. Nahezu 61% aller Berichte, die *Simitis* u. a.[127] untersuchten, vernachlässigen diesen Aspekt. Ebenso werden zum Zeitpunkt der Adoption noch vorhandene bzw. bis dahin überwundene Störungen des Kindes im psychischen und sozialen Bereich zu wenig berücksichtigt.

Aussagen über Eltern-Kind-Beziehungen

Die Jugendamtsberichte gehen hier am häufigsten auf die Frage der Integration des Kindes in die neue Familie ein. Nur 50% aller Berichte berücksichtigen einen weiteren Aspekt. Zusammenfassend stellen *Simitis* u. a.[128] zu den Jugendamtsbe-

---

126 *Arndt*, 1993.
127 *Simitis* u. a., 1979.
128 *Simitis* u. a., 1979, 221.

richten bei Adoption fest, dass die sozioökonomische Situation der Adoptiveltern, die ordnungsgemäße Erziehung und Versorgung des Kindes regelmäßig erwähnt werden. Seine psychosoziale Entwicklung aber bleibt oft ungeklärt.

6.1.4.3 Bei der Annahme als Kind zu bedenkende rechtliche Aspekte

Abgesehen davon, dass die Annahme dem Kindeswohl dienen, dass ein Eltern-Kind-Verhältnis begründet worden und dass eine angemessene Pflegezeit abgelaufen sein muss – Voraussetzungen, die nur mit psychologischen und pädagogischen Erwägungen angemessen überprüft werden können –, sind verschiedene rechtliche Erfordernisse zu erfüllen, von denen die wichtigsten kurz aufgezeigt werden sollen[129].

(1) Der potentiell Annehmende muss zum Kreis derer gehören, die **adoptieren dürfen** (§ 1741 II, III BGB). Grundsätzlich kann nur ein Ehepaar gemeinsam oder eine Einzelperson annehmen. Ausnahmsweise darf von einem Ehepaar ein Partner alleine adoptieren, wenn es sich um das Kind des anderen Ehegatten handelt oder wenn der andere Ehegatte aus Rechtsgründen nicht adoptieren kann (geschäftsunfähig oder nicht alt genug).

(2) Der potentiell Annehmende muss das erforderliche **Alter** haben (§ 1743 BGB). Von einem Ehepaar muss einer 25, der andere mindestens 21 Jahre alt; ein Alleinstehender darf nicht jünger als 25 Jahre sein. Bei der Annahme eines Kindes des Ehegatten genügt die Vollendung des 21. Lebensjahres.

(3) Es müssen die erforderlichen **Einwilligungen** vorliegen:
– die des Kindes (§ 1746 BGB) durch den jeweiligen gesetzlichen Vertreter (Kinder bis 14 Jahren) bzw. plus Zustimmung des gesetzlichen Vertreters (Kinder über 14 Jahren);
– die der leiblichen Eltern (§ 1747 I BGB) frühestens acht Wochen nach der Geburt (§ 1747 III BGB);
– die des Ehegatten des Annehmenden (§ 1749 I 1 BGB), falls dieser nicht selber adoptieren muss (§ 1741 II BGB);
– die des Ehegatten des zu adoptierenden Kindes, falls dieses verheiratet ist (§ 1749 II BGB). Diese Erklärungen sind in notariell beurkundeter Form bei Gericht einzureichen (§ 1750 I BGB) und sind unwiderruflich (§ 1750 I BGB)[130].

(4) Es muss geklärt werden, ob **Einwilligungen gerichtlich** zu **ersetzen oder entbehrlich** sind. An Einwilligungen kann **ersetzt** werden:
– die der leiblichen Eltern bzw. Mutter gem. § 1748 BGB (wegen anhaltend gröblicher Pflichtverletzung, wegen besonders schwerer Pflichtverletzung, wegen Gleichgültigkeit, wegen dauernder Unfähigkeit zur Pflege und Erziehung des Kindes aufgrund eines schweren geistigen Gebrechens[131], wegen unverhältnis-

---

129 Zu Detailfragen vgl. *Palandt/Diederichsen*, §§ 141 ff.; MünchKo/*Lüderitz*, §§ 1741 ff.; AltKo/*Fieseler*, 1741 ff.; *Oberloskamp*, 1991, 51 ff., 172 ff.; *Oberloskamp*, 1999, 81 ff.; *Baer/Gross*, 1981, 21 ff.; *Oberloskamp/Adams*, 1996, 44 ff., 113 f., 199 ff.; *Oberloskamp*, in: *Hoksbergen/Textor*, 1993, 14 ff.
130 Vgl. OLG Frankfurt v. 9. 10. 1980, FamRZ 1981, 206.
131 AmtsG Melsungen v. 21. 6. 1995, FamRZ 1996, 53; BGH v. 15. 10. 1996, FamRZ 1997, 85.

mäßigen Nachteils bei Unterbleiben der Annahme (nur im Fall der Alleinsorge der Mutter gemäß § 126 a BGB);
– die des Ehegatten des Annehmenden gem. § 1749 I BGB;
– die des gesetzlichen Vertreters, sofern er ein Vormund oder Pfleger ist, gem. § 1746 III BGB.

Einwilligungen sind **entbehrlich** jeweils wegen Geschäftsunfähigkeit oder dauernd unbekannten Aufenthalts
– bei einem Elternteil gem. § 1747 IV BGB;
– bei dem Ehegatten des Annehmenden gem. § 1749 I, II BGB;
– bei dem Ehegatten des Anzunehmenden gem. § 1749 II, III BGB.

Die Abgrenzung von »Gleichgültigkeit« (§ 1748 II BGB) zu »dauernd unbekanntem Aufenthalt« (§§ 1747 IV, 1749 III BGB) ist zuweilen schwer. Wegen der unterschiedlichen Rechtsfolgen bei fälschlicher Ersetzung (dann Rechtsmittel der Beschwerde und weiteren Beschwerde, im übrigen ist die Annahme wirksam) und fälschlicher Annahme der Entbehrlichkeit (dann Aufhebbarkeit der Adoption, § 1760 I, V BGB) ist hier sehr sorgsam zu arbeiten.
(5) Schließlich muss in der gutachtlichen Stellungnahme berücksichtigt werden, inwieweit die **Rechtsfolgen** (§§ 1754–1758 BGB) und die grundsätzliche Unaufhebbarkeit der Adoption (§§ 1759–1766 BGB) von den Annehmenden akzeptiert werden.

6.1.4.4 Psychosoziale Aspekte für eine detailliertere Stellungnahme[132]

(1) Die leiblichen Eltern betreffende psychosoziale Fakten

– Alter
– Beruf
– Familienstand
– Religionszugehörigkeit
– Gesundheitszustand (bei der Kindesmutter besonders auch während der Schwangerschaft) und eventuelle Erbkrankheiten
– Verhalten der Eltern im kognitiven, emotionalen und sozialen Bereich
– Motivation zur Adoptionseinwilligung

(2) Das Kind betreffende psychosoziale Fakten

– Alter
– Geschlecht
– Nationalität/Kulturkreis (bei ausländischen Kindern)
– Religionszugehörigkeit
– Gesundheitszustand, frühkindliche Schädigungen, Behinderungen
– Entwicklungsstand

---

132 Vergleiche hierzu die jeweiligen Empfehlungen der Landesjugendämter, die oft ohne Jahresangabe ausgegeben werden.

- Verhalten des Kindes im kognitiven, emotionalen und sozialen Bereich
- Selbstkonzept des Kindes (ältere Kinder)
- Verhaltensstörungen
- Bisherige Bezugspersonen und Lebensräume des Kindes und seine Bindung daran
- Häufigkeit und Zeitpunkt des Wechsels von Familie, Heim oder Pflegestelle
- Einstellung des Kindes zur Adoption
- Geschwisteradoption

(3) Die Adoptiveltern betreffende psychosoziale Fakten

- Alter
- Familienstand (frühere Eheschließungen)
- Kinderzahl/Alter/Geschlecht
- Beruf (Ausbildung als … Tätigkeit als …)
- Religionszugehörigkeit
- Die Persönlichkeit der Annehmenden
  - Selbstkonzept (Selbstbejahung, Selbstvertrauen, Selbstkritik)
  - Offenheit (sich und anderen gegenüber)
  - Psychophysische Belastbarkeit (Gesundheitszustand, relative Konfliktfreiheit)
  - Kommunikationsstil (offen, verdeckt)
  - Einsichtsfähigkeit
  - Sprachliche und emotionale Ausdrucksfähigkeit
  - Problemlöseverhalten
  - Einstellungen (zu Elternschaft, zu bisheriger Kinderlosigkeit, zu sozialen Schichten, Rassen oder Religionen)
  - Religion und Weltanschauung (Stellenwert im persönlichen Leben)
  - Toleranzbereitschaft
  - Berufstätigkeit (Motivation, Zufriedenheit)
  - Motivation zur Adoption (vorgegebene, vermutete, ermittelte)
- Die Erwartungen an das Adoptivkind hinsichtlich
  - Alter, Geschlecht, Aussehen, Hautfarbe, sozialer Herkunft
  - Funktion des Kindes für die Ehe/Familie
  - Freisein von Verhaltensstörungen und/oder Behinderungen
- Einstellung zu Geschwisteradoption

(4) Familiäre Situation der Adoptiveltern

- Bewältigung bisheriger Lebenssituation
- Partnerbeziehungen
  - Intensität, Stabilität, Intimität, Offenheit, Kollusionen, symmetrische bzw. komplementäre Beziehungen, Rollenverteilung zwischen den Partnern, Partnerkonflikte und ihre Konfliktlösungsstrategien
- Eltern-Kind-Beziehungen
  - Emotionale Beziehung zum Kind
  - Erziehungsziele, Erziehungsmittel (Lob, Strafe, Lenkung)
  - Flexibilität im Erzieherverhalten
  - Kind- oder erzieherzentriertes Erzieherverhalten

- Entwicklung stimulierendes Erzieherverhalten
- Umgang mit dem Kind in erziehungsschwierigen Situationen
– Vorhandene Kinder
  - Geschwisterbeziehungen
  - »Problemkinder« der Familie
  - Einstellungen der Kinder zur Adoption eines Kindes
– Freizeitverhalten der Familie
– Andere Familienangehörige
  - ihre Rolle in der Familie
  - ihre Einstellung zur Adoption
– Wohnverhältnisse der Familie (Wohn-, Spiel- und Lernmöglichkeiten)
– Wirtschaftliche Verhältnisse

(5) Adoptionspflege

– Dauer der Adoptionspflege
– Entwicklung emotionaler Beziehungen zwischen Adoptiveltern und Adoptiv-
  kind
– Umgang der Adoptiveltern mit ihrer neuen Rolle
– Verhalten der Adoptiveltern in erziehungsschwierigen Situationen mit dem
  Adoptivkind
– Der neue Lebensraum des Adoptivkindes (die Entwicklung fördernde, hin-
  dernde Aspekte)
– Die Integration des Kindes in den neuen Lebensraum.

6.1.5 Entscheidungsrelevante Fakten im Rahmen einstweiliger Anordnungen bei den zuvor dargestellten Verfahren

Anders als bei den bisher behandelten Verfahren geht es bei den nun zu erörternden Verfahren der einstweiligen Anordnung (einstw. AO) nicht um bestimmte
Verfahrensgegenstände. Vielmehr ist die einstw. AO eine **Verfahrensart**, die
dann verwendet werden kann, wenn ein dringendes Bedürfnis für ein sofortiges
Einschreiten besteht, weil ein Abwarten bis zur endgültigen Entscheidung nicht
verantwortet werden kann. Die einstw. AO der freiwilligen Gerichtsbarkeit ist
zwar nirgendwo generell geregelt. Das Gesetz sieht sie jedoch an einigen Stellen
ausdrücklich vor, beispielsweise in § 24 III FGG (einstw. AO des Beschwerdege-
richts), § 13 HausrVO (Zuteilung von Hausrat), §§ 620 bis 620 g ZPO (Familiensachen im Zusammenhang mit einem Eheverfahren) oder geht einfach von ihrer
Zulässigkeit aus (§§ 49 IV, 49a II FGG). Nach allgemeiner Meinung bestehen
keine Bedenken dagegen, sie in allen Familiensachen der freiwilligen Gerichtsbarkeit und in allen Vormundschaftssachen zuzulassen. In den bisher betrachteten
Gebieten werden sie allerdings nur in den Fällen der §§ 1666, 1632 IV, 1671,
1672, 1684, 1685 BGB vorkommen. Bei der Adoption dagegen handelt es sich
materiell um eine Statusänderung, bei der die Notwendigkeit der einstw. AO kaum
vorstellbar ist.

Die einstweilige AO kann in der Regel von Amts wegen ergehen. Bei einstw. AO im Zusammenhang mit Ehescheidungen ist jedoch ein Antrag erforderlich (§ 620 S. 1 ZPO). Notwendig für den Erlass einer einstw. AO ist
– die Anhängigkeit eines entsprechenden Hauptverfahrens oder eines Antrags auf Prozesskostenhilfe (vgl. § 620a II 1 ZPO),
– ein Rechtsschutzinteresse und die Notwendigkeit eines sofortigen Eingreifens des Gerichts,
– die Glaubhaftmachung der entscheidungsrelevanten Fakten (vgl. § 620a II 3 ZPO),
– die Wahrscheinlichkeit, dass die Endentscheidung in ähnlichem Sinn ergehen wird[133].

Da es sich bei dem Verfahren der einstw. AO um ein Eilverfahren handelt, gelten **verfahrensrechtlich** einige vom Hauptverfahren abweichende Besonderheiten. **Inhaltlich** dagegen sind die gleichen Voraussetzungen wie im Hauptverfahren zu prüfen. Das bedeutet, dass der Richter – je nach Verfahrensgegenstand – alle die entscheidungsrelevanten Fakten, die in den vorhergehenden Abschnitten dargestellt wurden, zu erforschen hat. Allerdings brauchen sie nicht bewiesen zu sein; es genügt, dass sie glaubhaft gemacht werden.

Auch im Verfahren der einstw. AO ist das Jugendamt grundsätzlich **zu hören** (vgl. § 620a III 1 ZPO, § 49 IV FGG). Das bedeutet, dass es auch hier dieselben Nachforschungen anzustellen hat wie beim Hauptverfahren, dass ihm dafür aber im allgemeinen – jedenfalls wenn die Initiative nicht von ihm selber ausgeht – noch weniger Zeit zur Verfügung steht als im Hauptverfahren. Dies zeigt, dass es sich hier um eine ganz besonders schwierige Aufgabe handelt. Darüber hinaus ist sie auch meist folgenschwer; denn die Praxis belegt – insbesondere die im Bereich der Sorgerechtsregelung bei Scheidung – dass wegen des Grundsatzes der Erziehungskontinuität die Hauptentscheidung im allgemeinen die einstweilige Entscheidung bestätigt. Das heißt, das die Sozialpädagogin bzw. der Sozialarbeiter mit seiner gutachtlichen Stellungnahme hier unter erheblichem Zeitdruck zu einer nur sehr schwer revidierbaren Entscheidung beiträgt. Um den hiermit verbundenen beträchtlichen psychosozialen Problemen wenigstens einigermaßen gerecht werden zu können, sollte mit der gutachtlichen Stellungnahme in der Regel darauf hingewirkt werden, dass die einstw. AO bis zum Zeitpunkt der Hauptverhandlung die Kontaktmöglichkeiten des Kindes zu **allen** ihm bedeutsamen **Bezugspersonen** sicherstellt. Auf diese Weise wachsen die Chancen, dass im Bedarfsfall im Hauptverfahren, leichter als sonst, eine von der einstw. AO abweichende Entscheidung getroffen wird.

Bei »Gefahr in Verzug« kann sowohl das Vormundschaftsgericht als auch das Familiengericht einstw. AOen schon vor Anhörung des Jugendamtes treffen (§§ 49 IV, 49a II FGG). Für familiengerichtliche einstw. AO bestimmt das Gesetz, dass die Anhörung unverzüglich nachzuholen ist, wenn sie »wegen besonderer Eilbedürftigkeit« vorher nicht möglich war. Eine entsprechende Regelung fehlt

---

133 *Thomas/Putzo*, § 620 Anm. 3d.

für die anderen einstw. AO. Das bedeutet jedoch nicht, dass hier eine Anhörung nicht nachzuholen ist. Vielmehr folgt bereits aus der Formulierung des § 49 IV FGG »schon vor Anhörung«, dass in jedem Fall anzuhören ist, dass die einstw. AO nur manchmal vorher ergeben kann und manchmal erst nachher. Die unterschiedlichen Begriffe bedeuten inhaltlich auch Unterschiedliches. Der Begriff »Eilbedürftigkeit« geht weiter als »Gefahr«. Bei jeder Gefahr ist Eile geboten, aber nicht jede Angelegenheit, die eilbedürftig ist, birgt eine Gefahr in sich (z. B. wird für die Anmeldung zu einer Schule ein gesetzlicher Vertreter benötigt; die Nichtanmeldung ist unzweckmäßig, daher die Anmeldung eilig, jedoch die Nichtanmeldung nicht gefährlich). Nach § 620 a III 2 ZPO kann also eher auf die Anhörung verzichtet werden. Um so wichtiger ist dann ihre Nachholung.

6.2 Juristische und methodische Probleme bei der Datengewinnung

6.2.1 Allgemeines

Bei der Datengewinnung wird das **Jugendamt** vorrangig durch eigene Nachforschungen Informationen sammeln. Zusätzlich wird es häufig die Zuarbeit anderer Institutionen erbitten. Im Rahmen der eigenen Aktivitäten nimmt das Jugendamt primär Kontakte mit den Beteiligten selber auf (§ 62 II KJHG). Darüber hinaus wird es sich mit Einwilligung der Beteiligten – und ansonsten im Rahmen der datenschutzrechtlichen Bestimmungen – an Dritte wenden, die sachdienliche Aussagen machen können (z. B. Großeltern, sonstige Verwandte, Nachbarn, Freunde, Turnverein, Jugendgruppenleiter) (§ 62 III KJHG). Institutionen, die das Jugendamt einschalten wird, können sein:
– andere Gerichte als das zur Zeit zuständige (z. B. Strafgericht, Vormundschaftsgericht, Familiengericht, auch in anderen Orten);
– andere Behörden (z. B. Schule, Landeskrankenhaus, Sozialamt, auch Jugendämter an anderen Orten);
– anerkannte freie Träger, die im Wege der Beteiligung oder Übertragung (§§ 3 III, 76 I KJHG) bestimmte Aufgaben wahrnehmen.

Alle Erkenntnisquellen, die das Jugendamt für seine Stellungnahme benutzt hat, stehen auch dem **Richter** zur Verfügung; denn im Rahmen des § 12 FGG ist er von Amts wegen zur Erforschung der Wahrheit verpflichtet. Es liegt allerdings – abgesehen von den Anhörungspflichten im Hinblick auf die Betroffenen (§§ 50 a–c, 55c FGG) – in seinem pflichtgemäßen Ermessen, bereits vom Jugendamt eingeholte Auskünfte zu überprüfen oder als richtig zu übernehmen.

Ist einem **freien Träger** im Rahmen des § 76 I KJHG die Erledigung bestimmter Aufgaben übertragen worden, so kann er ebenfalls die Betroffenen und Dritte sowie andere Gerichte und Behörden einschalten. Allerdings bestehen hier noch geringere Mitwirkungspflichten als bei den Jugendämtern. Auch wenn ausnahmsweise der freie Träger selber die begutachtende Stelle (Adoptionsvermittlungsstelle) ist, stehen ihm keine weitergehenden Ermittlungsbefugnisse zu.

6.2.2 Juristische Probleme bei der Datengewinnung

6.2.2.1 Verhältnis des Jugendamtes zu den Betroffenen

(1) Rechtsgrundlage

Das Kinder- und Jugendhilferecht, das schon immer zum öffentlichen Recht gezwischen Jugendamt und den Personen, die zum Jugendamt in Kontakt treten (Eltern, Pflegeeltern, Kind), untersteht also aus zwei Gründen **nicht** dem **VwVfG:** zum einen betont § 2 II Nr. 4 VwVfG ausdrücklich, dass das Gesetz nicht für das Recht der Jugendhilfe gilt; zum anderen ist das KJHG nunmehr ein besonderer Teil des Sozialgesetzbuches und untersteht somit grundsätzlich den Regeln des Buches **I und X des SGB.** Gemäß § 8 SGB X i. V. m. der gesetzgeberischen Begründung[134] finden jedoch die §§ 9–25 SGB X nur auf das Sozial-Verwaltungsverfahren Anwendung, d. h. auf behördliche Aktivitäten, die auf den Erlass eines Verwaltungsaktes oder den Abschluss eines öffentlich-rechtlichen Vertrages gerichtet sind. Die Mitwirkung in Verfahren vor dem Vormundschafts- oder Familiengericht sowie die Kontakt- und Vermittlertätigkeit der sozialen Dienste fällt nicht darunter[135].

Daraus folgt, dass nach weiteren Zuordnungsmöglichkeiten zu suchen ist. Die Mitwirkung könnte sich nach den **Verfahrensbestimmungen** richten, die für das jeweilige **Gerichtsverfahren** gelten, also vor dem VormG/FamG nach dem FGG; oder sie könnte zu den Sektoren der Verwaltung gehören, die von den neueren Kodifikationen nicht erfasst worden sind und für die daher gewohnheitsrechtlich das allgemeine unkodifizierte Verwaltungsrecht fortgilt, das in langjähriger Behörden- und Gerichtsübung entstanden ist[136]. Zwar räumt das FGG aufgrund des dort geltenden Amtsermittlungsgrundsatzes (vgl. § 12) dem Richter einen beträchtlichen verfahrensrechtlichen Spielraum ein, wovon auch ein rechtlich dem Gericht zugeordnetes Jugendamt profitieren würde. Trotzdem ist es, insbesondere seit Geltung des KJHG, nicht möglich, das Jugendamt als verlängerten Arm des Gerichts zu betrachten und es daher in die Verfahrensregelungen des FGG einzubinden. Dies wird in gewisser Weise durch das 1. ÄndG zum KJHG bestätigt, das in § 61 III KJHG den Datenschutz im Jugendstrafverfahren ausdrücklich dem JGG unterstellt und damit zum Ausdruck bringt, dass dies für das Vormundschafts- und Familiengerichtsverfahren nicht gilt[137].

Das **allgemeine unkodifizierte Verwaltungsrecht** dürfte der Rechtsbeziehung Jugendamt Eltern/Kind ebenfalls nicht angemessen sein, da es den neueren sozialrechtlichen Rechtsbeziehungen und erst recht den sensiblen persönlichen Beziehungen in der sozialen Arbeit nicht gerecht wird.

---

134 BT-Drucks. 8/2034, zu §§ 8, 9.
135 So ausdrücklich OVG Hamburg v. 30. 12. 1982; NJW 1983, 2405.
136 So schon *Papenheim (Baltes)*, 1. Aufl., 50.
137 So auch schon *Mörsberger*, ZfJ 1990, 365 ff.; *Maas*, NDV 1990, 215 vor Inkrafttreten des 1. ÄndG zum KJHG sowie danach *Wiesner/Mörsberger*, § 61 Rz. 14.

Von wem und auf welcher Rechtsgrundlage kann das JA (ein freier Träger) bzw. VormG/FamG Informationen erhalten?

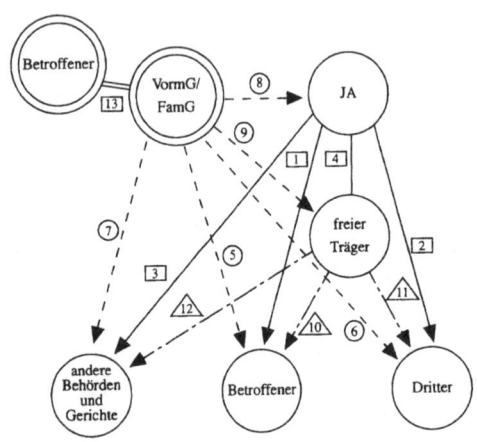

1	21 I SGB X Anhörung des Betroffenen
2	21 I SGB X analog: Vernehmung von Zeugen und Sachverständigen
3	Art. 35 GG: Rechtshilfe durch andere Gerichte als das zuständige VormG/FamG
	§§ 4–8 VwVfG und §§ 3–7 SGB X: Amtshilfe durch andere Behörden
	§§ 34 FGG: Akteneinsicht bei anderen VormG/FamG
4	§ 76 KJHG: Übertragung auf freie Träger
⑤	§ 12 FGG: Anhörung des Betroffenen
⑥	§ 12 FGG: Anhörung Dritter
	§ 15 FGG: Vernehmung Dritter als Zeugen oder Sachverständige
⑦	§§ 156 ff. GVG und § 2 FGG: Rechtshilfe durch andere Gerichte
	§§ 4–8 VwVfG und §§ 3–7 SGB X: Amtshilfe durch andere Behörden als das zuständige JA
⑧	§§ 49, 49a, 56d FGG: Anhörung des JA (Stellungnahme)
	§ 15 FGG: Vernehmung des SozArb als Zeuge
⑨	§ 12 FGG: Anhörung des freien Trägers
	§ 15 FGG: Vernehmung des SozArb als Zeuge
△10 – △12	: freiwillige Mitwirkung des Betroffenen, Dritter, anderer Behörden und Gerichte
	§ 34 FGG: Akteneinsicht bei anderen VormG und FamG
13	Richterliche Entscheidung

Es muss daher, da es keine »passenden« Normen gibt, geprüft werden, **welche** der für andere Sachverhalte geltenden **Vorschriften** sich auf die Mitwirkung in Gerichtsverfahren **entsprechend** anwenden lassen. Ihr Ziel muss sein, einerseits das – eher statische – Gerichtsverfahren zu fördern, andererseits eine mögliche Hilfe – die eher prozesshaft ist – auf keinen Fall zu vereiteln oder zu behindern. Man sollte die Rechtsbeziehung Jugendamt – Betroffene daher so fixieren, dass die Vorschriften von SGB X und FGG im Blick auf beide Zielrichtungen abgeklopft werden, damit das Kindeswohl, das als Maxime über beiden Zielen steht, so gut wie möglich verwirklicht wird.

Da das Jugendamt u. a. Fakten ermitteln soll, muss es auch Befugnisse haben, die dies ermöglichen. Ihm müssen daher grundsätzlich die üblichen Beweiserhebungen zur Verfügung stehen, u. a. Einholung von Auskünften, Anhörung der Beteiligten, Vernehmung von Zeugen und Sachverständigen, Beiziehung von Urkunden und Akten, Inaugenscheinnahme. All diese Befugnisse finden jedoch ihre Grenzen im Datenschutz, der in Umsetzung des Volkszählungsurteils des BVerfG[138] in den §§ 61–67 KJHG bereichsspezifisch verankert wurde.

(2) Pflicht zur Anhörung der Beteiligten durch das Jugendamt

Die Anhörung dient zum einen der Tatsachenaufklärung[139], zum anderen der Gewährung des rechtlichen Gehörs.

Bei der Mitwirkung des Jugendamtes in Gerichtsverfahren ist zu klären, ob das Jugendamt die Betroffenen anzuhören hat und wie dies gegebenenfalls zu geschehen hat.

Für das Verhältnis des **Gerichts** zu den Betroffenen gelten die §§ 12, 50a bis c FGG. Gemäß diesen Bestimmungen ist die Anhörung von **Eltern und Kindern** in Sorgerechtsverfahren sowie von **Pflegeeltern** in Personensorgerechtsverfahren vorgeschrieben. Im übrigen hat der Richter das zur Aufklärung des Sachverhalts Erforderliche zu veranlassen. Ob im Rahmen der Kindesanhörung zwingend nur die Anhörung der über 14jährigen vorgesehen ist (§ 50b II FGG) oder auch schon die der jüngeren Kinder (vgl. § 50b I FGG: »... wenn die Neigungen, Bindungen oder der Wille des Kindes für die Entscheidung von Bedeutung sind oder wenn es zur Feststellung des Sachverhalts angezeigt erscheint, dass sich das Gericht von dem Kind einen unmittelbaren Eindruck verschafft.«), ist heute nicht mehr strittig.

Übereinstimmend wird mittlerweile vertreten, dass auch – abgesehen von der Ausnahme des Abs. 3 – für ein Kind unter 14 Jahren in der Regel kaum Sachverhalte vorstellbar seien, in denen auf eine Anhörung verzichtet werden könne; denn auch bei diesen Kindern komme es jedenfalls bei allen Personensorgeangelegenheiten auf Neigungen, Bindungen oder den Willen an[140].

---

138 BVerfGE 65, 1.
139 Vgl. OLG Hamm v. 20. 10. 1988, FamRZ 1989, 203.
140 So schon *Luthin*, FamRZ 1981, 111 ff., 1149; *Fehmel*, DAVorm 1981, 169 ff.; *Klußmann*, UJ 1981,

Die Rechtsprechung hat sich mittlerweile eingehend mit den Anhörungsbestimmungen, die seit dem 1. 1. 1980 gelten auseinandergesetzt. Das BVerfG hat beispielsweise in einer richtungweisenden Entscheidung v. 5.11.1980 festgestellt[141], dass die Regelung, dass der Wille des Kindes zu berücksichtigen (§ 1671 II BGB) und dass dessen persönliche Anhörung in der Regel geboten sei (§ 50 b FGG), der Verfassung entspreche. Ferner hat es ausgeführt, dass sich die Form der Anhörung nach den Verhältnissen des Einzelfalls richten müsse und dass Kinder auch in Abwesenheit Dritter (d. h. auch des Personensorgeberechtigten)[142] angehört werden dürften.

Die h. M. bei den Zivilgerichten, deren Entscheidungen in den letzten Jahren hierzu veröffentlicht wurden, geht eindeutig dahin[143], auch bei Kindern unter 14 Jahren den Richter als verpflichtet anzusehen, das Kind anzuhören, aber nicht zu vernehmen, wie es die Strafprozessordnung für kindliche Zeugen vorsieht, sondern sich gegebenenfalls vom Kind nur ein Bild zu machen, also in der Form des Sich-eines-Eindruck-Verschaffens.

Eine Ausnahme wollen das BayObLG[144], das im übrigen ein kontinuierlicher Anhörungsverfechter ist, und das OLG Hamm[145] allerdings zulassen, wenn zwischen Eltern(teil) und Kind weder Neigungen noch Bindungen bestehen können, weil das Kind sie (ihn) so gut wie gar nicht kennt. Nach dem BayObLG[146] gilt die Anhörungspflicht selbstverständlich auch **im einstweiligen Anordnungsverfahren**[147].

Nicht ganz so eindeutig ist die Meinung der Gerichte, wenn es sich um die richterliche Anhörungspflicht in der **Beschwerdeinstanz** handelt. Hier geht die Tendenz dahin, eine Anhörung nicht zu verlangen, es sei denn, es liegt eine lange Zeit-

304; *Prestien* BIWPfl 1981, 259 f.; *Baer*, FamRZ 1982, 221 ff; vgl. hierzu auch die neuere Literatur: *Balloff*, 1994; *Bergmann/Gutdeutsch*, 1999; *Bergmann*, 1999; *Fricke* 1998, 1999; *Kluck*, 1995.

141 NJW 1981, 217 ff. = FamRZ 1981, 124 ff.

142 Wenn Kinder gemäß § 50 FGG in Abwesenheit der Eltern angehört worden sind, ist den Eltern das Ergebnis mitzuteilen, BGH v. 18. 6. 1986, DAVorm, 800 ff.: Eine Rechtsprechung, die besonders in hochstrittigen Sorgerecht- und Umgangsfällen das Kind durchaus gefährden kann, wenn Eltern unmittelbar nach der Kindesanhörung unvorbereitet mit der Meinung des Kindes im Gerichtssaal konfrontiert werden.

143 LG Berlin v. 6. 4. 1982, 839 (zehnjähriges Kind bei § 1628 BGB; OLG Hamburg v. 17. 5. 1983, FamRZ 1983, 1271 (vierjähriges Kind bei 1666 BGB); OLG Hamm v. 21. 10. 1983, FamRZ 1984, 81 (siebenjähriges Kind); BayObLG v. 28. 9. 1983, FamRZ 1984, 196 neunjähriges Kind bei §§ 1666, 1632 IV BGB; BGH v. 12. 7.1984, FamRZ 1984, 1084, 1084 (viereinhalbjähriges Kind bei § 1634 BGB a. F.);
BayObLG v. 22. 10. 1984, FamRZ 1985, 520 (zehn- und zwölfjähriges Kind bei § 1632 I BGB); dass. v. 23. 7. 1985, FamRZ 1985, 1179 (neunjähriges Kind bei § 1666 BGB); dasselbe v. 15. 12. 1987, FamRZ 1988, 871 (vierjähriges Kind bei 1748 BGB; dasselbe v. 24. 3. 1992, FamRZ 1992, 1212 (sechsjähriges Kind bei sexuellem Missbrauch, 1666 BGB); OLG Hamm v. 22.1995, FamRZ, 421 (sechsjähriges Kind bei § 1666 BGB); OLG Frankfurt v. 22. 5. 1996, FamRZ 1997, 571 (dreijähriges Kind); OLG Hamm v. 29. 1. 1997, FamRZ 1997, 1550 (vierjähriges Kind)

144 Vom 9. 12. 1993, FamRZ 1984, 312.

145 Vom 4. 6. 1996, DAVorm 1986, 804.

146 Vom 18. 9. 1994, FamRZ.

147 Anderer Ansicht OLG Karlsruhe v. 19. 9. 1991, FamRZ 1993, 90.

spanne zwischen den Verfahren in den Instanzen oder die Lebensverhältnisse haben sich offensichtlich geändert[148].

Es stellt sich nun die Frage, ob die Sozialpädagogin bzw. der Sozialarbeiter im Jugendamt die von einer Sorgerechts- oder Umgangsentscheidung betroffenen **Kinder, Eltern und Pflegeeltern** ebenfalls **anhören** muss oder ob es sinnvoll ist, sich mit einem Weniger als das Gericht begnügen kann.

In ihrer bereits mehrfach zitierten Untersuchung weisen *Simitis* u. a.[149] nach, dass die Jugendämter in den meisten Fällen tatsächlich mit dem Kind Kontakt aufnehmen, dass allerdings die Berichte über diese Gespräche (»Anhörungen«) kaum Aussagen über das psychische Befinden des Kindes sowie die kognitive und die affektive Sozialisationskompetenz der Eltern enthielten. Hieraus ist zu folgern, dass die Jugendämter zwar zutreffend von einer sich aus ihrem Berufsauftrag u. U. sogar ergebenden Pflicht zur Kontaktaufnahme (»Anhörung«)[150] ausgehen, dass sie aber die Chance, die sich hieraus ergibt, nicht nützen. Die Existenz des KJHG hätte hier etwas verändern müssen. Zwar enthält es keine Spezialvorschriften zum jugendhilferechtlichen Sozialverwaltungsverfahren und keine für den Sonderfall der Mitwirkung in Gerichtsverfahren. Aber mehr als früher das JWG reduziert es die Eingriffsmöglichkeiten des Jugendamtes und macht dieses vorrangig zur Leistungsbehörde – in den hier zur Debatte stehenden Fällen sind vorrangig die Leistungsangebote in bezug auf Beratung und Mediation nach §§ 17, 18 KJHG angesprochen.

In den Bereichen, in denen es aufgrund des »Staatlichen Wächteramtes« (Art. 6 II 2 GG) »andere Aufgaben der Jugendhilfe« (§ 2 III KJHG) wahrzunehmen hat, ist die Rechtsposition der Betroffenen insgesamt gestärkt worden (vgl. z. B. in den §§ 43, 43 KJHG). Es kann aber aus fachlich-sozialpädagogischen Gründen nicht sein, dass das Jugendamt in einem Gerichtsverfahren mitwirkt, ohne Kenntnis über die Problematik zu haben und dementsprechend zuvor mit den Betroffenen die einschlägigen Kontakte aufgenommen und Gespräche geführt zu haben, um den Sachverhalt aus eigener Anschauung aufzunehmen und zu erfassen.

§ 24 SGB X, der zwar nicht unmittelbar anzuwenden ist, weil er davon ausgeht, dass die Tätigkeit der Behörde zum Erlass eines Verwaltungsaktes, nicht dagegen zu einer gerichtlichen Entscheidung führt, sieht eine Anhörungspflicht zumindest dann vor, wenn ein geplanter Verwaltungsakt in die Rechte eines Beteiligten eingreift. Dann muss das auch gelten, wenn die Tätigkeit des Jugendamtes einen

---

148 Wiederholung der Anhörung ja: BayObLG v. 30. 7. 1981, FamRZ 1982, 192; OLG Frankfurt v. 3. 9. 1981, FamRZ 1982, 430; BayObLG v. 24. 10. 1983 FamRZ 1984, 197; dass. v. 10. 4. 1984, FamRZ 1984, 933, dass. v. 14. 2. 1984, FamRZ 1984, 929, dass. v. 24. 4. 1984, FamRZ 1984, 935. Vier weitere Entscheidungen des BayObLG: v. 27. 1. 1993; FamRZ 1993, 843, mit Anmerkungen *Henrich*, 846; v. 9. 5. 1996, FamRZ 1996, 1352; v. 30. 4. 1996, FamRZ 1997, 223; v. 11. 6. 1997, FamRZ, 1429. Wiederholung der Anhörung nein: BayObLG v. 30. 6. 1991, FamRZ 1981, 999.; LG Berlin v. 1. 4. 1992, FamRZ 1982, 841; dass. v. 11. 2. 1992, FamRZ 1982, 737.
149 *Simitis* u. a. 1979, 135 f.
150 So auch ausdrücklich OLG Köln v. 13. 2. 1981, FamRZ 1981, 599; s. auch *Dickmeis*, ZfJ 1983, 164 ff.).

Eingriff durch das Gericht vorbereitet. Da aber das Jugendamt, gleichgültig wie es sich vor Gericht äußert, nicht weiß, ob dieses in Rechte eingreifen wird, ist es in jedem Fall nötig, mit den Betroffenen Kontakt aufzunehmen und sie zu hören. Dass das persönliche Gespräch (»Anhörung«) in der Regel die Hauptinformationsquelle auch im Jugendamt sein wird, ergibt sich auch aus den Datenschutzbestimmungen des KJHG. Nach § 62 II 1 KJHG sind nämlich personenbezogene Daten beim Betroffenen zu erheben. Das bedeutet, dass das Jugendamt, wenn es in Gerichtsverfahren mitwirkt, seine Informationen primär beim Betroffenen zu beziehen hat.

(3) Mitwirkungspflicht der Anzuhörenden

Werden die Beteiligten gebeten, ins Jugendamt zu kommen, oder wird ihnen mitgeteilt, dass Hausbesuche anstehen, stellt sich für die Betroffenen die Frage, ob sie sich hierauf einlassen müssen. Gem. § 60 I SGB I hat derjenige, der Sozialleistungen beantragt oder erhält, u. a. die zur Gewährung notwendigen Tatsachen anzugeben. Gem. § 27 I SGB I gehört die Mitwirkung in Gerichtsverfahren nicht zu den Sozialleistungen. Daher können die Betroffenen aufgrund von § 60 I SGB I nicht verpflichtet sein, dem Jugendamt Auskünfte für eine gutachtliche Stellungnahme zu geben. Zu Recht hat allerdings das *OLG Köln*[151] erklärt, dass es eine Mitwirkungspflicht im Rahmen des § 48a JWG (dieser entspricht dem jetzigen § 50 KJHG) für die **Eltern** gebe:

»Angesichts der für jeden erkennbaren gesetzlichen Aufgabe von Jugendämter in Sorgerechtssachen, nach bestem Bemühen Sachverhalte aufzuklären, um dem Wohl des betroffenen Kindes zu dienen und durch solche Mitwirkung im richterlichen Verfahren eine möglichst sachgerechte Entscheidung fördern zu helfen, ist es schwer verständlich, welcher verständige Anlass von Eltern aus bestehen kann, wenn ausschließlich das Wohl des Kindes Motiv allen Handelns ist oder jedenfalls sein sollte, von vornherein jedwede Mitwirkung der Bemühung von Beauftragten des Jugendamtes auch persönliche Umstände in angemessener Form zu klären, zu verweigern oder in bezug auf Kontakte zum anderen Elternteil zu verhindern.«[152].

Damit steht fest, dass die Eltern zur Mitwirkung verpflichtet sind. Nach den Formulierungen des *OLG Köln* kann diese ihre Wurzeln nur in der elterlichen Sorge haben. Nach Meinung des *OLG Hamm*[153] folgt die Mitwirkungspflicht unmittelbar aus Art. 6 II 1 GG.

Pflegeeltern sind nicht Sorgerechtsinhaber. Deshalb lässt sich ihre Pflicht nicht mit der elterlichen Sorge begründen. Pflegeeltern leiten ihre Befugnis zu Pflege und Erziehung jedoch aus einem (zumindest konkludent geschlossenen oder faktisch entstandenen) Pflegeverhältnis ab, das die Gewährleistung des Kindeswohls zum Gegenstand hat. Daher gehört es zu ihren Aufgaben, dazu beizutragen, dass

---

151 Vom 13. 2. 1981, FamRZ 1981, 599.
152 A. a. O., 599.
153 Vom 2. 6. 1991, FamRZ 1992, 94 f.

alle im Interesse des Kindes notwendigen Maßnahmen getroffen werden können. Somit sind auch sie verpflichtet, in Sorgerechtsentscheidungen mitzuwirken. Anders liegt die Situation nur beim **Kind** selber. Für dieses ist keine Norm ersichtlich, aus der seine Mitwirkungspflicht herzuleiten wäre.

(4) Erzwingbarkeit der Mitwirkungspflicht der Betroffenen

Besteht also materiell-rechtlich eine Verpflichtung der Eltern und Pflegeeltern, sachdienliche Ermittlungen des Jugendamtes im Interesse ihres Kindes zu dulden und zu fördern, so stellt sich die Frage, ob diese Pflicht auch erzwungen werden kann, wenn die (Pflege-)Eltern sich weigern mitzuwirken.

Für Sozialleistungen, zu denen die Mitwirkung – wie unter (1) dargestellt – nicht gehört, gibt es in § 21 II SGB X zwar eine öffentlich-rechtliche materielle Mitwirkungspflicht, aber keine Ermächtigung, diese zwangsweise behördlich durchzusetzen. Für die Mitwirkung in Gerichtsverfahren besteht ebenfalls eine, allerdings auf privatem Recht beruhende, Mitwirkungspflicht. Für diese existiert erst recht **keine behördliche** Ermächtigung zur **zwangsweisen Einwirkung** auf die Verpflichteten.

Damit stellt sich die Frage, ob wenigstens der **Richter** in dem der gutachtlichen Stellungnahme zugrunde liegenden Verfahren das Recht besitzt, die Betroffenen zur Mitwirkung zu zwingen. Gem. § 33 I 1 FGG kann das Gericht den Adressaten einer vollzugsfähigen gerichtlichen Entscheidung zur Befolgung seiner Anordnung durch die Festsetzung von **Zwangsgeld** anhalten. Gegenstand dieser Erzwingungsanordnung kann die Vornahme einer Handlung, die ausschließlich vom Willen des Adressaten abhängt, die Unterlassung oder die Duldung der Vornahme einer Handlung sein. In jedem Fall muss es sich aber um eine Verpflichtung handeln, die auf einer gesetzlichen Regelung – sei es materieller (z. B. § 1632 I BGB), sei es verfahrensrechtlicher Art – beruht. In der ZPO, in der grundsätzlich kein Amtsermittlungsgrundsatz besteht, kann der Richter gem. §§ 141, 273 III Nr. 3 das persönliche Erscheinen einer Partei anordnen, wenn dies zur Aufklärung des Sachverhalts geboten erscheint, und notfalls Ordnungsgeld festsetzen (§ 141 III ZPO). Dann muss dies erst recht im Verfahren des FGG, in dem der Grundsatz der Amtsermittlung gilt (§ 12 FGG), möglich sein[154]. Sieht das Gesetz in Konkretisierung der Amtsermittlungspflicht sogar die persönliche Anhörung vor, so kann zur Durchführung der Anhörung selbstverständlich das persönliche Erscheinen angeordnet und die Zuwiderhandlung mit Zwangsgeld bedroht werden.

Erscheinen die gem. §§ 50a–c FGG Betroffenen trotz angedrohten Zwangsgeldes nicht, taucht die Frage auf, ob die Betroffenen **zwangsweise vorgeführt** werden können. § 33 II FGG lässt dies grundsätzlich zu. Die zwangsweise Vorführung ist jedoch eine Einschränkung der persönlichen Freiheit i. S. des Art. 104 I GG. Nach der Rechtsprechung des *BVerfG*[155] darf sie nur aufgrund eines förmlichen Gesetzes angeordnet werden. Die §§ 50 a–c FGG stellen ein solches förmliches Gesetz

---

154 Vgl. auch § 13 S. 2 FGG.
155 Vom 23. 5. 1967, NJW 1967, 1221.

dar. Denn wenn sie dem Richter auferlegen, die Betroffenen »zu hören«, so muss
es sich dabei um mehr als um die Herbeiführung des persönlichen Erscheinens
handeln[156]. Der Richter kann daher, insbesondere wenn die Betroffenen sich dem
Jugendamt und evtl. auch Sachverständigen widersetzt haben, zumindest erreichen, dass die Betroffenen beim Verfahren zugegen sind.

Abgesehen von der Möglichkeit, die Anwesenheit der Betroffenen im Verfahren
auf die geschilderte Weise sicherzustellen, steht dem Richter kein Mittel zur Verfügung, diese zu einer Aussage zu zwingen. Er kann – selbst bei aussagebereiten
Betroffenen – auch keine Durchführung von **Tests** anordnen, sofern diese bzw.
deren gesetzlicher Vertreter hiermit nicht einverstanden sind[157]. Wollen daher
(Pflege-)Eltern und Kind bei den Recherchen des Jugendamtes nicht mitwirken,
so hat das Jugendamt selber keine Einwirkungsmöglichkeit, und es kann auch nur
auf eine begrenzte des Richters verweisen.

(5) Mittelbare Folgen fehlender Mitwirkungsbereitschaft

Die Pflicht der Eltern zur Mitwirkung bei der Sachverhaltsaufklärung ergibt sich
aus ihrer elterlichen Sorge dem Kind gegenüber. Deshalb könnte der Richter –
sofern die Verweigerung der Mitwirkung eine Gefährdung des Kindes darstellt
(z. B. wenn der Richter auch von anderen Stellen keine sachdienlichen Auskünfte
erhält) – auf der Basis des § 1666 BGB **in das Sorgerecht eingreifen**[158].

Wie sich aus § 1666 a ergibt, soll ein Eingriff nach § 1666 BGB aber erst die letzte
Möglichkeit sein. Deshalb wird sich für den Richter zuvor die Frage stellen, wer
die Konsequenzen dafür zu tragen hat, wenn Beteiligte weder vor dem Jugendamt
noch vor dem Gericht zur Aufklärung des Sachverhalts beitragen oder das, was sie
behaupten, nicht bewiesen werden kann.

Normalerweise trägt im Recht derjenige die sogenannte Beweislast bzw. im Bereich der freiwilligen Gerichtsbarkeit die **sogenannte Feststellungslast**, der aus
dem materiellen Recht eine für ihn günstige Rechtsfolge herleitet[159]. Diese Definition, die sicher richtig ist, soweit es sich um Rechtsobjekte und Rechtsverhält-
nisse eines Beteiligten im formellen Sinn[160] handelt, bedarf der Modifizierung,
wenn ein Rechtssubjekt, d. h. hier: ein Minderjähriger von der Entscheidung betroffen ist[161]. Bleibt ein Elternteil den Beweis für seine Behauptung schuldig, der
andere Elternteil eigne sich schlechter als er zur Betreuung und Erziehung der

---

156 So BayObLG v. 31. 3. 1982, BayObLGZ 1982, 167, 170 ff. (zu § 1910 BGB; dass. v. 5.10.1983,
     FamRZ 1984, 201 (zu § 1748 BGB. Anderer Ansicht OLG Hamm v. 20. 1. 1983, FamRZ 1983, 409
     (allerdings zum Versorgungsausgleich, für den die §§ 50 a–c FGG nicht gelten, lediglich der § 12
     FGG).
157 BayObLG v. 12. 5. 1977; OLG München v. 18. 9. 1978, mit Anmerkungen von *März*, und Anmer-
     kungen von *Wegener*, NJW 1979, 1253; OLG Hamm v. 2. 6. 1981, FamRZ 1982, 94; *Bumiller/*
     Winkler, § 12 Anm. 7 c).
158 So OLG Hamm v. 2. 6. 1981, FamRZ 1982, 94.
159 *Bumiller/Winkler*, § 12 Anm. 1 m. w. N.
160 KG v. 19. 6. 1960, FamRZ 1960, 500; OLG Stuttgart v. 2. 1. 1987, FamRZ 1987, 406; OLG Bamberg
     v. 24. 2. 1988, FamRZ 1988, 1080; OLG Frankfurt v. 28. 10. 1991, FamRZ 1992, 206.
161 so schon *Klußmann*, 1981, 102 f.

Kinder, muss das Familiengericht ihm trotzdem die elterliche Sorge zusprechen, wenn dies als die «am wenigsten schädliche Alternative« erscheint[162]. Die Feststellungslast in diesem Bereich trägt daher nicht derjenige, der ein Recht geltend macht, sondern das Gericht.

(6) Rechtliches Gehör der Betroffenen

Obwohl somit die Beteiligten zwar zur Ermittlung des Sachverhalts beitragen sollen, mehr als ihre Anwesenheit vor Gericht aber nicht erzwungen werden kann, hat die Behörde umgekehrt den Beteiligten **Gelegenheit zur Äußerung** zu geben, sofern der Verfasser der gutachtlichen Stellungnahme anregen will, in die Rechte eines Beteiligten einzugreifen. Das gilt z. B. im Falle des § 1666 BGB, § 1748 BGB; bei § 1671 BGB für den Elternteil, der das Sorgerecht nicht behalten soll und bei § 1684 BGB für den Elternteil, dessen Umgangsrecht eingeschränkt werden soll. Dieser Grundsatz kann dem Gesetz wiederum nicht direkt entnommen werden, da § 24 SGB X vom hier nicht begehrten Erlass eines Verwaltungsaktes ausgeht. Rechtsstaatlichen Grundsätzen entspricht es jedoch, auch schon bei entscheidungsvorbereitenden Aktivitäten den Betroffenen einzubeziehen (Gewährung des rechtlichen Gehörs i. S. des Art. 103 GG).

Mit Blick auf eben dieselbe Begründung (Art. 103 GG) stellt sich die Frage,
– ob die Betroffenen in Jugendamtsakten einsehen dürfen,
– ob ihnen die Aussagen von Zeugen und Sachverständigen zur Kenntnis zu geben sind und
– ob ihnen die ganze gutachtliche Stellungnahme zuzusenden ist.

Das SGB X, das wieder nur allenfalls dem Rechtsgedanken nach anwendbar ist, da Mitwirkung in Gerichtsverfahren kein Sozial-Verwaltungsverfahren i. S. d. § 8 SGB X darstellt (vgl. Kapitel 6.2.2.1), bestimmt in § 25, dass und in welchem Umfang **Akteneinsicht** zu gewähren ist. U. a. legt Abs. 2 S. 3 fest, dass Aussagen zur Entwicklung und Entfaltung der Persönlichkeit des Betroffenen diesem lediglich durch geeignete Bedienstete der Behörde zur Kenntnis gegeben werden können, wenn zu befürchten ist, dass die Akteneinsicht dem Beteiligten einen unverhältnismäßigen Nachteil zufügen würde.

Da die Mitwirkung der Vorbereitung des Gerichtsverfahrens dient und die Gerichtsakten gem. § 34 FGG in der Regel[163] ohne weiteres eingesehen werden können, ist hier primär zu erörtern, ob überhaupt Einsicht in Jugendamtsakten zu gewähren ist. Das OVG *Hamburg*[164] – und ebenso die Vorinstanz – lehnte die Akteneinsicht im Zusammenhang mit einer Umgangsregelung ab. Es begründete seine Meinung damit, dass § 25 SGB X nicht anwendbar sei und die Voraussetzungen des normativ nicht geregelten im Ermessen der Behörde stehenden

---

162 *Klußmann* 1981, 102; *Goldstein* u. a., 1974, 49 ff.
163 Einschränkung, wenn durch die Bekanntgabe der Identität der am Verfahren Beteiligten Pflegeeltern eine Gefährdung des Kindes zu besorgen ist: OLG Stuttgart v. 13. 2. 1985, FamRZ 1985, 525.
164 V. 30. 12. 1982, NJW 1983, 2405.

allgemeinen Akteneinsichtsrechts[165] nicht gegeben seien, da das Bedürfnis nach Einsicht gem. § 34 I FGG befriedigt werden könne.

Diese Meinung dürfte zutreffend sein in Fällen, in denen die gutachtliche Stellungnahme – die ja dem Gericht vorliegt – die entscheidungsrelevanten Fakten vollständig und richtig wiedergibt und Fakten und Bewertung sauber getrennt sind. Hat der Betroffene aber gerade insoweit Bedenken, so kann zwar das Gericht bei Kenntnis der Einwände gem. § 12 FGG die Jugendamtsakte beiziehen. Da sich aber die Verpflichtung zur Rechtshilfe des Jugendamtes nicht auf das gesamte Aktenmaterial bezieht, sondern es im pflichtgemäßen Ermessen des Jugendamtes liegt, die für die Entscheidung des Richters relevanten Unterlagen auszuwählen, kann es sein, dass der Betroffene so nicht klären kann, woher Falschinformationen und Fehlbeurteilungen stammen. In den beschriebenen Sonderfällen sollte daher den Betroffenen ein Akteneinsichtsrecht beim Jugendamt eingeräumt werden.

Haben **Dritte** als Zeugen (Verwandte, Nachbarn, Kita, Schule etc.) oder Sachverständige (Ärzte, Psychologen etc.) **Aussagen gemacht**, so stellt sich die Frage, ob das Jugendamt die Beteiligten von dem Inhalt der Aussage in Kenntnis setzen muss. Wenn eine solche Zeugenvernehmung bzw. Sachverständigenanhörung vor Gericht stattgefunden hat, so stehen Rechtsprechung und Literatur auf dem Standpunkt[166], das rechtliche Gehör gem. Art. 103 GG sei verletzt, wenn den Parteien keine Gelegenheit gegeben werde, sich zu derartigen Aussagen zu äußern. Zwar wäre es theoretisch denkbar, dass erst der Richter entsprechende Informationen weitergibt und es den Beteiligten freistellt, sich zu äußern. Allerdings ist dann die gutachtliche Stellungnahme des Jugendamtes bereits abgegeben und evtl. auf falschen Aussagen aufgebaut. Um dem im Interesse der Betroffenen vorzubeugen, dürfte das Jugendamt verpflichtet sein, die Beteiligten zumindest über belastende Aussagen zu informieren.

Schließlich bleibt zu klären, ob das Jugendamt den Betroffenen seine ganze **gutachtliche Stellungnahme zur Kenntnis zu geben** hat. Wie bereits dargestellt (vgl. Kapitel 2.2.3), weist die Praxis hier eine große Vielfalt auf. Tatsache ist, dass die Betroffenen gem. § 34 FGG bei Gericht Akteneinsicht nehmen[167], also ein – ihre Person betreffend – umfassendes Akteneinsichtsrecht haben, und somit den Inhalt der Stellungnahme kennen lernen können.

Ob das Recht der Beteiligten sich jedoch hierauf beschränkt, erscheint aus verschiedenen Gründen zweifelhaft:
– In vielen Fällen handelt es sich um Verfahren, die den Betroffenen aufgezwungen werden (Ausnahmen: §§ 1741 ff. BGB, evtl. § 1632 IV BGB, evtl. § 1671 BGB). Dann ist nicht einzusehen, dass diese sich zu ihrer Verteidigung selber um Akteneinsicht bemühen müssen.
– Anders als das Gericht, das Fakten sammelt und diese bestimmten Rechtsnormen zuordnet, erbringt das Jugendamt eine Leistung im Vorfeld der Normen-

---

165 BVerwG v. 23. 8. 1968, BVerwGE 30, 154.
166 *Jansen*, § 12 Rz. 89, mit zahlreichen Nachweisen aus Rechtsprechung und Literatur.
167 So *Bumiller/Winkler*, § 34 Anm. 3, mit weiteren Literaturhinweisen.

zuordnung, die materiell der von Sachverständigen gleichsteht (siehe Kapitel 3.
und 6.2.2.2). Wenn aber Sachverständigenäußerungen den Betroffenen mitzuteilen sind, damit diese sich gegebenenfalls verteidigen können, so muss dies
für Bewertungen durch das Jugendamt ebenfalls gelten.
– In etlichen Fällen wird das Jugendamt über die gutachtliche Stellungnahme
hinaus den Betroffenen weitere helfende Kontakte anbieten wollen (§§ 17, 18
KJHG). Dann empfiehlt es sich, zur Klarstellung der Position keine Geheim-
niskrämerei zu betreiben, sondern offen und transparent mit ihnen umgehen.

Zusammenfassend ist also festzuhalten, dass die Jugendämter in bestimmten Fällen Akteneinsicht zu gewähren haben und dass Äußerungen von Dritten und die
gesamte gutachtliche Stellungnahme den Betroffenen zur Kenntnis zu geben
ist.

6.2.2.2 Stellung des Jugendamtes im Verhältnis zum Vormundschafts- und Familiengericht[168]

(1) Nicht nur die Beziehung des Jugendamtes zum Klienten, sondern auch die
Beziehung des Jugendamtes zum Gericht ist im Gesetz nirgendwo exakt dargestellt. Das Gesetz spricht von dieser Beziehung nur in der Weise, dass es das gem.
§ 87 b I 1 i. V. m. § 86 I–IV KJHG zuständige Jugendamt verpflichtet, das VormG/
FamG bei allen Maßnahmen zu **unterstützen**, welche die Sorge für die Person des
Minderjährigen betreffen (§ 50 I 1 KJHG), **mitzuwirken** in den Verfahren, die in
§§ 49, 49a FGG genannt sind (§ 50 I 2 KJHG) sowie das Gericht **anzurufen,**
wenn es dies zur Abwendung einer Gefährdung des Kindeswohls für notwendig
hält (§ 50 III KJHG). Umgekehrt hat das Gericht – wiederum das gem. § 87 b I 1
KJHG zuständige – das Jugendamt zu hören (§§ 49, 49a FGG).

Anders als die Polizei, die vom Gesetz als »Hilfsbeamte der Staatsanwaltschaft«
bezeichnet wird und weisungsgebunden ist (vgl. § 152 GVG), steht das Jugendamt selbständig neben dem VormG/FamG[169] und ist ihm nicht untergeordnet. Das
Gericht macht sich vielmehr durch eine Mitwirkung des Jugendamtes dessen bessere Kenntnis in Fachfragen der Psychologie, Pädagogik etc. und im methodischen Ermitteln der Fakten zu eigen[170].

Sachlich gesehen steht die gutachtliche Stellungnahme des Jugendamtes fachlich
und methodisch in der Nähe der **Begutachtung durch einen Sachverständigen**
(vgl. §§ 402–414 ZPO). Verfahrensrechtlich dagegen nicht; denn einen Gutachter
darf sich das Gericht aussuchen (vgl. § 404 ZPO), das Jugendamt dagegen nicht
(vgl. § 87 b I 1 KJHG). Ein Gutachter kann auch wegen Besorgnis der Befangen-
heit abgelehnt werden (§ 406 ZPO), das Jugendamt wiederum nicht. Der Gutachter bekommt Sachverständigengebühren nach dem ZSEG (vgl. § 413 ZPO), das
Jugendamt ebenfalls nicht. Die Einholung und Verwertung der Jugendamtsstel-

---

168 Vgl. zur Gesamtproblematik DIV-Gutachten v. 31. 8. 1984, AZ.J 2.161, ZFJ 1984, 570; DIV-Gut-
    achten v. 4.10.1985, AZ.J 2.161, DAVorm 1985, 966.
169 BGH v. 21. 5. 1954, FamRZ 1954, 2 ff. und die einmütige Ansicht im Schrifttum.
170 BGH v. 21. 5. 1954, a. a. O.

lungnahme gehört zur Stoffsammlung gem. § 12 FGG und löst daher keine
Beweisgebühr für den Rechtsanwalt aus[171].

Die Abgabe einer Stellungnahme ist daher eher eine Art **sozialpädagogischer
Amtshilfe, durch** die **eine sachverständige Behörde oder Fachbehörde**[172] dem
Gericht gegenüber»ergänzende Hilfe« leistet. Zwar bezieht sich die echte Amts-
hilfe vorrangig auf Tatsachenfeststellungen, die der zuständigen Behörde – aus
welchen Gründen auch immer – nicht möglich sind (vgl. § 4 SGB X, § 5 VwVfG).
Das Jugendamt dagegen soll gleichwertig neben der Tatsachenermittlung Folge-
rungen aus ihnen ziehen. Dies ist inhaltlich vergleichbar mit der Aufgabe eines
Sachverständigen. Man könnte das Tun des Jugendamtes daher als **sachverständige Amtshilfe** bezeichnen, deren Inanspruchnahme der handelnden Behörde (=
Gericht) nicht freisteht, sondern die **gesetzlich vorgeschrieben** ist.

(2) Nun ist es zwar nicht eindeutig, welchen Normen die Amtshilfe des Jugendamtes untersteht. Es ist jedoch ein allgemeiner Grundsatz in der Verwaltung, dass
die Amtshilfe von der ersuchten Stelle (= Jugendamt) nach ihrem eigenen Recht
geleistet (vgl. z. B. § 7 I VwVfG, § 6 I SGB X) und dass die ersuchte Behörde (=
Jugendamt) für die Durchführung der Amtshilfe verantwortlich ist (vgl. z. B. § 7 II
VwVfG, § 6 II SGB X). Das bedeutet für das Tun des Jugendamtes gegenüber dem
Gericht folgendes:

Das Jugendamt kann grundsätzlich entscheiden, in welcher **Form** es dem Amtshilfeersuchen nachkommt. Den Gepflogenheiten zwischen den Behörden entspricht es allerdings, dies schriftlich zu tun. Dass der Behördenleiter das
Schriftstück abzeichnet, ist dagegen nicht nötig. Um die Teilnahme des einzelnen
zuständigen **Sachbearbeiters** des gem. § 87 b I 1 KJHG zuständigen Jugendamts
kann das Gericht zwar bitten, das Jugendamt darf hierüber jedoch in eigener Verantwortung entscheiden; denn»anzuhören« ist nicht ein die Sozialpädagogin bzw.
der Sozialarbeiter, sondern »das Jugendamt«. Dass eine Mitarbeiterin/ein Mitarbeiter eines unzuständigen Jugendamt vor Gericht erscheint, ist dagegen ausgeschlossen, da er dann eine Amtshandlung außerhalb seines Amtsbezirks vornehmen würde[173].

Geht es dem Richter darum, den betreffen Mitarbeiter des Jugendamtes zur Auf-
hellung einzelner Tatsachen zu hören, dann kann er dies erreichen, indem er ihn
als **Zeuge** behandelt, d. h. entsprechend lädt, vernimmt, evtl. beeidet und auch
entschädigt. Hierbei ist es allerdings möglich, dass der Betreffende von seinem
Zeugnis- bzw. Eidesverweigerungsrecht gem. § 15 FGG i. V. m. § 383 I Nr. 6 ZPO
Gebrauch machen muss. Dies ist der Fall, wenn er von den Betroffen nicht von
seiner Verschwiegenheitspflicht entbunden ist, § 385 II ZPO, und wenn er keine

---

171 OLG Stuttgart v. 2. 1. 1987, FamRZ 1987, 406; OLG Bamberg v. 24. 2. 1998, FamRZ 1988, 1080.
     Anders neuerdings OLG Hamm v. 16. 12. 1998, famRZ 1999, 1360, das eine Beweisgebühr zubil-
     ligt,»sofern dieser Bericht gutachtliche Ausführungen enthält«.
172 *Jans/Happe*, § 48 a Anm.2 A c; FrankfKo, § 50 Rz. 2.
173 Das Gericht könnte allerdings die Person des unzuständigen Jugendamts als Zeugen vernehmen,
     jedoch unter den Einschränkungen, denen die Zeugeneinvernahme unterliegt; s. dazu nächster
     Abschnitt.

Aussagegenehmigung seiner Behörde hat, § 376 I ZPO i. V. m. den beamtenrecht-
lichen Vorschriften des jeweiligen Bundeslandes (z. B. in NW § 65 LBG). In
jedem Fall hat der Richter diesen Mitarbeiter des Jugendamtes vor einem Übergang von der Anhörung auf eine Zeugenvernehmung hierauf hinzuweisen.

(3) Streitig ist in der Praxis, ob das Gericht eine **gutachtliche Stellungnahme** nur
von dem gem. § 87 b I 1 KJHG für das Kind zuständigen Jugendamt oder gegebenenfalls auch **von einem unzuständigen Jugendamt**, in dessen Bezirk sich der
Nichtsorgeberechtigte aufhält, anfordern kann.

Tatsache ist, dass von den Gerichten beklagt wird, dass es bei der Anhörung
zweier Jugendämter häufig vorkommt, dass jedes von ihnen »seinen« Klienten
für geeigneter als den nicht ortsansässigen hält. Dieses Phänomen ist allerdings
erklärbar. Es beruht wohl darauf, dass in solchen Fällen der jeweilige Mitarbeiter
des Jugendamtes meistens nicht in den anderen Jugendamtsbezirk reisen (Verweigerung der Dienstreise durch Vorgesetzten; Verbot, in einem fremden Jugendamt
Amtshandlungen vorzunehmen) und, weil der andere Elternteil auch nicht bereit
ist, zu ihm zu kommen, diesen nicht kennen lernen kann. Um dieser Unzulänglichkeit entgegenzuwirken, empfiehlt das Landesjugendamt Rheinland, als unzu-
ständiges Jugendamt dem Gericht die Stellungnahme gem. § 87 b I 1 KJHG zu
verweigern und statt dessen dem zuständigen Jugendamt im Rahmen der Amtshilfe Informationen zu geben. Diese soll das zuständige Jugendamt pflichtgemäß
in einer einheitlichen Stellungnahme verarbeiten[174].

Dieses Vorgehen ist aus der Sicht des Kindeswohls sachgerecht, ist aber bei der
geltenden Rechtslage nicht erzwingbar. Zwar hat das Gericht gem. §§ 49, 49a
FGG nur das gem. § 87 b I 1 KJHG zuständige Jugendamt zu hören (Unterlassen =
Verfahrensfehler). Dies schließt aber nicht aus, dass es auch das unzuständige
Jugendamt auf der Basis des § 12 FGG (pflichtgemäße Amtsermittlung) anhört.
In diesem Sinne judizierten inzwischen auch das *AG Bonn*[175] sowie das *OLG
Köln*[176]. In beiden Fällen hatte das für die Sorgerechtsregelung nicht zuständige
Jugendamt sich geweigert, einer Verfügung des AG, sich gutachtlich zu äußern,
nachzukommen und gegen die Verfügung (die ferner die Androhung enthielt, im
Wege der Dienstaufsicht vorzugehen) Beschwerde eingelegt. Beide Gerichte hiel-
ten die Beschwerde bereits für unzulässig[177], äußerten sich aber dennoch zur
Begründetheit im oben erwähnten Sinn[178]. Da es dem Gericht unbenommen sei,
den betreffenden Mitarbeiter des unzuständigen Jugendamt förmlich als Zeugen

---

174 Schreiben des Landesbeauftragten für Datenschutz NW vom 6. 5. 1986 an eine überörtliche Behörde
(ZfJ 1986, 451): Das zuständige Jugendamt kann das unzuständige Jugendamt förmlich um Amtshilfe gegenüber dem Gericht ersuchen.
175 V. 5. 9. 1985, – 45 F 103/85 EA VG.
176 V. 16. 9. 1985, – 4 WF 249/85 –; dass. v. 13. 9. 1985, FamRZ 1986, 707.
177 Die Beschwerde sei nur gegen Entscheidungen, nicht aber gegen Zwischenverfügungen zulässig.
178 OLG Hamm v. 22. 9. 1964, FamRZ 1965, 83; *Keidel/Kuntze/Winkler*, § 12 Rz. 87; *Jansen*, § 12
Rz. 53; *Bumiller/Winkler*, § 12 Anm. 8a. – Nach zutreffender Meinung des Datenschutzbeauftragten
NW kann jedoch der Schweigepflicht des Sozialpädagogen der Leistung von Amtshilfe entgegen-
stehen (§ 69 I Nr. 1 SGB X i. V. m. § 203 I Nr. 5 StGB).

zu vernehmen, müsse es auch möglich sein, das Jugendamt formlos anzuhören[179].

(4) Kommt das Jugendamt seiner Äußerungspflicht nicht nach, hat das Gericht – anders als wenn das Jugendamt als Amtsvormund oder -pfleger tätig wird, wo es der Aufsicht des VormG untersteht – nur die Möglichkeit, im Wege der **Dienstaufsichtsbeschwerde** gegen den Behördenleiter vorzugehen[180]. Ferner kann es die **kommunale Rechtsaufsicht** (Oberkreisdirektor bzw. Regierungspräsident) einschalten[181]. Dagegen hat es nicht das Recht, dem Jugendamt die Verfahrenskosten aufzuerlegen, wenn das Jugendamt weder schriftlich Stellung genommen hat noch zum mitgeteilten Anhörungstermin erschienen ist und der Gerichtstermin daher vertagt werden muss[182]. Trotz der Unabhängigkeit des Jugendamtes vom Gericht muss dieses darauf hinwirken, dass das Jugendamt überhaupt tätig wird, und es hat dafür Sorge zu tragen, dass die Äußerung des Jugendamtes vollständig und ordnungsgemäß ist[183].

Prozessual gesehen ist die Stellungnahme des Jugendamtes kein unmittelbares Beweismittel. Es entbindet das Gericht nicht von eigenen Ermittlungen und Beweiserhebungen (§§ 12, 50a–c FGG)[184].

(5) Rechtsbehelfe des Jugendamtes gegen inhaltliche Entscheidungen des Gerichts, unabhängig von der Streitfrage, wann das Jugendamt nur formell[185] und wann es materiell[186] **Beteiligter** ist, ist sicher, dass das Jugendamt ein **Beschwerderecht** hat. Mit diesem kann es sowohl geltend machen, dass es überhaupt nicht gehört worden sei, als auch, dass der Inhalt seiner Stellungnahme nicht genügend berücksichtigt worden und folglich das Kindeswohl nicht gewährleistet sei. Strittig ist hier allerdings wieder, in welchen Fällen die Beschwerde auf § 57 I Nr. 9

---

179 Zweifelhaft ist diese Argumentation insofern, als es sich dabei um völlig verschiedene Dinge handelt: Die Zeugenvernehmung betrifft die Einzelperson, die Anhörung eine Behörde.
180 *Jans/Happe*, § 48 a Anm. 2 Ba.
181 Vgl. die Ausarbeitung des Regierungspräsidiums Tübingen v. 28. 5. 1985 unter Bezug auf KG v. 7.12.1934, JFG 12, 101.
182 LG Frankfurt v. 15. 5. 1984, ZfJ 1984, 435, mit Anmerkungen von Rosenthal.
183 KG v. 7.12.1934, JFG 12, 101.
184 KG v. 19. 9. 1960, FamRZ 1960, 500; OLG Stuttgart v. 2. 1. 1987, FamRZ 1987, 406; OLG Bamberg v. 24. 2. 1988, FamRZ 1988, 1080; OLG Frankfurt v. 28. 10. 1991, FamRZ 1992, 206.
   Beteiligter im formellen Sinn ist, wer von einem ihm im Gesetzt verliehenen Antrags- oder Beschwerderecht Gebrauch macht sowie jeder, der zur Wahrung seiner Interessen im Verfahren auftritt oder zu ihm hingezogen wird (*Bumiller/Winkler*, § 12 Anm. 8b). Derart Beteiligter wäre das Jugendamt z. B., wenn es als Amtspfleger gegen die Entscheidung des § 1707 S. 1 Nr. 2 BGB Beschwerde einlegte.
185 Beteiligter im formellen Sinn ist, wer von einem ihm im Gesetzt verliehenen Antrags- oder Beschwerderecht Gebrauch macht sowie jeder, der zur Wahrung seiner Interessen im Verfahren auftritt oder zu ihm hingezogen wird (*Bumiller/Winkler*, § 12 Anm. 8b). Derart Beteiligter wäre das Jugendamt z. B., wenn es als Amtspfleger gegen die Entscheidung des § 1707 S. 1 Nr. 2 BGB Beschwerde einlegte.
186 Beteiligter im materiellen Sinn ist jeder, dessen Rechte und Pflichten durch die Regelung der Angelegenheit unmittelbar betroffen werden können, ohne Rücksicht darauf, ob er an dem Verfahren teilnimmt (*Bumiller/Winkler*, vor § 13 Anm. 1a). Derart Beteiligter wäre das Jugendamt z.B. im Falle des § 1887 BGB.

FGG und in welchen auf § 20 I FGG zu stützen ist[187]. Da dies aber für die Arbeit des Jugendamtes wenig Bedeutung hat, soll hier auch nicht näher auf diese Frage eingegangen werden[188]. Bei den möglichen Beschwerden handelt es sich grundsätzlich um einfache, d. h. unbefristete. Nur wenn es das Gesetz ausdrücklich vorsieht (= »sofortige Beschwerde«), sind Fristen zu beachten. Normalerweise betragen diese zwei Wochen (§ 22 I 1 FGG), bei den **Familiensachen** ein Monat (§ 621 e III 2 ZPO i. V. m. § 516 ZPO). Gegen den die Beschwerde ablehnenden Beschluss ist weitere Beschwerde möglich, § 27 FGG, in Familiensachen nur in den im Gesetz vorgesehenen Fällen (§ 621 e II ZPO). Handelte es sich bei der Beschwerde gegen die erstinstanzliche Entscheidung um eine sofortige, so ist die weitere eine »weitere sofortige Beschwerde«, § 29 II FGG. Für die Fristen gilt das zuvor Ausgeführte.

Gegen Beschlüsse, die im Verfahren der **einstweiligen Anordnung** ergangen sind, gibt es kein einheitliches Rechtsmittel. Handelt es sich um **Familiensachen der freiwilligen Gerichtsbarkeit** (§§ 1671, 1684, 1632 I BGB), so gelten die §§ 620–620g ZPO. Das heißt, dass bei einer solchen Sache die Entscheidung auf Antrag oder von Amts wegen geändert werden kann, wenn die Regelung der elterlichen Sorge betroffen ist oder wenn in den anderen beiden Fällen das Jugendamt vorher nicht gehört worden ist, § 620 b I FGG. In allen drei Fällen kann, sofern die einstweilige AO ohne mündliche Verhandlung ergangen ist, Antrag auf mündliche Verhandlung gestellt werden, § 620b II FGG. Der hierauf ergehende Beschluss kann im Falle der §§ 1671, 1632 I BGB durch sofortige Beschwerde, im Falle des § 1684 durch nichts angefochten werden, § 620 S. 2. Handelt es sich um **Vormundschaftssachen** (z. B. § 1741 ff. BGB), so unterliegen sie den Bestimmungen der §§ 18 ff. FGG. Demnach können sie gem. § 18 FGG abgeändert bzw. nach § 19 FGG mit der einfachen Beschwerde angefochten werden.

Zusammenfassend ist also festzuhalten, dass zwischen Jugendamt und Vormundschafts- sowie Familiengericht dieselbe Unabhängigkeit wie zwischen sonstigen nicht weisungsgebundenen Behörden besteht und folglich Einzelheiten der sachverständigen Amtshilfe durch das Jugendamt lediglich dem gesetzlichen Auftrag und dem pflichtgemäßen fachlichen Ermessen des Jugendamtes untersteht. Gegen Entscheidungen der Gerichte kann es sich mit Rechtsbehelfen zur Wehr setzen.

6.2.2.3 Verhältnis des Jugendamtes zu privaten Dritten

(1) Als Beweismittel im Verwaltungsverfahren kommt auch die Einholung von Auskünften, die Vernehmung von Zeugen und Sachverständigen sowie die Einho-

---

187 Die Aufteilung von *Fieseler/Herborth* (102): Bei Nichtanhörung § 20 FG, im übrigen § 57 I Nr. 9 FGG, dürfte im Kern richtig sein, vernachlässigt jedoch, dass das Jugendamt als materiell Beteiligter immer gemäß § 20 FGG vorgehen kann.

188 Wenn das Beweismittel der sofortigen Beschwerde einzulegen ist, hat das Jugendamt kein Beschwerderecht gem. § 57 I Nr. 9 FGG, s. § 57 II FGG. Beispiel: Ersetzung der Einwilligung der Eltern in die Adoption eines Kindes. Hiergegen ist gem. §§ 53 I 1, 60 I Nr. 6 FGG die befristete Beschwerde einzulegen. Wegen § 57 II FGG steht dem Jugendamt kein Rechtsmittel zu.

lung von schriftlichen Äußerungen von Zeugen und Sachverständigen in Betracht (vgl. § 21 SGB X, § 26 VwVfG). Die Möglichkeiten, bei Dritten Informationen zu beschaffen, sind allerdings durch den Datenschutz eingeschränkt. Demnach ist die Zulässigkeit einer derartigen Erhebung von Daten, da diese – wie ausgeführt – primär beim Betroffenen einzuholen sind, normalerweise abhängig von der Einwilligung des Betroffenen. Dies ergibt sich aus § 62 III KJHG, der davon spricht, dass »ohne Mitwirkung des Betroffenen« personenbezogene Daten nur unter bestimmten danach genannten Voraussetzungen erhoben werden dürfen. Für den Bereich der Mitwirkung in Verfahren vor den Vormundschafts- und Familiengerichten können insbesondere die folgenden im Gesetz aufgezählten Fälle zur Anwendung kommen:

(a) Eine Datenerhebung bei Dritten ist zulässig, wenn eine gesetzliche Bestimmung dies vorschreibt oder erlaubt (Abs. 3 Nr. 1).
   Zur Auslegung dieser höchst unklaren Vorschrift siehe insbesondere die Kommentare zum KJHG[189]. Klar dürfte nur sein, dass nicht jede Norm, die eine Aufgabe regelt, auch die Befugnis zur Datenerhebung ohne Zustimmung des Betroffenen enthält.
(b) Eine Datenerhebung bei Dritten ist zulässig, wenn eine Erhebung beim Betroffenen nicht möglich ist (Abs. 3 Nr. 2 Alt. 1).
   Damit kann nicht gemeint sein, dass die Datenerhebung an der Mitwirkung des Betroffenen scheitert. Sonst würde der gesamte Datenschutz in sein Gegenteil verkehrt. Angesprochen sind also z. B. Fälle, in denen sich die betroffenen Eltern abgesetzt haben oder aufgrund einer psychischen Krankheit nicht einwilligungsfähig sind. Zuweilen ist dann die Datenerhebung bereits ausdrücklich erlaubt (z. B. § 1747 IV BGB), teilweise jedoch nicht.
(c) Eine Datenerhebung bei Dritten ist auch zulässig, wenn die Erhebung beim Betroffenen einen unverhältnismäßigen Aufwand erfordern würde und keine Anhaltspunkte dafür bestehen, dass schutzwürdige Belange des Betroffenen beeinträchtigt werden (Abs. 3 Nr. 3).

Da hier aus Gründen der Verwaltungsvereinfachung ein Eingriff in das Recht auf informationelle Selbstbestimmung zugelassen wird, muss wenigstens sicher sein, dass die schutzwürdigen Belange des Betroffenen nicht beeinträchtigt werden.

(2) Weigern sich Dritte, die als Zeugen oder Sachverständige gehört werden sollen, auszusagen, stellt sich auch hier die Frage, ob das **Zeugnis erzwungen** werden kann. Das SGB X, dessen Rechtsgedanken in weiten Bereichen der Mitwirkung angewandt werden können, enthält eine diesbezügliche Regelung in § 21. Nach seinem Abs. 3 S. 1 besteht für Zeugen nur dann eine Pflicht zur Aussage, wenn sie durch Rechtsvorschriften vorgesehen ist. Das ist bei Zeugenvernehmungen durch das Jugendamt im Zusammenhang mit der Mitwirkung in Gerichtsverfahren gem. § 50 KJHG nicht der Fall. Also hat der betreffende Mitarbeiter im Jugendamt auch hier kein Zwangsmittel in der Hand.

189 *Kunkel/Kunkel*, § 62 Rz. 12; *Wiesner/Mörsberger*, § 62 Rz. 20 ff.; *Mrozynski* § 62 Rz. 8

Anders sieht es im Verhältnis zu Zeugen beim **Richter** aus. Gem. § 15 FGG, der auf die Vorschriften der ZPO (§§ 373 ff.) verweist, besteht für die Zeugen Zeugnispflicht, d. h. die Pflicht zum Erscheinen, zur Aussage und zur Beeidigung. Kommen sie dieser Verpflichtung nicht nach, so sind folgende Maßnahmen möglich: Auferlegung der Kosten, Verhängung eines Ordnungsgeldes (gegebenenfalls wiederholt) von 5,- bis 1 000,- DM; Ordnungshaft (gegebenenfalls mehrfach) von 1 Tag bis 6 Wochen; zwangsweise Vorführung bei wiederholtem Fernbleiben. Die Beeidigung steht im Ermessen des Gerichts, § 15 I 2 FGG. Sie ist nur in besonders wichtigen Angelegenheiten am Platz. Eine richterliche Anordnung, dass ein Dritter (z. B. der neue Partner der geschiedenen Mutter) sich einem psychologischen Test zu unterziehen habe, ist nicht zulässig, da er in das Persönlichkeitsrecht des Dritten eingreift[190].

Die möglichen richterlichen Zwangsmittel können dem Zeugen, der vor dem Jugendamt die Aussage verweigert, gegebenenfalls auch dort schon erläutert werden. In den meisten Fällen wird der Zeuge dann bereits der Behörde gegenüber die erforderliche Auskunft geben. Sind die Dritten zwar bereit, Auskünfte zu erteilen, machen sie aber die Einschränkung, dass die **Informationsquelle** vor Gericht **nicht genannt** werden dürfe[191], so befindet sich der die Stellungnahme Abfassende in einer ausgesprochen misslichen Lage. Einerseits braucht er die potentiellen Informationen, andererseits kann er unter rechtlichen Gesichtspunkten eine derartige Zusage nicht machen.
Mit bestimmten Kenntnissen versehen ist der betreffende Mitarbeiter im Jugendamt sogenannter mittelbarer Zeuge. In dieser Eigenschaft kann er nur dann die Aussage oder bestimmte Auskünfte (z. B. den Namen) verweigern, wenn er ein **Zeugnis-** (§ 383 ZPO) bzw. **Auskunftsverweigerungsrecht** (§ 384 ZPO) hat.
Ein Zeugnisverweigerungsrecht steht der Sozialpädagogin/dem Sozialarbeiter im Zivilrecht – somit auch im Bereich der freiwilligen Gerichtsbarkeit – gem. § 383 I Nr. 6 ZPO (Personen, denen kraft ihres Amtes Tatsachen anvertraut sind, deren Geheimhaltung durch gesetzliche Vorschrift – §§ 35 SGB I, 67 ff. SGB X, §§ 64, 65 KJHG und § 203 StGB – geboten ist) zwar zu. Das Zeugnis verweigern möchte er aber gerade nicht. Vielmehr will er nur eine bestimmte Aussage – Name des Informanden – nicht machen. Dies könnte er lediglich im Rahmen des Verweigerungsrechtes gem. § 384 ZPO. In dieser Vorschrift jedoch sind ausschließlich Fälle beschrieben, die den in Frage stehenden Sachverhalt eindeutig nicht erfassen. Somit steht dem betreffenden Mitarbeiter im Jugendamt aufgrund der allgemeinen Vorschriften kein Weigerungsrecht zu.

Zu prüfen bleibt, ob die Sozialpädagogin, die in einem **öffentlich-rechtlichen Dienstverhältnis** steht (Beamter, Angestellter), evtl. aufgrund dienstlicher Vorschriften (§ 376 ZPO i. V. m. §§ 64, 65 LBG NW) berechtigt ist, die Auskunft über Namen des Informanden zu verweigern. Hier ist die Situation zwar so geregelt, dass der Beamte über dienstliche Erkenntnisse ohne Genehmigung nicht aussagen darf, § 64 II 1 LBG NW. Jedoch kann die Genehmigung nur dann versagt werden,

---

190 So OLG Hamm v. 9. 3. 1981, FamRZ 1981, 706.
191 Vgl. hierzu *Mösonef*, BayWD 1970, 49 ff.

wenn die Aussage dem Wohl des Bundes oder eines deutschen Landes Nachteile
bereiten oder die Erfüllung öffentlicher Aufgaben ernstlich gefährden oder erheblich erschweren würde, §§ 65 I LBG NW. Diese Sachverhalte liegen in diesem
Zusammenhang nicht vor. Der betreffende Mitarbeiter im Jugendamt ist daher bei
Kenntnis des Namens des Informanden nicht berechtigt, diesen bei einer Zeugenaussage vor Gericht zu verschweigen.

6.2.2.4 Beteiligung freier Träger an der Mitwirkung in Verfahren vor den Vormundschafts- und Familiengerichten

Das KJHG unterscheidet zwischen »Leistungen der Jugendhilfe« (§ 2 II Nr. 1 bis
6 KJHG) und »anderen Aufgaben der Jugendhilfe« (§ 2 III Nr. 1 bis 13 KJHG).
Die Mitwirkung in Gerichtsverfahren ist eine »andere Aufgabe« (Abs. 3 Nrn. 6
und 8). Leistungen werden von öffentlichen und freien Trägern der Jugendhilfe
erbracht (§ 3 II KJHG), andere Aufgaben primär von öffentlichen Trägern (§ 3 III
1 KJHG). Anerkannte freie Träger können jedoch nach Maßgabe des § 76 KJHG
mit diesen Aufgaben betraut werden (§ 3 III 2 KJHG). Nach § 76 KJHG dürfen die
Träger der öffentlichen Jugendhilfe Träger der freien Jugendhilfe u. a. an der
Durchführung ihrer Aufgaben nach den §§ 50–52 KJHG beteiligen oder ihnen
diese Aufgaben zur Ausführung übertragen. Sie bleiben dann allerdings trotzdem
für die Erfüllung der Aufgaben verantwortlich.

Hieraus folgt, dass konkrete Vereinbarungen (öffentlich-rechtlicher Vertrag) zwischen öffentlichem und freiem Träger getroffen werden können, wodurch diese
z. B. für eine bestimmte Gruppe von Verfahren oder für die Verfahren, die Klienten betreffen, die ihnen bekannt sind, die Kontakte wahrzunehmen befugt sind.
Nimmt der freie Träger im Rahmen des § 76 KJHG Aufgaben des öffentlichen
Trägers wahr, so ist er kein sogenannter »beliehener Unternehmer« (wie z. B. der
TÜV), der auch die Machtbefugnisse des öffentlichen Trägers hat. Er muss vielmehr mit den Mitteln des privaten Bürgers die Angelegenheiten regeln. Das
bedeutet konkret, dass er ohne die hoheitlichen Befugnisse z. B. des § 69 SGB X
auskommen muss. Das Jugendamt muss jedoch sicherstellen, dass bei der Wahrnehmung der Mitwirkung durch einen freien Träger der Schutz von Sozialdaten in
entsprechender Weise wie beim öffentlichen träger gewährleistet wird, § 61 IV
KJHG.

6.2.2.5 Einschaltung anderer Behörden und Gerichte durch das Jugendamt (Amtshilfe/Rechtshilfe)[192]

Wie bereits dargestellt, muss gem. § 50 KJHG das nach § 87 b I 1 KJHG i. V. m.
§ 86 I–IV KJHG zuständige Jugendamt durch das Gericht gehört werden. Allerdings ist es denkbar, dass dieses Jugendamt der Unterstützung anderer Institutionen bedarf, um zu einem abgerundeten Bild über die zu begutachtenden Personen

---

192 Da der Behördenbegriff des KJHG funktional ist, gelten die nachstehenden Ausführungen auch für
     Abteilungen des Jugendamtes untereinander.

zu kommen. Manchmal wird es so sein, dass es dem zuständigen Jugendamt **unmöglich** ist, selbst entsprechend tätig zu werden; manchmal wird es lediglich **zweckmäßiger** sein, andere Institutionen einzuschalten.

Benötigt das Jugendamt Auskunft über etwaige frühere oder gleichzeitige anhängige **Verfahren** des Vormundschafts- oder Familiengerichts, hat es gem. § 34 FGG Anspruch auf Akteneinsicht, die in der Praxis im allgemeinen in Form von Übersendung der Vorgänge realisiert wird. Entsprechendes gilt für die Einsicht in Strafakten. Allerdings muss auch hier der Grundsatz der Erforderlichkeit beachtet werden. Das bedeutet, dass nicht die Akten schlechthin ausgehändigt werden dürfen, sondern nur die relevanten Teile – Handelt es sich um **andere Informationen** so kann sich das Jugendamt diese im Wege der Rechts- oder Amtshilfe[193] beschaffen[194].

Für Behörden, die **Leistungsträger** i. S. der §§ 18–29 **SGB I** sind, leistet jede von ihnen anderen Behörden auf Ersuchen ergänzende Hilfe (Amtshilfe), § 3 I SGB X. Diese Vorschrift ist inhaltlich, wenn auch nicht dem Wortlaut nach, deckungsgleich mit § 10 JWG, der am 1. 1. 1991 außer Kraft getreten ist (Art. II, § 26 des SGB-Verwaltungsverfahren) – Für Behörden, die **nicht Leistungsträger** i. S. des **SGB I** sind, ist Amtshilfe gem. §§ 4–8 VwVfG zu leisten.

Die h. M.[195] steht auf dem Standpunkt, dass zur Amtshilfe auch die **kirchlichen Behörden** verpflichtet seien, weil sie Körperschaften des öffentlichen Rechts sind. Für die Praxis der Sozialarbeit und ihre Möglichkeiten aufgrund von Amtshilfe bedeutet dies, dass ein Jugendamt bei der Leiterin einer Kindertagesstätte in Trägerschaft einer Kirchengemeinde Auskünfte über ein Kind anfordern kann, nicht dagegen bei der Leiterin eines Kindergartens, der beispielsweise vom Caritasverband unterhalten wird. Allerdings wird man davon ausgehen dürfen, dass derartige kirchlich orientierte Träger – ebenso wie alle sonstigen freien Träger der Jugendhilfe – unter dem Gesichtspunkt partnerschaftlichen Zusammenwirkens (§ 4 KJHG) dazu bereit sein werden, bei den Aufgaben der öffentlichen Träger mitzuwirken, solange ihr ureigenster Auftrag dadurch nicht gefährdet wird.

Im einzelnen gilt für die Amtshilfe folgendes:

(1) *Ein Jugendamt* **kann** um Amtshilfe insbesondere dann **ersuchen**, wenn es
  – aus rechtlichen Gründen die Amtshandlung nicht vornehmen kann (§ 4 I Nr. 1 SGB X; § 5 I Nr. 1 VwVfG);

---

193 Ist die ersuchte Stelle ein Gericht, so handelt es sich um Rechtshilfe; ist sie eine andere Behörde, so spricht man von Amtshilfe (vgl. *Maunz/Dürig*, Art. 35 Anm. 3).

194 Nicht ganz eindeutig ist, ob die Amtshilfevorschriften der §§ 3–7 SGB X nur für das Sozialverwaltungsverfahren i. S. d. § 8 SGB X gelten **oder darüber hinaus auch** für die gutachtliche Stellungnahme im Vormundschafts- und Familiengerichtsverfahren. Oder die Kontakt- und Vermittlertätigkeit der sozialen Dienste (vgl. zu dieser Problematik Kapitel 6.2.2.2. Von der Gesetzessystematik her müsste, da das Verwaltungsverfahren erst im 2. Abschnitt (Allgemeine Vorschriften über das Verwaltungsverfahren) definiert wird, letzteres **zutreffen**. Sollte das nicht der Fall sein, würden für die Amtshilfe im Bereich der Gerichtshilfe die ungeschriebenen Normen des kodifizierten Verwaltungsrechts gelten. Diese dürften sich, da die §§ 3–7 SGB X und §§ 4–8 VwVfG im Grunde nur eine Kodifikation der allgemeinen Grundsätze darstellen, mit diesen decken.

195 Vgl. zu den Nachweisen *Jans/Happe*, § 10 Anm. 4.

Beispiel: Aufgrund einer Anzeige von Nachbarn über die Vernachlässigung eines Kleinkindes (berufstätige Eltern sperren dreijähriges Kind angeblich tagsüber in der Wohnung ein) will der betreffende Mitarbeiter im Jugendamt, um gegebenenfalls ein Verfahren nach § 1666 BGB anregen zu können, Gewissheit über die Verhältnisse der Familie und das Wohlergehen des Kindes bekommen. Er bittet die Polizei um gewaltsame Öffnung der Haustür, weil sich bei mehreren versuchten Hausbesuchen auf wiederholtes Läuten niemand gemeldet hat.

– aus tatsächlichen Gründen, besonders weil die zur Vornahme der Amtshandlung erforderlichen Dienstkräfte oder Einrichtungen fehlen, die Amtshandlung nicht selbst vornehmen kann (§ 4 I Nr. 2 SGB X; § 5 I Nr. 2 VwVfG);

Beispiel: Im Rahmen einer Entscheidung nach § 1666 I BGB soll ein Kind, bevor das Jugendamt weiteres veranlasst, von einem jugendpsychiatrischen Dienst untersucht werden, über den ein kleines Kreisjugendamt nicht verfügt. – Ein Recht, eine andere Behörde um Amtshilfe zu ersuchen, wird man im allgemeinen aber wohl dann verneinen müssen, wenn der Dienstkräftemangel darauf zurückzuführen ist, dass vorhandene Stellen nicht besetzt sind oder als notwendig und wirtschaftlich vertretbar erkannte Stellen nicht eingerichtet werden[196].

– zur Durchführung ihrer Aufgaben auf die Kenntnis von Tatsachen angewiesen ist, die ihr unbekannt sind und die sie selbst nicht ermitteln kann (§ 4 I Nr. 3 SGB X; § 5 I Nr. 3 VwVfG);

Beispiel: Bei einer anstehenden Sorgerechtsregelung behauptet die Mutter, der Vater, der in einem Ministerium tätig und viel dienstlich unterwegs ist, könne sich gar nicht ausreichend und die Kinder kümmern. Der Vater bestreitet dies. Das Jugendamt bittet das Ministerium diesbezüglich um Auskunft.

Hier dürfte auch der Fall einzuordnen sein, dass ein Elternteil außerhalb des Bezirks des gem. § 87b I 1 KJHG zuständigen Jugendamts wohnt und das Jugendamt sich brieflich oder fernmündlich kein ausreichendes Bild über den Betroffenen machen kann, dieser aber auch nicht bereit oder nicht in der Lage ist, beim zuständigen Jugendamt zu erscheinen.

Beispiel: Mutter und Kind wohnen im Bezirk des Jugendamtes X, der Vater im Bezirk des weit entfernt liegenden Jugendamt Y. Der Vater ist außerstande, die weite Reise zum Jugendamt X zu machen. Briefliche und telefonische Kontakte reichen nicht aus, Aussagen darüber zu treffen, ob die Kinder vier Wochen der Schulferien beim Vater verbringen können. – Das Jugendamt X bittet das Jugendamt Y um die Mitteilung entsprechender Fakten und seiner Einschätzung.

– zur Durchführung ihrer Aufgaben Urkunden oder sonstige Beweismittel benötigt, die sich im Besitz der ersuchten Behörde befinden (§ 4 I Nr. 4 SGB X; § 5 I Nr. 4 VwVfG);

Beispiel: Im Rahmen einer Stellungnahme gem. § 1680 II 1 BGB (Übertragung der elterlichen Sorge auf den wegen § 1671 BGB bisher nicht Sorgberechtigten, weil bis-

---

196 So sinngemäß *Jans/Happe*, § 10 Anm. 2 Cb, 5. Spiegelstrich.

heriger Sorgeberechtigter gestorben ist) erfährt das Jugendamt, dass die Mutter, die kein Sorgerecht mehr hatte, in ihrer früheren Ehe wegen Kindesmisshandlung zu einer sechsmonatigen Freiheitsstrafe verurteilt worden ist. Es fordert die Akten beim Strafgericht an.

– die Amtshandlung nur mit wesentlich größerem Aufwand vornehmen könnte als die ersuchte Behörde (§ 4 I Nr. 5 SGB X; § 5 I Nr. 5 VwVfG);

Beispiel: Ersuchen des Jugendamtes in Rostock an das in Berchtesgaden, die Verhältnisse des in seinem Bezirk lebenden jungen Mannes zu überprüfen, der eine minderjährige Frau heiraten will, die gem. § 1303 II BGB Antrag auf Befreiung vom Erfordernis der Ehemündigkeit gestellt hat.

(2) *Die ersuchte Behörde* **darf** die gewünschte Hilfe **nicht leisten**[197], wenn
– sie hierzu aus rechtlichen Gründen nicht in der Lage ist (§ 4 II 1 Nr. 1 SGB X; § 5 II 1 Nr. 1 VwVfG);
– durch die Hilfeleistung dem Wohl des Bundes oder eines Landes erhebliche Nachteile bereitet würden (§ 4 II 1 Nr. 2 SGB X; § 5 II 1 Nr. 2 VwVfG).

Die ersuchte Behörde ist insbesondere zur Vorlage von Urkunden oder Akten sowie zur Erteilung von Auskünften nicht verpflichtet, wenn die Vorgänge nach einem Gesetz oder ihrem Wesen nach **geheimgehalten werden müssen** (§ 4 II 2 SGB X; § 5 II 2 VwVfG[198]). Gesetze, die eine solche Geheimhaltung vorsehen, sind z. B. § 35 SGB I und §§ 67 b I, 67 d I SGB X sowie die §§ 64, 65 KJHG. § 30 VwVfG dagegen bildet keine Schranke gegen die Weitergabe von Geheimnissen im Rahmen von Amtshilfeersuchen[199]. Im übrigen stellt § 203 StGB unbefugtes Offenbaren von Geheimnissen unter Strafe.

Beispiel: Das Jugendamt A, in dessen Bezirk Mutter und Kind leben, soll eine Stellungnahme zum Umgangsrecht abgeben, das dem Vater auf Wunsch der Mutter entzogen werden soll. Es bittet das Jugendamt B, in dessen Bezirk früher die ganze Familie, jetzt der Vater allein lebt, um Informationen über dessen Beziehung zum Kind.

Gem. § 35 SGB I ist das Jugendamt nicht befugt, hierüber Auskunft zu geben.

Nach den §§ 35 SGB I, 67 ff. SGB X sowie den §§ 64, 65 KJHG ist eine **Offenbarung** von an sich der Geheimhaltung unterliegenden Tatsachen **zulässig** und damit auch im Rahmen eines Amtshilfeersuchens erlaubt, wenn
– der Betroffene zustimmt, § 67 b I Alt. 3 SGB X, oder
– eine gesetzliche Übermittlungsbefugnis nach den §§ 68–77 SGB X vorliegt, § 67 d I SGB X.

Beispiel: Ist im vorherigen Fall der Vater mit der Weitergabe von diesbezüglichen Informationen einverstanden (§ 67 b I Alt. 1 SGB X), so kann das Jugendamt B die gewünschten Auskünfte geben. Erteilt er keine Einwilligung (negative oder gar keine Antwort), so

---

197 Rechtshilfe in bezug auf das Gericht; Amtshilfe in bezug auf andere Behörden: *Maunz/Dürig*, Art. 35 Anm. 3).

198 Zum Sozialgeheimnis s. *Papenheim/Baltes*, Abschn. 33.2; *Oberloskamp/Adams*, 1993, 82, 136 ff.

199 Zur psychosozialen Diagnose in der Jugendhilfe in Niedersachsen vgl. RdErl. d. MK v. 23. 10. 1981, Nds. MBl. Nr. 50/1981, 1254, der allerdings schon vor einiger Zeit außer Kraft gesetzt wurde, vgl. auch *Krieger*, 1994; *Bauer/Schimke/Dohmel*, 1995; *Uhlendorff*, 1997.

kann das Jugendamt dennoch Auskünfte geben, weil die Mitwirkung in Familiengerichtsverfahren die Erfüllung einer gesetzlichen Aufgabe nach diesem Gesetzbuch (§ 69 I Nr. 2, 2 SGB X; § 2 II Nr. 6, 50 KJHG) darstellt.

Die Offenbarungsbefugnis nach § 69 SGB X wird allerdings wieder eingeschränkt durch die §§ 64, 65 KJHG, so dass die ersuchte Behörde die gewünschte Hilfe doch nicht leisten kann. Nach § 64 I KJHG ist eine Offenbarung i. S. d. § 69 SGB X nicht zulässig, wenn dadurch der Erfolg einer zu gewährenden Leistung in Frage gestellt wird.

Beispiel: Nimmt V im vorausgehenden Beispiel die Beratung und Unterstützung des Jugendamtes B gem. § 18 III KJHG in Anspruch, um das Umgangsrecht mit seinem Kind wahrnehmen zu können, und vermutet der beratende Sozialpädagoge, dass der V die Beratungsgespräche abbrechen wird, wenn er hört, dass der Sozialpädagoge dem Jugendamt A ohne die Einwilligung des V Informationen gegeben hat, so darf das Jugendamt B dem Jugendamt A keine Auskünfte erteilen (§ 64 I KJHG).

Beispiel: Hat V im vorausgehenden Beispiel der Sozialpädagogin im Beratungsgespräch erzählt, dass er K früher »im Suff« ein paar Mal furchtbar geschlagen habe, dass er aber jetzt gar keinen Alkohol mehr trinke, weil er schwer leberkrank sei, dann darf der Sozialpädagoge des Jugendamtes B dies dem Jugendamt A nicht mitteilen. V hat ihm die Tatsache des Schlagens »anvertraut«, das heißt darüber gesprochen in der Annahme, dass von diesem Gespräch an Dritte nichts weitergegeben wird. V hat Mitteilungen dieser Art im Rahmen eines Beratungsgesprächs, d. h. zum Zweck persönlicher Hilfe, anvertraut. Eine Preisgabe dieser Information ist daher ohne Einwilligung nicht zulässig (§ 65 Nr. 1 KJHG).

Beispiel: Erzählt V im vorherigen Beispiel, dass er das Kind auch jetzt noch regelmäßig verdresche, wenn es bei ihm sei, weil die Mutter es ja nicht »anständig erziehe« und er dies nachholen müsse, dann darf das Jugendamt B diese Information an das Jugendamt A weitergeben. Durch regelmäßiges Schlagen ist ein Kind gefährdet. Wenn V keine Bereitschaft zur Verhaltensänderung zeigt, muss u. U. das Umgangsrecht nach § 1684 IV BGB ausgeschlossen werden. Dies ist über § 50 III KJHG möglich. Liegt ein solcher Fall vor, dann können auch anvertraute Daten gem. § 65 Nr. 3 (§ 203 I i. V. m. § 34 StGB) KJHG offenbart werden.

(3) *Die ersuchte Behörde* **braucht** die gewünschte Hilfe **nicht zu leisten**, wenn
– eine andere Behörde die Hilfe wesentlich einfacher oder mit wesentlich geringerem Aufwand leisten kann (§ 4 III Nr. 1 SGB X; § 5 III Nr. 1 VwVfG);
– sie die Hilfe nur mit unverhältnismäßig großem Aufwand leisten könnte (§ 4 III Nr. 2 SGB X; § 5 III Nr. 2 VwVfG);
– sie unter Berücksichtigung der Aufgaben der ersuchenden Behörde durch die Hilfeleistung die Erfüllung ihrer eigenen Aufgaben ernstlich gefährden würde (§ 4 III Nr. 3 SGB X; § 5 III Nr. 3 VwVfG).

6.2.3 Methodische Probleme bei der Datengewinnung

(1) Aussagen über die konkrete psychosoziale Situation von Klienten sollten sich in einer gutachtlichen Stellungnahme stets auf **mindestens zwei** voneinander unabhängige diesbezügliche **Informationen** bzw. **Informationsquellen** stützen können. Oft wird offenbar übersehen, dass häufig ein Teil der Informationen im

Aktenmaterial keine Neuinformation aus einer anderen Quelle, sondern nur die variierte Wiedergabe einer Aktennotiz ist, wodurch sie ihren Wert als zusätzlichen Beleg verliert.

(2) Eine methodisch zuverlässige Datengewinnung setzt voraus, dass durch eine der Aufgabenstellung entsprechend umfassende **Anamnese**[200] die bisherige Entwicklungsgeschichte der Betroffenen erfasst und durch problemzentrierte **Explorationen** die Einstellung der Klienten zu entscheidungsrelevanten Fakten ermittelt wird. Beide werden zusätzlich durch **Verhaltensbeobachtungen**[201] ergänzt und abgesichert. Eine Anamnese bezieht sich meistens umfassend auf die Biographie des Betroffenen, bei der Exploration handelt es sich um ein fokussiertes Gespräch, das sich auf einen bestimmten (Problem-)Bereich bezieht. Für psychodiagnostische Gespräche sind auch methodische Ansätze aus dem Bereich der Beratungspsychologie[202] oder Mediation hilfreich. Anamnese- und Explorationsgespräche müssen gut vorbereitet werden. Das bedeutet, dass vor diesen Gesprächen ein Leitfaden – und sei es auch nur in Stichworten – entworfen wird. Es gibt inzwischen eine Reihe von veröffentlichten themenspezifischen Explorationsleitfäden, die bei der Vorbereitung und Durchführung von Explorationen hilfreich sein können[203]. Neben den inhaltlichen Aspekten ist auch zu beachten, dass die Fragen und Aufforderungen in einer sachnotwendigen Reihenfolge an die Klienten gerichtet und »günstig« formuliert werden[204]. »Günstige« Fragen
– beziehen sich auf konkretes Verhalten,
– haben einen eindeutigen Bezugsrahmen,
– sprechen nur einen Aspekt an,
– sind neutral hinsichtlich der Bewertung des befragten Verhaltens,
– verwenden Wörter und Redewendungen, die möglichst wenig emotional geladen sind.

In »ungünstigen« Fragen wird nach »vernünftigen« Gründen oder hypothetischem Verhalten gefragt. Informativer ist es, Verhalten, Gedanken und Gefühle in erlebten Situation schildern zu lassen.

(3) Eine angemessene Anamneseerhebung, Exploration und Verhaltensbeobachtung und ihre Auswertung **kosten Zeit** und stellen häufig in der Jugendhilfe nicht zu unterschätzende Probleme bei der Datengewinnung dar. Der Zeitaufwand wird noch größer, wenn – normalerweise mit Einwilligung des betreffenden Personenkreises – der »erweiterte Lebensraum« der Klienten (z.B. Kindertagesstätte, Schule, Großeltern, Nachbarn usw.) in die diagnostische Bemühungen mit einbezogen werden. Deshalb findet in der Praxis dieser erweiterte Lebensraum der Klienten im Rahmen des diagnostischen Vorgehens oft nur wenig Beachtung;

---

200 Vgl. *Bratt*, 1971, 51; *Jüttemann/Thomae*, 1999; *Kemmler/Echelmeyer*, 1978, 1628; *Osten*, 2000; *Schmidt/Kessler*, 1976.
201 *Donat*, 1970, 130; *Faßnach*t, 1995; *Greve/Wentura*, 1997; *Hasemann*, 1964, 807; *Köck*, 1981; *Köhne/Klippstein*, 1979; *Martin/Wawrinowski*, 1993.
202 Vgl. *Sickendiek/Engel/Nestmann*, 1999.
203 Z.B. *Salzgeber/Stadler*, 1990, 62–64; *Westhoff/Terlinden-Arzt/Klüber*, 2000, 32–79.
204 Vgl. *Westhoff/Kluck*, 1998.

selbst wichtige Personen des engeren Lebensraumes des Kindes (Vater und Mutter) werden vernachlässigt; nicht selten fehlen sogar die Kontakte des zu Beurteilenden selbst[205], wodurch die auf so schmaler Basis gegründeten Aussagen an Relevanz verlieren.

(4) Sofern die notwendige Zeit zur angemessenen umfangreichen Datengewinnung zur Verfügung steht bzw. aus fachlichen Gründen aufgebracht werden muss, ergibt sich nicht selten ein anderes Problem: die **Bereitschaft** der Klienten **zur Mitarbeit** ist oft gering. Manchmal sind die Widerstände geschickt verborgen, manchmal nur zu offensichtlich. Widerstände der Klienten zur Mitarbeit können umfassend sein, so z. B. in Fällen des § 1666 BGB, wenn die Sorgeberechtigten den betreffenden Mitarbeiter im Jugendamt als Vertreter einer Behörde erleben, der ihnen in ihre familiären Angelegenheiten hineinregieren und etwas nehmen will. Eine eingeschränkte Bereitschaft der Klienten zur Mitarbeit muss auch in Fällen der §§ 1671, 1672 und 1684 BGB berücksichtigt werden. In solchen Konflikten wird die sozialpädagogische Arbeit u. a. dadurch erschwert, dass manche Klienten ihn als den Parteigänger des bisherigen Partners einschätzen, andere hingegen ihn zu einem solchen zu machen suchen (siehe hierzu auch Kapitel 4.1).

(5) Unter solchen Voraussetzungen ist von besonderer Bedeutung, wie es gelingt, die **Gesprächssituation zu gestalten**[206], um beispielsweise Aufregung, Hemmungen, Aggressionen oder gegen den Partner gerichtete ablehnende Affekte – wenigstens teilweise aufzulösen – oder so zu reduzieren, dass ein informatives Gespräch möglich wird. Im weiteren Verlauf des Gesprächs ist darauf zu achten, dass sich der Gesprächsleiter nicht
– von einem der Klienten »vereinnahmen« lässt,
– dessen Konzepte übernimmt und
– von ihm den Verlauf des Gesprächs kontrollieren, wenn nicht gar diktieren lässt.

Ziel des diagnostischen Gesprächs (Anamnese, Exploration, manchmal auch als Interview bezeichnet) ist es, in einem ruhigen, verständnisvollen, von Wertungen unbelasteten Gesprächsklima
– möglichst konkrete Informationen zu sammeln, und zwar auch dann, wenn die Klienten sich in vage, verallgemeinernde Aussagen oder Anschuldigungen flüchten und
– dabei den Überblick über den Ablauf der Ereignisse, ihre wechselseitige Bedingtheit und die Auswirkungen auf das Kind nicht zu verlieren, auch dann nicht, wenn viele unbedeutenden Einzelheiten berichtet werden.

Die hierfür notwendige Erfahrung in Gesprächsführung einsetzen zu können, ist ein zusätzliches Problem bei der Datengewinnung.

---

205 *Simitis* u. a., 1979, 94 ff.
206 Vgl. hierzu bereits *Arntzen*, 1978, 1994; *Lutz*, 1978.

(6) Die **Informationen** von und über Klienten sollen nicht nur konkret sein, sie sollen auch einer Realitätskontrolle standhalten (»**stimmen**«), selbst wenn man unterstellt, dass (auch) Betroffene nur ihre jeweiligen subjektiven Sichtweisen darstellen können, die jedoch gerade angesichts einer Kindeswohlgefährdung durch eine »objektivere Instanz« überprüft werden müssen.

Die **Glaubhaftigkeit** der Aussagen von Klienten und anderen Informanten hinlänglich zu sichern, stellt in der Jugendhilfe ganz sicher ein diagnostisch nicht befriedigend zu lösendes Problem dar, während in der psychologischen Diagnostik mittlerweile ein umfassendes Konzept zur Frage der Glaubhaftigkeit der Aussagen kindlicher Opferzeugen vorliegt.

Hilfen zur Beurteilung der **Glaubhaftigkeit** und des **Wahrheitsgehaltes** (vgl. das knappe und gerade deshalb prägnante Werk von *Steller/Volbert*[207] dieser Aussagen (vgl. Kapitel 4.2.4) bieten u. a.
– die Erfassung und Einschätzung der Persönlichkeit der Aussageperson (Zeuge, Beschuldigter, Kläger oder Beklagter),
– die Motivlage, die Geschichte (so genannte Geburtsstunde der Offenbarung) und Entwicklung der Aussage,
– die in der Aussage erkennbaren Tendenzen und die Merkmale des Aussageinhalts und die sogenannten
– Realkennzeichen,

was besonders für Gespräche mit Kindern bedeutsam ist.

Zu den Merkmalen sogenannter **erlebnisgestützter** bzw. **erlebnisfundierter** Bekundungen zählt beispielsweise der »Urvater« des Glaubhaftigkeitskonzepts *Undeutsch*[208]:
– die Verankerung des Geschehens in konkrete Lebenssituationen,
– Konkretheit (Deutlichkeit, Anschaulichkeit, individuelle Durchzeichnung),
– Detailreichtum,
– Originalität (keine Formelhaftigkeit, keine Klischees, keine Stereotype),
– Innere Stimmigkeit oder Folgerichtigkeit,
– Delikttypische Details,
– Erwähnung von Einzelheiten, die normalerweise die geistige Kapazität des Aussagenden übersteigen,
– Wiedergabe eigenen Erlebens (Überlegungen, Reaktionen, Gefühle, Sorgen, Ängste, Ambivalenzen etc.)
– Berichte über Komplikationen im Ablauf des Geschehens,
– Erwähnung unvorteilhaften oder sozial missbilligten Verhaltens des Aussagenden vor, während oder nach dem Vorfall,
– Spontane Verbesserungen,
– Widerspruchslosigkeit der Aussage zu sogenannten Sachgesetzen (z. B. naturwissenschaftlicher, technischer, medizinischer Art),
– Konstanz der Aussage.

---

207 *Steller/Volbert*, 1997, und hier insbesondere die 12 ff.
208 *Undeutsch*, 1967, 127 ff.; vgl. auch *Undeutsch*, 1993, 134 ff.

Undeutsch[209] verweist in diesem Zusammenhang auf die gebotene Vorsicht, mit diesen Kriterien umzugehen. Praktische Hinweise auf Möglichkeiten, die Glaubhaftigkeit der Aussagen eines Informanden im Gespräch mit ihm abzuklären, finden sich auch in der mittlerweile kaum noch zu überblickenden Literatur[210].

Auch die Art und Weise, wie ein Klient sich mit den Aussagen oder Vorwürfen seiner Kinder oder seines ehemaligen Partners auseinandersetzt, bietet einen wertvollen Anhaltspunkt für die Einschätzung der Glaubhaftigkeit seiner eigenen Aussagen. Einzeltechniken der Gesprächsführung, die Beachtung typischer Fehler während der Gesprächssituation und das Bewältigen häufig zu beobachtender schwieriger Gesprächssituationen werden u. a. von *Musaph*[211], *Lutz*[212] und *Arntzen*[213] diskutiert, auf die hier stellvertretend für viele nur hingewiesen werden kann.

(7) Eine besondere Schwierigkeit bei der Datengewinnung besteht darin, derartige **Informationen** möglichst **genau festzuhalten**. Das Gedächtnisprotokoll reicht für längere und komplizierte Gespräche in der Regel nicht aus. Als Alternativen bieten sich – eingeführt durch eine kurze Erläuterung an den Klienten – die Mitschrift während des Gesprächs oder die Aufzeichnung mit einem Recorder an. Beides wird in der Sozialarbeit selten verwendet. Gegen beide Formen des Festhalten von Informationen werden Einwendungen geäußert. Die Mitschrift während des Gesprächs verlangt, die Aufmerksamkeit auf das Gespräch mit dem Klienten und die Mitschrift aufzuteilen, was dann die Gesprächssituation beeinträchtigen kann. Bandaufzeichnungen können bei Klienten zunächst Verunsicherung auslösen. Das trifft besonders dann zu, wenn es sich um sehr persönliche oder den Klienten belastende Äußerungen handelt. Dennoch sollte im Hinblick auf eine sachgerechte Dokumentation zumindest auf eine **Mitschrift während des Gesprächs nicht verzichtet** werden. Bei Verdacht auf sexuellen Missbrauch ist die Tonbandaufnahme einer Exploration unerlässlich[214]. Häufig haben Sozialarbeiter selbst eine Scheu vor Tonbandaufnahmen. Der Aufwand für **gegebenenfalls erforderliche Tonbandaufnahmen** ist jedoch angesichts der heutigen Technik gering, die Geräte sind klein und einfach zu bedienen. Allerdings sollte auch die Handhabung von Aufnahmegeräten geübt werden, da entsprechende Unsicherheiten dann wiederum zuviel Aufmerksamkeit in der Exploration absorbieren. Schließlich hat die Tonbandaufnahme neben der wortgetreuen Dokumentation noch den nicht zu unterschätzenden Vorteil, dem Sozialarbeiter eine Rückmeldung über seine Art der Gesprächsführung zu geben.

(8) Besondere Probleme bei der Faktensammlung können sich ergeben, wenn **Kinder ins Gespräch einzubeziehen** sind. In diesem Zusammenhang sei erinnert

---

209 *Undeutsch*, 1993.
210 *Arntzen*, 1978; *Köhnken*, 1990; *Steller/Volbert*, 1997; *Deegener*, 1998.
211 *Musaph*, 1970, 39 ff.
212 *Lutz*, 1978, 110 ff.
213 *Arntzen*, 1978, 8 ff.; 1993.
214 *Fabian/Stadler*, 1990.

– an die begrenzte Einsicht und Ausdrucksfähigkeit vor allem jüngerer Kinder in bezug auf komplexere Zusammenhänge;
– an die Manipulierbarkeit und Beeinflussbarkeit von Kinderaussagen;
– an die Ambivalenzkonflikte von Kindern, deren Eltern getrennt oder in Scheidung leben;
– an die psychische Belastung, die für manche Kinder ein derartiges diagnostisches Gespräch darstellt,
– an die Gefahr, die durch wiederholte Befragungen entstehen können (Suggestiveffekte).

Diese und andere Schwierigkeiten sind bei Berücksichtigung der kindlichen Erlebnis- und Auffassungsweise nur schwer in der sozialen Arbeit und Jugendhilfe überwindbar. Deshalb sollte nicht gezögert werden, in den entsprechenden Fällen mit Kindern als Opfer, ein psychologisches Gutachten anzuregen.

Dennoch sollte der Versuch unternommen werden, auch das betroffene Kind selbst zu sehen und zu sprechen (»anhören« in Anlehnung an § 50 b FGG). Dabei wird darauf zu achten sein, das explorative Gespräch »suggestionsfrei« in Abwesenheit von Vater und Mutter durchzuführen, während etwaige Verhaltensbeobachtungen des Kindes im Zusammenspiel (Interaktion) u. U. mit dem Vater und Mutter stattfinden müssen (z. B. bei Fragen der Unterbringung des Kindes oder Umgangsregelungen). Die dazu erforderliche Fragetechnik muss gelernt und eingeübt werden; ansonsten muss aus fachlicher Sicht von Gesprächen und »Opferbefragungen« dieser Art dringend abgeraten werden.

Zu den **geeigneten Frageformen** gehören nach mittlerweile unbestritten vorherrschender Auffassung
– Leerfragen und Anstoßfragen,
– Wahlfrage und
– Konträrfrage.

Während zu der nur **bedingt geeigneten Frageform** (wegen der Gefahr von Suggestionen) die
– Stichwortfrage

gehört.

Als **ungeeignete Frageformen** werden in Wissenschaft und Forschung übereinstimmend
– Erwartungsfrage,
– Vorraussetzungsfrage,
– Vorhaltfrage und
– Wiederholungsfrage

angesehen[215].

Zu beachten ist ferner, dass auch Mehrfachbefragungen in verschiedenen Einrichtungen und Institutionen durch eine oder mehrere Personen (Polizei, Kripo,

---

215 Vgl. *Greuel/Offe/Fabian/Wetzels/Fabian/Offe/Stadler*, 1998.

Jugendamt, Gericht etc.) schon für sich genommen ebenfalls erhebliche Suggestionen beim Kind auslösen können. Sie sind also zu vermeiden!

Bei Kindern bis einschließlich Vorschulalter wird die Verhaltensbeobachtung in mehreren problemrelevanten Situationen besonders aufschlussreich sein. Diese Informationen sind durch Erkenntnisse aus Gesprächen mit Geschwistern, Großeltern, Nachbarn, Kindergärtnerinnen, Lehrern usw. zu erweitern und abzuklären, was nicht selten durch deren parteiische Einstellung oder eigene Betroffenheit erschwert wird. Gespräche dieser Art sollten grundsätzlich mit Einwilligung der sorgeberechtigten Kindeseltern erfolgen. Im Falle einer akuten Kindeswohlgefährdung muss u. U. auf eine Einwilligung zum Schutz des Kindes verzichtet werden.

(9) Schwierigkeiten bei der Datengewinnung sollte u. U. aus Kindesschutzgründen schnell dazu führen, einen psychologischen oder bei einem zu erwartenden körperlichen Befund auch einen medizinischen **Sachverständigen** mit einzubeziehen bzw. ein derartiges Gutachten bei Gericht anzuregen. Gemeinsames Ziel aller solcher Aktivitäten bleibt es auch in diesen Fällen, in verantwortlicher Weise, also nach Möglichkeit immer **mit** den Betroffenen umzugehen und zum Wohl des Kindes lösungsorientiert zu arbeiten und **über** den Klienten auch möglichst viele Aussagen zu machen, die mit der Frage der weiteren Lebensperspektiven sowie der Weiterentwicklung des Familiensystems im Zusammenhang stehen.

7. Beispiele von Gutachten

In diesem Abschnitt werden Beispiele von gutachtlichen Stellungnahmen eines Jugendamts im Rahmen der Mitwirkung in Verfahren vor dem Familiengericht vorgestellt.

Kapitel 7.1 enthält ein Originalaktenstück mit einem Fall zu § 1666 BGB. Da es sich um älteres Aktenmaterial handelt, erfolgte stellenweise eine sprachliche Anpassung. Darüber hinaus wurden nur Personaldaten, zeitliche Angaben und was sonst zur Identifikation der Beteiligten führen könnte, verändert. Zu diesem unter 7.1.1 gebrachten Vorgang stellen wir unter 7.1.2 ein Beispielgutachten zur Diskussion, in dem die von uns vorgeschlagenen Strukturmerkmale (Kapitel 5) und die notwendigen Fakten (Kapitel 6) berücksichtigt wurden – soweit sie vorhanden waren.

In Kapitel 7.2 steht eine gutachtliche Stellungnahme eines Jugendamts im Original einer von den Autoren verfassten Stellungnahme zu demselben Sachverhalt (§ 1671 BGB) zu Vergleichszwecken gegenüber.

Kapitel 7.3 veranschaulicht, wie Studenten der Sozialarbeit bei entsprechender Anleitung die wesentlichen Aspekte der gutachtlichen Äußerung eines Jugendamtes (zu §§ 1741 ff. BGB) erarbeiten können und welche typischen Anfangsschwierigkeiten dabei zu überwinden sind (7.3.1).

Zum Vergleich findet sich unter 7.3.3 zu dem von den Studenten verwendeten Aktenmaterial der Versuch einer von den Autoren dieses Buches erarbeiteten gutachtlichen Äußerung. Auch sie leidet teilweise unter dem nur begrenzt informativen Aktenmaterial.

Die Aktenstücke sind über die sechs Auflagen dieselben geblieben. Soweit möglich, sind jedoch die Daten zeitlich angepasst worden. Wo es notwendig war, wurden zur alten Rechtslage ganz kurze Erläuterungen angebracht. Da es in diesem Buch nicht primär um Rechtsfragen, sondern um Strukturen und psychosoziale Probleme geht, hielten wir diese Art des Vorgehens für vertretbar.

7.1 Gutachtenentwurf auf der Basis eines vollständigen Aktenstückes (§ 1666 BGB)

7.1.1 Aktenstück (§ 1666 BGB)

1. Schreiben des Allgemeinen Sozialen Dienstes – ASD – an die Abteilung Pflegekinder

72 – 315 – 5   Blitzdorf, den 2. 9. 1996

An das
Amt 72 – 14

Betr.: Pflegeerlaubnis für Frau Karin Ostern, geb. 30. 9. 1922, wohnhaft Sonnengasse 5, 1004 Blitzdorf
   Pflegekind: Paul Busch, geb. 1. 5. 1987

Wie mir über die Körperbehindertenfürsorge (Gesundheitsamt Blitzdorf) bekannt
wurde, befindet sich das Kind Paul B. seit dem 4. Lebensmonat in Pflege bei einer
Frau Ostern. Eine Pflegeerlaubnis liegt nicht vor.

Paul B. leidet an einer angeborenen Kieferanomalie, einer Lippen-Kiefer-Gaumenspalte. Es wurden bereits 4 Operationen durchgeführt, und weitere Kontrollen
werden sowohl vom Gesundheitsamt als der Zahnklinik regelmäßig angeordnet.

Paul besucht das 2. Schuljahr der Sprachbehindertenschule S. in Blitzdorf, Wind-
gasse 13. Die Kindesmutter Frau Hilde Busch ist als Küchenhilfe in der Karo-
Fliesenfabrik beschäftigt und wohnt in 1003 Blitzdorf, Schneeweg 27. Wegen
ihrer Berufstätigkeit hat sie ihren nichtehelichen Sohn vor 9 Jahren bei der ihr
bekannten Frau O. untergebracht und hat angeblich täglich Kontakt zu ihrem
Sohn gehabt.

Bei Frau O. habe ich inzwischen mehrere Hausbesuche durchgeführt. Die 73-
jährige alte Dame ist ledig und bewohnt mit einem Herrn Schneider, geb. 20. 8.
1921, eine geräumige Zwei-Zimmerwohnung mit großem Balkon in der Sonnengasse. Herr S. liegt schon mehrere Wochen im Krankenhaus und wurde beim
Hausbesuch nicht angetroffen. Die Wohnung war bei meinen Besuchen stets sauber und aufgeräumt. Für P. steht ein eigenes Zimmer mit einem großen Bett zur
Verfügung. Er ist altersgemäß entwickelt und macht einen sehr lebhaften, zufriedenen Eindruck. Trotz seiner Sprachbehinderung kann man sich gut mit ihm
verständigen, und er scheint sich offensichtlich bei Frau O. wohlzufühlen.

Frau O. hat sich ganz auf den Jungen eingestellt und versorgt und erzieht ihn mit
viel Liebe und Geduld. Von einer Nachbarin wurde mir gesagt, dass P. sich kein
besseres Zuhause wünschen könne. Frau O. bestätigte mir, dass die Kindesmutter
täglich nach Dienstschluss ihren Sohn besuche und einen netten Kontakt zu ihm
habe.

Auf die Dauer gesehen ist m. E. die Unterbringung des Kindes bei den alten Leuten nicht zu empfehlen, da sie ihn kognitiv nicht genügend fördern können und auch auftretenden Erziehungsschwierigkeiten nicht mehr gewachsen sind. Zum gegebenen Zeitpunkt wäre jedoch die Herausnahme des Kindes aus der Pflegestelle für Frau O. eine Härte, die sie nicht verkraften könnte. Auch für P. wäre eine Herausnahme emotional sicherlich ein Schock, da er m. E. bei Frau O. glücklich und zufrieden ist.

Unter diesen Umständen wird eine vorläufige Pflegeerlaubnis diesseits befürwortet, Hilfe zur Erziehung für P. zu gewähren und den notwendigen Unterhalt des Kindes bei Frau O. sicherzustellen.

i. A. Lieb
(Sozialarbeiter)

2. Schreiben des ASD an die Abteilung Wirtschaftliche Jugendhilfe

72 – 315 – 5   Blitzdorf, den 25. 9. 1996

An das
Amt 72 – 41

Betr.: Antrag auf Übernahme des Pflegegeldes für Paul Busch, geb. 1. 5. 1987
Pflegestelle: Frau Karin Ostern, Sonnengasse 5, 1004 Blitzdorf

In der Anlage übersende ich ein Schreiben an das Amt 72 – 14, mit dem wir die Hilfe zur Erziehung für das Kind Paul Busch gewähren.

Außer dem Kindergeld hat Frau B. bislang an Frau O. kein Pflegegeld gezahlt. Nach einer Rücksprache meinerseits am 20. 9. 1996 ist Frau B. bereit, einen Zuschuss von 100,– DM zu zahlen.

M. E. ist es Frau O. nicht zuzumuten, dass sie weiterhin kein Pflegegeld für P. erhält, zumal sie nur eine geringe Rente bezieht.

Frau B. kann ihren Sohn nicht bei sich aufnehmen, weil ihre Wohnung zu klein ist. Da P. aus den im Schreiben vom 2. 9. 1996 genannten Gründen im Augenblick gut bei Frau O. untergebracht ist, wird diesseits befürwortet, dass P. in seiner jetzigen Umgebung verbleibt. Es wird daher gebeten, dass Sie den notwendigen Unterhalt unter Berücksichtigung der Beiträge von Frau B. übernehmen.

i. A. Lieb
(Sozialarbeiter)

Durchschrift der Gewährung der Hilfe zur Erziehung des Jugendamtes Blitzdorf für Frau D. vom 6. 10. 1996 übersandt an Amt 72 – 14 (ASD)

3. Vermerk

72 – 315 – 5   Blitzdorf, den 16. 3. 1997

1) Betr.: Paul Busch, geb. 1. 5. 1987, bei Frau Ostern, Sonnengasse 5, 1004 Blitzdorf

Frau O. sprach heute in der hiesigen Dienststelle vor und klagte über Erziehungsschwierigkeiten mit Paul.

Er sei zeitweise sehr unruhig, gebe freche Antworten und werfe mit schlechten
Ausdrücken herum, bei den Schularbeiten sei er unkonzentriert und nachlässig.

Frau O. möchte gerne, dass der Junge nachmittags in einem Hort versorgt wird
und unter Aufsicht seine Schularbeiten erledigen kann, da sie selbst nicht in der
Lage ist, ihn dabei zu unterstützen. Ich habe mich daraufhin mit dem Schulleiter
der Sprachbehinderten-Schule, Herrn L., in Verbindung gesetzt.

Herr L. gab mir an, dass P. verhaltensgestört sei und seine Klassenlehrerin erhebliche Schwierigkeiten mit ihm habe. Er wird jedoch im Klassenverband mit
getragen, und Herr L. ist der Meinung, dass der Junge bei Frau O. für die nächsten
Jahre gut aufgehoben ist. Frau O. sei rührend um den Jungen bemüht, es wäre
jedoch wünschenswert, wenn Paul nachmittags sich im Hort aufhalten könnte, um
Frau O. zu entlasten. Bislang waren meine Bemühungen um einen Hortplatz erfolglos. Frau B., die Mutter des Jungen, wurde für den 22. 3. 1997 zu einer
Unterredung gebeten.

i. A. Lieb
(Sozialarbeiter)

2) z. d. A.
3) Wvl. sofort

4. Vermerk

72 – 315 – 5   Blitzdorf, den 23. 3. 1997

1) Betr.: Paul Busch, geb. 1. 5. 1987, Sonnengasse 5, 1004 Blitzdorf

Am 22. 3. 1997 sprach Frau B. in der hiesigen Dienststelle vor. Sie gab mir an,
dass sie fast täglich Kontakt zu ihrem Sohn habe und nicht damit einverstanden
sei, dass Paul nach der Schulzeit einen Hort besuche. Sie wolle zunächst noch
abwarten, wie Paul sich weiter entwickelt.

Frau B. selbst kann aus räumlichen Gründen P. nicht bei sich aufnehmen. Da sie
m. E. auch exzessiv Alkohol konsumiert, ist eine Aufnahme des Kindes in ihren
Haushalt nicht zu empfehlen.

i. A. Lieb
(Sozialarbeiter)

2) Wvl. 3 Monate

5. Bericht des ASD an die Abteilung Pflegekinder

AMT	Datum 16. 7. 1997

72 – 315 – 5

An
AMT 72 – 14

Betrifft:

X	Pflegestelle			Adoptionsstelle

Name, Vorname
Ostern, Karin

Anschrift
Sonnengasse 5, 1004 Blitzdorf

X	Pflegekind			Adoptivkind

Name, Vorname	**Geburtsdatum**
Busch, Paul	1. 5. 1987

Bitte beantworten Sie möglichst bald die folgenden Fragen.

Im Auftrag:

A. Pflegekind/Adoptivkind

1. Körperliche Entwicklung
Paul hat sich körperlich gut entwickelt, er ist sehr kräftig geworden.

Krankheiten (im letzten Berichtszeitraum)
keine ernsthaften Erkrankungen

Behinderungen
Sprachstörung nach angeborener Lippen-Kiefer-Gaumenspalte

2. Geistige Entwicklung
gestört, P. hat nach Ansicht des Kinderarztes Dr. A. einen angeborenen Hirnschaden

Schulbesuch

Schule/Klasse
Sprachbehindertenschule S., wiederholt das 2. Schuljahr

Verhalten
zeitweise unruhig und unkonzentriert

Leistungen
unter Durchschnitt

Lehre

Lehrstelle
entfällt

Verhalten

Leistungen

3. Soziale Entwicklung Paul zeigt in den letzten Monaten erhebliche Verhaltensstörungen, er hat wenig Kontakt zu anderen Kindern.
Erziehungsschwierigkeiten Frau O. klagt in der letzten Zeit über erhebliche Erziehungsschwierigkeiten.
Kontakte zu Bezugspersonen/Eltern Die 73jährige Frau O. und ihr Lebensgefährte Herr S. sind die eigentlichen Bezugspersonen für P., aber auch zu der leiblichen Mutter besteht ein Kontakt.
Freizeitgestaltung/Hobbys Paul ist sehr tierlieb, er spielt viel mit seinem Hund.

B. Pflegeeltern/Adoptiveltern

1. Einstellung der Pflege-/Adoptiveltern zum Kind Frau O. hängt sehr an P., aber in der letzten Zeit ist sie den zunehmenden Erziehungsschwierigkeiten nicht mehr gewachsen. P. ist zeitweise sehr aggressiv, er rennt und tobt dann in der Wohnung herum und hat am 25. 8. 1997 sogar Herrn S. tätlich angegriffen (siehe beiliegenden Bericht).
2. Veränderte persönliche Verhältnisse der Pflege-/Adoptiveltern
3. Veränderte wohnliche Verhältnisse Keine
4. Kontakt zu den leiblichen Eltern des Kindes Frau B., die in erheblichem Maße dem Alkohol zuspricht, besucht ihren Sohn mehrere Male in der Woche abends für 1–2 Stunden.

C. Zusammenhängender Bericht

In den letzten 14 Tagen habe ich bei Frau O. mehrere Hausbesuche durchgeführt, auch mit der Kindesmutter habe ich wiederholt telefoniert und hatte am 14. 7. 1997 eine persönliche Rücksprache mit ihr im hiesigen Amt. Frau Busch ist bereit, den Jungen wieder zu sich zu nehmen, wenn er nach der Schulzeit einen Hort besuchen kann, sie will auf keinen Fall ihre Berufstätigkeit aufgeben. Mit einer Heimunterbringung ist Frau B. nicht einverstanden. Meine Bemühungen um einen Hortplatz waren bislang erfolglos. Bei Frau O., die am 30. 9. 1997 75 Jahre alt wird, kann P. nicht mehr verbleiben, die alte Frau ist plötzlich auftretenden Erregungszuständen des Jungen nicht mehr gewachsen und kann nicht mehr erzieherisch auf ihn einwirken. P. befindet sich zwar in Behandlung bei dem Kinderarzt Dr. A., der ihn auf Beruhigungstabletten eingestellt hat, aber der verhaltensgestörte Junge muss m. E. anderweitig untergebracht werden. Er braucht vor allem auch Kontakt zu anderen Kindern.

Falls keine andere Pflegestelle gefunden werden kann, ist m. E. eine Heimunterbringung unumgänglich. Frau B., die über Gebühr dem Alkohol zuspricht, ist m. E. nicht in der Lage, ihrem Sohn gerecht zu werden. P. befindet sich seit dem 4. Monat bei Frau O. und hat seine Mutter nur besuchsweise erlebt. Ein echtes Mutter-Kind-Verhältnis besteht m. E. nicht.

i. A. Lieb
(Sozialarbeiter)

6. Schreiben des Polizeidirektors an den ASD

Der Polizeidirektor Blitzdorf
– Schutzbereich X ABC –

26. 8. 1997

Urschriftlich
dem Stadtdirektor Blitzdorf
– Jugendamt –

mit der Bitte um Kenntnisnahme und weitere Veranlassung übersandt

i. A. Helfer
(PHK)

– Auszug aus dem Bericht vom 25. 8. 1997
Am Mittwoch, den 25. 8. 1997, gegen 21.30 Uhr, wurde der Streifenwagen XY zur Sonnengasse entsandt. Dort wurden wir von einem Krankenwagen der Feuerwehr und dem Zeugen
Fix, Heinrich, geb. 1. 3. 1968 in Kuhdorf,
Sonnengasse 5, Blitzdorf
Student,

erwartet. Herr F. teilte uns mit, dass sich seine Nachbarin Frau Ostern, Karin, . . ., an ihn um Hilfe gewandt habe. Herr F. verständigte die Polizei.

Frau O. teilte uns mit, dass ihr Pflegekind Busch, Paul, geb. 1. 5. 1987 in Blitzdorf, in den Abendstunden ihren Lebensgefährten, Herrn Schneider, angegriffen und Gegenstände durch die Wohnung geworfen habe. Dies soll in einem Anfall von Tobsucht passiert sein. Da Herr S. ein krankes Herz und Kreislaufbeschwerden habe, erlitt er daraufhin einen Kreislaufkollaps. Frau O. zeigte uns eine Pflegebescheinigung des Jugendamtes zur Aufnahme eines Pflegekindes, ausgestellt am 6. 10. 1996 durch die Stadthauptsekretärin Frau Fuchs, vor.

Das Sorgerecht für das Kind soll immer noch die Mutter,
Frau Busch, Hilde, geb. 10. 10. 1951 in Plumm,
Schneeweg 27, 1003 Blitzdorf
Arbeiterin,

besitzen. Der Sohn wurde der Mutter zugeführt. Da die Mutter alleinstehend und ganztägig berufstätig ist, kann dies jedoch nur eine vorübergehende Lösung sein. Das Kind scheint verhaltensgestört zu sein. Die Störung scheint noch dadurch begünstigt zu werden, dass er eine Gaumen-Lippen-Spalte hat und deshalb schon viermal operiert wurde. Aufgrund dessen liegt auch eine Sprachstörung vor. Es ist angebracht, dass sich sowohl das Jugendamt als auch das Gesundheitsamt mit dieser Angelegenheit beschäftigt.

Stark
(POM)

7. Vermerk

72 – 315 – 5   Blitzdorf, den 10. 11. 1997

1) Betr.: Paul Busch, geb. 1. 5. 1987, Sonnengasse 5, Blitzdorf

Nach mündlicher Rücksprache mit Frau Katz, Abteilung Pflegekinder, ist eine neue Pflegestelle für Paul z. Zt. nicht zu ermitteln. Mit den Kinderheimen im Raume Blitzdorf habe ich mich telefonisch in Verbindung gesetzt. Zum jetzigen Zeitpunkt ist kein Heimplatz frei, evtl. Anfang des Jahres im Kinderheim M.

Frau Busch steht nach wie vor einer Heimunterbringung negativ gegenüber. Sie möchte Paul vorerst noch bei Frau O. belassen und jeden Nachmittag zu sich holen. Frau Busch gab mir an, dass sie in ihrer Wohnung mit P. keine Schwierigkeiten habe, er gehorche ihr und sei nicht aufsässig.

M. E. verhält sich P. gegenüber der Pflegemutter und ihrem Bekannten, Herrn S., deutlich widerständiger, da er sich ihnen überlegen fühlt.
Frau O. selbst trennt sich auch sehr ungern von P., da sie sehr an ihm hängt, sie sieht aber ein, dass sie auf die Dauer mit P.s Betreuung überfordert ist.

i. A. Lieb
(Sozialarbeiter)

2) WVl. 4 Wochen

8. Bericht des ASD an die Abteilung Pflegekinder

AMT	Datum
	23. 12. 1997

72 – 315 – 5

An
AMT 72 – 14

Betrifft:

X	Pflegestelle		Adoptionsstelle

Name, Vorname
Ostern, Karin

Anschrift
Sonnengasse 5, 1004 Blitzdorf

X	Pflegekind		Adoptivkind

Name, Vorname	Geburtsdatum
Busch, Paul	1. 5. 1987

Nachstehend erhalten Sie den Prüfungsbericht zur Kenntnisnahme.

Im Auftrag:

A. Pflegekind/Adoptivkind

1. Körperliche Entwicklung
sehr kräftig entwickelt

Krankheiten (im letzten Berichtszeitraum)
keine

Behinderungen
Angeborene Lippen-Kiefer-Gaumenspalte

2. Geistige Entwicklung
weiterhin verzögert

Schulbesuch

Schule/Klasse
2. Klasse Sprachbehinderten-Schule S.

Verhalten
Nach tel. Auskunft ist Paul aggressiv und terrorisiert die ganze Klasse.

Leistungen
trotz Fördergruppe schlechte Leistungen

Lehre

Lehrstelle
entfällt

Verhalten

Leistungen

3. Soziale Entwicklung
Nach wie vor ist Paul in seinem Verhalten gestört, durch sein einengendes häusliches Milieu hat er kaum Kontakt zu anderen Kindern.

Erziehungsschwierigkeiten
Frau O. ist den Erziehungsschwierigkeiten mit Paul nicht mehr gewachsen. Sie steht seiner Aggressivität und Zerstörungslust hilflos gegenüber.

Kontakte zu Bezugspersonen/Eltern
Frau Busch holt ihren Sohn am Wochenende zu sich, außerdem bringt Frau O. ihn nach dem Mittagessen zu der Mutter.

Freizeitgestaltung/Hobbys
keine besonderen Interessen, spielt gern mit Tieren.

B. Pflegeeltern/Adoptiveltern

1. Einstellung der Pflege-/Adoptiveltern zum Kind
Frau O. hängt sehr an P., sie sieht jedoch ein, dass sie ihm nicht mehr gerecht werden kann. Sie ist gesundheitlich sehr angegriffen und hat nicht mehr die Kraft, den zunehmenden Schwierigkeiten Pauls entgegenzutreten.

2. Veränderte persönliche Verhältnisse der Pflege-/Adoptiveltern
Die Leiterin L. des Kinderheimes M. hat sich bereit erklärt, Paul vorerst tagsüber im Heim aufzunehmen. Infolge seiner Sprachbehinderung hält es Frau L. für problematisch, P. in eine Gruppe zu integrieren und will es vorerst nach der Schulzeit am Nachmittag versuchen.

3. Veränderte wohnliche Verhältnisse
Voraussichtlich ab 1. 2. 1998 wird P. bei der Mutter im Schneeweg 27 wohnen.
4. Kontakt zu den leiblichen Eltern des Kindes

C. Zusammenhängender Bericht

Sowohl mit Frau O. als auch mit Frau B. habe ich in den letzten Wochen mehrere Gespräche betr. der Unterbringung Pauls geführt. Frau B. sieht zwar ein, dass Frau O. den Schwierigkeiten Pauls nicht mehr gewachsen ist, ihn zu sehr verwöhnt und ihn unterfordert, so dass sein aggressives Verhalten nicht abgebaut wird, sondern zunimmt. Frau B. ist m. E. infolge ihres Alkoholkonsums auch nicht fähig, Paul ganztägig zu versorgen. Sie müsste dann auch ihre Berufstätigkeit aufgeben. Sie ist nunmehr damit einverstanden, dass P. nach der Schule das Kinderheim M. besucht, sie wird ihn gegen Abend dann zu sich holen, morgens zur Schule bringen, wo er dann nach Schulschluss vorerst von einer Erzieherin des Heims abgeholt wird, bis er sich an die Straßenbahn gewöhnt hat.

M. E. müsste man einige Wochen die weitere Entwicklung Pauls beobachten. Frau L. wird auch versuchen, auf die Mutter einzuwirken, dass sie Paul gerecht wird, und uns verständigen.

i. A. Lieb
(Sozialarbeiter)

9. Vermerk

72 – 315 – 5   Blitzdorf, den 4. 1. 1998

1) Betr.: Paul Busch, geb. 1. 5. 1987, Sonnengasse 5, Blitzdorf

Zwischenzeitlich habe ich bei Frau O. mehrere Hausbesuche durchgeführt. Herr S. befindet sich wieder im Krankenhaus, und Frau O. ist auch gesundheitlich sehr angegriffen. Sie bringt jetzt P. jeden Mittag in die Fliesenfabrik, wo Frau B. arbeitet. P. kann dort die Schularbeiten machen, jetzt während der Ferien beschäftigt er sich mit anderen Dingen, bis die Mutter ihn nach Dienstschluss mit nach Hause nimmt und in den Abendstunden wieder bei Frau O. abliefert.

Nach wie vor ist P. Frau O. gegenüber aggressiv. Sie ist dann auch nicht konsequent genug und versucht ihn zu beschwichtigen. Dass sie immer mehr von ihm tyrannisiert wird, erduldet sie und hat Angst, es Frau B. einzugestehen. Ein Herr Fix, der schon jahrelang im Hause wohnt, hat sich auch telefonisch an uns gewandt. Er hält ein weiteres Verbleiben Pauls bei Frau O. und Herrn S. nicht mehr für tragbar. Ich habe vor, in den nächsten Tagen bei Herrn F. vorzusprechen.

i. A. Lieb
(Sozialarbeiter)

2) Wvl. sofort

10. Vermerk

72 – 315 – 5   Blitzdorf, den 17. 1. 1998

Betr.: Paul Busch, geb. 1. 5. 1987, Blitzdorf

Am 14.1. habe ich Herrn Fix in seiner Wohnung angetroffen. Er kennt die Verhältnisse bei Frau O. schon seit 8 Jahren. Herr F. hält einen Milieuwechsel für Paul für
dringend erforderlich, da die alten Leute dem Jungen nicht mehr gewachsen sind.
Angeblich tobt P. oft noch in den Nachtstunden in der Wohnung herum und tyrannisiert die alten Leute. Ich habe heute einen Heimplatz für P. im Kinderheim M.
gefunden und Frau B. telefonisch für den 18. 1. 1998 in die hiesige Dienststelle
gebeten.

Nach tel. Auskunft der Schule, Gespräch mit Frau Z. (Klassenlehrerin) ist P. auch
dort zunehmend schwieriger geworden, er terrorisiert die ganze Klasse, brüllt
herum und sprengt den ganzen Klassenverband. Obwohl er in der Fördergruppe
ist, sind seine Leistungen sehr schlecht. Frau Z. hat Frau B. für Samstag zu sich
gebeten.

i. A. Lieb
(Sozialarbeiter)

11. Vermerk

72 – 315 – 5   Blitzdorf, den 28. 1. 1998

1) Betr.: Paul Busch, geb. 1. 5. 1987, Sonnengasse 5, Blitzdorf

Heute sprach Frau B. in der hiesigen Dienststelle vor. Sie war am 26. 1. 1998
nochmals mit P. bei Frau L. im M.-Heim und hat mit ihr vereinbart, dass P. ab 1. 2.
1998 nach der Schulzeit das M.-Heim aufsucht. Frau L. will zunächst 4 Wochen
beobachten, wie P. sich in der Gruppe entwickelt und ob er überhaupt zu integrieren ist. Nachts wird P. in diesen 4 Wochen noch bei Frau O. verbleiben.

Ich habe Frau Fischer, Wirtschaftliche Jugendhilfe, tel. davon in Kenntnis gesetzt,
dass das Pflegegeld noch für weitere 4 Wochen gezahlt wird. Frau O. wird davon
die Unterbringung Pauls im M.-Heim bezahlen.

i. A. Lieb
(Sozialarbeiter)

2) Wvl. 4 Wochen

12. Schreiben der Schule an den ASD

Schule für Sprachbehinderte   Blitzdorf, den 25. 1. 1998
der Stadt Blitzdorf

An das
Jugendamt – ASD –

z. Hd. Herrn Lieb
Regenstr. 24
1002 Blitzdorf

Auszug aus dem Bericht der Klassenlehrerin von Paul Busch:
Paul Busch (10; 8 J.) besuchte zunächst (1993–1995) ohne Erfolg die Grundschule in der Hagelstr. Seit 2½ Jahren ist er Schüler der Sonderschule für Sprachbehinderte Blitzdorf. Er wurde im Schuljahr 1995/96 eingeschult, im Herbst 1996 mit schwachen Leistungen ins 2. Schuljahr versetzt und wiederholt jetzt die Klasse 2.

Pauls schulische Leistungen sind so schwach, dass eine Versetzung ins 3. Schuljahr unmöglich erscheint (s. Zeugnis). Er ist deshalb zur Sonderschule für Lernbehinderte gemeldet.
P. hat eine operierte Gaumen-Lippen-Kieferspalte. In der Sprachtherapie macht er Fortschritte, wenn er einzeln behandelt wird und sich die Lehrerin nur mit ihm beschäftigen kann. Grobmotorisch ist P. sehr ungeschickt. Bei den Leibesübungen fällt ihm die Rolle vorwärts und das Balancieren vorwärts sehr schwer. Auch in der Feinmotorik weist P. Störungen auf (s. Schriftbild). P. ist sehr unselbstständig. Er wird mit seinen fast 11 Jahren täglich von seiner Pflegemutter in die Schule gebracht, und erst seit einem halben Jahr geht er alleine nach Hause. Nach dem Sport- und Schwimmunterricht kann er sich jetzt alleine anziehen. Zu Hause zieht ihn die Pflegemutter, Frau O., an. Auffallend sind seine Bewegungen, wenn er in »Ekstase« gerät. Er macht z. B. dauernd Türen auf und zu und spielt besonders mit Pendeltüren (Schwimmbad). Ebenso hat es ihm dort die kalte Dusche angetan, unter die er fortwährend läuft, ohne das Wasser nachher abzudrehen. Während des Unterrichts lutscht er ständig am Zipfel seines Taschentuches, das er erst nach 3–5maligen Ermahnen in die Tasche steckt. Ebenso auffallend sind seine stereotypen Redewendungen. Er kommt mitten im Unterricht x-mal ans Pult gelaufen und sagt mir, dass er ein neues Alpenveilchen oder einen neuen Fisch für sein Aquarium bekommen hat. P. ist sehr personengebunden. Fehlt einmal die Klassenlehrerin, dann will er überhaupt nicht in die Schule gehen. Eine Trennung von seiner Pflegemutter wird vermutlich zunächst einen Schock für P. bedeuten. Trotzdem halte ich es auch als Klassenlehrerin für besser, dass P. nicht dauernd zwischen »Mami« und »Oma« (= Pflegemutter; Anm. d. Verf.) hin- und hergerissen wird und befürworte die Unterbringung in einem Heim.

A. Z.
(Klassenlehrerin)

Zusammenstellung der schulischen Leistungen von Paul:

Deutsch mündlich	}		Mathematik	}	
Musik		ausreichend	Sachkunde		mangelhaft
Kunst					
Sport			Deutsch schriftlich	}	ungenügend

13. Schreiben des Polizeidirektors an den ASD

Der Polizeidirektor Blitzdorf 23. 2. 1998
– Dienststelle XY –

Urschriftlich
dem
Stadtdirektor Blitzdorf
– Jugendamt –

mit der Bitte um Kenntnisnahme und zum dortigen Verbleib übersandt.

i. A. Helfer
(PHK)

– Auszug aus dem Bericht vom 12. 2. 1998
Am Samstag, 12. 2. 1998, gegen 12.15 Uhr, erscheint der Student Heinrich Fix, . . ., wohnhaft in Blitzdorf, Sonnengasse 5, und berichtet folgendes:
Seit ca. 10 Jahren lebt der Paul Busch bei der Familie Schneider. Herr S. ist mittlerweile ca. 75 Jahre alt und schwer herzkrank (letztmalig kam er erst vor 2 Tagen aus dem Krankenhaus). Auch die mit ihm lebende Frau Ostern ist schon über 65 Jahre alt und sehr kränklich. Die beiden alten Leute sind nicht mehr gesundheitlich in der Lage, ihrer Aufsichts- und Erziehungspflicht gegenüber dem Jungen nachzukommen. Die Mutter des Jungen, Frau Busch, wohnt in Blitzdorf, Schneeweg 27. Soviel mir bekannt ist, hat die Mutter noch das Sorgerecht für den Jungen. Nach meiner Festellung ist Frau B. Trinkerin und selbst nicht in der Lage, für den Jungen zu sorgen; ihr Einfluss dürfte vielleicht sogar schädlich auf den Jungen wirken. Er soll sogar von seiner Mutter Alkohol bekommen. Da über den Kopf der Mutter vermutlich nichts entschieden werden kann, müsste der Mutter das Sorgerecht entzogen werden.

In dieser Sache ist das Jugendamt der Stadt Blitzdorf schon mehrmals tätig geworden. Mit ist bekannt, dass Herr Lieb die Sache bearbeitet. Bisher wurde das Kind immer wieder der Mutter oder letztendlich den alten Leuten zugeführt. Dies kann und darf kein Dauerzustand sein, denn nicht nur die alten Leute und alle Hausbewohner, sondern besonders das Kind müssen unter diesen Umständen leiden. Auch die Einweisung des Jungen in eine Tagesstätte der Stadt bringt nicht die gewünschten Erfolge. Es erscheint dringlich, den Jungen in ein richtiges Heim einzuweisen, damit sichergestellt wird, dass von diesem Zeitpunkt an schädliche Einflüsse von dem Jungen ferngehalten werden. Es sollte jeglicher Kontakt zunächst einmal mit den alten Leuten (zur Gesundung) und der Mutter unterbunden werden.

Am heutigen Tage habe ich den Jungen aus der Wohnung des Herrn S. herausholen müssen, weil die alten Leute durch heftige Auseinandersetzungen mit dem Jungen nicht nur nervlich, sondern auch in Bezug auf Kreislauf- und Herzstörungen in einer äußerst schlechten Verfassung angetroffen wurden. Die alten Leute waren sofort damit einverstanden, dass ich den Jungen herausholte. Ich wollte den Jungen zu seiner Mutter bringen. Seine Mutter traf ich aber nicht an; zumindest öffnete sie mir nicht. Deshalb wandte ich mich an die Polizei, damit der Junge wenigstens über das Wochenende eine geeignete Unterkunft bekommt.

Mit meinem Bericht möchte ich erreichen, dass der Junge nicht immer wieder hin- und hergeschoben wird. Übergangslösungen – wie in der vergangenen Zeit – sollten bei Lage der Dinge absolut vermieden werden.

Geschlossen: v. g. u.
Stark   Heinrich Fix
Polizeikommissar

Vermerk: Mit der Jugendschutzstelle, Herrn Heim, wurde fernmündlich Verbindung aufgenommen. Der Junge wird dort bis zu einer Lösung der Sachlage aufgenommen.

14. Vermerke

72 – 315 – 5   Blitzdorf, den 23. 2. 1998

Betr.: Paul Busch

1) Anruf von Herrn Fix am 15. 2. 1998. Er gab an, dass Frau O. Paul in keiner Weise mehr gewachsen sei. Der Junge würde ständig Wutanfälle bekommen, und die Pflegemutter wäre bereits dreimal in der Wohnung zusammengebrochen. P. soll angeblich auch während der Nachtstunden in der Wohnung herumtoben. Am Samstag seien die Schwierigkeiten so massiv gewesen, dass Herr F. die Polizei geholt hätte, damit diese die Mutter von den Missständen unterrichtet und damit diese Einfluss auf ihren Sohn nehmen könne. Herr F. hält es für ausgeschlossen, dass P. bis zu seiner Einweisung in die Jugendpsychiatrie am 25. 2. 1998 in der Pflegestelle O. bleibt.

2) Rücksprache mit Frau V. vom M.-Heim. Sie gab an, dass sie keinen freien Heimplatz mehr für P. habe, auch in der Gruppe zeige er sich sehr problematisch. Deshalb habe man sich mit der Jugendpsychiatrie in Verbindung gesetzt und eine Unterbringung für den 25. 2. 1998 dort erreicht. Auch in Anbetracht der erheblichen Schwierigkeiten, die P. in der Pflegestelle bereitet, ist Schwester V. nicht in der Lage, den Jungen aufzunehmen.

3) Rücksprache mit der Erzieherin K. vom Kinderheim K. Sie ist bereit, den Jungen sofort aufzunehmen.

4) Anruf bei Frau Busch, am 16. 2. 1998. Sie ist nicht bereit, P. freiwillig aus der Pflegestelle herauszunehmen. Sie sieht nicht ein, dass ihr Sohn für die kurze Zeit noch einmal das Heim wechseln soll. Außerdem ist sie davon überzeugt, dass Frau O. für die kurze Zeit dem Jungen noch gerecht werden kann. Frau B. wurde darauf hingewiesen, dass die Möglichkeit besteht, dass ihr die elterliche Sorge durch eine einstweilige Anordnung entzogen werden kann. Trotzdem weigert sich Frau B. entschieden, den Jungen aus der Pflegestelle zu nehmen und legte vor Beendigung des Gespräches den Hörer auf.

5) Hausbesuch bei Frau O. am 16. 2. 1998. Sie bat mich, P. doch noch bis zum 25. 2. 1998 bei ihr zu belassen, obwohl sie selbst einsieht, dass sie dem Jungen

nicht mehr gerecht werden kann, zumal sie auch nervlich mit den Schwierigkeiten überfordert ist.

6) Rücksprache mit Herrn Fix am 16. 2. 1998. Nach eingehender Darstellung der Situation und unter Berücksichtigung der Tatsache, dass der Junge am 25. 2. 1998 eine Einweisung in die Jugendpsychiatrie hat, ist er bereit, Frau O. bei auftretenden Schwierigkeiten zu unterstützen, zumal er auch einsieht, dass ein erneuter Heimwechsel für die 10 Tage nicht zum Wohle des Kindes ist. Deshalb kamen Frau O., Herr Fix und ich überein, dass P. bis zum 25. 2. 1998 in der Pflegestelle verbleiben kann.

7) Wvl. bei Anregung

i. A. Lieb
(Sozialarbeiter)

15. Vermerke

72 – 315 – 5   Blitzdorf, den 1. 3. 1998

Betr.: Paul Busch

1) Anruf von Frau V. (M.-Heim) am 24. 2. 1998. Sie teilte mit, dass P. gegen 9.30 Uhr einen Termin bei Frau K. im Gesundheitsamt hatte. Frau B. wollte den Jungen vorher im M.-Heim vorbeibringen. Sie sei jedoch nicht – wie verabredet – gekommen. Frau L. vermutet, dass sich P. wieder bei der Pflegestelle O. aufhält, obwohl Frau O. krank sein soll.

2) Anruf von Herrn Fix. Er gibt an, dass P. sich bei Frau O. befindet und es wieder zu Schwierigkeiten gekommen sei.

3) Hausbesuch in der Pflegestelle O., der am gleichen Tage durchgeführt wurde. Frau O. scheint ernstlich krank zu sein. Sie braucht m. E. dringend ärztliche Behandlung. Sie hat erhebliche Atembeschwerden und schlief so fest, dass sie von allem nichts mitbekam. Auch Herr S. ist kaum in der Lage zu gehen. Er gibt an, dass der Arzt von Nachbarn benachrichtigt worden sei.
P. konnte nach einigem Zureden dazu bewegt werden, mit mir ins Kinderheim zu gehen, da der Verbleib in der Pflegestelle nicht mehr möglich ist.

4) P. wurde persönlich zu Frau L. gebracht. Frau B. hatte zwischenzeitlich dort angerufen. Sie hat angegeben, dass P. sich geweigert habe aufzustehen. Deshalb habe sie den Jungen bei Frau O. gelassen, obwohl diese offensichtlich ernstlich krank ist.
Der Termin bei Frau K. ist auf Freitag, den 25. 2. 1998, verschoben worden. Frau L. will versuchen, Frau B. dazu zu bewegen, den Jungen eine Nacht im M.-Heim zu belassen, damit der Termin im Gesundheitsamt wenigstens am Freitag wahrgenommen werden kann.

5) Anruf von Frau L. am 25. 2. 1998. Sie teilt mir mit, dass Frau B. am vorangegangenen Tag nicht bereit war, den Jungen im M.-Heim zu belassen. Sie habe jedoch fest versprochen, am 25. 2. 1998 pünktlich um 9.00 Uhr im Heim zu erscheinen, damit P. von dort aus mit den Unterlagen zum Gesundheitsamt zur Untersuchung gebracht werden kann. Frau V. gab an, dass Frau B. jedoch nicht im

Heim erschienen sei. Die Vorstellung des Jungen sei unter allen Umständen noch vor der Unterbringung in der Jugendpsychiatrie am Nachmittag des 25. 2. 1998 dringend erforderlich. Frau L. bittet mich, zu versuchen, P. zu finden und dann mit ihm ins Gesundheitsamt zu fahren.

6) Hausbesuch bei Frau B. im Schneeweg 27. Es wird mir nicht geöffnet.

7) Hausbesuch bei Frau O. P. ist nicht dort. Dabei stellte ich fest, dass sich Frau O. in einem sehr schlechten Gesundheitszustand befindet, so dass ich versuchen werde, den Hausarzt Dr. G. zu erreichen und eine Familienpflegerin zu besorgen.

8) Erneuter Versuch, Frau B. in ihrer Wohnung zu erreichen. Es wird mir nicht geöffnet. Daraufhin schelle ich bei der Nachbarwohnung, um zu erfahren, wo sich Frau B. aufhält. Es wird mir von P. geöffnet. Frau B. steht gerade aus dem Bett auf. Sie gibt an, dass sie sich nicht wohl fühle, hatte aber bereits eine erhebliche Fahne.

Frau B. und P. werden umgehend ins Gesundheitsamt begleitet.

Da offensichtlich der Verdacht besteht, dass Frau B. im Übermaß dem Alkohol zuspricht, wurde sie direkt ebenfalls von Herrn Dr. C. untersucht. Während der ganzen Zeit war Frau B. sehr aggressiv und äußerte die Absicht, P. nach der Entlassung aus der Jugendpsychiatrie zu sich nehmen zu wollen. Frau B. war noch immer der Meinung, dass Frau O. durchaus der Betreuung des Jungen gerecht werden könnte.

9) Rücksprache mit Frau Weise vom DPWV. Sie hat eine Familienpflegerin gefunden, die bereit ist, am Samstag zu Frau O. zu gehen. Frau Weise bittet mich jedoch, beim ersten Hausbesuch anwesend zu sein, um Frau O. einzuweisen.

10) Hausbesuch am 26. 2. 1998 (Samstag). Dabei stellte ich fest, dass Frau O.'s Zustand sehr kritisch ist. Ein Arzt war noch immer nicht da gewesen. Über die Arztrufzentrale wurde sofort ein Arzt, Herr Dr. N. geschickt, der Frau O. mit einer Lungenentzündung ins Krankenhaus einwies. Herr S. sei jedoch nach Ansicht des Arztes nur ein Pflegefall und könne nicht in einem Krankenhaus untergebracht werden. Mit Frau P. wurde besprochen, dass Herr S. bis Montag von ihr versorgt werden soll und dann evtl. über das Sozialamt in einem Altenpflegeheim untergebracht werden wird.

11) Telefonische Rücksprache mit Frau P. am 28. 2. 1998. Sie teilte mir mit, dass Herr S. am Sonntag, dem 27. 2. 1998, ebenfalls von Dr. N. ins Krankenhaus eingewiesen wurde. Damit erübrigt sich vorläufig eine Unterbringung im Altenpflegeheim.

12) Wvl. bei Anregung

i. A. Lieb
(Sozialarbeiter)

7.1.2 Beispielgutachten (§ 1666 BGB)

An das   Jugendamt
Amtsgericht Blitzdorf   – Allgemiener Sozialdienst –
– Familiengericht –   Regenstraße 24
Donnerstraße 13   14195 Blitzdorf
14195 Blitzdorf

1. 3. 1998

Betr.: Eingriff in das Personensorgerecht gem. § 1666 I BGB
Personensorgeberechtigte: Frau Hilde Busch, Schneeweg 27, 14195 Blitzdorf
Kind: Paul Busch, geb. am 1. 5. 1987, wohnhaft bei Frau Ostern, Sonnengasse 5, 14195
     Blitzdorf

Hiermit mache ich Anzeige gem. § 50 III KJHG und äußere mich gem. § 49 I Nr. 1 f,
FGG gutachtlich zu der Frage, ob in das Sorgerecht der Frau Hilde Busch für ihren Sohn
Paul eingegriffen werden soll.

1. Informationsquellen[1]

Ich begründe diese Stellungnahme mit Erkenntnissen aus folgenden Vorgängen:
1.   Innerbetrieblicher Schriftwechsel im Zusammenhang mit der Pflegeerlaubnis:
1.1   2. 9. 1996 (Befürwortung der Gewährung von Hilfe zur Erziehung)
1.2   29. 9. 1996 (Befürwortung auf Übernahme des Pflegegeldes)
1.3   6. 10. 1996 (Gewährung von Hilfe zur Erziehung)
1.4   16. 9. 1997 (1. Pflegebericht)
1.5   23. 12. 1997 (2. Pflegebericht).

2.   Kontakte mit Frau O.
2.1   16. 3. 1997 (im Jugendamt)
2.2   zwischen 2. und 16. 7. 1997 (mehrere Hausbesuche)
2.3   in den Wochen vor dem 23. 12. 1997 (verschiedene Kontakte)
2.4   16. 2. 1998 (Hausbesuch)
2.5   24. 2. 1998 (Hausbesuch)
2.6   25. 2. 1998 (Hausbesuch)
2.7   26. 2. 1998 (Hausbesuch)

3.   Kontakte mit Frau B.
3.1   22. 3. 1997 (im Jugendamt)
3.2   zwischen 2. und 16. 7. 1997 (mehrere Telefongespräche)
3.3   14. 9. 1997 (im Jugendamt)
3.4   vor dem 10. 11. 1997 (Gespräch)
3.5   in den Wochen vor dem 23. 12. 1997 (verschiedene Kontakte)
3.6   28. 1. 1998 (im Jugendamt)
3.7   25. 2. 1998 (2 Hausbesuche, anschließende Begleitung von P. und Frau B. ins
       Gesundheitsamt)

4.   Berichte der Polizeibehörde Blitzdorf
4.1   25. 8. 1997
4.2   12. 2. 1998

–2–

-2-

2.   Vorgeschichte und derzeitige Situation

Am 16. 5. 1987 wurde Paul Busch als nichteheliches Kind von Frau Hilde Busch, damals 36 Jahre alt, in Blitzdorf geboren. Nach Informationen des Gesundheitsamtes Blitzdorf gab Frau B. den Jungen im Alter von etwa vier Monaten bei Frau Ostern in Pflege. Grund dafür seien die ganztägige Berufsarbeit der Kindesmutter als Küchenhilfe sowie deren beengte Wohnungsverhältnisse gewesen.

Nach den Angaben von Frau B. besuchte sie regelmäßig mehrmals wöchentlich den Jungen in der Pflegestelle für ein bis zwei Stunden. Als Pflegegeld zahlte sie Frau O. in den ersten neun Jahren ausschließlich das Kindergeld. Nach unserer Rücksprache mit ihr am 20. 9. 1996 erklärte sie sich bereit, zusätzlich einen monatlichen Betrag von DM 100,– zu zahlen.

Als Frau O. Paul in Pflege nahm, war sie 65 Jahre alt und lebte als Rentnerin mit einer kleinen Rente in einer Zwei-Zimmerwohnung zusammen mit Herrn Heinrich Schneider, damals 66 Jahre alt. Paul bekam eines der Zimmer.

Über die Entwicklung des Jungen während der ersten neun Lebensjahre liegen nur wenige Informationen vor. Nach Aussagen der Frau O. wurde er in diesem Zeitraum viermal wegen einer angeborenen Kieferanomalie (Lippen-Kiefer-Gaumenspalte) operiert. Aus gleichem Anlass musste er wiederholt im Gesundheitsamt und der Zahnklinik in Blitzdorf vorgestellt werden.

1993 wurde Paul in der Grundschule Hagelstraße eingeschult. Dort konnte er 1995 auch nach Wiederholung der 1. Klasse nicht versetzt werden und wurde daher – unter Berücksichtigung seiner Sprachbehinderung – an die Sprachbehindertenschule Eisgasse versetzt.

-3-

-3-

Am 6. 10. 1996 erhielt Frau O., zu diesem Zeitpunkt 74 Jahre alt, erstmals für Paul eine Pflegebescheinigung. Den zuvor erhobenen Bedenken der Abteilung Pflegekinder, Frau O. könne Paul nicht angemessen geistig fördern und sei erzieherisch schwierigen Situationen nicht mehr gewachsen, standen Beobachtungen aus meinem Hausbesuch vom 1. 9. 1996 entgegen, die zeigten, dass Frau O. sich intensiv auf den Jungen eingestellt hatte, ihn gut versorgte und liebevoll und geduldig mit ihm in seiner Sprachbehinderung umging. Paul schien sich bei ihr wohl zu fühlen.

Im Gespräch vom 16. 3. 1997 gab Frau O. erstmals zu verstehen, dass sie sich durch Pauls Verhalten in der Erziehungsarbeit überfordert fühle: er sei zeitweise sehr unruhig, gebe freche Antworten und erledige seine Schulaufgaben unkonzentriert und nachlässig. Frau O. bat für Paul um einen Hortplatz, wo er nach der Schule betreut werden könne. Nach Aussagen von Herrn D., Sprachbehindertenschule, soll Paul auch in der Schule bereits zu dieser Zeit in seinem Verhalten auffällig gewesen sein.

Frau B. lehnte im Gespräch am 23. 3. 1997 einen Hortbesuch ihres Sohnes ab. Bei diesem Termin entstand der Eindruck, dass Frau B. unter Alkoholeinfluss stand und bei ihr möglicherweise eine Alkoholabhängigkeit vorliegt.

Nach einem Polizeibericht vom 25. 8. 1997 tobte Paul in der Wohnung der Pflegemutter Frau O., warf mit Gegenständen um sich und griff Frau O.'s Lebensgefährten, Herrn S., der herzkrank sein soll, so an, dass Frau O. ihren Nachbarn, Herrn Fix, um Hilfe bat. Die Polizei übergab den Jungen seiner Mutter, die ihn am folgenden Tag wieder zu Frau O. zurückbrachte. Die Feuerwehr fuhr Herrn S. in das Krankenhaus Ottogasse, wo ein Kreislaufkollaps festgestellt worden sei.

Bei Hausbesuchen und Gesprächen mit Frau O. in der Zeit vom 2. bis 16. 7. 1997 wurde von ihr hervorgehoben, dass Paul in letzter Zeit des öfteren unruhig in der Wohnung hin- und herrenne. In solchen Erregungszuständen werde er verbal und tätlich aggressiv. Zu anderen Kindern finde er wenig Kontakt, mit seinem Hund gehe er jedoch liebevoll um. Seine schulischen Leistungen seien schlecht. Paul bekomme vom Kinderarzt Dr. A., der bei ihm einen angeborenen Hirnschaden vermute, Beruhigungstabletten. Trotz dieser Tabletten könne sie Paul nicht mehr angemessen erzieherisch beeinflussen. Obwohl sie sehr an ihm hänge, müsse sie sich von ihm trennen.

In den im selben Zeitraum geführten Gesprächen mit der Kindesmutter gab diese zu verstehen, dass sie einer Heimunterbringung des Jungen nicht zustimmen werde, sondern Paul am liebsten weiterhin bei Frau O. lassen möchte. Notfalls sei sie jedoch bereit, den Jungen zu sich zu nehmen, sofern er nachmittags in einen Hort gehen könne. Sie habe mit ihrem Sohn, wenn er in ihrer Wohnung sei, keine Erziehungsprobleme. Auch bei diesen Kontakten ergaben sich Hinweise dafür, dass Frau B. übermäßig Alkohol zu sich genommen hatte.

Nach Aussagen des Nachbarn Herrn F. soll Paul Anfang Januar 1998 noch unruhiger geworden sein. Er habe mehrfach bis in die späte Nacht hinein bei Frau O. »herumgetobt« und Herrn S. auch wieder tätlich angegriffen. Die beiden alten Leute seien dem körperlich recht kräftig entwickelten Jungen nicht mehr gewachsen gewesen.

-4-

–4–

Auch die Klassenlehrerin der Sprachbehindertenschule berichtete über diesen Zeitraum, dass Pauls Verhalten zunehmend schwieriger geworden sei. Seine Schulleistungen seien so schlecht, dass er trotz Wiederholung der 2. Klasse der Sprachbehindertenschule nicht versetzt werden könne, sondern an eine Sonderschule für Lernbehinderte überwiesen werde. Nicht nur im kognitiven, sondern auch im motorischen Bereich sei Paul nicht altersgemäß entwickelt. Frau O. kümmere sich mit übergroßer Fürsorge um den Jungen. Sie bringe ihn täglich zur Schule. Erst seit einem halben Jahr gehe der Elfjährige allein aus der Schule nach Hause. Dort würde ihm Frau O. noch immer beim An- und Ausziehen helfen. Paul sei sehr stark von der Zuwendung der Lehrer abhängig. Fehle die Klassenlehrerin einmal, wolle er nicht zur Schule gehen. Während des Unterrichts komme er mitunter mehrfach zum Pult der Klassenlehrerin, um ihr stereotyp von etwas zu erzählen, was er bekommen habe. Zu seinen Klassenkameraden finde er nur schlecht Kontakt, oft verhalte er sich ihnen gegenüber ausgesprochen aggressiv. Die Klassenlehrerin schilderte verschiedene Verhaltensauffälligkeiten, wie zum Beispiel das Bedürfnis, an seinem Taschentuch zu lutschen, sowie Erregungszustände, während derer Paul dazu neige, lebhaft hin- und herzurennen.

Da Frau O. sich durch Paul überfordert fühlte, wurde Paul seit dem 1. 2. 1998 nach der Schulzeit bis zum Abend im Kinderheim M. betreut, von wo aus er zum Schlafen zu Frau O. ging. In der Heimgruppe verhielt er sich so auffällig, dass von dort aus eine stationäre jugendpsychiatrische Untersuchung des Kindes beantragt und auf den 25. 2. 1998 festgesetzt wurde.

Am 12. 2. 1998 brachte Herr F. Paul zur Polizeidienststelle. Hier wie an anderer Stelle äußerte Herr F., dass es seiner Ansicht nach angesichts des Gesundheitszustandes der alten Leute ihnen gegenüber unzumutbar sei, Paul länger bei ihnen zu belassen. Frau O. sei in letzter Zeit nach Auseinandersetzungen mit dem Jungen dreimal »zusammengebrochen«. Die Mutter sei nach seinen Wahrnehmungen erziehungsunfähig. Sie sei Alkoholikerin. Es bestehe der Verdacht, dass sie Paul Alkohol gegeben habe.

Zwei Tage später, am 14. 2. 1998 rief Herr F. noch einmal die Polizei, weil Paul während der Nachtstunden so heftig getobt habe, dass Frau O. und Herr S. gesundheitlich gefährdet gewesen seien. Trotz dieses Sachverhaltes weigerte sich Frau B. in einem fernmündlichen Gespräch vom 16. 2. 1998, Paul aus der Pflegestelle zu nehmen und bis zur jugendpsychiatrischen Untersuchung in einem Heim unterbringen zu lassen. Auf die Möglichkeit eines einstweiligen Entzugs des Personensorgerechts hingewiesen, brach Frau B. das Telefongespräch ab.

Einen zuvor mit der Erzieherin V. verabredeten Übergabetermin des Kindes Paul an das Kinderheim M. am 24. 2. 1998 hielt Frau B. nicht ein, so dass auch der anschließend geplante amtsärztliche Untersuchungstermin im Gesundheitsamt nicht wahrgenommen werden konnte. Auf Befragen gab Frau B. an, der Junge habe nicht aufstehen wollen, deshalb habe sie ihn bei Frau O. gelassen. Frau O. war zu diesem Zeitpunkt so schwer an einer Lungenentzündung erkrankt, dass sie die Vorgänge um sich herum vermutlich kaum wahrnahm.

–5–

-5-

Paul konnte dazu bewegt werden, mit mir in das Kinderheim M. zu gehen, wo er bis zum anderen Morgen bleiben sollte, um von dort mit der Erzieherin V. das Gesundheitsamt aufzusuchen. Am 25. 2. 1998 teilte die Erzieherin V. mit, dass Frau B. ihren Sohn nicht über Nacht im Heim gelassen habe und ihn wiederum nicht zur Untersuchung im Gesundheitsamt gebracht habe.

Bei meinem ersten Hausbesuch am Freitag, dem 25. 2. 1998 öffnete Frau B. nicht. Bei einem zweiten Hausbesuch gegen 10.30 Uhr öffnete Frau B. zunächst wieder nicht. Als ich bei der Nachbarin klingelte, kam Paul aus der Wohnungstür der Mutter, die dabei war, aus dem Bett aufzustehen, zu diesem Zeitpunkt jedoch bereits unter starkem Alkoholeinfluss stand. Auf meine Aufforderung hin kamen Frau B. und Paul mit mir ins Gesundheitsamt. Während Paul und sie von Dr. C. untersucht wurden, verhielt Frau B. sich sehr aggressiv. Sie betonte, Paul nach seinem Aufenthalt in der Jugendpsychiatrischen Klinik zu sich nehmen zu wollen, und vertrat nach wie vor die Auffassung, Paul könne durchaus von Frau O. weiter betreut werden.

Seit dem 25. 2. 1998 befindet sich Paul zur Beobachtung in der Jugendpsychiatrischen Klinik von Blitzdorf.

3.   Psychosozialer Befund

1.1/1.2/1.4/1.5
Paul ist ein kräftig gebauter, für sein Alter körperlich sehr gut entwickelt und gesund wirkender Junge, der sich zur Zeit in der Vorpubertät befindet.

5.3
In seinen Körperbewegungen ist er trotz seiner Kräfte unsicher und schwerfällig. Bewegungsabläufe im Bereich der Grob- wie Feinmotorik werden von ihm noch nicht altersgemäß beherrscht.

2.1/5.3
Bei Paul sind verschiedene Verhaltensauffälligkeiten zu beobachten (stereotype verbale Äußerungen, häufiges Lutschen am Taschentuch). In Erregungszuständen neigt Paul dazu, lebhaft hin- und herzulaufen.

1.1/1.2/1.4/1.5/3.5
Trotz Behinderung durch seine Kieferanomalie kann er sich mit seiner Umwelt hinreichend gut verständigen.

5.2/5.3/1.5
Vergleicht man die schulischen Leistungen des jetzt 11 Jahre alten Jungen mit denen seiner achtjährigen Mitschüler, so sind sie trotz seines Altersvorsprungs nicht ausreichend, sondern sogar eher schlechter. Seine beträchtlichen schulischen Leistungsrückstände erstrecken sich auf nahezu alle Lernbereiche. Er bedarf der Betreuung durch eine Sonderschule für Lernbehinderte.

-6-

-6-

1.5/5.3
Paul ist hinsichtlich vieler einfacher lebenspraktischer Aufgaben wie An- und Auskleiden, Schulgang ohne Begleitung o. ä. noch recht unselbständig.

1.4/1.5/4.1/4.2/5.3/6.1
Paul neigt dazu, plötzlich auftretenden Impulsen und Bedürfnissen unmittelbar nachzugeben und dabei mit seiner sozialen Umwelt oft in Konflikt zu geraten.

1.4/1.5/2.1/5.3/6.1–6.4
Es gelingt ihm nur unzulänglich, seine Antriebe zu steuern. In Belastungssituationen sind bei ihm oft verbale oder handgreifliche Aggressionen zu beobachten.

5.3
Paul bedarf in höherem Maße als andere Kinder der emotionalen Zuwendung Erwachsener. Im Umgang mit solchen Bezugspersonen verhält er sich noch stark kleinkindhaft anklammernd.

5.3
Stärker als andere Jungen seines Alters erlebt er die Abwesenheit einer Bezugsperson als Gefährdung der Nähe oder Zuwendung dieser Person und reagiert dann, indem er ihm gestellte Aufgaben kaum oder nur mit Schwierigkeiten nachkommt.

1.4/1.5/5.3
Es fällt Paul schwer, befriedigende Beziehungen zu anderen Kindern aufzunehmen. Teilweise zeigt er aggressives Verhalten gegenüber Mitschülern.

1.1/1.2/2.5/2.3/6.1/5.3
Seiner Pflegemutter gegenüber dürfte Paul ausgesprochen ambivalente Gefühle besitzen: Einerseits erlebt er sie wohl noch immer als die Person, bei der er sich in selbstverständlicher Weise aufgehoben weiß, andererseits scheint er in ihr eine ihm inzwischen in vielem unterlegene alte Frau zu erfahren, der gegenüber er seine Ansprüche wenig gesteuert durchzusetzen sucht.

2.6/5.3
Seiner Mutter gegenüber scheint er eine gewisse Vertrautheit aufzubringen. Wie eng und belastbar seine emotionale Beziehung zur Mutter tatsächlich ist, lässt sich aus den bisher vorliegenden Informationen nicht mit Sicherheit sagen.

5.3
Paul scheint bislang vorwiegend gegenüber der Pflegemutter, der Mutter und der Klassenlehrerin positivere Gefühlsregungen aufzubringen und sich dadurch sein soziales Umfeld einzuengen.

2.3/4.1/4.2
Andere, insbesondere männliche Bezugspersonen, dürften in seiner Erlebniswelt bisher eine recht geringe Rolle gespielt haben. Eine angemessene »Vaterfigur« hat Paul bislang nicht erlebt. Ausgesprochen ablehnende Impulse sind bei Paul gegenüber Frau O.'s Lebensgefährten, Herrn S., zu beobachten.

-7-

–7–

1.4/1.5/5.3
Während Paul Menschen seiner sozialen Mitwelt gegenüber eher aggressiv begegnet, zeigt er ausgesprochen liebevolle Zuwendung zu Tieren, insbesondere zu seinem Hund.

1.1/1.2/1.4/1.5/2.3/2.4
Die Pflegemutter, Frau O., ist an Paul emotional sehr stark gebunden. Trotz ihres sehr schlechten Gesundheitszustandes und ihres hohen Alters, zeigt sie sich immer wieder bereit, Paul bei sich aufzunehmen und ihn zu versorgen. Bislang scheint sie ihn eher überfürsorglich betreut zu haben.

2.1/1.1/1.2/2.3/6.1/6.2/2.6
Zum derzeitigen Zeitpunkt ist Frau O. mit ihren 76 Jahren physisch und psychisch überfordert, Paul weiterhin erzieherisch angemessen zu begegnen. Sie vermag diesen Sachverhalt realistisch einzuschätzen.

1.4/1.5
Die Kindesmutter, Frau B., 47 Jahre alt, zeigt sich weniger als Frau O. imstande, die Situation ihres Sohnes realitätsgerecht zu beurteilen. Es gelingt ihr nicht, aus der Situation entsprechende Konsequenzen zu ziehen.

1.3/3.2/3.4/3.7
Deutlich wird bei Frau B. der Wunsch erkennbar, Paul in keine Fremderziehung wie Hort- oder Heimerziehung zu geben. Allein Frau O. akzeptiert sie als Fremderzieherin ihres Sohnes. Das tut sie jedoch in einer Weise, als hätte sie Frau O. gegenüber fast so etwas wie einen Anspruch auf deren Pflegetätigkeit.

1.2/1.4/1.5/3.7
Wirtschaftliche Erfordernisse, die Frau O. durch Pauls Aufenthalt entstehen, vermag Frau B. von sich aus ebenso wenig wahrzunehmen wie Frau O.'s Grenzen ihrer psychophysischen Belastbarkeit. Sie erkennt auch nicht, dass Paul bei Frau O. nicht mehr angemessen gefördert werden kann.

3.1/3.2/3.7/3.6/7.2/7.3/3.7
Wird Frau B. damit konfrontiert, zum Wohle ihres Jungen Entscheidungen fällen zu müssen, die im Gegensatz zu ihren bisherigen Einstellungen stehen, reagiert sie in der Regel mit Kommunikationsbeendigung oder ausweichendem Verhalten: sie bricht ein Gespräch ab, versäumt vereinbarte Termine, öffnet Angehörigen des Jugendamtes nicht die Wohnung und versucht Paul quasi zu verstecken. Auf Versuche, den Kontakt mit ihr wieder aufzunehmen, reagiert sie teilweise mit aggressiven Äußerungen.

1.4/1.5/3.1/4.2/3.7
Frau B. ist offenbar auch anlässlich für sie wichtiger Termine nicht in der Lage, auf den Konsum von Alkohol zu verzichten.

–8–

4. Diagnose

Die Frage, inwieweit Pauls intellektuelle Beeinträchtigungen und/oder sein aggressives Verhalten Folgen eines angeborenen Hirnschadens sind, lässt sich heute nicht mit an Sicherheit grenzender Wahrscheinlichkeit beantworten und ist gegenwärtig noch Gegenstand der jugendpsychiatrischen Untersuchung.

Dass Paul sich in den letzten Monaten zunehmend aggressiv und ungesteuert verhielt, dürfte z. T. auch im Einsetzen der Vorpubertät begründet sein. Paul musste zudem in der letzten Zeit erleben, dass jüngere Mitschüler ihm sowohl schulisch wie auch sozial überlegen sind. Möglicherweise stellt seine Aggressivität den inadäquaten Versuch dar, diese Unterlegenheit durch den Einsatz seiner körperlichen Kräfte zu kompensieren.

Sicher sind jedoch in größerem Umfange Sozialisationseinflüsse bei der Erklärung von Pauls derzeitigem Verhalten mit zu berücksichtigen. Insbesondere sollten m. E. folgende Gegebenheiten einbezogen werden:
1. Auswirkungen von Hospitalismusschäden können als Ursache für Pauls auffälliges Verhalten insofern nicht mit Sicherheit ausgeschlossen werden, da Paul während der ersten acht Jahre mindestens viermal längere Klinikaufenthalte durchstehen musste, deren genaue Dauer nicht sicher zu ermitteln war.
2. Die für eine Identitätsfindung notwendige Ausbildung geschlechtsspezifischen Rollenverhaltens war Paul bislang kaum möglich, da ihm eine geeignete männliche Bezugsperson fehlte.
3. Seine Unselbständigkeit in lebenspraktischen Dingen wie auch ein Teil der sozialen Ängste, die Paul heute beeinträchtigen, dürften in der übermäßig behütenden Erziehungshaltung der dieser Aufgabe aufgrund ihres Alters und ihres Gesundheitszustandes überforderten Pflegemutter begründet sein.
4. Die verhältnismäßig niedrige Frustrationstoleranz des Jungen dürfte u. a. dadurch begünstigt sein, dass Paul erzieherisch notwendigen Begrenzungen und Forderungen seitens Frau O. in den relativ häufigen Kontakten mit seiner Mutter ausweichen konnte.
5. Erkenntnisse der Entwicklungspsychologie legen die Annahme nahe, dass Paul in dem Zeitraum, in dem er zunehmend aggressiv wurde, erstmalig seine Kieferanomalie und die damit verbundene Sprachbehinderung bewusst wurde. Dabei konnte er weder von der Pflegemutter noch von der leiblichen Mutter ausreichend unterstützt werden.
6. Pauls schlechte schulische Leistungen sind, wenn auch nicht ausschließlich, so doch zu einem erheblichen Teil, dadurch zu erklären, dass Frau O. erzieherisch damit überfordert war, ihn im kognitiven Bereich angemessen zu fördern.

–9–

–9–

Ohne dem ausstehenden psychiatrischen Befund vorgreifen zu wollen, scheinen Pauls Verhaltensauffälligkeiten vor allem einen neurotischen Hintergrund zu haben. Möglichkeiten, sein vorwiegend negativ getöntes Selbstkonzept durch Leistungen im intellektuellen, sportlichen, sozialen oder anderen Bereich positiv zu verändern, fehlen ihm. Es bestehen auch sonst keine Anhaltspunkte dafür, dass Pauls Verhaltensauffälligkeiten mit der Zeit von selbst abklingen werden. Struktur und bisherige Entwicklung des gestörten Verhaltens lassen unter den gegebenen Umständen vielmehr erwarten, dass Pauls intra- und interpersonale Konflikte zunehmen werden. Auch die Wohnverhältnisse bei der Pflegemutter wie bei Frau B. sind für Pauls förderliche Entwicklung wenig günstig. Er kann dort keine Kontakte zu Gleichaltrigen pflegen und somit nicht selbständiger werden.

5. Zusammenfassende Beurteilung der psychosozialen Situation des Kindes Paul Busch

Gilt es nun zu prüfen, ob der Tatbestand des § 1666 I 1 BGB erfüllt ist, so sind folgende sich aus dem Befund und dem diagnostischen Erkenntnisprozess ergebende Erkenntnisse gegeneinander abzuwägen:

So sehr Paul auch heute die liebende Zuwendung einer Bezugsperson wie die von Frau O. benötigt, so problematisch erscheint für ihn, insbesondere im Hinblick auf seine Rückstände in der motorischen Entwicklung und der alltagspraktische Selbständigkeit, Frau O.'s überfürsorgliche Erziehungshaltung. Obwohl Frau B. über die Tragweite dieses entwicklungsbeeinträchtigenden Sachverhalts seit langem informiert ist, weigert sie sich bislang, Paul aus dieser Lebenssituation herauszunehmen.

Obwohl Frau B. seitens der Sprachbehindertenschule mehrfach auf die Notwendigkeit außerschulischer Maßnahmen zur Entwicklung von Pauls motorischen Fähigkeiten hingewiesen wurde, nahm sie derartige Angebote nicht in Anspruch.

Für die Frage, ob auch im seelisch-geistigen Bereich Paul durch das bisherige Verhalten seiner Mutter gefährdet worden ist, sind folgende Aspekte zu berücksichtigen: Frau B. zeigte kontinuierlich Interesse an ihrem Sohn. Über die Jahre hinweg bemühte sie sich – wenn auch unterschiedlich intensiv –, zu ihrem Kind Kontakt zu behalten und im ihr möglichen Rahmen für ihn da zu sein. Dadurch auch war es möglich, dass Paul während der Erkrankung der Pflegemutter keine Übergangslösungen zugemutet werden mussten.

Diesem deutlichen Interesse an ihrem Sohn stehen bei Frau B. folgende, Pauls Entwicklung beeinträchtigende Verhaltensweisen entgegen:

Sie war längere Zeit nicht in der Lage zu erkennen, dass Paul im Hinblick auf seine durchweg mangelhaften Schulleistungen einer qualifizierteren Betreuung als der durch Frau O. bedurft hätte. Sie war auch nicht fähig oder bereit zu erkennen, dass Frau O. im Umgang mit Pauls Verhaltensstörungen überfordert war. Weiterhin ignorierte Frau B. Pauls Beeinträchtigungen im Bereich sozialer Kompetenzen. Erst der Einsatz von Polizeimaßnahmen löste bei Frau B. eine begrenzte Kompromissbereitschaft – z. B. in Form der Zustimmung zu einer Nachmittagsbetreuung ihres Sohnes in Hort und Heim – in ihrem Erziehungsverhalten aus.

–10–

Als Pauls erhebliche Auffälligkeiten eine jugendpsychiatrische Untersuchung und die Unterbringung in einem Heim erforderlich machten, verweigerte Frau B. wiederum zunächst ihre Zustimmung. Auch hier konnte sie erst durch intensive Bemühungen des Jugendamtes bewegt werden, wenigstens der ärztlichen Untersuchung zuzustimmen. Einer Unterbringung des Jungen in einer Erziehungseinrichtung, die seinen gravierenden Störungen besser gerecht werden könnte, steht sie nach wie vor ablehnend gegenüber.

Zusammenfassend ist festzuhalten, dass Frau B. es immer wieder unterließ, für Pauls Entwicklung Notwendiges zu veranlassen oder selber zu tun. Darüber hinaus verhinderte sie aktiv, dass andere an ihrer Stelle das erzieherisch Erforderliche für Paul tun konnten. Insofern stellen ihre Unterlassungen, Versäumnisse und Widerstände m. E. eine wiederholt missbräuchliche Ausübung ihres Personensorgerechts und eine den Jungen in seiner Entwicklung gefährdende Vernachlässigung dar.

Diese Tatsachen sowie ihr offenbar zunehmender Alkoholkonsum lassen es unwahrscheinlich erscheinen, dass Frau B. in der Lage ist, diese das Kind Paul gefährdende Situation aus eigener Kraft zu verändern. Es ist auch nicht anzunehmen, dass Frau B. in Zusammenarbeit mit dem Jugendamt dazu in der Lage wäre.

Um eine weitere Gefährdung des Kindeswohl abzuwenden, ist es daher notwendig, in das elterliche Sorgerecht von Frau B. einzugreifen. Dabei erscheint es nicht ausreichend, das Sorgerecht nur einzuschränken, da Frau B. sich in allen für Paul bedeutsamen erzieherischen Bereichen als nicht fähig gezeigt hat, das für seine Entwicklung Erforderliche zu erkennen und die notwendigen Maßnahmen zu ergreifen.

In Anbetracht der erheblichen Verhaltensauffälligkeiten und eingeschränkten sozialen Kompetenzen des Kindes Paul ist es aus pädagogischer Sicht nicht zu empfehlen, Paul erneut mit einer fremden Betreuungsperson als Amtsvormund zu konfrontieren, was bei der Übernahme der Pflegschaft durch einen Einzelpfleger oder einen Mitarbeiter eines freien Trägers der Fall wäre. Das Prinzip der Kontinuität wäre am besten durch die weitere Betreuung durch das Jugendamt gewahrt.

6.   Entscheidungsvorschlag

Unter den gegebenen Umständen schlage ich vor, Frau B. das Personensorgerecht zu entziehen. Des Weiteren schlage ich vor, das Jugendamt Blitzdorf zum Amtspfleger im Bereich des Personensorgerechts zu bestellen.

7.1.3 Anmerkungen zum Beispielgutachten (7.1.2)

1. Eine derart ausführliche Quellenangabe, wie sie hier zusammengestellt wurde, ist in der Praxis nicht zwingend. An dieser Stelle soll jedoch verdeutlicht werden, dass die zur Verfügung stehenden Informationsquellen so vollständig wie möglich zu erfassen sind. In der Praxis könnte eine Kurzfassung gewählt werden, die z. B. aus den Überschriften 1 bis 8, wobei die Daten jeweils dahinter in Klammern aufgelistet werden könnten.

2. Da im Beispielgutachten nur von der uns verfügbaren Originalakte als einziger Grundlage ausgegangen werden konnte, musste der Sachverhalt teilweise recht global wiedergegeben werden. In der Praxis wäre an dieser Stelle eine ergänzende Anamnese oder Exploration erforderlich. Die Schwierigkeit, mit relativ wenigen konkreten Informationen eine ausreichend fundierte Stellungnahme abzugeben, wird auch an anderen Stellen dieser gutachtlichen Äußerung sichtbar und verweist somit auf die Bedeutung ausführlicher Aktennotizen und dergleichen.

3. Die Fundstellen beziehen sich auf die Quellenangaben im Kapitel »Informationsquellen«. Auch hier wurde die ausführliche Darstellungsform gewählt um zu verdeutlichen, dass die verallgemeinernde Darstellung (= Befund) direkten Bezug auf die Erkenntnisse aus dem vorherigen Kapitel nimmt. In der Praxis können diese Hinweise entfallen.

4. Ein echtes Abwägen ist im vorliegenden Fall nur begrenzt möglich, da nur wenige Fakten bekannt sind, die dafür sprechen, Frau B. das Sorgerecht uneingeschränkt zu belassen.

7.2 Gutachten eines Jugendamtes im Vergleich mit einem Beispielgutachten (§ 1671 BGB)

7.2.1 Die gutachtliche Stellungnahme eines Jugendamtes (§ 1671 BGB)

Jugendamt
– Allgemeiner Sozialer Dienst –
Frau Solidar
Regenstr. 13
14195 Blitzdorf

Amtsgericht
– Familiengericht –
Donnerstraße 1
14195 Blitzdorf

26. 1. 2000

Betr.: Familiensache Helwig, Berggasse 11, 14195 Blitzdorf

Bezug: Dortiges Schreiben v. 18. 11. 1999 – hier eingegangen am 15. 12. 1999 – Az.: 12b F 360/98

Die Eheleute Helwig sind hier seit 1993 bekannt[3].
Herr und Frau Helwig hatten erstmalig am 19. 9. 1981 die Ehe geschlossen, die aber am 15. 1. 1989 geschieden wurde. Die Ehe war kinderlos.

Am 9. 5. 1991 hat Frau Helwig die Tochter Monika nichtehelich geboren. Das Kind wurde nach der Geburt in Tagespflegestellen untergebracht, da Frau Helwig berufstätig war.

Bereits im April 1993 erfolgte auf Antrag beider Eheleute eine Namenserteilung.

Am 20. 11. 1992 heirateten die geschiedenen Eheleute erneut. Das Kind kam daraufhin in den Haushalt der Kindesmutter und des Stiefvaters.

Erneuter Kontakt zur Familie Helwig wurde im April 1996 aufgenommen, als Frau Helwig den Antrag auf Erteilung der Erlaubnis zur Annahme eines Pflegekindes stellte. Das Pflegekindverhältnis endete aber schon nach wenigen Wochen wegen Unstimmigkeiten zwischen der leiblichen Mutter und Frau Helwig.

Am 25. 5. 1998 beantragten beide Eheleute die Adoption des Kindes durch den Stiefvater.

In meiner Stellungnahme zu dem Adoptionsantrag schrieb ich u. a.:»Bei früheren Hausbesuchen und auch bei meinem jetzigen Besuch hatte ich den Eindruck, dass Herr Helwig dem Kind mit weit größerer Ruhe und Gelassenheit begegnet als die leibliche Mutter[4]. Frau Helwig wirkte sehr hektisch und nervös[4]. Sie gibt an, dass sie sich z.Zt. mit der Erziehung des Kindes überfordert fühlt. Gleichzeitig erwähnt sie aber, dass es erstaunlich ist, wie gut Monika sich in anderer Umgebung einfügt. Weder im Kindergarten noch bei Verwandten, wo sie gelegentlich vorübergehend ist, werden Klagen laut. Auch wenn Herr Helwig sich um das Kind kümmert, sind die Schwierigkeiten geringer. Frau Helwig lässt sich von dem Kind provozieren und reagiert ärgerlich und aufgeregt. Sie ist nicht konsequent und gibt letztlich dem Drängeln des Kindes immer nach, weil sie ihre Ruhe haben will[4]. Ich habe ihr ein Beratungsgespräch mit unserer psychologischen Beratungsstelle empfohlen und auch inzwischen vermittelt. Die Adoption des Kindes Monika durch den Stiefvater wird sehr befürwortet. Beide Eheleute gehen davon aus, dass Monika in jedem Falle gesichert sein muss, falls der Mutter einmal etwas zustoßen sollte. Herr Helwig weiß, dass er z.Zt. keinerlei Rechte hat. Er fühlt sich als Vater des Kindes und möchte auch die rechtliche Stellung haben«.

Aufgrund des Beratungsgespräches in der psychologischen Beratungsstelle und der psychologischen Stellungnahme zur Adoption erhielt ich von Herrn Diplompsychologen Schneider am 27. 6. 1998 einen Bericht, in dem es u. a. heißt: »Unsere Beobachtungen ergaben, dass die Verbindung Stiefvater – Tochter intensiver und unkomplizierter ist als diejenige zwischen Mutter und Tochter. Erstaunlicherweise scheint Frau Helwig ihrer Tochter schon jetzt nicht mehr gewachsen zu sein, von der sie sich häufig provozieren lässt und bewusst geärgert fühlt. Dies ist sicherlich auch ein Zeichen dafür, dass Frau Helwig das zunächst gewünschte Kind jetzt gewissermaßen als Hemmschuh in der Hinsicht ansieht, dass Monika sie an der gewünschten Berufstätigkeit hindert. Die Mutter wirkt aber insgesamt recht umtriebig und ruhelos, sodass auch eine erneute Berufstätigkeit wahrscheinlich nur eine Lösung auf Zeit darstellen würde[5]. Aufgrund dieser Konstellation stimmen wir dem Adoptionsverlangen des Herrn Helwig hinsichtlich seiner Stieftochter Monika voll zu. Er ist der ruhende Pol in der Familie[5] und vermag sicherlich, durch seine positive Beziehung zu ihr, die Erziehung in einer wünschenswerten Weise zu beeinflussen. Der Mutter wird dies auf die Dauer vermutlich ohnehin nicht gelingen, sodass Monika durch eine stärkere Anbindung an ihren Stiefvater die besseren Zukunftschancen eingeräumt werden müssen. Dies gilt auch besonders für den Fall, dass ihre Mutter es in Zukunft an Stetigkeit und Durchhaltevermögen fehlen lassen sollte.«

Zum Zeitpunkt der Gespräche haben beide Eheleute nicht erwähnt, dass akute Ehekrisen sich schon angebahnt hatten.

Ich habe aufgrund des Scheidungsantrages vom 10. 11. 1998, mit dem H. auch die Übertragung des Aufenthaltsbestimmungsrechts auf sich beantragte, mit beiden Eheleuten eingehend gesprochen und auch das Kind in seiner jetzigen Umgebung besucht. Frau Helwig ist am 23. 9. 1998 aus der ehelichen Wohnung ausgezogen und hat das Kind bei ihrem Mann gelassen. Seitdem wird Monika tagsüber von der im gleichen Hause wohnenden Großmutter und verheirateten Schwester des Herrn Helwig versorgt. Monika macht angeblich keine besonderen Schwierigkeiten. Das Kind ist altersentsprechend entwickelt, sehr lebhaft und aufgeweckt[6]. Es besuchte damals die 2., jetzt die 3. Klasse der Grundschule in Blitzdorf. Zu der 18jährigen Nichte des Herrn Helwig hat Monika einen besonders guten Kontakt. Herr Helwig hat gegen 17.00 Uhr Arbeitsschluss und ist abends mit dem Kind zusammen. Monika schläft in ihrem früheren Kinderzimmer und frühstückt morgens mit dem Vater. Der Schwager des Herrn Helwig nimmt Monika morgens mit zur Schule, da sie einen verhältnismäßig weiten Schulweg hat. Meistens wird sie auch nach Schulschluss von einem Familienangehörigen abgeholt.

Herr Helwig möchte das Kind auf jeden Fall behalten. Er kann keine eigenen Kinder haben und hat sich daher besonders auf dieses Kind eingestellt, das ja bereits mit eineinhalb Jahren in seinen Haushalt kam. Er hat eine Aussteuer- und Lebensversicherung zugunsten des Kindes abgeschlossen, sodass das Kind auch wirtschaftlich sichergestellt ist, wenn ihm einmal etwas passieren sollte.

Zur Zeit, als der Scheidungsantrag gestellt wurde, war Frau Helwig offenbar unausgesprochen mit dem Verbleib des Kindes im Haushalt ihres getrennt lebenden Mannes und mit der Übertragung des Aufenthaltsbestimmungsrechtes unter Beibehaltung der gemeinsamen elterlichen Sorge auf Herrn Helwig einverstanden. Diese Zustimmung ist dem Gericht aber nie mitgeteilt worden. Sie fühlte sich mit der Erziehung und Versorgung des Kindes überfordert und benötigt nach eigenen Angaben ihre Freiheit.

Wegen des Umgangsrechts gab es die ersten Monate nach der Trennung keinerlei Schwierigkeiten. Nach Angaben von Herrn Helwig hat seine getrennt lebende Frau das Kind nur einige Male besucht, aber häufiger mit ihm telefoniert. Herr Helwig wollte von Anfang an die Verbindung zwischen Mutter und Kind auf keinen Fall unterbrechen und war bereit, ihr das Kind besuchsweise zu überlassen, wenn sie es wünscht.

Frau Helwig sah damals selbst sehr klar, dass Monika beim Vater die größeren Zukunftschancen hat und dort eine kontinuierliche Erziehung und Versorgung gesichert ist. Sie betonte, dass zwischen ihrem getrennt lebenden Mann und dem Kind eine echte Vater-Kind-Beziehung besteht. Auch mit der Versorgung durch die 70-jährige Großmutter und die verheiratete, nicht berufstätige Schwägerin war sie einverstanden.

Im Zusammenhang mit den ersten Kontakten nach Stellung des Scheidungsantrages habe ich auch mit Frau Helwig sen. und der Schwester des Herrn Helwig, Frau Bühler, sowie der 18-jährigen Tochter der Frau Bühler gesprochen. Alle Beteiligten bestätigten mir, dass sie Monika behalten wollen, bis sich eine andere Lösung, evtl. durch eine spätere Wiederheirat des Herrn Helwig abzeichnet. Monika scheint in dem Haushalt der Angehörigen des Vaters voll integriert zu sein.

In den folgenden Monaten – insbesondere im Februar und April 1999 – äußerte Frau H. verschiedentlich gegenüber dem ASD den Wunsch, Monika doch zu sich zu nehmen. Ihre Mutter, bei der sie wohnte und mit der sie auch häufig Auseinandersetzungen wegen Frau H.'s zahlreichen Männerbekanntschaften hatte, sprach sich dagegen aus, ihr das Kind zu überlassen. Sie gab an, Herr H. verwöhne Monika sehr. Er schlafe mit ihr im ehelichen Schlafzimmer. Außerdem trinke er abends zuweilen Alkohol. Frau M., die Schwester von Herrn H, beschwerte sich angeblich, weil Frau H. sich nicht genug um das Kind kümmere. Zwischen September und März hatte Frau H. die zweite Arbeitsstelle und den dritten Bekannten.

Die Beziehung zu Monika besserte sich in dieser Zeit, da Frau H. das Kind nur in ihrer Freizeit sah und sich nicht so sehr von ihm provozieren ließ. Herr H. zeigte sich hinsichtlich des Umgangsrechts seiner Frau immer wieder großzügig und gab auch ihren kurzfristigen und spontanen Wünschen nach. Das Kind hatte sich so gut auf den Vater eingestellt, dass es sogar bei Aufenthalten bei der Mutter vorzeitig zurück wollte.

Im April 1999 berichtete Frau M., die Schwester von Herrn H., dass Frau H. geäußert habe, sich das Leben zu nehmen, wenn sie um das Kind kämpfen müsse. Während der Schwangerschaft habe Frau H. auch einen Selbstmordversuch gemacht.

Frau H. ist sehr spontan im Handeln und auch in ihren Äußerungen. Sie ist zwar sehr nervös und unstet in ihrem Verhalten, aber grundsätzlich lebensbejahend. Meines Erachtens neigt sie nicht zu enormen depressiven Verstimmungszuständen. Sie ist vielmehr in der Lage, in schwierigen Situationen ihre Probleme zu besprechen und grundsätzlich auch vernünftigen Argumenten gegenüber einsichtig[7].

Im Juli 1999 informierte Frau M. den ASD darüber, dass Frau H. sich seit sechs Wochen, d. h. während der ganzen Sommerferien, nicht um M. gekümmert habe. Anfangs sei Monika traurig gewesen, jetzt erwähne sie die Mutter nur noch gelegentlich.

Frau H. habe einen neuen Bekannten, einen Witwer mit einer Tochter in Monikas Alter, die auch deren Klasse besucht. Sie habe geäußert, diesen heiraten und Monika dann zu sich nehmen zu wollen.

Frau H. trug hierzu bei einem Gespräch im Jugendamt am 5. 8. 1999 vor, dass sie M. auf Anraten der Klassenlehrerin und nicht aus Gleichgültigkeit nicht mehr besucht habe; die Lehrerin habe nämlich mitgeteilt, dass M. nach den Kontakten mit der Mutter immer verwirrt und unruhig sei. Zu dieser Zeit äußerte Frau H. eindeutig, dass sie Monika zu sich nehmen wolle, obwohl sie wegen ihrer ganztägigen Berufstätigkeit zeitlich recht eingeschränkt sei.

Im Laufe des September 1999 kam es zu zwischenzeitlichen Schwierigkeiten, weil Monika Besuche bei der Großmutter mütterlicherseits nicht wahrnehmen wollte, es zu Eifersüchteleien zwischen Monika und der Tochter des Bekannten ihrer Mutter gab und weil Frau H. gegen ihren Mann eine unberechtigte Unterhaltsklage erhoben hatte.

Meines Erachtens neigen Großmutter und Kindesmutter sehr zu Theatralischem. Sie überbewerten die Situation. Außerdem ist die Kindesmutter auch wankelmütig in ihrer Haltung[8].

Am 3. 9. 1999 teilte Frau M. dem ASD mit, dass ihr Bruder sich wieder zu binden gedenke. Es handele sich um eine geschiedene Frau, deren Kinder im Ausland bei ihrem Mann seien. Die Familie von Herrn H. sei mit ihr sehr einverstanden. Hierauf ließ Frau H. bei Gericht den Antrag auf Übertragung des Aufenthaltsbestimmungsrechts auf sich stellen.

Nach Überprüfung der Gesamtverhältnisse bestehen keine Bedenken, dem Wunsch des Adoptivvaters und des Kindes zu entsprechen, das Aufenthaltsbestimmungsrecht für Monika auf den Vater zu übertragen. Den Antrag von Frau H. sollte das Gericht daher ablehnen.

Das Umgangsrecht sollte unbedingt näher geregelt werden[9].

7.2.2 Anmerkungen zu der gutachtlichen Stellungnahme eines Jugendamtes (7.2.1)

1. Die Stellungnahme ist nicht gegliedert in Bereiche, wie z. B. die Fakten darstellen, die Fakten mit Fachwissen erklären und gegebenenfalls Vorschläge (Konsequenzen) vorzuschlagen. Daher fällt es dem Leser schwer zu unterscheiden, was Faktenwiedergabe und was Bewertung ist. Das birgt nicht nur die Gefahr in sich, dass Bewertungen fortgeschrieben werden, sondern auch, dass meist bereits nach kurzer Zeit nicht mehr festgestellt und nachvollzogen werden kann, worauf die Einschätzungen beruhen und ob sie vielleicht revidiert werden müssen.

2. Im sog. Betreff werden unterschiedliche Formulierungen gewählt. Wichtig ist, dass sie den gemeinten Vorgang ausreichend charakterisieren und die ladungsfähigen Anschriften der Betroffenen enthalten. Da die Eltern bereits getrennt leben, sollte auch die Adresse der Mutter genannt werden.

3. In welchem Zusammenhang wurde die Familie überhaupt dem Jugendamt bekannt? Beim Lesen kann man ahnen, dass es mit der Namenserteilung zusammenhängt. Es wäre gut, dies gleich ausdrücklich festzustellen oder diese Information später im chronologischen Zusammenhang zu bringen. Diese Aussage ist auch bedeutsam im Hinblick auf eine evtl. Aktenbeiziehung durch das Gericht.

4. Das ist bereits eine Befundaussage. Welche Beobachtungen liegen diesen Aussagen zugrunde? Hier zitiert sich die Sozialarbeiterin mit ihrer gutachtlichen Stellungnahme zur Adoption. Schon damals hätte sie die Fakten berichten und nicht verallgemeinernd beschreiben sollen. Im übrigen sollte – wenn ein Zitieren früherer Berichte unumgänglich ist – dies auf das unbedingt Notwendige beschränkt werden. Hier sind Passagen referiert, die nur für die Adoption von Bedeutung waren.

5. Auch diese Informationen enthalten Verallgemeinerungen und sind daher Befund. Da sie aber nicht von der Sozialarbeiterin stammen und die Quelle mitgeteilt wird, sind sie nicht zu beanstanden.
6. Wieder Befund. Zudem ist unklar, von wem diese Aussage stammt, ob von Großmutter oder Schwester oder Sozialarbeiterin.
7. Dies ist ebenfalls Befund. Allerdings sind die diesen verallgemeinernden Aussagen zugrundeliegenden Fakten in den vorhergehenden und nachfolgenden Abschnitten enthalten.
8. Aussagen mit Befundcharakter, die kaum durch Fakten belegt und zudem sehr abwertend sind (Frau H. bekommt die Stellungnahme vom Gericht!).
9. Dieser letzte Absatz entspricht unserem Entscheidungsvorschlag. Allerdings fehlen konkrete Empfehlungen zur Umgangsregelung.

Zusammenfassung

Im Vergleich mit dem in diesem Buch vorgelegten Strukturierungsvorschlag (vgl. Kapitel 5) enthält diese gutachtliche Stellungnahme aus der Praxis lediglich die Vorgeschichte und eine Situationsbeschreibung. Dazwischen eingestreut finden sich Passagen, die einem Befund zuzuordnen wären. Was fehlt, sind Erklärungen für das relativ konstante Erleben und Verhalten der Beteiligten (psychosoziale Diagnose) und eine zusammenfassende Beurteilung der psychosozialen Situation mit Vorschlägen und u. U. eine Prognose. Gerade die Erstellung dieser zwei Abschnitte gehört zu den ureigenen Aufgaben eines Sozialarbeiters im Rahmen einer Mitwirkung in gerichtlichen Mitwirkung. Denn hier ist der Richter auf die Hilfe von Fachleuten angewiesen, weil er insoweit im allgemeinen nur laienhaft dazu Stellung nehmen kann.

7.2.3 Beispielgutachten (§ 1671 BGB)

Amtsgericht   Jugendamt Blitzdorf
– Familiengericht –   – Allgemeiner Sozialer Dienst
Donnerstraße 1   Frau Solidar
14195 Blitzdorf   Regenstraße 13
                                     14195 Blitzdorf

                                                        1. Februar 1980

Betr.: Familienrechtssache Helwig

Hier:
Entscheidung über die Anträge auf Übertragung des Aufenthaltsbestimmungsrechts und Regelung des Umgangs gem. §§ 1671, 1684 BGB i. V. m. § 621 I Nr. 1, 2 ZPO
Inhaber des elterlichen Sorgerechts:
Karl-Heinz Helwig, Berggasse 11, 14195 Blitzdorf
Kirsten Helwig, geb. Meier, Talstraße 21, 14195 Blitzdorf

                                                             –2–

–2–

Kind: Monika Helwig, geb. 9. 5. 1991

Bezug: Dort. Schreiben vom 18. 11. 1998 – hier eingegangen am 14. 12. 98 – und vom 15. 2. 1999 – hier eingegangen am 28. 2. 1999 – AZ.: 12b F 360/98

Hiermit nehme ich gem. § 49 a I Nr. 7 und 9 FGG i. V. m. § 50 I 2 SGB VIII Stellung zu der Frage, wie das Aufenthaltsbestimmungsrecht und das Umgangsrecht für das Kind Monika geregelt werden sollen.

1. Informationsquellen

Meine Stellungnahme beruht auf
1. Kontakten mit den Eheleuten H. und dem Kind M. (Hausbesuche, Gespräche im Jugendamt, Telefongespräche),
2. Kontakten mit der Familie des Ehemannes: dessen Mutter, Schwester, Nichte (Hausbesuche, Telefongespräche),
3. Kontakten mit der Familie der Ehefrau: Mutter (Telefongespräche),
4. Kontakten mit der Mutter des Pflegekindes, das bei Frau H. war (Telefongespräche, Hausbesuche),
5. Mitteilungen der Abteilung Pflegekinder, der Adoptionsvermittlungsstelle, der Psychologischen Beratungsstelle (Gutachten),
6. Informationen durch das Familiengericht.

2. Vorgeschichte und derzeitige Situation

Frau Kirsten H. geb. M. (heute 39 Jahre) wurde 1960 als jüngstes von 3 Geschwistern geboren. Da ihr Vater 1961 verstarb, wuchs sie nur mit ihrer Mutter und ihren zwei Geschwistern auf. Sie wurde 1966 eingeschult und besuchte bis 1973 die Hauptschule und wurde dort aus dem 7. Schuljahr entlassen. Anschließend machte sie eine dreijährige Haushaltslehre. Danach übte sie Tätigkeiten als Hausangestellte, angelernte Arzthelferin, Stationshilfe, Mannequin, Büroangestellte bei Behörden und Verkäuferin aus.[1]

Herr Karl H. (heute 41 Jahre) wurde 1958 geboren; er hat noch eine Schwester. Er wurde 1964 eingeschult und besuchte bis 1973 die Hauptschule, durchlief danach eine Facharbeiterlehre und ließ sich anschließend zum Techniker umschulen. Später machte er eine Ausbildung als technischer Zeichner. In diesem Beruf war er bei mehreren Firmen tätig[2].

Am 19. 9. 1981 heiratete Herr H. (damals 23 Jahre) Kirsten M. (damals 21 Jahre) zum ersten Mal. Die Ehe blieb laut Aussage von Frau M. kinderlos, weil Herr H. wegen einer früheren Erkrankung zeugungsunfähig sei. Am 15. 11. 1989 wurde die Ehe durch Urteil des Amtsgerichts B. geschieden. Frau H. nahm ihren Mädchennamen, M., wieder an. Nach Angaben der Eheleute gab es verschiedene Ursachen dafür, dass sie auseinander gingen, u. a. den Druck durch die Eltern des Mannes, seine Unfähigkeit, ihren Kinderwunsch zu erfüllen und die Hintertreibung einer Adoption durch die Familie des Mannes wegen erbrechtlicher Konsequenzen.

–3–

–3–

Am 9. 5. 1991 brachte Frau M. die nichteheliche Tochter M zur Welt. Der Kindesvater, Herr H.-P. U. (damals 40 Jahre alt), Beamter, wohnhaft in Bergdorf, erkannte die Vaterschaft an und zahlte anfangs den monatlichen Unterhalt in zwei Raten. Da er verheiratet war und mehrere Kinder hatte, sei – so Frau M. –, obwohl M. ein Wunschkind gewesen sei, eine Eheschließung nicht in Betracht gekommen. Ihrer Absicht, das Kind abzutreiben, habe sich der Kindesvater widersetzt, was sie dazu bewogen habe, das Kind auszutragen. Da Frau M. nach der Geburt wieder halbtags berufstätig war, brachte sie das Kind in einer Halbtagspflegestelle unter, wobei sie die Pflegefamilie mehrmals wechselte. Nachmittags kümmerte sie sich selbst um das Kind.

Am 20. 11. 1992 heirateten die geschiedenen Eheleute zum zweiten Mal. Nach Angaben beider Eheleute soll ihre Beziehung mehrere Jahre besser als in der ersten Ehe gewesen sein. Die Eheleute zogen wieder in das Elternhaus des Ehemannes. Im gleichen Haus wohnte außer seiner Mutter seine verheiratete Schwester, die selbst eine damals 13-jährige Tochter hatte. Mit Wirkung vom 30. 7. 1993 erteilte Herr H. dem nichtehelichen Kind seiner Frau seinen Namen. Von einer Adoption sah er seinen Äußerungen zufolge damals deshalb ab, weil er die Unterhaltszahlungen des Kindesvaters nicht verlieren wollte[3]. Die Namensänderung war vom Jugendamt befürwortet worden, weil es so aussah, als könne die Ehe nunmehr Bestand haben, der Stiefvater das Kind nach Angaben seiner Mutter wie sein eigenes behandelte und M. sich dort offensichtlich wohl fühlte.

Ende November 1994 stellte Frau H. erstmals einen Antrag auf Erteilung einer Pflegeerlaubnis, den sie dann wegen Erkrankung von M. wieder zurücknahm. Ab April 1996 bemühte sie sich wieder um ein Tagespflegekind.

Bei der Überprüfung der Lebenssituation der Familie H. vom 17. 4. 1996 wurde unter der Rubrik:»Persönlichkeit, Intelligenz und Charakter« ausgeführt: Frau H. scheine von mäßiger Intelligenz zu sein, sie wirke sehr lebhaft und überschwänglich. Ob sie eine gewisse Beständigkeit habe, sei fraglich. Sie sei schnell zu begeistern und leicht zu beeinflussen. Zu Herrn H. wurde festgestellt, von seinem beruflichen Werdegang könne man auf ein gewisses Maß an Intelligenz schließen. Zur Ehe hieß es damals, dass ihre Harmonie und Beständigkeit schwer zu beurteilen sei. Die Eheleute schienen charakterlich und vom Wesen her sehr unterschiedlich zu sein. Wegen der Erziehung von M. komme es angeblich gelegentlich zu Meinungsverschiedenheiten. Unter dem Punkt »Motiv für die Aufnahme eines Kindes« hieß es: »Erziehungsbereitschaft ist gegeben. Als Motiv wird zunächst eine gewisse Kinderliebe angegeben, zumal die Eheleute keine gemeinsamen Kinder haben können. Es spielen jedoch auch finanzielle Gründe eine Rolle. Frau H. kann keiner Berufstätigkeit mehr nachgehen. Sie sucht dafür einen finanziellen Ausgleich«[4].

Nach der Überprüfung hatte Frau H. knapp sechs Wochen lang ein Kind in Halbtagspflege. Da es immer wieder zu Auseinandersetzungen zwischen ihr und der Mutter des Kindes, Frau C., kam, nahm diese das Kind aus der Pflegestelle. Frau C. gab als Grund dafür an, dass Frau H. ständige Anforderungen an sie gestellt und fortwährend etwas anderes von ihr erwartet habe[5]. Nach dem Eindruck von Frau C. habe Frau H. zu ihrer Tochter M. eine gespannte Beziehung gehabt. Das Kind habe einen sehr nervösen Eindruck gemacht und sei von der Mutter oft lautstark zurechtgewiesen worden.

–4–

−4−

Am 25. 5. 1998 sprach Herr H. bei der Adoptionsvermittlungsstelle des Jugendamtes vor, um die Annahme seines Stiefkindes M. in die Wege zu leiten. Herr H. gab damals an, eine enge Beziehung zu M. zu haben. Wegen des Kindes komme es zwischen ihm und seiner Frau nicht zu Streit. Er betrachte M. als seine Tochter und wolle auch rechtlich für sie einstehen. Seine Mutter und seine Schwester seien mit einer Adoption einverstanden. Möglicherweise wüssten sie zwar nicht, dass das Kind hierdurch erbberechtigt sei und M. etwas von dem großen Grundstück seines Vaters erhalten würde. Er sehe dies aber nicht als Problem an. Unsicherheit bestand zwischen den Eheleuten darüber, wie sie das Kind über seine wirkliche Herkunft informieren sollten. Herr H. erklärte sich dazu bereit, diese Aufgabe zu übernehmen. Die zuständige Sozialarbeiterin bei der Adoptionsvermittlungsstelle meinte, Herr H. sei ruhiger und gleichmütiger als seine Frau und insofern sicher eher in der Lage, das Kind aufzuklären.

Aufgrund früherer Hausbesuche und des anlässlich des Adoptionsantrags von Herrn H. durchgeführten Hausbesuches hatte die Sozialarbeiterin des Allgemeinen Sozialdienstes den Eindruck, dass Herr H. mit größerer Ruhe mit M. umging als die leibliche Mutter. Diese gab damals selbst an, mit M.'s Erziehung überfordert zu sein. Weder bei ihrem Mann, noch bei Verwandten noch im Kindergarten mache M. Schwierigkeiten. Die Sozialarbeiterin hatte den Eindruck, dass Frau H. sich von M. provozieren lasse und leicht aufgeregt und ärgerlich reagiere. Sie sei nicht konsequent und gebe dem Drängeln des Kindes häufig nach, um ihre Ruhe zu haben. Die Verhaltensschwierigkeiten des im übrigen altersgemäß entwickelten Kindes konzentrieren sich lediglich auf die Mutter. Sie vermittelte M. daher an die psychologische Beratungsstelle, die auch anlässlich des Annahmewunsches von Herrn H. ein psychologisches Gutachten erstellte.

In diesem Gutachten vom 27. 6. 1998 und in dem vorab geführten Telefongespräch des Psychologen mit der Sozialarbeiterin des Allgemeinen Sozialdienstes hieß es unter anderem: Herr H. wirke vom Temperament her verhalten, ohne rechte Dynamik und (im Persönlichkeitsbild) überwiegend autoritätshörig. Spontane und energische Reaktionen seien ihm relativ fremd. Frau H. sei eine außerordentlich lebhafte, bis hin zur Nervosität umtriebige Frau, der es an Ruhe, Gelassenheit und Ausgeglichenheit mangele. Sie sei häufig mit ihrer jeweiligen Situation unzufrieden gewesen, und dies werde sich wohl auch nicht ändern, wenn sie wieder einer Berufstätigkeit nachgehen könne. M. sei – abgesehen von der Sprachkompetenz – altersgemäß entwickelt und erweise sich nach anfänglicher Zurückhaltung als recht gut angepasst, lebhaft und frei in ihren Äußerungen und ihrem Verhalten. Die Verbindung Stiefvater und Stieftochter sei intensiver und unkomplizierter als die zwischen Mutter und Tochter. Frau H. scheine M. nicht gewachsen zu sein, sie fühle sich häufig von ihr provoziert und bewusst geärgert. Herr H. sei der ruhende Pol in der Familie, und er könne M.'s Erziehung sicher positiv beeinflussen. Falls die Ehe, die im Moment noch stabil scheine, erneut zerbrechen sollte, würde M. sogar eventuell zu Herrn H. tendieren, der für das Kind eine verlässliche Bezugsperson geworden sei.

Auf der Grundlage der positiven Stellungnahmen durch den Allgemeinen Sozialdienst, die Adoptionsvermittlungsstelle und die Psychologische Beratungsstelle wurde die Kindesannahme am 19. 8. 1998 (AZ 12b XV 57/97) ausgesprochen.

−5−

–5–

Am 23. 9. 1998 zog Frau H. aus der ehelichen Wohnung aus. (Im Scheidungsantrag vom 10. 11. 98 wird behauptet, dass die Eheleute bereits seit Mai 1998 getrennt leben.) Das Kind ließ sie bei ihrem Mann. Dem Antrag ihres Ehemannes auf Übertragung des Aufenthaltsbestimmungsrechts hat sie zu diesem Zeitpunkt weder widersprochen noch zugestimmt. Seitdem wird M. tagsüber von der im gleichen Haus wohnenden Großmutter und der verheirateten, nicht berufstätigen Schwester des Herrn H. betreut. Deren Angaben zufolge macht M. keine besonderen Schwierigkeiten. Herr H. hat um 17.00 Uhr Arbeitsschluss und ist abends mit dem Kind zusammen. Morgens frühstückt M. mit dem Vater, wird dann vom Schwager des Herrn H. in die Schule gebracht und mittags von einem Familienmitglied abgeholt. Frau H. senior und deren Tochter sowie die 18-jährige Enkelin äußerten übereinstimmend, M. im Hause behalten zu wollen.

Herr H. hat eine Lebensversicherung zugunsten des Kindes abgeschlossen. Offenbar waren sich Herr und Frau H. zum Zeitpunkt der Trennung darüber einig, dass M. bei Herrn H. bleiben soll.

In den folgenden Monaten – insbesondere im Februar und April 1999 – äußerte Frau H. verschiedentlich gegenüber dem Allgemeinen Sozialdienst den Wunsch, M. doch zu sich zu nehmen. Ihre Mutter, bei der sie wohnte und mit der sie auch häufig Auseinandersetzungen wegen Frau H.'s zahlreichen Männerbekanntschaften hatte, sprach sich dagegen aus, ihr das Kind zu überlassen. Sie gab an, Herr H. verwöhne M. allerdings sehr. Er schlafe mit ihr im ehelichen Schlafzimmer. Außerdem trinke er abends zuweilen. Frau M., die Schwester von Herrn H., habe sich auch schon beschwert, weil Frau H. sich nicht genug um das Kind kümmere. Zwischen September 1998 und März 1999 wechselte Frau H. ihre Arbeitsstelle und ging nacheinander Beziehungen zu drei Männern ein. Die Beziehung zu M. besserte sich ihren Angaben zufolge in dieser Zeit, da sie M. nur in ihrer Freizeit sehe und sich weniger von ihr provozieren lasse. Herr H. habe sich hinsichtlich des Umgangsrechts seiner Frau immer wieder großzügig gezeigt und auch ihren kurzfristig mitgeteilten Umgangswünschen nachgegeben. Das Kind hatte sich so gut auf den Vater eingestellt, dass es sogar von Aufenthalten bei der Mutter vorzeitig zurück wollte.

Im April 1999 berichtete Frau M., die Schwester von Herrn H., dass Frau H. geäußert habe, sich das Leben zu nehmen, wenn sie um das Kind kämpfen müsse. Während der Schwangerschaft habe Frau H. bereits einen Selbstmordversuch gemacht.

Im Juli 1999 informierte Frau M. den Allgemeinen Sozialdienst darüber, dass Frau H. sich seit sechs Wochen, d. h. während der ganzen Sommerferien, nicht um M. gekümmert habe. Anfangs sei M. traurig gewesen, jetzt erwähne sie die Mutter nur noch gelegentlich. Frau H. habe einen neuen Bekannten, einen Witwer mit einer Tochter in M.'s Alter, die auch M.'s Klasse besucht. Sie habe geäußert, diesen heiraten und M. dann zu sich nehmen zu wollen. Frau H. trug hierzu bei einem Gespräch mit der Sozialarbeiterin am 5. 8. 1999 vor, dass sie auf Anraten der Klassenlehrerin und nicht aus Gleichgültigkeit M. nicht mehr besucht habe; die Lehrerin habe nämlich mitgeteilt, dass M. nach den Kontakten mit der Mutter immer verwirrt und unruhig sei.

In dieser Zeit äußerte sich Frau H. mehrfach gegenüber verschiedenen Personen eindeutig, dass sie das Kind zu sich nehmen wolle, obwohl sie ganztags arbeite.

–6–

Im Laufe des August 1999 wurden dem Jugendamt verschiedene Probleme zugetragen. So habe M. Besuche bei der Großmutter mütterlicherseits nicht wahrnehmen wollen und es sei zu Eifersüchteleien zwischen M. und der Tochter des Bekannten ihrer Mutter gekommen. Außerdem hatte Frau H. gegen ihren Mann eine unberechtigte Unterhaltsklage erhoben.

Am 3. 9. 1999 teilte Frau M. dem Allgemeinen Sozialdienst mit, dass ihr Bruder sich wieder partnerschaftlich zu binden gedenke. Es handele sich um eine geschiedene Frau, deren Kinder im Ausland bei ihrem Mann seien. Die Familie von Herrn H. sei mit ihr sehr einverstanden.

Am 10. 10. 1999 ließ Frau H. durch ihren Anwalt ihrem Mann und dem Gericht mitteilen, dass sie das Aufenhaltsbestimmungsrecht für Monika beantrage[7].

Die berichtende Sozialarbeiterin wurde seit dieser Zeit mit dem Fall betraut. Sie lernte M. anlässlich verschiedener Termine (Hausbesuche) kennen und konnte auch ein Gespräch mit M. ohne Anwesenheit ihrer erwachsenen Bezugspersonen führen. Dabei fiel auf, dass M. dazu neigt, stockend und in eher kurzen Sätzen zu sprechen. Auf Nachfrage gab M. an, dass sie ihre »Mama« sehr lieb habe und sie gerne besuche. Wohnen wolle sie aber lieber bei »Papa«, »Oma« und »Tante M.«. Während der Hausbesuche im Haushalt des Herrn H. war zu beobachten, dass M. sich dort völlig unbefangen verhielt und sich insgesamt wohl zu fühlen schien. Ihr steht ein kindgerecht eingerichtetes Zimmer zu Verfügung. Im Zusammensein mit ihrer Mutter, Frau M., verhielt M. sich deutlich anders als in der Familie des Adoptivvaters. Sie äußerte ihre Ungeduld anlässlich eines Termins im Jugendamt durch lautes und wiederholtes Unterbrechen des Gesprächs der Mutter mit der Sozialarbeiterin, wobei es Frau M. nicht gelang, M. zu beruhigen, sondern diese im Gegenteil immer lauter wurde, bis das Gespräch abgebrochen werden musste.

3. Psychosozialer Befund

Die fast achtjährige Monika ist ihrem Erscheinungsbild nach ein körperlich gesundes und altersgemäß entwickeltes Kind. Den Leistungsanforderungen der Schule entspricht das Mädchen, ohne besonders positiv oder negativ aufzufallen. Seine leichten Rückstände im sprachlichen Ausdruck sind nicht so groß, dass sie sich nachteilig auf Monikas intellektuelle Leistungen auswirkten.

Monika ist psychisch relativ gut belastbar. Sie hat eine altersgemäße Beziehungsfähigkeit entwickelt, die besonders gegenüber dem Adoptivvater und dessen Herkunftsfamilie gut ausgebildet ist. Sie kann trotz ihres Wissens um ihre nichteheliche Geburt recht offen auf den Adoptivvater zugehen, bei ihm Anlehnung suchen und von ihm Informationen und Weisungen annehmen. Monika fühlt sich bei Herrn H. und dessen Familie geborgen. Monika verhält sich in der Regel zu Gleichaltrigen ebenso wie zu ihrem Adoptivvater und dessen Angehörigen und – nach einer kurzen, von Zurückhaltung gekennzeichneten Anlaufphase – auch Fremden gegenüber situationsgemäß.

Dagegen neigt sie im Umgang mit der Mutter dazu, deren Verhaltenserwartungen nicht ohne weiteres nachzukommen. Vielmehr versucht sie, diesen eigene Wünsche nachdrücklich entgegenzustellen und sie durch »Drängeln« durchzusetzen.

–7–

---

7 Zu der rechtlichen Bedeutung dieses Antrags s. die Erläuterung unter 7.2.5.

–7–

Vor die Wahl zwischen Mutter und Adoptivvater gestellt, zeigt Monika deutlich stärkere emotionale Gebundenheit an den Adoptivvater und dessen Herkunftsfamilie. Dennoch hat Monika zu ihrer Mutter eine eher positive, wenn auch nicht unkomplizierte Beziehung. Selbst nach dem Weggang der Mutter kann das Mädchen, wenn auch mit größerer Zurückhaltung, auf die Mutter zugehen.

Der leibliche Vater des Mädchens spielt bislang in Monikas Erleben keine bedeutsame Rolle. Als ihr »zu Hause« erlebt Monika offensichtlich die Umgebung ihres Adoptivvaters.

Frau H., Monikas Mutter, ist heute 38 Jahre alt. Ihre Intelligenz liegt dem Eindruck nach eher im unteren Normbereich. Ihr Erleben und Verhalten wird weniger von planenden Überlegungen und realitätsbezogenen Zielsetzungen bestimmt; vielmehr neigt sie zu spontanen, wenig vorausschaubaren, oft sprunghaft wechselnden Handlungen. Sie wirkt im Umgang mit anderen sehr lebhaft, mitunter überschwänglich. Von ihrer sozialen Umwelt wird sie oft als unruhig und unausgeglichen erlebt. Nicht selten sind stärkere Gefühlsschwankungen bei ihr zu beobachten. Ihren bisherigen Ehemann scheint Frau H. einerseits noch heute als einen Menschen einzuschätzen, auf den Verlass ist, andererseits erlebt sie ihn in mancherlei Hinsicht als einen Gegensatz zu sich selbst. Zu ihrer Tochter Monika besitzt Frau H. seit Beginn der Schwangerschaft eine deutlich ambivalente Einstellung. Sie fühlt sich häufig durch Monikas Verhalten herausgefordert und in ihrer Erziehungsfähigkeit überfordert. Wenn Frau H. zu wählen hat zwischen mehr persönlichem Freiraum oder Nähe zu und damit Gebundenheit an ihr Kind, bevorzugt sie ihren privaten Freiraum.

Monikas Adoptivvater, Herr H., heute 41 Jahre alt, ist ein im allgemeinen recht ruhiger und ausgeglichen wirkender Mann. Im zwischenmenschlichen Bereich ist sein Verhalten eher zurückhaltend. In seiner Lebensplanung wird vorausschauendes, planendes und abwägendes Verhalten deutlich. Herr H. hat Interesse an beruflicher Fort- und Weiterbildung, die er zielstrebig und konsequent wahrnimmt. Herr H. vermag Enttäuschungen und andere psychische Belastungen gut auszuhalten, ohne zu resignieren oder anderen Vorwürfe zu machen. Er ist emotional ansprechbar und zu ausgeprägten emotionalen Bindungen fähig. Insbesondere gegenüber seinen Eltern und der Familie seiner Schwester bestehen enge Beziehungen, aber auch gegenüber seiner Frau scheinen solche Gefühle zu bestehen. Vor allem aber hat Herr H. zu seiner Adoptivtochter Monika eine belastbare bejahende Einstellung entwickelt. Er zeigt sich bereit und fähig, für Monika Verantwortung zu übernehmen, für ihre materielle Sicherheit zu sorgen und sich erzieherisch um sie zu kümmern. Wenn es um Monikas Interessen geht, ist er bereit, Belastungen und Unannehmlichkeiten auf sich zu nehmen.

Die im gleichen Haus wohnenden Angehörigen aus Herrn H.'s Herkunftsfamilie akzeptieren Monika als seine Adoptivtochter und setzen sich für das Kind ein.
Monikas Großmutter mütterlicherseits sieht ebenfalls die Entwicklung des Mädchens am besten durch den Adoptivvater gewährleistet.

–8–

-8-

4. Diagnose

Obwohl Monika in den ersten 18 Monaten ihres Lebens durch den häufigen Wechsel der Halbtagspflegestellen stärkeren seelischen Belastungen ausgesetzt war, zeigte sie in ihrer bisherigen körperlichen, geistigen und seelischen Entwicklung keine nennenswerten Verhaltensauffälligkeiten. Das gibt zunächst Grund zur Annahme, dass M. von ihren anlagemäßigen Voraussetzungen her belastbarer ist als manches andere Kind. Wesentlich dürfte jedoch zu ihrer bisherigen Entwicklung auch der sichere Lebensraum beigetragen haben, den ihr der Adoptivvater sehr bald verschaffte, indem er eine stabile bejahende Einstellung zum Kinde entwickelte, angemessen erzieherisch mit ihm umging, sehr früh durch Namenserteilung unnötigen Beunruhigungen des Kindes durch Altersgenossen oder Erwachsene vorbeugte und durch ein angemessenes aufklärendes Gespräch das Kind über seine Herkunft informierte, ohne die gute Beziehung zu ihm zu verlieren.

Inwieweit Monikas leichte Rückstände im Sprachverhalten als Folge eines zu geringen Angebots von entsprechenden Anreizen durch die Mutter anzusehen sind, wäre gegebenenfalls noch weiter zu überprüfen.

Ihr provozierendes Verhalten gegenüber der Mutter, Monikas einzige deutlich wahrnehmbare Verhaltensauffälligkeit vor dem Zeitpunkt der Trennung, verweist einerseits wiederum auf recht durchsetzungsfreudige Antriebe im Kind, andererseits auf beträchtliche Defizite in der Beziehung zwischen Monika und ihrer Mutter. Frau H. trug zur bestehenden Beeinträchtigung der Mutter-Kind-Beziehung bei
- durch ihre bereits seit Beginn der Schwangerschaft bestehende ambivalente Einstellung zum Kind,
- durch ihr inkonsequentes und wenig effektives/durchsetzungsfähiges Erziehungsverhalten,
- sowie durch ihr wenig vorausschaubares und häufig wechselhaftes Verhalten insgesamt, das Monika die Orientierung an und emotionale Zuwendung zu ihrer Mutter erschwerte. Kompensiert wird die beeinträchtigte Beziehung zur eigenen Mutter zumindest teilweise durch die positiven Erfahrungen, die M. im Haushalt des Adoptivvaters mit ihrer Tante und ihrer Cousine machen konnte, die für sie zu wichtigen weiblichen Bezugspersonen geworden sind.

Durch ihr eifersüchtiges Verhalten gegenüber der künftigen Stieftochter ihrer Mutter gibt das Mädchen zu erkennen, dass ihr trotz allem noch immer daran gelegen ist, sich beide Elternteile als beständige Bezugsperson zu erhalten. Diese Möglichkeit ist jedoch mit an Sicherheit grenzender Wahrscheinlichkeit auszuschließen, weil beide Elternteile im Begriff sind, mit anderen Partnern eine neue Ehe einzugehen. Es ist anzunehmen, dass die Trennung der Eltern und die nur unregelmäßigen Kontakte mit der Mutter sowie deren geringes und wechselhaftes Interesse an Umgangskontakten auf Monika belastender wirken, als sie nach außen zu erkennen gibt.

Monikas erhöhte Unruhe und Unkonzentriertheit in der Schule könnten Hinweise darauf sein, dass sie sich in ihrer Vorstellungs- und Erlebniswelt mit ihren Verlustängsten auseinander setzt. Monika versucht, diesen angst- und schmerzauslösenden Erfahrungen vor allem dadurch zu begegnen, dass sie sich ihrer Mutter gegenüber mehr zurücknimmt und sich nach wie vor stark an ihren Adoptivvater und die Angehörigen seiner Herkunftsfamilie anlehnt und auch dort anlehnen kann.

-9-

Indem Herr H. noch immer seiner früheren Frau verhältnismäßig ruhig und tolerant begegnet und indem er noch intensiver für Monika sorgt, unterstützt er das Mädchen in seinen notwendig gewordenen Versuchen der Neuorientierung. Soweit bei Monika Gefühle von Sicherheit und Unbefangenheit zu beobachten sind, werden sie überwiegend durch die zuverlässige und bejahende Zuwendung des Adoptivvaters zum Kind ermöglicht.

Herr H.'s ausgeprägte Beständigkeit im Durchhalten von Zielsetzungen sowie seine deutliche stabile gefühlsmäßige Gebundenheit an das Kind sprechen dafür, dass Monika auch in Zukunft von ihm versorgt und betreut werden wird.

5. Zusammenfassende Beurteilung der psychosozialen Situation des Kindes Monika

Die aus der Vorgeschichte, dem psychosozialen Befund und den diagnostischen bzw. prognostischen Überlegungen gewonnenen Erkenntnisse weisen darauf hin, dass eine Übertragung des Aufenthaltsbestimmungsrechts auf die Kindesmutter, Frau H., nicht dem Kindeswohl entspräche. Frau H. zeigt sich in ihrem Verhalten gegenüber ihrer Tochter und in ihrem Wunsch, für sie Verantwortung zu übernehmen, nach wie vor als sehr ambivalent und wechselhaft. Ihr wenig stabiles und kontinuierliches Interesse an ihrem Kind zeigt sich u. a. auch darin, dass sie zu einem Zeitpunkt, als für sie bereits feststand, dass sie die Familie verlassen würde, in die Adoption der Tochter durch den Stiefvater einwilligte. Seitdem sie von ihrer Familie getrennt lebt, überlegte sie mehrfach, Monika künftig zu sich zu nehmen, obwohl sie gleichzeitig die Ansicht vertrat, dass für ihr Kind bei Herrn H. besser gesorgt sei.

Falls Frau H. das Aufenthaltsbestimmungsrecht zugesprochen und Monika in die künftige neue Familie ihrer Mutter genommen würde, ist zudem mit starken Rivalitäten zwischen Monika und der gleichaltrigen Tochter des derzeitigen Partners ihrer Mutter zu rechnen. Zudem hat Monika zu dem Partner ihrer Mutter derzeit noch keine Beziehung entwickelt. Frau H.'s gering ausgeprägte Erziehungsfähigkeit und die seit Jahren sichtbaren Spannungen zwischen ihr und ihrer Tochter sprechen ebenfalls dagegen, Frau H. das Aufenthaltsbestimmungsrecht zu übertragen.

Herr H. ist gewillt und in der Lage, für Monikas materielle Sicherheit zu sorgen. Er bejahte die Adoption und die damit verbundenen nicht unbeträchtlichen Erbrechte des Mädchens, obwohl seine Frau kurz davor stand auszuziehen. Nachdem Frau H. sich von ihm getrennt hatte, sorgte er ohne zu wissen, ob ihm unter rechtlichen Gesichtspunkten die weitere Betreuung und Versorgung des Mädchens möglich sein würde, zusätzlich für das materielle Wohl des Mädchens, indem er für Monika eine Lebensversicherung abschloss. Monika behielt somit bei ihrem Adoptivvater das ihr vertraute soziale Umfeld. In seine Herkunftsfamilie ist sie voll integriert. Seine Mutter, seine Schwester sowie deren Tochter stellen für sie wichtige Bezugspersonen dar.

-10-

-10-

In Herrn H. erlebt Monika ihren Vater, der kontinuierlich und zuverlässig für sie da ist. Eine Übertragung des Aufenthaltsbestimmungsrechts auf den Adoptivvater, Herrn H., entspricht im übrigen auch dem ausdrücklich geäußerten Kindeswillen.

Die Eheleute H. sind sich offenbar einig, dass sie auch künftig gemeinsam das Sorgerecht ausüben wollen. Sie streiten lediglich über das Aufenthaltsbestimmungsrecht für das Mädchen. Da also in Bezug hierauf keine Einvernehmen besteht und da Monika erst acht Jahre alt ist, ist ihr Wille, beim Vater zu bleiben, nicht relevant im Sinne des § 1671 II Nr. 1 BGB. Er ist lediglich zu berücksichtigen bei der Frage, ob es am besten für sie ist, dass die Eltern das Aufenthaltsbestimmungsrecht nicht mehr gemeinsam haben und dass sie beim Vater bleiben darf (§ 1671 II Nr. 2 BGB). Beide Fragen sind wegen der Sprunghaftigkeit und sogar Unberechenbarkeit der Mutter und wegen des eindeutigen Wunsches des Kindes zu bejahen.

Wie erörtert hat Monika eine ausgeprägte, wenn auch nicht unkomplizierte Beziehung zu ihrer Mutter. Daher sollte auch ein Umgang zwischen Frau H. und dem Mädchen gemäß § 1684 I S. 1 BGB sichergestellt werden. Gerade angesichts der zusätzlichen Verunsicherung, die Monika durch die Tochter des neuen Partners der Mutter erlebt, ist es jedoch von Bedeutung, dass die Umgangskontakte verlässlich und regelmäßig stattfinden. Daher ist eine gerichtliche Regelung der Umgangskontakte zu empfehlen. Sollten sich mit der jetzt beschlossenen Regelung Probleme aufgrund des Verhaltens von Frau H. oder aufgrund der Tatsache dass Frau H. wieder heiratet, ergeben, müsste die Umgangsregelung neu überdacht werden.

6. Entscheidungsvorschlag

Ich schlage vor, dem Adoptivvater das Aufenthaltsbestimmungsrecht unter Beibehaltung der gemeinsamen elterlichen Sorge für Monika zu übertragen. Des Weiteren schlage ich vor, folgende Bestimmungen zu treffen:
- Frau H. darf Monika einmal im Monat, und zwar an dem ersten Wochenende, von Freitagnachmittag bis Sonntagabend zu sich nehmen.
- Die Oster- und Weihnachtsfeiertage verbringt Monika beim Adoptivvater, die Pfingsttage sowie Sylvester und Neujahr verbringt sie bei ihrer Mutter.
- Auf ausdrücklichen Wunsch des Kindes sind diese Feiertagsblöcke austauschbar.

7.2.4 Anmerkungen zum Beispielgutachten (7.2.3)

1. Diese Aussagen, die in der Stellungnahme des Jugendamtes fehlen, tragen wesentlich dazu bei, über die Mutter Bedeutsames zu vermitteln.
2. Auch diese Informationen sagen Wesentliches über die Persönlichkeit des Vaters aus.
3. Wichtig, weil der Druck der Familie des Mannes angeblich mit ein Scheidungsgrund war.
4. Diese Aussagen gehören von ihrem Charakter her in den Befund. Da sie aber von einer anderen Stelle als der jetzt begutachtenden herrühren und die Quelle angegeben wird, können sie in der Vorgeschichte aufgeführt werden.
5. Diese Ergebnisse haben zwar mit der jetzigen Scheidung nichts zu tun, geben aber Auskunft über Frau H.'s Schwierigkeiten, eigene Pläne konsequent durchzuführen.
6. Siehe Anm. 4!
7. Zu der rechtlichen Bedeutung dieses Antrags siehe die Erläuterung unter 7.2.5.
8. Wenn der psychosoziale Befund an manchen Stellen der Vorgeschichte ähnelt, so ist das dadurch begründet, dass wir die für die Vorgeschichte wichtigen Einzelinformationen nur der Originalakte entnehmen konnten. Diese bestand aber leider weitgehend aus bereits verallgemeinernden (= befundähnlichen) Feststellungen. Dieser Umstand verweist wieder auf die Notwendigkeit konkreter Notizen über Verhaltensbeobachtungen und Gesprächsinhalte.

7.2.5 Juristische Anmerkung

Wenn Eltern sich über das Sorgerecht oder Teile davon einig sind, so muss das Gericht nur noch dann eine »Entscheidung« treffen, wenn die Eltern einvernehmlich für einen von ihnen die Alleinsorge wünschen. Dies hat der Richter dann zu dokumentieren, ohne eigentlich zu »entscheiden«. Das Jugendamt wird dann überhaupt nicht um die Abgabe einer gutachtlichen Stellungnahme gebeten. – Eine echte Entscheidung ist nur notwendig, wenn einer der Eltern die Alleinsorge oder Teile der elterlichen Sorge allein wünscht und der andere nicht zustimmt oder sogar einen gegenläufigen Antrag stellt. Nur in diesem Fall ist das Jugendamt zur Mitwirkung (§ 50 KJHG) verpflichtet.

Im vorliegenden Fall hat Frau H. zunächst nicht widersprochen, aber auch nicht zugestimmt. Es lag daher von Anfang an ein Fall des § 1671 II Nr. 2 BGB vor. Durch den Antrag der Frau H. am 10. 10. 99 gab es dann zwei sich widersprechende Anträge, die das Gericht beide bescheiden und zu denen sich das Jugendamt äußern muss.

7.3 Gutachten von Sozialarbeitsstudenten im Vergleich mit einem Beispielgutachten (§§ 1741 ff. BGB)*

7.3.1 Die gutachtliche Stellungnahme von Sozialarbeitsstudenten (§§ 1741 ff. BGB)

An das
Amtsgericht Blitzdorf
– Vormundschaftsgericht –
Donnerstraße 1
14195 Blitzdorf

Jugendamt
– Allgemeiner Sozialdienst[1] –
Regenstraße 13
14195 Blitzdorf

1. 2. 1980

Betr.: Annahme eines Minderjährigen als Kind gem. §§ 1741 ff. BGB
Inhaber des elterlichen Sorgerechts: Frau Monika Kreuz, Pflaumenweg 1, 100 Blitzdorf[2].
Pflegeeltern: Hannes und Christa Illner, Quittenweg 3, 100 Blitzdorf.
Kind: Heike Kreuz, geb. 2. 11. 77.

Bezug: Ihr Schreiben v. 10. 1. 80 – hier eingegangen am 14. 1. 80
Az.: 30 XVI 75/78

Hiermit nehme ich Stellung gem. § 48 a I Nr. 10 JWG[3] und beantrage[4], dem Ehepaar Illner die Annahme der Heike Kreuz als Kind zu gestatten.
Ich begründe diesen Antrag mit Erkenntnissen aus folgenden Vorgängen[5]:

1. Innerbehördlicher Schriftwechsel
    1.1.   23. 04. 78 Bitte um Gewährung eines erhöhten Pflegegeldes[6]
    1.2.   23. 04. 78 Bitte um Überwachung der Pflegestelle Illner
    1.3.   Datum unbekannt; Bitte um Gewährung eines erhöhten Pflegegeldes
    1.4.   27. 06. 78 Bitte um Prüfung der Berechtigung für die Zahlung eines erhöhten Pflegegeldes
    1.5.   23. 06. 79 Bitte um Stellungnahme zur Aufnahme eines weiteren Pflegekindes
    1.6.   22. 01. 80 Bitte um Überwachung der Pflegestelle

2. Kontakte mit der Kindesmutter Frau Monika Kreuz
    2.1.   10. 07. 77 Angaben und Bericht des JA Blitzdorf über die Kindesmutter
    2.2.   15. 08. 77 Lebenslauf der Maria Kreuz

---

* Das Aktenstück stammt aus der Zeit vor Geltung des KJHG. Wir hätten es gerne auf zeitnähere Daten umgeschrieben. Da es aber geschichtliche Informationen (z. B. Flucht aus der DDR) enthält, war dies nicht möglich. Zum besseren Verständnis finden sich kurze Erläuterungen zu den Unterschieden zwischen JWG und KJG unter 7.3.5 (s. u. S. 247)

9.2.   27. 05. 78 Ärztliche Bescheinigung zur Vorlage beim JA
9.3.   19. 11. 78 Bescheinigung des JA über die Dauerpflege

I. Vorgeschichte und derzeitige Situation[7]

Am 20. 6. 70 schlossen Hannes Illner, geb. 27. 12. 34[8] und Christa, geb. Meixner, gesch. Schick, geb. am 16. 4. 41[8] miteinander die Ehe[9]. Frau Illner ist von Beruf Papierarbeiterin, Herr Illner geht der Tätigkeit als Kraftfahrer nach.
Frau Illners erste Ehe wurde aus alleinigem Verschulden des Ehemannes geschieden. Die jetzige Ehe ist kinderlos. Nach einer im März 1976 erfolgten Operation ist Frau Illner nicht mehr in der Lage, schwanger zu werden.
Am 13. 6. 77 beantragte das Ehepaar die Aufnahme eines Pflegekindes mit dem Ziel der Adoption.
Die Verhältnisse des Ehepaares wurden vom JA Blitzdorf geprüft. Sie werden als zufriedene strebsame Menschen geschildert, die einen guten Leumund haben und sich sehnlichst ein Kind wünschen. Am 11. 9. 77 wurde eine Adoption befürwortet, zu diesem Zeitpunkt kann[10] dem Ehepaar jedoch kein Kind vermittelt werden.
Am 10. 7. 77 wird[10] beim Blitzdorfer JA Frau Maria Kreuz, geb. am 6. 2. 45, vorstellig[11]. Sie ist von Beruf medizinisch-technische Assistentin[12], zur Zeit jedoch krank geschrieben, da sie unter einer schizophrenen Psychose[13] leidet. Sie erwartet[10] zum Ende November/Anfang Dezember ein Kind, das sie zur Adoption freigeben möchte, da sie aufgrund ihrer Krankheit nicht in der Lage ist, es zu versorgen. Ihren 1971 geborenen Sohn[14] hat sie ebenfalls bei Adoptiveltern untergebracht.
Das JA Blitzdorf fragt[10] bei der Psychiatrischen Klinik, in der Frau Kreuz in Behandlung ist, nach ihrem Krankheitsverlauf und etwaiger Schädigung des ungeborenen Kindes durch medikamentöse Behandlung.
Die Klinik berichtet[10], daß sich die Krankheit immer zeitweilig bemerkbar macht[16], dazwischen lägen Zeitabschnitte, in denen Frau Kreuz beschwerdefrei sei und keiner stationären Behandlung bedürfe. Über das zu erwartende Kind sähe[16] sich die Klinik außerstande, bindende Aussagen zu machen[17].
Am 5. 9. 77 wendet[10] sich das Blitzdorfer JA an die Adoptionsvermittlungszentrale der Ev. Kirche mit der Bitte, bei der Ermittlung von Adoptiveltern behilflich zu sein, die bereit wären, nach der Adoption Kontakt mit Frau Kreuz zu halten und ihren gelegentlichen Besuchen zuzustimmen[18].
Im November 1977 sprachen im Blitzdorfer JA die Eheleute Jedermann aus Heckendorf vor. Sie haben[10] aufgrund eigener Initiative Verbindung mit Frau Kreuz aufgenommen und möchten ihr Kind gleich nach der Geburt zu sich nehmen[19].
Am 2. 11. 77 kam Heike Kreuz zur Welt.
Sie blieb vorerst in der Kinderklinik, wo sie wegen einer Nasenmissbildung operiert wurde.
Unsere fernmündliche Anfrage[20] am 1. 2. 78 in der Kinderklinik ergibt[10] folgende Erkenntnisse:
Heike ist auf dem linken Auge blind, eine Behinderung, die sich auch nicht durch eine Operation beheben ließe[21]. Das Auge sei wesentlich kleiner, was sich auf das

Äußere des Kindes negativ auswirken werde. Außerdem läge[21] die Vermutung nahe, daß auch ein Hirnschaden vorhanden sei.

Am 13. 12. 78 teilten die Eheleute Jedermann mit, daß sie angesichts Heikes Behinderung an einer Aufnahme des Kindes nicht mehr interessiert seien[22].

Im Laufe des März 1978 interessieren[23] sich die Ehepaare Pauls und Meier für Heikes Adoption, nehmen[23] jedoch schnell davon Abstand[22]. Am 3.4. 78 teilte uns Frau Keuz mit, sie habe Familie Illner kennengelernt. Sie wären[21] mit Heike sehr liebevoll umgegangen, und diese hätte[21] sofort Vertrauen zu ihnen gefaßt. Sie als Mutter sei mit ihnen als Pflege- und später Adoptiveltern einverstanden.

Am 20. 4. 78 nimmt[23] das Ehepaar Iller Heike in Pflege mit dem Ziel der Adoption. Die Pflegeerlaubnis wird[23] am 24. 4. 78 ausgesprochen.

Inzwischen steht[23] fest, daß Heike neben den genannten Behinderungen auch noch Spastikerin ist.

Am 4. 7. 78 wurde von uns eine Prüfung der Pflegestelle vorgenommen. Diese Prüfung wie auch die nächstfolgenden am 31. 1. 79 und 7. 10. 79 verlaufen[23] mit sehr positivem Ergebnis. Heike gedeiht dort sehr gut, hat zu den Pflegeeltern ein sehr gutes Verhältnis, und diese bemühen sieh sehr um die Förderung des Kindes[24]. Am 23. 5. 79 beantragen[23] die Eheleute Illner ein zweites Kind, das sie in Tagespflege nehmen wollen.

Auf unsere Veranlassung ziehen[23] sie im September 79 in eine größere Wohnung um.

Am 22. 10. 80 wurde dem Ehepaar die Pflegeerlauhnis für Mario Schwan, geb. am 12. 10. 78, erteilt.

II. Psychosozialer Befund

Heike ist ein mehrfachbehindertes Kind von 2; 3 Jahren. Sie ist auf einem Auge blind und Spastikerin. Eventuell liegt noch eine weitere[23] Behinderung aufgrund einer Hirnschädigung vor.

Körperlich scheint sie sich gut zu entwickeln. Auf diesem Gebiet macht sich ein Entwicklungsrückstand nicht bemerkbar[26].

Zur Zeit beträgt der geistige Entwicklungsrückstand[27] nach Ansicht der Kinderärztin[28] mindestens ½ Jahr. Sie macht den Eindruck eines Spätentwicklers, der sich aber ständig weiter entwickelt[29].

Über Heikes Entwicklung im sozialen Bereich lässt sich aufgrund ihres Alters noch nicht viel sagen. Aus den Pflegeberichten[28] geht hervor, daß sie eine sehr herzliche Beziehung zu ihren Pflegeeltern hat und den Eindruck eines zufriedenen und frohen Kindes macht.

Über ihr Verhalten im Umgang mit anderen Personen lässt sich wenig sagen, da sie bisher nur Kontakt mit Pflegeeltern und der leiblichen Mutter hatte[30].

Ihr Spielverhalten wird als altersgemäß geschildert[28].

Frau Illner ist 38 Jahre alt. Sie hat nach ihrer Flucht aus der DDR sehr schnell Fuß gefaßt und war nach einer 2-jährigen Haushaltstätigkeit bis zur Übernahme des Pflegekindes als Papierarbeiterin tätig[31].

Herr Illner ist 45 Jahre alt. Auch er hat sich nach seiner Flucht in den Westen schnell eingelebt. Nach einer kurzen Tätigkeit als Bau- und Hilfsarbeiter ist er seit 18 Jahren bei der Firma S. als Kraftfahrer beschäftigt.

In verschiedenen Quellen[28] werden die Eheleute Illner übereinstimmend als ordentliche, strebsame und zufriedene Menschen geschildert. Sie leben in geordneten familiären und wirtschaftlichen Verhältnissen.

Ursprünglich wollten die Eheleute Illner nur ein körperlich und geistig normal entwickeltes Kind adoptieren. Trotz dieses Wunsches haben sie sich entschlossen, das mehrfach behinderte Kind Heike in Pflege zu nehmen, obwohl ihnen bewußt war[32], daß sie mit einem erheblichen Mehraufwand an Kosten und besonders an Zeit und Zuwendung für das Kind rechnen mußten.

In diesem Zusammenhang soll erwähnt werden, daß Frau Illner seit dem Zeitpunkt der Inpflegenahme von Heike ihre Berufstätigkeit aufgegeben hat[28].

In den zwei Jahren, die Heike bei den Pflegeeltern lebt, hat sich ein herzliches Verhältnis zwischen beiden Teilen entwickelt.

Die Pflegeeltern erziehen das Kind liebevoll und tun alles[33], um seine Entwicklung zu fördern, auch wenn dieses eine starke Belastung besonders für Frau Illner bedeutet, da mit dem Kind täglich gymnastische Übungen gemacht werden müssen und häufige Besuche beim Arzt und der Krankengymnastin nötig sind.

Herr und Frau Illner bemühen sich, möglichst objektiv Heikes Entwicklungsstand mit dem anderer Kinder zu vergleichen.

Auch mit der Aufrechterhaltung des Kontaktes zwischem dem Kind und seiner leiblichen Mutter sind die Pflegeeltern einverstanden. Diese Beziehung hat bisher keine negativen Auswirkungen auf die Entstehung eines Eltern-Kind-Verhältnisses gehabt.

Die leibliche Mutter, Maria Kreuz, ist an der Entwicklung des Kindes sehr interessiert und möchte auch im Falle einer Adoption den Kontakt zum Kind, das sie nicht selber versorgen kann, aufrechterhalten[34]. Sie möchte sich nicht in die Erziehung einmischen, sondern sich aus der Ferne »wie eine Patin« um das Kind kümmern. Frau Kreuz hat schon einen Sohn zur Adoption freigegeben, der jetzt 8 Jahre alt ist. Auch zu diesem Kind wollte Frau Kreuz den Kontakt nicht abreißen lassen, was normalerweise ziemlich problematisch ist[32]. Nach Aussagen der Adoptiveltern[28] dieses Jungen gibt es keine Schwierigkeiten, da sich Frau Kreuz an die Vereinbarungen hält[35].

III. Diagnose

1. Die **Pflegeeltern Illner** haben durch den Wunsch, Heike anzunehmen, sehr viel Mut und Risikobereitschaft[36] gezeigt. Gerade die Entscheidung für dieses Kind dürfte ihnen nicht leicht gefallen sein, da sie ursprünglich nur ein gesundes Kind adoptieren wollten. Durch ihr bisheriges Verhalten dem behinderten und äußerlich wenig ansprechenden Kind gegenüber wurde deutlich, daß es ihnen bei einer Adoption nicht darum geht, mit Hilfe des Kindes eigene Vorstellungen und Ziele zu verwirklichen, sondern in erster Linie darum, das Kind ein harmonisches Familienleben erfahren zu lassen, es in seiner persönlichen Eigenart zu akzeptieren und seinen Möglichkeiten entsprechend zu fördern. Trotz ihrer einfachen Schul-

bildung und fehlender pädagogischer Erfahrung zeigten Herr und Frau Illner bei Heikes Erziehung sehr viel Verständnis und Einfühlungsvermögen[37].
Jeder der Ehepartner hat mehrfach in seinem Leben bewiesen, daß er nicht der Typ ist, der schwierigen Situationen lieber ausweicht, sondern eher versucht, sie durch persönliches Engagement zu überwinden[36]. Beide Partner waren auch mit der Pflege und Erziehung von Heike nicht überfordert. Sowohl Heikes bisherige positive Entwicklung, als auch der Wunsch, ein zweites Kind in Pflege zu nehmen, stellen den Beweis dafür dar. Durch die Aufnahme eines zweiten Pflegekindes kann einer zu starken Fixierung der Eltern auf das Kind vorgebeugt werden, was besonders leicht in einer Beziehung der Eltern zu einem behinderten Kind geschieht[37].
Herr und Frau Illner besitzen auch das nötige Selbstbewußtsein, um einer offenen Adoption gewachsen zu sein, Sie sind in der Lage, eigene Wünsche bei der Gestaltung der Rolle der leiblichen Mutter in dieser Beziehung durchzusetzen und dieses Verhältnis für alle Beteiligten befriedigend zu regeln[37].
2. Trotz schwieriger Voraussetzungen konnte **Heike** das nötige Vertrauen zu sich und ihrer Umwelt entwickeln[38]. Das Defizit an Zuwendung, das durch den langen Krankenhausaufenthalt zu Beginn ihres Lebens und das dadurch bedingte Fehlen einer konstanten Bezugsperson entstanden war, konnte durch sehr intensive und liebevolle Zuwendung von seiten der Pflegeeltern ausgeglichen werden[39].
3. Bei der **leiblichen Mutter**, Frau Maria Kreuz, handelt es sich um eine trotz psychischer Erkrankung verantwortungsbewußte und zuverlässige Frau[38]. Sie ist sich der Bedeutung einer Familie für die gesunde Entwicklung eines Kindes bewußt und sorgt dafür, daß sowohl ihr Sohn als auch Heike in einer geeigneten Familie aufwachsen können, die sie ihnen nicht bieten kann.
Zugunsten der Kinder verzichtet sie auf ihre Rechte und Ansprüche als Mutter und versucht nicht, die Kinder zu behalten, was für diese zwangsläufig »Heim« bedeuten würde. Weil Frau Kreuz aber doch eine endgültige Trennung von den Kindern fürchtet, hat sie sich für den Kompromiß einer offenen Adoption entschlossen, welche für ihre eigenen Bedürfnisse noch einen gewissen Raum offenläßt. Dieser Entschluß, die Entwicklung der Kinder aus der Ferne nur zu beobachten, erfordert sehr viel Einsicht, Disziplin und Venantwortungsbewußtsein[40].

IV. Zusammenfassende Beurteilung der psychosozialen Situation

Wie aus der Vorgeschichte, dem psychosozialen Befund und der Diagnose hervorgeht, entstand zwischen Heike und den Pflegeeltern ein gutes Eltern-Kind-Verhältnis. Durch die intensive Pflege und Zuwendung, die Heike von den Pflegeeltern erhielt, entwickelte sie sich wider Erwarten gut. Das Ehepaar Illner ist trotz starker Belastung bemüht, alle ärztlichen Ratschläge zu befolgen, um alle Chancen, die Heike bei einer frühen Förderung hat, auszunutzen[41].
Inwieweit bei Heike eine geistige Behinderung vorliegt oder möglicherweise später eine Psychose auftreten könnte, ist noch nicht absehbar[42].
Herr und Frau Illner sind trotz der Kenntnis dieser Tatsache entschlossen, Heike zu adoptieren. Aufgrund ihrer gefestigten Persönlichkeit scheinen sie sehr belastbar und Heikes Erziehung gewachsen zu sein[43].

Auch eine offene Adoption ist in diesem Falle vertretbar, da sich die leibliche Mutter, Frau Kreuz, nicht in die Erziehung des Kindes einmischt und sich unter Wahrscheinlichkeit an die Abmachungen in bezug auf die Besuchsregeln hält. Bei dem Ehepaar Illner lebt Heike in bescheidenen, aber gut geordneten materiellen Verhältnissen[41, 44].

V. Entscheidungsvorschlag

Unter den gegebenen Umständen schlage ich vor, der Adoption des Kindes Heike zuzustimmen.
Der Wunsch der Mutter, den Kontakt zu dem Kind aufrechtzuerhalten, wird von den Adoptiveltern akzeptiert. Die Regelung kann auch weiter in der bisherigen Form gehandhabt werden, da sich bisher keine Beeinträchtigung für die Beziehung Heikes zu den Adoptiveltern ergeben hat.
Doch sollte sich der Kontakt zu Familienangehörigen nur auf die Mutter, Frau Kreuz, beschränken und nicht noch die Großeltern oder andere verwandte Personen einbeziehen[45].

7.3.2 Anmerkung zu dem Entwurf einer gutachtlichen Stellungnahme von Sozialarbeitsstudenten (7.3.1)

7.3.2.1 Zu Einleitung und Vorgeschichte

1. Im Normalfall – und der vorliegende ist ein solcher – wird bei der Adoptionsvermittlung die Adoptionsvermittlungsstelle (AdVermiSt) und nicht der AgD gutachtlich tätig (vgl. § 56 d FGG). Nur wenn die Vermittlung nicht von einen Vermittlungsstelle durchgeführt wurde (z. B. Verwandtenadoption, Stiefkindadoption), muß das JA – und hier dann in der Regel der ASD – angehört werden (ursprünglich § 48a Nr. 10 JWG, jetzt § 49 I Nr. 1 FGG).
2. Seit der Kindschaftsrechtsreform ist die Mutter Inhaberin der elterlichen Sorge (§ 1626 a BGB). Sie willigt deshalb gem. § 1747 I 1 BGB in die Adoption ein. – Falls es sich um ein nichteheliches Kind handelt, ist es erforderlich, den Pfleger anzugeben. Für die Einwilligung des gesetzlichen Vertreters (§ 1746 BGB) ist er nämlich zuständig (§ 1706 Nr. 1 BGB). – Falls die leiblichen Eltern schon eingewilligt haben, ist nunmehr das JA gem. § 1751 BGB Adoptionsvormund. Wenn gleichzeitig mit dem Annahmeantrag die Ersetzung der Einwilligung beantragt wird, empfiehlt es sich, zur Wahrung des Adoptionsgeheimnisses die Angaben über die Annehmenden zu verfremden.
3. § 56 d FGG; siehe oben Anm. 1.
4. Nicht das JA, sondern die Annehmenden »beantragen«; das JA kann nur befürworten.
5. Aus Gründen der Übung haben wir in unserem Gutachtenseminar alle Erkenntnisquellen auflisten lassen, damit kein Gesichtspunkt übersehen wird. In der Praxis empfiehlt sich die Kurzfassung wie im Beispielgutachten.

6. Aus den aufgeführten Vorgängen wird deutlich, daß die Studenten den Begriff »Erkenntnisquelle« nicht verstanden haben. Erkenntnisquellen sind Situationen, die ich persönlich (= unmittelbare) oder andere für mich (= mittelbare) wahrgenommen habe(n). Eine Mitteilung der AdVermiSt selber an andere Stellen ist keine Erkenntnisquelle, auch wenn sie neue Informationen enthält. Quelle ist der Vorgang, durch den die AdVermiSt diese Informationen erhalten hat (Hausbesuch, Telefongespräch, Mitteilung der Lehrerin etc.).

7. Die Anlage der Studenten, Vorgeschichte und derzeitige Situation in einem Abschnitt zu behandeln und die Personalien nicht herauszuziehen, ist nicht zu beanstanden. Wir haben der Übersichtlichkeit halber diese drei Abschnitte getrennt, insbesondere weil nach Inpflegegabe die Vorgeschichte von Kind und Pflegeeltern ineinander übergeht.

8. Es empfiehlt sich, das Alter der Betroffenen in Klammern dahinterzusetzen, damit der Leser nicht zu rechnen genötigt ist.

9. Hier ist vieles von der Vorgeschichte der Beteiligten unter den Tisch gefallen, was zur Abrundung eines Bildes von ihnen nützlich wäre (Schule, Ausbildung, Flucht, Tätigkeiten...)

10. Hier und im folgenden wechseln die Schreiber grundlos die Zeit.

11. Nicht der Verlauf, das Vorstelligwerden, ist bedeutsam, sondern der geäußerte Wunsch, ein Kind wegzugeben.

12. Auch hier ist die Vorgeschichte zu sehr verkürzt (Schule, Erststudium, Studiumsabbruch...)

13. Hier fehlen die Angaben (zumindest) über die gesundheitliche Situation der Familie. Wie sich aus der Diagnose ergibt, könnten allerdings auch Stellung und Einstellung der Familie Bedeutung haben.

14. Da zwischen Schwangerwerden und Erkranken bei beiden Kindern ein deutlicher Zusammenhang besteht, hätten die genauen Daten von erster stationärer Behandlung und 1. Geburt angegeben werden müssen.

15. Die Klinik hat auch über die erste Erkrankung berichtet. Es hätte sich empfohlen, schlicht chronologisch über Frau Kreuz zu berichten.

16. Falsche Modusformen! Richtig ist: mache, sehe

17. Immerhin lautet die Aussage dahingehend, daß zu 84% mit keiner Schädigung zu rechnen sei.

18. Dieser Abschnitt kann wegfallen. Er sagt nichts über die Beteiligten aus, lediglich über die Aktivitäten des JA, die den Richter in diesem Zusammenhang nicht interessieren. Wichtig dagegen wären die über die Ev. Adoptionszentrale erhaltenen Aussagen der Adoptiveltern des 1. Kindes und ihre Erfahrungen mit einer offenen Adoption gewesen.

19. Auch diese Information ist überflüssig.

20. **Wie** die Information gewonnen wurde, ist gleichgültig.

21. Falscher Modus! Richtig ist: lasse, liegen, seien, habe

22. Siehe Anm. 14! Das hätte man in einem Satz zusammenfassen können.

23. Zeitwechsel!

24. Diese Aussagen sind zu mager. Vor allem sagen sie zu wenig über die Entwicklung des Kindes während der drei Prüfungen und über ihren Entwick-

lungsstand überhaupt. Auch über das Verhalten der Pflegeeltern erfährt man so nichts.

7.3.2.2 Zum Befund

25. Ungenaue Aussage ohne echten Informationswert hinsichtlich eventueller Beeinträchtigung des Kindes.
26. Die Missbildungen von Auge und Nase blieben unberücksichtigt.
27. Rückstand in der geistigen Entwicklung.
28. Kein Befund, sondern **in dieser Form**, d.h. mit Quellenangabe, Vorgeschichte. Es bleibt offen, ob es jetzt noch stimmt.
29. Die beabsichtigte Aussage hinsichtlich Entwicklungsmöglichkeiten des Kindes kommt nur undeutlich zum Ausdruck.
30. Aussage ohne Informationswert. Entwicklungsalter bleibt außerdem in dieser Überlegung unberücksichtigt.
31. Aus dem Befund geht nicht hervor, daß Frau I infolge Totaloperation keine Kinder bekommen kann.
32. Aussage ohne Informationswert.
33. Pauschale, eher wertende Aussage. Es wäre hier zu nennen, was sie in der Regel konkret für das Kind tun.
34. Die Krankheit der Kindesmutter, ihre Persönlichkeit, insbesondere ihr bereits bekanntes Verhalten zu Adoptiveltern bleiben hier unberücksichtigt.
   Im allgemeinen braucht bei einer gutachtlichen Stellungnahme zur Kindesannahme auf die leiblichen Eltern nicht näher eingegangen zu werden. Das ist jedoch anders, wenn
   – es sich um eine Adoption mit Einwilligungsersetzung gem. § 1748 BGB oder
   – um eine offene Adoption handelt oder
   – gesundheitliche Schäden auf seiten der Abgebenden (Geisteskrankheiten, Drogensucht, Alkoholismus oder sonstige Erbkrankheiten) bekannt sind, die sich auf das Kind auswirken können, oder
   – das Kind Erkrankungen oder Behinderungen aufweist, die möglicherweise ererbt oder durch Einwirkungen (Drogen, Alkohol) in der pränatalen Phase verursacht sein können.
35. Hinweise auf Kindesvater fehlen.

7.3.2.3 Zu Diagnose/Prognose

36. Bewertung statt Diagnose. Die Aussagen der Studenten könnten allenfalls für prognostische Überlegungen verwendet werden, nämlich dann, wenn sie zu den derzeitigen Behinderungen des Kindes und seinen Entwicklungschancen in Beziehung gesetzt werden.
37. Teil einer zusammenfassenden Beurteilung.
38. Befund statt Diagnose.
39. Diagnostische bzw. prognostische Aussagen über die Behinderung des Kindes, soweit bekannt, fehlen.

40. In dieser Form keine diagnostische oder prognostische Aussage im Hinblick auf das Kind. Eine prognostische Aussage wäre z. B.: Aufgrund der offenen Adoption ist eine die Entwicklung des Kindes irritierende Einflußnahme der Mutter nicht auszuschließen.

7.3.2.4 Zur Beurteilung

41. Befund statt Beurteilung.
42. Diagnose statt Beurteilung.
43. Wenig konkrete Beurteilung der psychosozialen Situation.
44. Zu der zusammenfassenden Beurteilung wäre die besondere Erziehungsfähigkeit der Adoptiveltern sowie deren Auseinandersetzungen mit ihren Wunschvorstellungen angesichts der Behinderungen des Kindes zu erörtern.

7.3.2.5 Zum Entscheidungsvorschlag

45. In den Entscheidungsvorschlag gehört nur das, was der Richter aufgrund seiner Kompetenz entscheiden kann. Ist eine Adoption ausgesprochen, haben die Annehmenden das Sorgerecht wie natürliche Eltern und können der Frau K. aufgrund dieses Rechts den Umgang mit dem Kind untersagen und dies sogar ggf. gerichtlich durchsetzen (§ 1632 II BGB). Der Vormundschaftsrichter kann die offene Adoption daher nur insoweit in seine Entscheidung einbeziehen, als er mögliche Komplikationen auf diesem Gebiet als Ablehnungsgrund für eine Kindesannahme ansieht. Entsprechendes gilt für den Vorschlag des SozArb; Ausführungen dazu gehören jedoch in die zusammenfassende Beurteilung. Im Entscheidungsvorschlag kann es allenfalls heißen: Obwohl die angestrebte Kindesannahme eine offene Adoption ist, schlage ich vor, dem Antrag der Adoptivbewerber stattzugeben.

7.3.3 Beispielgutachten (§§ 1741 ff. BGB)

Das nachfolgende Beispielgutachten (S. 236–246) stützt sich ebenso wie das der Studenten (7.3.2) ausschließlich auf die Originalakte eines JA.
Der Vergleich des Beispielgutachtens mit dem der Studenten soll zeigen,
1. daß bei einiger Übung und Sorgfalt auch aus einer weniger informativ geführten Akte zahlreiche Einzelerkenntnisse für eine Stellungnahme zu holen sind;
2. daß manche Vorgänge in der Praxis so dürftig dokumentiert sind, daß allein schon deshalb – trotz Übung und Sorgfalt im Aktenstudium – die gutachtliche Stellungnahme z. T. unzulänglich ausfallen muß.
Uns war zu §§ 1741 ff. BGB keine Akte verfügbar, die eine differenziertere Ausgangsbasis für ein Beispielgutachten abgegeben hätte. Insofern ist das folgende Beispielgutachten wohl seinem formalen Aufbau nach als »Musterentwurf« zu verstehen; für seine inhaltliche Ausgestaltung gilt das nur begrenzt.

An das   Jugendamt Blitzdorf
Amtsgericht Blitzdorf   – Adoptionsvermittlungsstelle –
– Vormundschaftsgericht –   Regenstraße 13
Donnerstraße 1   14195 Blitzdorf
14195 Blitzdorf
                                           1. Februar 1980

Betr.:   Annahme eines Minderjährigen als Kind gem. §§ 1741 ff. BGB
               Inhaber des elterlichen Sorgerechts: Frau Monika Kreuz,
               Pflaumenweg 1, 100 Blitzdorf
               Pfleger: Jugendamt Blitzdorf
               Pflegeeltern: Hannes und Christa Illner, Quittenweg 3,
               100 Blitzdorf
               Kind: Heike Kreuz, geb. 2. 11. 77

Bezug: Dort. Schreibenv. 10.1. 80 – hier eingegangen am 1.4. 1980 –
               Az.: 30 XVI 75/78

Hiermit nehme ich gem. § 56 d FGG Stellungzu der Frage, ob dem Adoptionsantrag der
Eheleute Illner stattgegeben werden soll.

Ich begründe meine Stellungnahme mit Erkenntnissen aus folgenden Vorgängen:
1. Innerbehördlicher Schriftwechsel
2. Kontakte mit der Kindesmutter
3. Kontakte mit dem Ehepaar Illner
4. Briefwechsel mit der Adoptionszentrale der Ev. Kirche
5. Briefwechsel mit der psychiatrischen Klinik in Schönbronn
8. Kontakte mit der Kinderklinik in Blitzdorf
7. Bescheinigungen sonstiger Stellen

Personalien:
1. Leibliche Mutter von Heike Kreuz:
Monika Kreuz, geb. 6. 2. 45 in Königsdorf, deutsch, ev., ledig.
Med. techn. Ass., z.Z. krankgeschrieben, Pflaumenweg 1,
100 Blitzdorf

2. Leiblicher Vater von Heike Kreuz:
unbekannt[1]

3. Kind Heike Kreuz
Heike Kreuz, geb. 2. 11. 77 in Blitzdorf, deutsch, nicht getauft, nichtehelich, wohnhaft
bei den Pflegeeltern Hannes und Christa Illner (s.u. 4. und 5.), Pfleger: Jugendamt
Blitzdorf

4. Adoptivvater (Pflegevater):
Hannes Illner, geb. am 27. 12. 1934 in Holzberge, deutsch, rk.,
Kraftfahrer, verheiratet mit der Adoptivmutter seit dem 20. 8. 1971,
keine eigenen Kinder, 1 Pflegekind (Junge), wohnhaft
Quittenweg 3, 100 Blitzdorf

–2–

5. Adoptivmutter (Pflegemutter):

Christa Illner geb. Meixner, geb. am 16. 4. 1941 in Waldau, deutsch, ev., ohne erlernten Beruf, tätig lange als Papierarbeiterin, jetzt Hausfrau, im übrigen wie oben.

I. Vorgeschichte und derzeitige Situation

1. Leibliche Mutter

Monika K. (heute 34 J.) wurde als 3. von sechs Kindern der Eheleute K. (Studienrat/ Hausfrau) geboren. Ihr Vater leidet an einer erworbenen Epilepsie; im übrigen sind in der Familie keine außergewöhnlichen Krankheiten aufgetreten. Die Geschwister sind alle Akademiker, Studenten oder Gymnasiasten. Ihre Schulzeit absolvierte sie ohne Besonderheiten von 1952–1965 (Abitur). Nach einem praktischen Jahr (Haustochter im Ausland, Pflege geistig behinderter Kinder) begann sie 1966, Theologie zu studieren. 1970/71 brach sie ihr Studium aus gesundheitlichen Gründen ab. Laut Auskunft von Prof. Dr. Klug des Psychiatrischen Krankenhauses in Schönbronn erkrankte sie in dieser Zeit an einer schizophrenen Psychose und wurde acht Monate in der Nervenklinik in Altstadt stationär behandelt. Am 1. 8. 1971 brachte sie ihren ersten Sohn Walter zur Welt, der inzwischen von der Familie Schmied in Bergdorf in offener Adoption als Kind angenommen worden ist. Monika K. hat regelmäßige und gute Kontakte zu den Adoptiveltern und ihrem Kind, das weiß, daß sie seine leibliche Mutter ist.
Nach Mitteilung des genannten Psychiaters machte sie im Januar 1972 einen Suizidversuch und wurde anschließend 2 Monate im LKH in Sommerberg behandelt. Nach einer Überbrückungsphase mit Halbtagsarbeit 1971/72 absolvierte sie 1972–75 eine Ausbildung als M.T.A. und war danach in diesem Beruf tätig. 1976 wurde sie zum zweitenmal schwanger und erkrankte erneut. Vom 5. 2. 76–17. 5. 76 wurde sie im Psychiatrischen Krankenhaus Schönbronn behandelt. Die Medikamente, die sie erhielt, bezeichnete der behandelnde Arzt als zu 84% unschädlich für das erwartete Kind. Am 2. 11. 1977 brachte sie das Kind Heike zur Welt. Seit Wissen von der Schwangerschaft hatte sie vorgehabt, auch das zweite Kind wegzugeben, und zwar wiederum auf dem Wege der offenen Adoption. Inzwischen ist Monika K. wieder gesund und voll berufstätig. Sie ist damit einverstanden, daß Heike in der Konfession der Wahleltern, jedoch möglichst evangelisch erzogen wird[2]. Sie hält daran fest, daß es keine Inkognito-Adoption sein soll und daß sie das Kind »wie eine Patin« besuchen möchte. Nach Aussagen der Adoptiveltern ihres ersten Kindes hält sie sich an getroffene Absprachen und hat zu diesen und dem Kind ein freundschaftliches Verhältnis[3].

–3–

-3-

2. Leiblicher Vater
Ebenso wie über den Vater des ersten Kindes ist über den des zweiten Kindes nichts
bekannt.

3. Adoptivkind (Pflegekind)
Am 2. 11. 1977 wurde Heike (heute 2; 3 Jahre) geboren. Sie wog 2400 g und war 4 8cm
groß[4]. Da sie eine Nasenmissbildung hatte, wurde sie in die Kinderklinik verlegt und
operiert. Dort stellte sich heraus, daß Heike auf dem linken Auge blind ist. Da die Anlage
des Sehnervs völlig fehlt, verspricht eine Operation keinerlei Erfolg. Das blinde Auge ist
kleiner als das gesunde. Weitere Beobachtungen und Untersuchungen ergaben, daß
Heike außerdem Spastikerin ist und möglicherweise einen Hirnschaden hat. Nachdem
drei Adoptiv- bzw. Pflegekindbewerber von einer Aufnahme des Kindes Abstand genommen hatten, wurde Heike am 20. 4. 1978 aus der Kinderklinik entlassen und von den
Eheleuten Illner in Dauerpflege genommen. Am 24. 4. 1978 wurde die Pflegeerlaubnis
erteilt. Wegen der vielfältigen Behinderungen des Kindes wurde ihnen ein erhöhtes
Pflegegeld gewährt.

4. Adoptiveltern (Pflegeeltern)
Die Pflegemutter (heute 38 Jahre) besuchte 1948–1956 die Volksschule. Ab 1956 war
sie in der DDR als Arbeiterin tätig. 1961 flüchtete sie in die Bundesrepublik. Hier arbeitete sie zunächst im Haushalt, dann in einer Behörde, später in einer Firma[5]. 1971 wurde
sie von ihrem ersten Ehemann aus dessen alleiniger Schuld geschieden. Seit 1974 bis
1979 war sie in einer Papierfabrik beschäftigt und verdiente dort ca. 700 DM netto. Der
Pflegevater (heute 45 Jahre) besuchte acht Jahre die Volksschule. 1946 mußte er mit
seiner Familie Schlesien verlassen. 1951/52 arbeitete er als Waldarbeiter in der DDR;
1952 flüchtete er nach Westdeutschland, wo er zunächst als Bauarbeiter tätig ware. Seit
1957 arbeitet er bei derselben Firma als Kraftfahrer, wo er ca. 1000 DM netto verdient.
Sein Arbeitgeber hat ihm ein sehr gutes Zeugnis ausgestellt.
Seit 1971 sind die Eheleute verheiratet. Im Jahre 1977 mußte Frau Illner bei sich eine
Totaloperation vornehmen lassen. Kurze Zeit nach dem Eingriff bewarben sich die Eheleute um ein Adoptivkind. Sie wünschten sich primär, aber nicht ausschließlich, ein
Mädchen im Alter bis zu 2 Jahren, das körperlich gesund und normal entwickelt sei. Es
sollte kein Mischlingskind sein. Sie wollten es katholisch erziehen. Zu der Zeit wohnten
die Bewerber in einer modern eingerichteten, sehr gepflegten Zweizimmerwohnung mit
Küche, Bad, für die sie mit Heizung 450 DM zahlten. Frau Illner war bereit, für das Kind
ihre Arbeit aufzugeben. Die SozArb der Pflegekinderabteilung, die einen Hausbesuch
bei Ehepaar Illner machte, beschrieb die Eheleute als sehr ordentliche, zufriedene, strebsame Menschen[7] und befürwortete, ihnen ein Kind anzuvertrauen.

-4-

-4-

5. Situation seit Inpflegegabe von Heike bei Ehepaar Illner

Im ersten Pflegebericht am 4. 7. 1978 wurde ausgeführt, dass die körperliche Entwicklung von Heike (damals 7 Monate)[8] altersentsprechend und auch in ihrer geistigen Entwicklung bisher nichts besonderes anzumerken sei. Heike werde regelmäßig heilgymnastisch betreut, sei ein ruhiges, wenig schreiendes Kind, das gut esse und schlafe. Heike fange an, sich mit sich selbst und Puppen zu beschäftigen. Die Pflegeeltern behandelten sie wie ein eigenes Kind und versorgten sie mit Liebe und Güte. Sie brächten ihr viel Verständnis entgegen und bemühten sich, das Kind in jeder Hinsicht zu fördern[9]. Lediglich durch die häufigen Besuche der leiblichen Mutter fühlten sich die Pflegeeltern gestört. Im 2. Pflegebericht vom 31. 1. 1979 hieß es, dass Heike (1; 2 J.) sich in einem guten Ernährungs- und Pflegezustand befinde und körperlich und geistig altersgemäß entwickelt sei.

Ab Sommer 1979 bemühten sich die Eheleute Illner um die Aufnahme eines zweiten Pflegekindes. Außerdem zogen sie im September in eine größere Wohnung (3ZKB) um.

Im 3. Pflegebericht vom 7. 10. 1979 wurde ausgeführt: Heike (1; 10 J.)[8] mache körperlich einen gut entwickelten Eindruck. Im Gehen sei sie einigermaßen sicher. Die Fontanelle, die drei Finger breit gewesen sein soll, sei fast ganz geschlossen. Eine Operation in der Nasenhöhle müsse noch durchgeführt werden. Nach Aussagen der Kinderärztin betrage der Rückstand in der geistigen Entwicklung mindestens 1/2 Jahr. Heike wirke jedoch nicht wie ein geistig gestörtes, sondern wie ein etwas zurückgebliebenes Kind.

Im übrigen mache Heike einen sauberen, gepflegten und frohen Eindruck.

Die Pflegeeltern hätten ein herzliches Verhältnis zu Heike. Sie beobachteten aufmerksam die Entwicklung des Kindes und bemühten sich festzustellen, inwieweit Heike anders als andere Kinder sei[10]. Frau Illner habe ihre Berufstätigkeit aufgegeben und wolle noch immer ein zweites Pflegekind aufnehmen.

Die leibliche Mutter komme Heike etwa alle 3 Monate besuchen. Einmal wurde sie dabei von ihren Eltern begleitet, die ihr Enkelkind kennenlernen wollten.

Anfang 1979 erhielten die Eheleute Illner einen 1¼ Jahre alten Jungen als Pflegekind.

-5-

-5-

II. Psychosozialer Befund

[Eine fachlich vertretbare Beurteilung der psychosozialen Situation der Betroffenen –
die Grundlage des sich daraus ergebenden Entscheidungsvorschlags – setzt einen diffe-
renzierten und hinreichend gesicherten psychosozialen Befund und sich darauf bezie-
hende diagnostisch/prognostische Überlegungen voraus. Im vorliegenden Fall fehlen in
der Originalakte viele dafür notwendige Daten. Die wurden zu Demonstrationszwecken
von uns wenigstens in Teilbereichen erfunden und durch eckige Klammern kenntlich
gemacht.]

1. Sieht man von den Zeiten akuter psychotischer Erkrankung ab, so erweist sich Frau
Kreuz als eine vielseitig interessierte, geistig rege und Argumenten zugängliche Frau.
Sie neigt dazu, aus ihren Einsichten Konsequenzen für ihr Handeln abzuleiten und diese
auch dann durchzuhalten, wenn sie persönliche Bedürfnisse spürbar zurückstellen
muß.

Frau K. sorgt sich um das Wohlergehen ihrer Kinder und bemüht sich, auch nach der
Adoption zu ihnen Kontakt zu behalten und auf ihre Erziehung wenigstens begrenzt
Einfluß zu nehmen, ohne sich jedoch den Kindern aufzudrängen.

Während der hierbei auftauchenden Schwierigkeiten mit den jeweiligen Adoptiveltern
versucht Frau K., ihre Wünsche und Vorstellungen anzumelden und durchzusetzen,
zeigt sich jedoch auch imstande, in Auseinandersetzungen mit den Adoptiv- bzw. Pflegeeltern deren Bedürfnisse zu verstehen und zu respektieren. Frau K. fühlt sich religiös
gebunden und möchte Heike grundsätzlich im evangelischen Glauben erzogen wissen,
ohne jedoch starr darauf zu bestehen.

Auch Heikes Großeltern mütterlicherseits sind an ihren Enkeln interessiert und suchen
Kontakt zu den Adoptiveltern Sie versuchen jedoch, sich mit ihren Erziehungsvorstellungen zurückzuhalten und sich nicht in die Arbeit der Adoptiveltern einzumischen.

2. Die zweieinhalbjährige Heike ist ihrem körperlichen Erscheinungsbild nach altersgemäß entwickelt. Durch ihr linkes Auge, das blind und deutlich kleiner als ihr rechtes ist,
wirkt Heike beim ersten Anblick leicht entstellt.

Infolge Operation beeinträchtigt die bei Geburt gegebene Nasenmißbildung des Mädchens sein Aussehen nicht mehr. Eine notwendige Operation der Nasenhöhle steht noch
aus.

Im Bereich der Grobmotorik ist Heike nahezu altersgemäß entwickelt, verfügt jedoch
noch nicht über die ihrem Alter entsprechende Sicherheit in der Kontrolle des Bewe-
gungsapparates. Hinsichtlich ihrer geistigen Fähigkeiten hat Heike im Vergleich zu
Altersgenossen einen Rückstand von etwa einem halben Jahr. [Heike zeigt altersgemäße
Spielinteressen. Sie ist ein ruhiges Mädchen, das sich selbst beschäftigen kann.]

-6-

–6–

[Den Pflegeeltern (Adoptiveltern) begegnet Heike mit viel Zutrauen. Oft sucht sie Körperkontakt bei Frau I. Sie scheint sich bei Frau und Herrn I. geborgen zu fühlen.]
[Heike kann das seit vier Monaten in der Adoptivfamilie lebende zweite Pflegekind nach anfänglichen Schwierigkeiten ihrem Alter entsprechend als Geschwisterkind akzeptieren.
3. Die Eheleute Illner leben in einer gut eingerichteten und geräumigen Wohnung und verfügen durch Herrn Illners Berufstätigkeit als Kraftfahrer über ein zwar bescheidenes, aber sicheres Einkommen.
[Frau und Herr I. wirken sehr zufrieden mit ihrer Lebenssituation und gehen in der Regel freundlich und offen miteinander um.] Bei Meinungsverschiedenheiten neigt Herr I. dazu, den Vorstellungen seiner Frau eher nachzugehen als umgekehrt. [Herr I. akzeptiert, daß Frau I. ihre Berufstätigkeit aufgab und lieber ausschließlich Hausfrau und Mutter sein möchte,] obwohl durch den Wegfall von Frau I's Verdienst ihre wirtschaftlichen Möglichkeiten spürbar eingeschränkt wurden.
Die Eheleute I. wünschen ein Kind zu adoptieren, da sie wegen Frau I's Totaloperation keine gemeinsamen Kinder haben können. Es sollte ein Mädchen bis zu 2 Jahren sein, kein Mischling, körperlich gesund und normal entwickelt.
Die Adoptiveltern verfolgen Heikes Entwicklung aufmerksam, aber nicht ängstlich. Sie akzeptieren Heike mit ihren Behinderungen [und sind bereit, sich auch mit eventuell erst später sichtbar werdenden Schäden angemessen auseinanderzusetzen. Vor Fremden, Nachbarn und Verwandten stehen sie zu Heike als einem behinderten Kind]. Die Adoptiveltern sind sich der damit verbundenen Schwierigkeiten bewußt.
Anweisungen des Arztes bezüglich des Kindes beachten sie sorgfältig.
Frau I. nimmt viele Mühen auf sich, das Mädchen so weit wie möglich zu fördern, ohne es zu überfordern. [Wenn dem Kinde etwas nicht gelingt, ermutigt Frau I. es ruhig und freundlich, mitunter scherzend, es noch einmal zu versuchen.]
Die Adoptivmutter bemüht sich, Heikes Bedürfnisse zu erkennen und im Rahmen des Möglichen zu befriedigen. [Des Mädchens ausgeprägten Wunsch nach körperlicher Nähe kann sie gut zulassen. In solchen Situationen nimmt sie das Kind für eine Weile in den Arm oder läßt das Mädchen sich an sich anschmiegen, während sie ihm über den Kopf streichelt.]
[Bei aller emotionaler Nähe zum Kind legt Frau I. Wert darauf, daß Heike ihren Aufforderungen nachkommt bzw. gesetzte Grenzen einhält.]

–7–

−7−

[In Konfliktsituationen mit dem Kind versucht Frau I. in der Regel, ihre Forderungen ruhig zu wiederholen, mitunter erklärend etwas hinzuzufügen und notfalls die angedrohten Konsequenzen folgen zu lassen.]
[Wenn Frau I. straft, tut sie es verbal bzw. durch Liebesentzug.]
[Zwischen den Eheleuten I. besteht hinsichtlich des erzieherischen Umgangs mit Heike weitgehend Übereinstimmung.] Bei der bestehenden Konfessionsverschiedenheit der Ehepartner wollen die Adoptiveltern ein Adoptivkind nach der Religion des Adoptivvaters, d. h. katholisch erziehen. Herr I. teilt auch die Auffassung seiner Frau, daß zum gegenwärtigen Zeitpunkt Heikes unmittelbare Erziehung vor allem von Frau I. zu leisten sei. [Nach Feierabend, besonders aber an Wochenenden, findet Herr I. Zeit, mit Heike eine Weile spazieren zu gehen, zu spielen, ihr etwas zu zeigen oder ihr etwas mitzubringen.]
Beide Eheleute bewerten übereinstimmend das gemeinsame Umsorgen des Kindes als eine Bereicherung ihres bisherigen Lebens. Mitunter wird bei den Eheleuten I. die Sorge spürbar, Frau Kreuz könne auch nach der Adoption versuchen, auf Heikes Erziehung nachhaltig Einfluß zu nehmen, und sie wären dann wegen der geistigen Überlegenheit der Kindesmutter u. U. nicht in der Lage, ihre eigenen Vorstellungen angemessen durchzusetzen.

III. Diagnose/Prognose
Heike wurde ca. 14 Tage nach dem errechneten Zeitpunkt geboren; sie war also keine Frühgeburt. Dennoch liegen ihr Geburtsgewicht (2400 g) und ihre Geburtsgröße (48cm) deutlich unter den Durchschnittswerten.
Die bei ihr zu beobachtenden Missbildungen (fehlender Sehnerv, missgebildetes linkes Auge, mißgebildete Nase) und Funktionsstörungen (spastische) sind in Zusammenhang mit der medikamentösen Behandlung ihrer Mutter zum Zeitpunkt der Schwangerschaft zu sehen und legen die Annahme einer pränatalen Schädigung nahe. Aufgrund der Eigenart der o. g. Schäden ist der jetzige Intelligenzrückstand des Mädchens von einem halben Jahr kaum als Folge des Klinikaufenthaltes des Kindes während der ersten 5 Lebensmonate, sondern eher als Folge einer vorgeburtlichen Hirnschädigung anzusehen.
Da Heike außerdem im motorischen und optischen Bereich behindert ist, muß man damit rechnen, daß der Intelligenzrückstand trotz Übungen nur begrenzt kompensiert werden kann. Heikes weitere Entwicklung im kognitiven Bereich wird mit großer Wahrscheinlichkeit nicht störungsfrei verlaufen. Während des späteren Schulbesuchs des Mädchens ist mit Schwierigkeiten in Form von Lernstörungen zu rechnen.

−8−

–8–

Wegen ihres leicht entstellten Aussehens und der spastischen Störungen wird Heike unter Kindern auffallen und schwerer als andere ein positives Selbstkonzept und ein belastbares Sozialverhalten entwickeln können.

Ob und ggf. inwieweit das Mädchen durch erbliche Belastungen (Schizophrenie der Mutter, Epilepsie des Großvaters) in seinem künftigen Erleben und Verhalten beeinträchtigt werden wird, ist nach Mitteilung von Ärzten z.Z. nicht abzuschätzen.

Die Besonderheiten dieses Kindes setzen voraus, daß die Adoptiveltern über ein gutes Maß an psychophysischer Belastbarkeit verfügen, aus einer primär kindbezogenen Motivation heraus ein Adoptivkind suchen und keine unrealistischen Erwartungen hinsichtlich des Leistungsverhaltens ihres Adoptivkindes haben.

Der Wille der Kindesmutter, nur einer offenen Adoption zuzustimmen und ihr Wunsch, wie eine Patentante nahen Kontakt zu ihrem Kind behalten zu können, werden nur dann für die Entwicklung des Kindes ohne negative Folgen sein, wenn die betreffenden Adoptiveltern hinreichend über Selbstvertrauen und Durchsetzungsfähigkeit einerseits und Einfühlungsvermögen in die besondere Lage der Kindesmutter andererseits verfügen. Sonst besteht die Gefahr, daß die Adoptiveltern ständig zwischen aggressiver Selbstbehauptung und schuldgefühlbeladenem Nachgeben gegenüber Frau Kreuz schwanken und das Kind darunter leidet.

IV. Zusammenfassende Beurteilung der Annahme als Kind aus psychosozialer Sicht

1. Eignung des Kindes

Heike ist so behindert, dass sie zur Zeit einer gezielten fachlichen Förderung (Krankengymnastik) und auch später intensiver Zuwendung bedarf, um sich angemessen entwickeln zu können. Ihre Beeinträchtigungen sind jedoch nicht der Art, daß diese Förderung nur bei gleichzeitiger Unterbringung in einer Klinik oder einem Heim möglich wäre.

Vielmehr verfügt Heike über gute Voraussetzungen im emotionalen, sozialen und hinreichende im kognitiven und körperlichen Bereich, um sich in einer geeigneten Familie gut entwickeln zu können.

Gegenüber den Adoptiveltern I, die für sie seit dem Klinikaufenthalt während ihrer ersten 5 Lebensmonate die ständigen Bezugspersonen waren, hat Heike stabile Gefühle der Zuwendung und des Vertrauens entwickelt. Sie erlebt ihre Pflegeeltern als ihre Eltern und erfährt den Lebensraum der Eheleute I. als ihr »zu Hause«.

–9–

–9–

Ihre Annahme als Kind könnte diese positiven Erfahrungen nur verstärken und stabilisieren.

2. Eignung der Annehmenden

2.1 Erwartung der Adoptiveltern

Die Adoptiveltern I. hatten hinsichtlich ihres Adoptivkindes Erwartungen, denen Heike nur begrenzt entspricht (Alter, Geschlecht). Ihre ursprüngliche Absicht, kein sozial auffälliges Kind (Mischling, Behinderter) zu adoptieren, läßt zunächst befürchten, daß die Eheleute I. sich u. U. nicht stark genug fühlen, sich mit einem Kinde zu identifizieren, das in irgendeiner Weise nicht »normal« ist.

Die Praxis der fast zweijährigen Pflegezeit[11] hat jedoch erwiesen, daß Frau und Herr I. von ihrem wohl verständlichen Wunsch nach einem völlig gesunden Kind abrücken konnten. Durch die herzliche Beziehung, die sie zwischen sich und dem Kinde in der Pflegezeit aufbauten, wurde es ihnen möglich, Heike so zu bejahen, wie es für ihre Entwicklung förderlich ist.

2.2 Erziehungsfähigkeit der Annehmenden

Die Adoptiveltern. insbesondere die Adoptivmutter, haben ein ausgesprochen kindzentriertes Erziehungsverhalten. Ihre Ruhe, relative Ausgeglichenheit und ihre Belastbarkeit im körperlichen und seelischen Bereich sind für den erzieherischen Umgang mit einem behinderten Kind, wie Heike es ist, von besonderem Wert.

Es besteht ein hohes Maß an Wahrscheinlichkeit, daß die Adoptiveltern durch die gegebenen und noch zu erwartenden Belastungen, die die Erziehung des Mädchens mit sich bringen wird, nicht überfordert sein werden.

Wie schon erwähnt, können für die Adoptiveltern einige Schwierigkeiten in der Erziehungsarbeit entstehen, falls sie sich infolge der offenen Adoption zu sehr mit direkten oder indirekten Ansprüchen der Kindesmutter auseinanderzusetzen haben. Unter den gegebenen Umständen ist eine Inkognito-Adoption dieses Kindes durch diese Adoptiveltern nicht mehr möglich. Das Kind deshalb aus dieser Pflegefamilie zu nehmen, um eine anderweitige Inkognito-Adoption zu ermöglichen, scheint mir aus zwei Gründen nicht vertretbar:

1. Die bisherigen Vermittlungsbemühungen zeigten, dass es sehr schwierig ist, für die behinderte Heike Adoptiveltern zu finden.
2. Zwischen Pflegeeltern und Kind hat sich eine so günstige Beziehung entwickelt, daß nur äußerst schwerwiegende Gründe es verantwortbar erscheinen ließen, dem Kinde diese Entwicklungschance zu nehmen.

–10–

−10−

Will man die sich aus einer offenen Adoption möglicherweise ergebenden Probleme abschließend beurteilen, so sind Vorgeschichte und psychosozialer Befund zu berücksichtigen.
Sie zeigen:
1. Während der Pflegezeit hatten die Adoptiveltern in dieser Hinsicht einige Schwierigkeiten, konnten sie jedoch hinreichend meistern.
2. Die Kindesmutter ist Argumenten gegenüber offen und vermag zum Wohle ihrer Kinder ihre persönlichen Bedürfnisse zu steuern. Gemäß § 9 II AdVermiG wird es Aufgabe des zuständigen Jugendamtes sein, in der nachgehenden Beratung der Adoptiveltern sie gerade hinsichtlich dieses Problems zu unterstützen.

2.3 Familiäre Situation der Annehmenden
Die Beziehung der Eheleute 1. untereinander scheint herzlich und stabil zu sein.
So weit von außen her beurteilbar, kann davon ausgegangen werden, daß Heike einen Verlust der Adoptiveltern durch Scheidung nicht zu befürchten braucht.
Heike ist für die Eheleute I. und ihre Beziehung zwar eine Bereicherung, jedoch kein notwendiger Bestandteil. Die Annahme als Kind dürfte auch keine besonderen belastenden Veränderungen in die Partnerbeziehung der Annehmenden einbringen, da die Adoptiveltern in der zweijährigen Pflegezeit die durch das Hinzukommen eines Kindes sich ergebenden Erfahrungen miteinander gemacht und offensichtlich auch verarbeitet haben. Das angenommene zweite Pflegekind ist geeignet, Heike gegenüber eine Geschwisterrolle einzunehmen.

2.4 Wirtschaftliche Situation der Annehmenden
Durch die Annahme als Kind verlieren die Eheleute für Heike das Pflegegeld, das wegen der durch die Behinderung des Kindes entstehenden, zusätzlichen Kosten überdurchschnittlich hoch war. Herr I. hat ein bescheidenes Einkommen, das nur durch das Pflegegeld für das zweite Pflegekind ergänzt wird.
Die wirtschaftlichen Möglichkeiten der Annehmenden werden durch den Verlust des Geldes bei Bestehenbleiben der erhöhten Ausgaben für Heike spürbar eingeengt.
Die Annehmenden haben jedoch keine Schulden und sind sehr gut eingerichtet, so dass Anschaffungen in großem Umfange in nächster Zeit nicht erforderlich sind.

−11−

−11−

Frau und Herr I. sind sich der wirtschaftlichen Konsequenzen bewußt. Sie versuchen, durch sparsame Lebensführung und zusätzliche Arbeit die wirtschaftlichen Mehrbelastungen aufzufangen. Ihre realistische Lebensauffassung wie ihre Belastbarkeit berechtigen zur Annahme, daß die Adoptiveltern mit dieser Schwierigkeit als einer gemeinsamen Aufgabe fertig werden.

V. Beurteilung der Annahme als Kind unter juristischen Gesichtspunkten
Unter juristischen Gesichtspunkten bestehen keine Bedenken gegen eine Annahme des Kindes Heike durch die Adoptivbewerber. Diese erfüllen die Alterserfordernisse des § 1743 I BGB, sind unbeschränkt geschäftsfähig (§ 1743 IV BGB) und haben Heike eine angemessene Zeit (2 Jahre) in Pflege gehabt (§ 1744 BGB). Die erforderlichen Einwilligungen (die des Kindes, vertreten durch das JA Blitzdorf, gem. § 1746 I BGB und die der leiblichen Mutter gem. § 1747 II lBGB) liegen auch vor.

VI. Entscheidungsvorschlag
Da eine Annahme des Kindes Heike unter psychosozialen und juristischen Gesichtspunkten zu befürworten ist, schlage ich vor, dem Antrag der Eheleute Illner stattzugeben.

7.3.4 Anmerkungen zum Beispielgutachten (7.3.3)

1. Zwar muß die Mutter den Namen des Erzeugers nicht bekanntgeben. Dennoch war das Jugendamt gem. § 1706 Nr. 1 BGB a. F. verpflichtet, sich um eine Vaterschaftsfeststellung zu bemühen. Heute ist diese Verpflichtung nur noch in abgeschwächter Form gem. § 52 a KJHG vorhanden. Eine wirkliche Pflicht besteht nur, wenn das JA Beistand gem. §§ 1712 ff. BGB ist. Im vorliegenden Fall müsste das Interesse des JA an einer Vaterschaftsfeststellung besonders groß sein, weil es ziemlich unwahrscheinlich ist, dass das Kind je adoptiert wird und weil es dann den Vater gem. §§ 91, 93, 94 KJHG zu den Pflegekosten heranziehen könnte. Darüber hinaus hat jedes Kind zumindest einen moralischen Anspruch darauf zu erfahren, wer sein Vater ist. Die Bemühungen des JA, den Vater herauszufinden, werden dagegen nicht in dessen Interesse durchgeführt, um ihm seine Rechte gem. §§ 1747 I, III Nr. 2, 51 KJHG zu wahren.
2. Diese Informationen fehlen bei den Studenten.
3. Diese Mitteilung fehlt bei den Studenten.
4. Diese Angaben fehlen oben.
5. Dies fehlt oben.
6. Dies ist oben weggelassen.
7. Dies sind Formulierungen, die eigentlich in den Befund gehören. So wird nicht deutlich, worauf diese Folgerungen beruhen. Leider läßt das Aktenmaterial insoweit Wünsche offen.

8. Es erspart dem Leser zu rechnen, wenn das Alter sogleich in Klammern angegeben wird.
9. Siehe Anm. 7!
10. Auch hier hätte man sich konkretere Aussagen in der Akte gewünscht.
11. Eine konkrete Beurteilung der Adoptionsbewerber während der Pflegezeit wäre hier erforderlich, war den Verfassern jedoch wegen des unzulänglichen Ausgangsmaterials (Originalakte als einzige Grundlage des Beispielgutachtens) nicht möglich.

7.3.5 Abweichungen von der geltenden Rechtslage

- § 48 a I Nr. 10 JWG entspricht jetzt § 49 I Nr. 1 FGG.
- Eine Pflegeerlaubnis für die Adoptivpflegeeltern wäre nach KJHG (§ 44 I 3 Nr. 1) nicht nötig.
- Auch für den Pflegesohn Mario, der offenbar nicht adoptiert werden soll, wäre keine Pflegeerlaubnis nötig, weil er durch das JA zwecks Gewährung von Hilfe zur Erziehung vermittelt wurde, § 44 I 2 Nr. 1 KJHG.
- [Zu 7.3.4 Nr. 1] Seit BVerfG v. 31. 1. 1989, FamRZ 1989, 255 hat jeder Mensch ein Recht auf Kenntnis der eigenen Abstammung.
- § 51 b JWG entspricht § 51 III KJHG.

# 8.	Konsequenzen für die soziale Arbeit

## 8.1	Das Jugendamt als Fachbehörde – die Sozialpädagogin und der Sozialarbeiter als Experte

Berücksichtigt man die hier aufgezeigten fachlichen und methodischen Anforderungen, die an gutachtlichen Stellungnahmen in der Jugendhilfe und ihre Verwirklichung in der sozialen Praxis gestellt werden, bleibt zu überlegen, welche Konsequenzen sich daraus ergeben: Wenn von gutachtlichen Stellungnahmen eines **Jugendamtes** gesprochen wird, wird ein bestimmtes Verständnis von »Jugendamt« vorausgesetzt, wie es erstmalig bereits vor fast 30 Jahren von den Verfassern des dritten Jugendberichts der Bundesregierung umschrieben wurde als seiner Konzeption und Aufgabenstellung nach eine Fachbehörde, wie das Gesundheits-, das Bau- und das Schulamt[1]. Mitarbeiter einer Fachbehörde zu sein, setzt dementsprechend eine fachspezifische Qualifikation voraus. Diese wollte der Gesetzgeber des KJHG von 1991 gesetzlich festschreiben. Leider ist ihm dies nur begrenzt geglückt. Immerhin sieht § 72 SGB VIII vor, dass bei den Jugendämtern und Landesjugendämtern hauptberuflich grundsätzlich nur Fachkräfte zu beschäftigen sind, wobei nach der Legaldefinition Fachkräfte gemeint sind, die sich für die jeweilige Aufgabe nach ihrer Persönlichkeit eignen und eine dieser Aufgabe entsprechende Ausbildung erhalten haben. Welches die entsprechende Ausbildung ist, bleibt im Rahmen dieser Überlegungen allerdings offen. Gemeint sind aber vor allem Diplom-Sozialpädagogen, d. h. Personen, die ihr Studium an einer Fachhochschule absolviert haben. Damit ist freilich immer noch nicht gesagt, dass Absolventen dieser Studiengänge wirklich über die nötigen Kenntnisse verfügen, die beispielsweise an der FH Köln, Fachbereich Sozialarbeit, Studierenden vermittelt werden, die im Hauptfach obligatorisch ein vierstündiges Seminar zur Abfassung von gutachtlichen Stellungnahmen absolvieren müssen.

Sehr hinderlich für die Entwicklung einer größeren Kompetenz auf diesem Gebiet war die Diskussion nach Inkrafttreten des KJHG am 1. 1. 1991 Anfang der neunziger Jahre (nicht zu verwechseln mit der Kindschaftsrechtsreform am 1. 7. 1998), ob die Jugendämter beispielsweise in Scheidungsverfahren in jedem Fall gutachtliche Stellungnahmen abgeben müssten, und die Äußerung des deutschen Vereins für öffentliche und private Fürsorge, die dies in seinen »Empfehlungen des deutschen Vereins zur Beratung in Fragen der Trennung und Scheidung und zur Mitwirkung der Jugendhilfe im familiengerichtlichen Verfahren«[2] weitgehend verneinte. Selbst wenn man sich aber diese Meinung zu eigen machte und bei einvernehmlichen Scheidungen (nach altem Recht) von einer (ausführlichen)

1	Dritter Jugendbericht der Bundesregierung, 1972, 35.
2	NDV, 1992, 148 ff.

Stellungnahme absah, so blieben doch ausreichend viele Fälle übrig (vgl. §§ 49, 49a FGG a. F.), in denen die Argumentation des Deutschen Vereins für spezifische hoch strittige Scheidungsfälle nicht stichhaltig und fachlich ausgewiesene gutachtliche Stellungnahmen der Jugendämter gegenüber den Gerichten nach damals geltendem Recht nötig waren – wenn man denn den Arbeitsauftrag des § 50 KJHG überhaupt ernst nehmen wollte. Diesen gesetzlichen Arbeitsauftrag stellten bereits damals etliche Jugendämter und dementsprechend auch manche Sozialpädagoginnen und Sozialpädagogen in Frage.

Offenbar ging man davon aus, das nach § 2 KJHG in ersten Linie Leistungen zu erbringen sind und weniger »andere Aufgaben«, also Mitwirkungsaufgaben im Gerichtsverfahren. Vermutlich geht man – auch heute noch – eher von mündigen und mit Hilfe außergerichtlicher Interventionen stets das Kindeswohl beachtenden Bürgern (z. B. Eltern) aus, die zudem freiwillig die angebotenen Leistungen des Jugendamtes in Anspruch nehmen. Kindeswohlgefährdungen, durch die Kindeseltern selbst in Gang gesetzt und initiiert, werden mit dieser Sicht oft ausgeblendet, was zu weitergehenden Gefährdungen der betreffenden Kinder führen kann[3].

Das Jugendamt hatte schon immer – seit der Existenz des RJWG – zwei »Standbeine«: das der Angebote (Leistungen) und das der (zumindest indirekten) Eingriffe (»andere Aufgaben«), die ihre Wurzeln im Staatlichen Wächteramt (Art. 6 II, III GG) haben. Solange das KJHG dem Jugendamt diese beiden Aufgaben zuschreibt, gibt es keine Möglichkeit, sich einer von ihnen zu entziehen. Das beinhaltet auch die Fälle, in denen die Datenschutzbestimmungen ein Vermengen der beiden Bereiche verbieten. Es handelt sich um ein organisatorisches Problem und nicht eines von Aufgabenzuweisung. Es ist also – trotz aller Jugendberichte und anderer fachlicher Meinungen und Sichtweisen sowie Gesetzesänderungen – nach wie vor zu fordern, dass in den vom Gesetz vorgesehenen Fällen »andere Aufgaben« wahrgenommen werden, also auch im Gerichtsverfahren mitgewirkt wird. Dazu gehört, dass gutachtliche Stellungnahmen fachlichen und methodischen Standards entsprechen und standhalten müssen. Dass dies oft nicht so ist, hat eine Vielzahl von Gründen, auf die noch einmal hingewiesen werden soll. Nach wie vor scheint es manchen betreffenden Mitarbeiter im Jugendamt nicht leicht zu fallen (ein Eindruck, der in der Aus- und Weiterbildung immer wieder bestärkt wird),
– sich überhaupt schriftlich gutachtlich zu äußern;
– vorhandene fachtheoretische Kenntnisse auf konkrete Fälle anzuwenden;
– den Theoriebezug in der praktischen Arbeit hinreichend zu beachten;
– selbst bei Zeitdruck Aufgaben noch angemessen, d. h. klientengerecht zu erledigen;
– gutachtliche Stellungnahmen unter Beachtung notwendiger Standards und Methoden anzufertigen,
– auch bei persönlichen Vorbehalten (Selbstverständnis des Mitarbeiters im Jugendamt; stärkeres Interesse an verwaltender, beratender, mediativer oder

---

3 Vgl. hierzu *Fegert*, 1998; *Süß/Fegert*, 1999.

therapeutischer Arbeit, geringeres an diagnostischer Tätigkeit; Werthaltungen und Bewertungen u. a. m.) gegen gutachtliche Stellungnahmen, letztere in der notwendigen Differenziertheit zu erstellen;
– trotz Konkurrenzdruck (Richter, Anwälte und Sachverständige als spezieller und scheinbar damit »besser« Ausgebildete) sich selbstbewusst mit seinen sozialpädagogischen Fachkenntnissen adäquat in das Gerichtsverfahren einzubringen.

8.2 Forderungen an die Fachhochschule

Aus der Konzeption von Jugendamtsarbeit, die von der für den 3. Jugendbericht berufenen Kommission (§ 84 KJHG) vertreten wurde, ergibt sich nach wie vor als generelle Forderung, dass im Mittelpunkt dieser Arbeit die sozialpädagogisch ausgebildete Fachkraft zu stehen hat, neben bestimmten Grundqualifikationen in der Regel über besondere Fähigkeiten auf einem bestimmten Gebiet verfügen muss[4]. Diese Forderungen ist von § 72 SGB VIII mittlerweile in abstrakter Form übernommen worden und muss nach wie vor mit Leben gefüllt werden. Was macht also die Fachkraft des Jugendamtes aus?

Wissenschaftlichkeit

Nur mit Hilfe der Theorien, Denkweisen und Einsichten der Erziehungswissenschaft, der Familienpsychologie, Diagnostik, Entwicklungspsychologie, Rechtspsychologie und der Soziologie sind Berufsqualifikationen zu erwerben, die fachlich fundiertes Handeln im Jugendamt ermöglichen[5].

Die in diesem Buch erhobene Forderung nach mehr Wissenschaftlichkeit in der Ausbildung sehen wir immer noch als aktuell an und durch die Praxis bestätigt. Sie wurde u. a. früher schon von *Carspecken*[6] hervorgehoben wurde und wurde angesichts der Professionalisierungsdebatte und Dienstleitungsorientierung der Jugendhilfe[7] – auch unter Beachtung neuer und weiterer Schwerpunkte, wie »Kooperation«, »Koordination«, »Vernetzung« oder »Qualitätssicherung und Qualitätsentwicklung« belegt[8].

Nach wie vor gilt, dass der Wert der Ausbildung und eine längere Berufspraxis um so entscheidender ist, je bedeutender oder differenzierter das Arbeitsziel. Das gilt auch für die Durchführung von Aufgaben im Jugendamt, die auf den ratsuchenden Mitmenschen gerichtet sind[9] und das Prinzip der Intersubjektivität, also der Zusammenarbeit aller, um nach Möglichkeit im Rahmen der behördlichen Entscheidungsfindung ein gemeinsames Ziel zu erreichen, das letztlich der Per-

---

4 Dritter Jugendbericht, 1972, 123.
5 So schon der Dritte Jugendbericht, 1972, 125.
6 *Carspecken*, 1979.
7 Vgl. *Münder* u. a., 1998, § 72 Rz. 2 ff.
8 Vgl. etwa *Krieger*, 1994, 18 ff., 283 ff.; *Petersen*, 1999, 10 f.
9 *Carspecken*, 1979, 339.

sönlichkeitsentwicklung und Verbesserung der Lebensverhältnisse der Ratsuchenden (Betroffenen, Klienten) zu dienen hat[10].

Deshalb gilt auch nach wie vor die Forderung nach einer qualifizierten Ausbildung und berufsbegleitenden Fort- und Weiterbildung in Sozial- und Verhaltenswissenschaften besonders für jene Sozialpädagoginnen und Sozialarbeiter, die
sich gutachtlich über Menschen und ihre Lebensverhältnisse äußern.

Integrativer, praxisbezogener Ansatz

Ferner sollte die Ausbildung an Praxisproblemen orientiert sein, das heißt in einer
Form verlaufen, die das in den verschiedenen Disziplinen vorhandene Wissen auf
Probleme der Jugendhilfe bezieht. »Die Bezeichnung Fachlichkeit setzt immer
voraus, dass eine bestimmte Tätigkeit oder Leistung auf einen speziellen wissen-
schaftlichen Fachbereich oder ein besonderes Fach bezogen und von dort nach
Grund und Art gestaltet oder gewährt wird[11].

In der Jugendhilfe ergibt sich oft die Schwierigkeit, keinem bestimmten Fach oder
Fachbereich allein oder vorrangig zugeordnet zu sein. Jugendhilfe ist lediglich ein
Oberbegriff, in dem verschiedenste Aufgaben, Funktionen, Rollen und Tätigkei-
ten zusammengefasst sind.

Nach den heutigen Erkenntnissen sind bei der Ausführung (dieser Tätigkeiten)
psychologische, familienpsychologische, entwicklungspsychologische, rechtspsychologische, pädagogische, medizinische, aber auch verwaltungsrechtliche,
familienrechtliche und kindschaftsrechtliche Grundannahmen eng miteinander
verwoben.

Dieses Buch stellt auch in der 6. Auflage erneut den Versuch dar, dieser Forderung
nach einer integrativ und möglicherweise auch interdisziplinär angelegten Aus-,
Weiter- und Fortbildung in diesem Bereich der Jugendhilfe zu entsprechen. Um
diesem Anspruch gerecht zu werden, sollte sich diejenigen, die Sozialpädagoginnen und Sozialarbeiter ausbilden, immer wieder auch die Frage stellen, ob und
inwieweit sie bereit und in der Lage sind, Kontakt zur beruflichen Praxis zu halten,
ihre Studienangebote an Praxisproblemen zu orientieren und interdisziplinär, unter Einbeziehung kompetenter Vertreter der beruflichen Praxis, anzubieten und
durchzuführen.

8.3 Forderungen an die Praxis

Die Forderung, Curricula von Fachhochschulen sollten sich an den Erfordernissen
der beruflichen Praxis orientieren, sagt freilich noch nichts darüber aus, inwiefern
die tatsächliche Praxis der Jugendämter, in unserem Zusammenhang speziell ihre

---

10 Vgl. *Uhlendorff*, 1997, 11 ff.
11 *Carspecken*, 1979, 340.

Handhabung bei gutachtlichen Stellungnahmen, fachlich und methodisch ausgewiesen sowie maßgebend sein kann.

Für manche gutachtliche Stellungnahmen kann es bedeuten, dass der betreffende Mitarbeiter im Jugendamt sich selbst fragen sollte,

– inwieweit sein bisheriges Tun noch dem heutigen Wissensstand entspricht;
– inwieweit er bereit ist, durch die Auseinandersetzung mit neuen Erkenntnissen entstehende Verunsicherungen auszuhalten;
– in welchem Ausmaß er neben seiner Berufsarbeit (trotz eventueller Freistellung) Zeit und Kraft aufzubringen vermag, sich fort- und weiterzubilden;
– ob das eigene Selbstverständnis und die eigenen Überzeugungen zur Jugendhilfe und Sozialarbeit dazu führen, neue Ideen oder ungewohnte Modellvorschläge – insbesondere angesichts des Personalmangels – eher als praxisfern und unrealisierbar anzusehen;
– ob tatsächlich Zeitmangel die einzige Ursache dafür ist, Kooperationsangebote von Fachhochschulen oder anderen Fort- und Weiterbildungsträgern zu selten anzunehmen.

Um dieses Ziel zu erreichen, gilt nach wie vor – und hier sind auch die leitenden und eigens hierfür qualifizierten Mitarbeiterinnen und Mitarbeiter der Jugendämter in bezug auf die Konzipierung und Durchführung von Fort- und Weiterbildungsveranstaltungen angesprochen –, dass Fort- und Weiterbildungsveranstaltungen für alle Mitarbeiterinnen und Mitarbeiter des Jugendamtes von Bedeutung sind. Diese könnten folgende Inhalte und Bereiche umfassen:

– Förderung von Fortbildungsmaßnahmen, wenn möglich auch gemeinsam mit Richtern[12] und Verfahrenspflegern sowie psychologischen Sachverständigen, wie es beispielsweise in Berlin von der Sozialpädagogischen Fortbildungsstätte »Haus Koserstraße« seit Jahren angeboten und praktiziert wird[13],
– Förderung eines intensiven Erfahrungsaustausches innerhalb des Jugendamtes,
– großzügige Handhabung von Rechtsgrundlagen bei Kooperationen von Praxis und Fachhochschulen.

---

12 Vgl. dazu schon *Grosse*, ZfJ 1982, 504 ff.; *Oberloskamp*, ZfJ 1982, 519 ff. Hier sind mittlerweile die neuen Bundesländern offenbar weiter vorangeschritten als die alten. Dort sind Richterinnen und Richter bereit, sich gemeinsam mit Sozialpädagoginnen bzw. Sozialarbeiter auf das Schreiben von Gutachten einlassen, um herauszufinden, was sie als qualifizierte fachliche Mitwirkung vom Jugendamt erwarten können.
13 Sozialpädagogische Fortbildungsstätte Haus Koserstraße, Koserstraße 8–10, 14195 Berlin.

9. Rückblick/Ausblick

Im Rückblick mag manchem Leser die Ausführungen in Kapitel 1 bis 3 gegenüber den Erkenntnissen in Kapitel 6 bis 8 widersprüchlich vorkommen: Die anfangs hervorgehobene Kompetenz des betreffenden Personenkreises für gutachtliche Stellungnahmen im Rahmen der Mitwirkung in Gerichtsverfahren scheint in den späteren Kapiteln mitunter fragwürdig zu werden.

Tatsache bleibt jedoch – und dies steht besonders seit der Untersuchung von *Simitis* u. a.[1], die bisher durch keine neuere umfassende Untersuchung widerlegt wird, nach wie vor empirisch fest – , dass die von der Praxis erstellten gutachtlichen Stellungnahmen trotz häufig theoretisch vorhandenen Kompetenzen der die von Gesetz, Gericht und Betroffenen an sie gerichteten Erwartungen nach wie vor nicht ganz erfüllen.

Eine Analyse von Jugendamtsberichten bzw. Berichten vergleichbarer Einrichtungen der freien Jugendhilfe in familiengerichtlichen Verfahren (N=122) ergab, dass in den meisten Fällen die mitgeteilten Annahmen und Erkenntnisse über menschliches Erleben und Verhalten nicht auf wissenschaftlichen Grundlagen beruhen[2]. Dies ist alarmierend, auch wenn sich gegen das Material einwenden lässt, dass es selektiv ist, da es sich ausschließlich um Berichte handelt, die der Arbeitsstelle für Forensische Psychologie an der Universität Dortmund zur Verfügung standen und insofern Verallgemeinerungen hinsichtlich der Auftretenshäufigkeit der genannten Fehler nicht vorgenommen werden können.

Bei der Auswertung der gutachtlichen Stellungnahmen wurden insbesondere folgende Mängel gefunden:
– Beurteilungen des Verhaltens von Eltern aus einer Überlegenheitsposition,
– Konstatierung von Sachverhalten ohne Begründung bzw. ohne empirische Grundlage,
– Erheben bestimmter normativer Vorstellungen, die zu Beurteilungsmaßstäben werden,
– Zugrundelegung eines besonderen Kindheitsbegriffs und daraus abgeleitete normative Vorstellungen,
– Modellvorstellungen über menschliches Erleben und Verhalten auf der Grundlage sogenannter Alltagsvorstellungen und -theorien.

Andererseits enthielten immerhin ein Viertel der untersuchten gutachtlichen Stellungnahmen und Berichte Aussagen, die deutlich an wissenschaftlichen Konzepten orientiert sind.

---

1 *Simitis* u. a., 1979.
2 *Simitis* u. a., 1979.

Bei den **Vormundschafts- und Familienrichtern**, denen man in den siebziger und achtziger Jahren – auch angesichts der praxisfernen Juristenausbildung an den Universitäten – häufig ihre mangelnde Kompetenz vorhielt, angemessen und kindorientiert über das Wohlergehen des Kindes entscheiden zu können, hat schon lange ein Umdenkungsprozess eingesetzt. Ob es die Richterakademien in Trier und Wustrau, den Richterakademien auf Landesebene oder ob es nur wenig spektakuläre Bemühungen auf örtlichen Ebenen sind: überall wird der Versuch deutlich, wenigstens durch Fort- und Weiterbildungen das an Kenntnissen zu erwerben, was im Hinblick auf die Bedeutung des Kindeswohls als angemessen zu erwarten ist und im Studium nicht erworben werden konnte.

Im Bereich der **Sozialarbeit** sind solche Bemühungen regional und lokal unterschiedlich. Seit Inkrafttreten des KJHG im Jahre 1990 in den neuen und 1991 in den alten Bundesländern ist sogar die Tendenz festzustellen, bei Trennungen und Scheidungen jegliche Kooperation und Mitwirkung nach § 50 KJHG in Form der Abfassung von gutachtlichen Stellungnahmen einzustellen. So ergab eine Untersuchung der Praxis in badischen Jugendämtern, dass weniger als die Hälfte der befragten Jugendämter bei strittig bleibender elterlicher Haltung im Hinblick auf die Sorgerechtsregelung bewertende Stellungnahmen abgeben[3]. Dass ein solches Vorgehen vom Willen des Gesetzgebers des KJHG gedeckt sein könnte, ist durch nichts zu belegen. Auch das KindRG, das die Jugendhilfe an vielen Stellen in die Bewältigung von familialen Streitigkeiten »hineinzieht«, lässt durch nichts erkennen, dass die Mitwirkung der Jugendämter in Gerichtsverfahren überflüssig geworden sein soll[4].

All diese Tatsachen werfen abschließend auch weitergehende Fragen auf:
– Welche Möglichkeiten haben Mitarbeiterinnen und Mitarbeiter in der Sozialarbeit und Jugendhilfe, ihre Arbeit fachlich und methodisch zu fundieren, damit sie einem derzeitigen wissenschaftlichen Stand entspricht?
– Welche Möglichkeiten bestehen, sich im Rahmen der Mitwirkung und gerichtsgebundener Tätigkeit nicht nur als »Handlanger« und »Zuarbeiter« der Gerichte zu erleben, sondern als ausgewiesene sozialpädagogische Fachkraft?
– Wie kann es erreicht werden, dass auch künftig qualifizierte Mitarbeiterinnen und Mitarbeiter des Jugendamtes im Gerichtsverfahren im Rahmen der Mitwirkung eine überaus wichtige Hilfe für das Gericht bleiben, um letztlich dem Kind **und** dem Gericht zu ermöglichen, dass eine kindeswohlorientierte Entscheidung getroffen werden kann?
– Wie ist es zu schaffen, dass im Bereich der Mitwirkung in Gerichtsverfahren die Sozialarbeit einen eigenen herausragenden, fachlich und methodisch ausgewiesenen Stellenwert beibehält bzw. wieder einnimmt?
– Wie begegnet man der Gefahr, dass spezifische Funktionen des staatlichen Wächteramtes das Jugendamt spalten könnte in eine anstrebenswerte (»feine«) Leistungs- und in eine nach Möglichkeit zu meidende (»schmutzige«) Eingriffsbehörde?

---

3 *Schön/Müllensiefen*, 1995.
4 *Oberloskamp*, 2001.

– Wer bzw. welcher Personenkreis sollte beispielsweise bei der Wahrnehmung von »Leistungen« (z. B. §§ 17, 18 KJHG) und »anderen Aufgaben« (z. B. § 50 KJHG) die auch weiterhin dringend erforderlichen Kinderschutzaufgaben nach § 1666 BGB übernehmen?

Festzuhalten bleibt, dass diese Fragen auch zehn Jahre nach Inkrafttreten des KJHG am 1. 1. 1991 (bzw. am 1. 10. 1990 in den neuen Bundesländern) noch nicht in der Sozialarbeit und Jugendhilfe zufriedenstellend gelöst sind.

Selbstkritisch ist aber anzumerken: Vermutlich wird in der Ausbildung immer noch nicht genügend beachtet, wie wichtig der Bereich der Abfassung gutachtlicher Stellungnahmen ist und wie viel Zeit darauf verwendet werden muss, Studentinnen und Studenten für diese Praxis darauf vorzubereiten. Beispielsweise hat ein Jurist in seiner Ausbildung das Abfassen vieler Gerichtsentscheidungen geübt und geschrieben, bis sie eine brauchbare Qualität hatten. Für Sozialpädagoginnen und Sozialpädagogen im Studium fehlt oftmals immer noch vergleichbares in ihrer Ausbildung an den Fachhochschulen.

Mit diesem Buch soll weiterhin ein Beitrag geleistet werden, dass eine zeitgemäße Sozialarbeit im Jugendamt ihrer Aufgaben im Rahmen der Mitwirkung in Gerichtsverfahren nach § 50 KJHG mit noch größerer Sachkompetenz als bisher erfüllen kann.

Literaturverzeichnis

Adorno, Th. W., Studien zum autoritären Charakter. Frankfurt am Main 1973.

Allport, G. W., Gestalt und Wachstum der Persönlichkeit. Meisenheim am Glan 1970.

Amelang, M./Ahrens, H.-J./Bierhoff, H. W. (Hrsg.), Partnerwahl und Partnerschaft. Formen und Grundlagen partnerschaftlicher Beziehungen. Göttingen 1991.

Amelang, M./Zielinski, W., Psychologische Diagnostik und Intervention. 2. Auflage. Berlin 1997.

Ammon, G., Kindesmißhandlung. München 1979.

Argelander, H., Das Erstinterview in der Psychotherapie. 2. Auflage. Darmstadt 1983.

Arndt, J., Beratung ungewollt kinderloser Ehepaare. In: *R.A.C. Hoksbergen/M.R.* Textor (Hrsg.), Adoption: Grundlagen, Vermittlung, Nachbetreuung, Beratung (S. 144–157). Freiburg im Breisgau 1993.

Arndt, J./Oberloskamp, H., Die gutachtliche Äußerung einer Adoptionsvermittlungsstelle gemäß § 56d FGG. Zentralblatt für Jugendrecht, 1977, 273–279.

Arntzen, F., Vernehmungspsychologie. München 1978.

Arntzen, F., Psychologie der Zeugenaussagen. 2. Auflage. München 1983.

Arntzen, F., Elterliche Sorge und Umgang mit Kindern. Ein Grundriß der forensischen Familienpsychologie. 2. Auflage. München 1994.

Badry, E./Knapp, R./Stockinger, H. G., Arbeitshilfen für Studium und Praxis der Sozialarbeit und Sozialpädagogik. 3. Auflage. Neuwied 1998.

Baer, I., Die neuen Regelungen der Reform des Rechts der elterlichen Sorge für das Dauerpflegekind. Zeitschrift für das gesamte Familienrecht, 1982, 221–234.

Baer, I./Gross, H., Adoption und Adoptionsvermittlung. 2. Auflage. Frankfurt am Main 1980.

Bahr-Jendges, J., Gleichberechtigung und Kindeswohl – ein Widerspruch? Die rechtliche Gestaltung von Geschlechter- und Elternbeziehung bei der Regelung des Sorgerechts. Streit, 1993, 27–38.

Balloff, R., Das KJHG – Noch einmal: Zum Spannungsverhältnis von Beratung und Familiengerichtshilfe nach §§ 17 und 50 KJHG. Zentralblatt für Jugendrecht, 1992a, 454–457.

Balloff, R., Grenzen des Beibehalts der gemeinsamen elterlichen Verantwortung nach Trennung und/oder Scheidung. In: *J. Faltermeyer/P. Fuchs* (Hrsg.), Trennungs- und Scheidungsberatung durch die Jugendhilfe: Klärung der Rolle und Aufgaben öffentlicher und freier Träger. Dokumentation einer Fachtagung (S. 22–38). Frankfurt am Main 1992b.

Balloff, R., Kinder vor Gericht: Opfer, Täter, Zeugen. München 1992c.

Balloff, R., Reaktionen der Kinder auf die Trennung oder Scheidung der Eltern – die Regelung der elterlichen Sorge nach einer Trennung und Scheidung der Eltern. Sozialmagazin, 1992d, 26–29.

Balloff, R., Trennung und Scheidung als Übergangsphase in der familialen Entwicklung – aus der Perspektive des psychologischen Sachverständigen. In: *W.E. Fthenakis/H.-R. Kunze* (Hrsg.), Trennung und Scheidung – Familie am Ende? Neue Anforderungen an die beteiligten Institutionen. Dokumentation zum Symposium in Kassel am 10. und 11. Dezember 1991 (S. 41–64). 1992e.

Balloff, R., Trennung, Scheidung, Regelung der elterlichen Sorge: Neuere Entwicklungen und Tendenzen aus juristischer und psychologischer Sicht. Recht der Jugend und des Bildungswesens, 1992f, 43–61.

Balloff, R., Psychologische Sachverständigentätigkeit in der Familiengerichtsbarkeit. In: *A. Kühne* (Hrsg.), Aktuelle Beiträge zur Rechtspsychologie (S. 48–56). Bonn 1992g.

Balloff, R., Ist die Anhörung des Kindes in Familiensachen zeitgemäß? Bestandsaufnahme, kritische Würdigung und Perspektiven. Familie und Recht, 1994, 9–16.

Balloff, R., Rechtspsychologische Implikationen, Möglichkeiten, Perspektiven und Grenzen der (fast) neuen Rechtsfigur des Verfahrenspflegers (»Anwalt des Kindes«). Zentralblatt für Jugendrecht, 1998a, 441–445.

Balloff, R., Der Verfahrenspfleger als »Anwalt des Kindes«. Familie, Partnerschaft, Recht, 1999a, 221–226.

Balloff, R., Vergütung und Ersatz von notwendigen Aufwendungen bzw. Auslagen des Verfahrenspflegers gem. § 50 FGG. Familie, Partnerschaft, Recht, 1999b, 328–329.

Balloff, R., Die Stellungnahme des Verfahrenspflegers. Familie, Partnerschaft, Recht, 1999c, 341–348.

Balloff, R./Walter, E., Der psychologische Sachverständige in Familiensachen. Historischer Exkurs, Bestandsaufnahme und Grundlagen der Arbeit. Familie und Recht, 1991a, 334–341.

Balloff, R./Walter, E., Gemeinsame elterliche Sorge als Regelfall. Einige theoretische und empirische Grundannahmen. Zeitschrift für das gesamte Familienrecht, 1991b, 445–454.

Balloff, R./Walter, E., Reaktionen der Kinder auf die Scheidung der Eltern bei alleiniger oder gemeinsamer elterlicher Sorge. Psychologie in Erziehung und Unterricht, 1991c, 81–95.

Balloff, R./Walter, E., Möglichkeiten und Grenzen beratender Interventionen am Beispiel der Mediation nach §§ 17, 28, 18 Abs. 4 KJHG. Zentralblatt für Jugendrecht, 1993c, 65–75.

Barker, R. L., The social work dictionary. 3rd ed., Washington, DC 1995.

Bauer, J./Schimke, H.-J./Dohmke, W., Recht und Familie. Rechtliche Grundlagen der Sozialisation. Neuwied 1995.

Beck-Gernsheim, E., Für eine »soziale Öffnung« der Bindungsforschung. Familiendynamik, 1995, 193–200.

Beckmann, D., Übertragungsforschung. In: *L. J. Pongratz* (Hrsg.), Klinische Psychologie (S. 1242–1256). Göttingen 1978.

Beres, M., Das Kindeswohl in der familiengerichtlichen Praxis. Zentralblatt für Jugendrecht, 1982b, 1–10.

Beres, M., Das Kindeswohl – ein Wunschtraum? – Versuch einer Bilanz. Zentralblatt für Jugendrecht, 1982a, 449–478.

Bergmann, M., Zur Kindesanhörung und familiengerichtlichen Verfahren. Kindschaftsrechtliche Praxis, 1999, 78–82.

Bergmann, M./Gutdeutsch, W., Zur Anordnung der Kindesanhörung im Scheidungsverfahren ohne Sorgerechtsantrag. Zeitschrift für das gesamte Familienrecht, 1999, 422–426.

Blume-Bannitza, C./Gross, H.-J., Der Sozialarbeiter in der Vormundschafts- und Familiengerichtshilfe, Teil II: Der Bericht des Jugendamtes. Frankfurt am Main 1981.

Böhm, R., Rechtliche Probleme der Anordnung, Einstellung und Verwertung von Sachverständigengutachten im Rahmen familiengerichtlicher Entscheidungen in Sorgerechtssachen. Der Amtsvormund, 1985, 731–733.

Bowlby, J., Bindung. Eine Analyse der Mutter-Kind-Bindung. München 1975.

Boxdorfer, D., Kindeswohl und elterliche Gewalt nach Scheidung. Recht der Jugend und des Bildungswesens, 1972, 260–262.

Bratt, N., Gespräch und Behandlung in der sozialen Arbeit. Weinheim 1971.

Brauns-Hermann/Busch, B. M./Dinse, H. (Hrsg.), Ein Kind hat das Recht auf beide Eltern. Neuwied 1997.

Breidenbach, S., Mediation. Struktur, Chancen und Risiken von Vermittlung im Konflikt. Köln 1995.

Brisch, K. H., Familiäre Bindungen. Die transgenerationale Weitergabe familiären Bindungsverhaltens. Psychsozial, 1999a, 7–16.

Brisch, K. H., Bindungsstörungen: Von der Bindungstheorie zur Therapie. Stuttgart 1999b.

Brisch, K. H./Buchheim, A./Kächele, H., Diagnostik von Bindungsstörungen. Praxis der Kinderpsychologie und Kinderpsychiatrie, 1999, 425–437.

Brüggemann, D., Familiengerichtsbarkeit. In: *E. Kühn/I. Tourneau* (Hrsg.), Familienrechtsreform – Chance einer besseren Wirklichkeit? (S. 103–119). Bielefeld 1978.

Brunner, E. J., Interaktion in der Familie. Berlin 1984.

Buber, M., Einsichten. Wiesbaden 1953.

Bumiller, U./Winkler, K., Freiwillige Gerichtsbarkeit. Kommentar.5. Auflage. München 1992.

Bundesministerium für Familie und Senioren. (Hrsg.). Familie und Beratung. Familienorientierte Beratung zwischen Vielfalt und Integration. Gutachten des Wissenschaftlichen Beirats für Familienfragen beim Bundesministerium für Familie und Senioren. Bd. 16. Schriftenreihe des Bundesministeriums für Familie und Senioren. Stuttgart 1993.

Buschmann, W., Künftiges Scheidungsrecht und Kindeswohl aus sozialwissenschaftlicher Sicht. Recht der Jugend und des Bildungswesens, 1977, 282–288.

Carspecken, F., Fragen der »Fachlichkeit« der Jugendhilfe. Zentralblatt für Jugendrecht, 1979, 339–343.

Cherlin, A. J./Furstenberg, F. F./Chase-Lansdale, P. L./Kiernan, K. E./Robins, P. K./Morrison, D. R./Teitler, J. O., Longitudinal studies of effects of divorce on children in Great Britain and the United States. Science, 6, Vol. 252, 1991, 1386–1389.

Cierpka, M. (Hrsg.), Handbuch der Familiendiagnostik. Berlin 1996.

Coester, M., Das Kindeswohl als Rechtsbegriff. Frankfurt am Main 1983.

Coester, M., Sorgerecht bei Elternscheidung und KJHG. Zeitschrift für das gesamte Familienrecht, 1992, 617–625.

Compton, B. R./Galaway, B., Social work processes. 6. Auflage. Pacific Grove, CA 1998.

Covitz, J., Der Familienfluch. Seelische Kindesmißhandlung. Olten u. Freiburg im Breisgau 1992.

Crittenden, P. M., Entwicklung, Erfahrung und Beziehungsmuster: Psychische Gesundheit aus bindungstheoretischer Sicht. Praxis für Kinderpsychologie und Kinderpsychiatrie, 1996, 147–155.

Deegener, G., Kindesmißbrauch. Erkennen, Helfen, Vorbeugen. Weinheim 1998.

Dickmeis, F., Der Jugendamtsbericht als Entscheidungshilfe des Gerichts. Zentralblatt für Jugendrecht, 1983, 164–172.

Diederichsen, U., Die Neuregelung des Rechts der elterlichen Sorge. Neue Juristische Wochenschrift, 1980, 1–11.

Donat, H., Persönlichkeitsbeurteilung. 2. Aufl., München 1970.

Dürr, R., Verkehrsregelungen gemäß § 1634 BGB. 2. Auflage. Stuttgart 1978.

Engelke, E. (Hrsg.), Soziale Arbeit als Ausbildung: Studienreform und -modelle. Freiburg im Breisgau 1996.

Engelke, E., Gesellschaftlicher Wandel und Hochschulreform – Auswirkungen auf die Ausbildung in der Sozialen Arbeit. In: Archiv für Wissenschaft und Praxis der sozialen Arbeit, 2000, 73 – 96.

Engisch, K., Einführung in das juristische Denken. 8. Auflage. Stuttgart 1983.

Ensslen, C., Die Mitwirkung des Jugendamtes im familiengerichtlichen Verfahren. In: Beiträge zum Recht der sozialen Dienste und Einrichtungen, 39/1999a, 38 – 69.

Ensslen, C., Mitwirkung des Jugendamtes im jugendgerichtlichen Verfahren. In: Beiträge zum Recht der sozialen Dienste und Einrichtungen, 42/1999b, 23 – 52.

Erben, R./Schade, B., Position und Einfluß des Jugendamtes in familiengerichtlichen Verfahren. In: Zentralblatt für Jugendrecht, 1994, 209 – 214.

Ernst, H.-H./Mohr, A./Stracke, H., Aus der Sicht des Jugendamtes: Interessenvertretung für Kinder und Eltern. In: *A. Buskotte* (Hrsg.), Ehescheidung: Folgen für Kinder. Ein Handbuch für Berater und Begleiter (S. 65 – 68). Hamm 1991.

Fabian, T., Großeltern als »Helfer« in familiären Krisen. In: Neue Praxis, 1994, 384 – 396.

Fabian, T., Beratung und gutachtliche Stellungnahmen. In: Blätter der Wohlfahrtspflege, 2000, 114 – 117.

Fabian, T./Stadler, S., Tonbandaufnahmen von Vernehmungen. In: Kriminalistik, 1990, 338 – 343.

Fabian, T./Wetzels, P., Rechtsanwälte als Lebensberater? – Zur psychosozialen Dimension anwaltlicher Praxis –. Anwaltsblatt, 1988, 139 – 142.

Faltermeier, J./Fuchs, P. (Hrsg.), Trennungs- und Scheidungsberatung durch die Jugendhilfe: Klärung der Rolle und Aufgaben öffentlicher und freier Träger. Dokumentation einer Fachtagung. Frankfurt am Main 1992.

Faßnacht, G., Systematische Verhaltensbeobachtung. Eine Einführung in die Methodologie und Praxis. 2. Auflage. München 1995.

Fegert, J. M., Beratung heißt das Zauberwort. Die Kindschaftsrechtsreform aus kinder- und jugendpsychiatrischer und psychotherapeutischer Sicht. Jugendhilfe, 1998, 145 – 152.

Fehmel, H.-W., Die Anhörung des Kindes im Sorgerechtsverfahren. Der Amtsvormund, 1981, 170 – 182.

Fieseler, G., Rechtsgrundlagen sozialer Arbeit. Stuttgart 1977.

Figdor, H., Kinder aus geschiedenen Ehen: Zwischen Trauma und Hoffnung. Mainz 1991.

Finger, P., Besprechung von Arndt/Oberloskamp, 2. Auflage. Archiv für Wissenschaft und Praxis der sozialen Arbeit, 1984, 140.

Firsching, K., Handbuch der Rechtspraxis. Bd. 5. Familienrecht. 5. Auflage. München 1992.

Fischer, W., Das Parental Alienation Syndrom (PAS) und die Interessenvertretung des Kindes. Ein Interventionsmodell für Jugendhilfe und Gericht – Teil 1. Nachrichtendienst für öffentliche und private Fürsorge, 1998a, (Heft 10), 306 – 310.

Fischer, W., Das Parental Alienation Syndrom (PAS) und die Interessenvertretung des Kindes. Ein Interventionsmodell für Jugendhilfe und Gericht – Teil 2. Nachrichtendienst für öffentliche und private Fürsorge, 11/1998b, 343 – 348.

Fisseni, H.-J., Lehrbuch der psychologischen Diagnostik. 2. Auflage. Göttingen 1997.

Fisseni, H.-J., Persönlichkeitsbeurteilung. Zur Theorie und Praxis des psychologischen Gutachtens. Eine Einführung. 2. Auflage. Göttingen 1992.

Fochen, A./Pfeiffer, C., Thesen zur Zusammenarbeit des Jugendrichters mit dem jugendpsychiatrischen, -psychologischen Sachverständigen. Zentralblatt für Jugendrecht, 1979, 378 – 383.

Franke, W./Sander-Franke, U., Methodisches Lösen sozialer Probleme. Köln 1998.

Fricke, A., Der Sorgerechtsentzug und die Folgen: Zur Mitwirkung des Amtsvormundes/ Amtspflegers bei der Hilfe zur Erziehung nach dem KJHG. Zentralblatt für Jugendrecht, 1993, 284–291.

Fricke, A., Anhörungsumgebung und fachliche pädagogische Betreuung der Kinder im Familiengericht – und im Jugendamt. Zentralblatt für Jugendrecht, 1998, 53–62.

Fricke, A., Anhörungen von Kindern im Familiengericht. Kindschaftsrechtliche Praxis, 1999, 191–193.

Fricke, A., Sozialarbeiter als Verfahrenspfleger gem. § 50 FGG? Zentralblatt für Jugendrecht, 1999, 51–58.

Fricke, A., Aufwendungsersatz und Vergütung des Verfahrenspflegers gem. § 50 FGG. Zentralblatt für Jugendrecht, 1999, 457–459.

Fthenakis, W.E., Kindeswohl, Gesetzlicher Anspruch und Wirklichkeit. In: Deutscher Familiengerichtstag e.V. (Hrsg.), Brühler Schriften zum Familienrecht, Bd. 3 (S. 33–36). Fünfter Deutscher Familiengerichtstag. Bielefeld 1984b.

Fthenakis, W.E., Kindliche Reaktionen auf Trennung und Scheidung. Familiendynamik, 1995a, 127–154.

Fthenakis, W.E., Umgangsmodelle zur kindgerechten Gestaltung der Beziehungen zwischen Eltern und Kindern in der Nachscheidungsphase. Familie, Partnerschaft, Recht, 1995b, 94–98.

Fthenakis, W.E., Langfristige Auswirkungen von Trennung und Scheidung auf die Entwicklung des Kindes. In: LBS-Initiative Junge Familie (Hrsg.), Trennung, Scheidung und Wiederheirat. Wer hilft dem Kind? (S. 57–60). Weinheim 1996a.

Fthenakis, W.E., Die nichtsorgeberechtigte Mutter. In: LBS-Initiative Junge Familie (Hrsg.), Trennung, Scheidung und Wiederheirat. Wer hilft dem Kind? (S. 105–108). Weinheim 1996b.

Fthenakis, W.E., Ta panta rei: Auf dem richtigen Weg zu einer Kindschaftsrechtsreform? Familie, Partnerschaft, Recht, 1998, 84–90.

Fthenakis, W.E./Niesel, R./Kunze, H.-R., Ehescheidung. Konsequenzen für Eltern und Kinder. München 1982.

Gastiger, S., Funktion des Rechts in Sozialarbeit/Sozialpädagogik. Stuttgart 1974.

Geiser, K., Dokumentation von Beratung. In: Blätter der Wohlfahrtspflege, 2000, 110–113.

Gerber, U. (Hrsg.), Kindeswohl contra Elternwillen? Berlin 1975.

Gerth, U., Das Leben ist komplizierter. Kindschaftsrechtliche Praxis, 1998, 171–172.

Gernhuber, J., Kindeswohl und Elternwille. Zeitschrift für das gesamte Familienrecht, 1973, 229–244.

Giesen, D., Familienrechtsreform zum Wohl des Kindes. Zeitschrift für das gesamte Familienrecht, 1977, 594–600.

Gildemeister, R., Neuere Aspekte der Professionalisierungsdebatte. In: Neue Praxis, 1992, 207–219.

Gloger-Tippelt, G., Familienbeziehungen und Bindungstheorie. In: *K.A. Schneewind* (Hrsg.), Familienpsychologie im Aufwind. Brückenschläge zwischen Forschung und Praxis (S. 49–63). Göttingen 2000.

Gloger-Tippelt, G./Vetter, J./Rauh, H., Untersuchungen mit der »Fremden Situation« in deutschsprachigen Ländern: Ein Überblick. Psychologie in Erziehung und Unterricht, 2000, 87–98.

Gohde, H./Wolff, S., »Gutachterlichkeit« in der Jugendgerichtshilfe. In: Neue Praxis, 1990, 316–328.

Goldstein, J./Freud, A./Solnit, A.J., Jenseits des Kindeswohls. Frankfurt am Main 1974.

Goldstein, J., Freud, A./Solnit, A.J., Diesseits des Kindeswohls. Frankfurt am Main 1982.

Goldstein, S./Solnit, A. J., Wenn Eltern sich trennen. Was wird aus den Kindern? Stuttgart 1989.

Greuel, L., Glaubwürdigkeit – Zur psychologischen Differenzierung eines umgangssprachlichen Konstrukts. In: Praxis der Rechtspsychologie, 1997, 154–169.

Greuel, L./Offe, S./Fabian, A./Wetzels, P./Fabian, T./Offe, H./Stadler, M., Glaubhaftigkeit der Zeugenaussage. Theorie und Praxis der forensisch-psychologischen Begutachtung. Weinheim 1998.

Greve, W./Wentura, D., Wissenschaftliche Beobachtung in der Psychologie. Eine Einführung. München 1997.

Grohall, K.-H., Evaluation von Lehre und Studium der Sozialen Arbeit. In: Archiv für Wissenschaft und Praxis der sozialen Arbeit, 2000, 3–31.

Grosse, S., Die Kooperation zwischen Familiengericht, Jugendamt und Psychologischer Beratungsstelle – Probleme und Möglichkeiten. Zentralblatt für Jugendrecht, 1982, 504–518.

Grossmann, K./Grossmann, K. E., Eltern-Kind-Bindung als Aspekt des Kindeswohls. In: Deutscher Familiengerichtstag (Hrsg.), Zwölfter Deutscher Familiengerichtstag. Vom 24. bis 27. September 1997 in Brühl (S. 76–89). Gieseking 1998.

Grubitzsch, S., Testtheorie – Testpraxis. Psychologische Tests und Prüfverfahren im kritischen Überblick. Reinbek bei Hamburg 1991.

Grubitzsch, S. (Hrsg.), Kinder und Jugendliche im Schnittpunkt Psychosozialer Beurteilungsprozesse. Psychosoziale Diagnosen in der Jugendhilfe. Abschlußbericht zum Sachstand in Niedersachsen unter besonderer Berücksichtigung der Region Weser-Ems. Oldenburg. 1991.

Gründel, M., Gemeinsames Sorgerecht. Erfahrungen geschiedener Eltern. Freiburg im Breisgau 1995.

Haffter, C., Kinder aus geschiedenen Ehen. 3. unveränd. Aufl., Bern 1948.

Hagner, K. W., Zur Rolle des Familiengutachters und seinem Verhältnis zum Familienrichter im streitigen Sorgerechtsverfahren – Elemente einer systemischen Betrachtungs- und Vorgehensweise. Familiendynamik, 1984, 323–338.

Hanses, A., Biographische Diagnostik in der Sozialen Arbeit. In: Neue Praxis, 2000, 357–379.

Happe, G., Hat sich das Jugendwohlfahrtsgesetz auch ohne Jugendhilferechtsreform überlebt? Zeitschrift für das gesamte Familienrecht, 1981, 635–640.

Harnach-Beck, V., Zur Diagnostik der Gefährdung. Aufgaben sozialer Arbeit bei Anrufung des Vormundschaftsgerichts. Nachrichtendienst des Deutschen Vereins für öffentliche und private Fürsorge, 1995, 373–378.

Harnach-Beck, V., Zur Mitwirkung des Jugendamts im familiengerichtlichen Verfahren – diagnostische Aufgaben der Fachkräfte sozialer Arbeit. Familie, Partnerschaft, Recht, 1998, 230–237.

Harnach-Beck, V., Psychosoziale Diagnostik in der Jugendhilfe. Grundlagen und Methoden für Hilfeplan, Bericht und Stellungnahme. 3. Auflage. Weinheim 2000.

Harris, T. A., Ich bin o. k., Du bist o. k. 4. Aufl., Hamburg 1975.

Hartmann, H., Psychologische Diagnostik. 2. Aufl., Stuttgart 1973.

Hartmann, H. A., Zur Ethik gutachterlichen Handelns. In: *H. A. Hartmann/R. Haubl* (Hrsg.), Psychologische Begutachtung (S. 3–32). München 1994.

Hartmann, H. A./Haubl, R. (Hrsg.), Psychologische Begutachtung. München 1984.

Hartwieg, O./Rebe, B., Familienrecht und Familiensoziologie. In: *E. Kühn/I. Tourneau* (Hrsg.), Familienrechtsreform – Chancen einer besseren Wirklichkeit? (S. 17–68). Bielefeld 1978.

Hasemann, K., Verhaltensbeobachtung. In: *R. Heiß* (Hrsg.), Psychologische Diagnostik. Handbuch der Psychologie, Bd. 6 (S. 807–836). Göttingen 1964.

Häsing-Levend, H., Jeder will Opfer, keiner Täter sein. Kritische Anmerkungen zur Mediation und zum gemeinsamen Sorgerecht. Sozialmagazin, 1992, 14–18.

Hassenstein, B., Der Begriff des Kindeswohls in der Sicht der Verhaltensbiologie. In: Mitglieder-Rundbrief der AFET 1975, 66.

Hassenstein, B., Biologische und soziale Grundbedürfnisse des Kindes. In: *Kühn/Tourneau*, Familienrechtsforum – Chance einer besseren Wirklichkeit. Bielefeld 1978, 215–234.

Hassenstein, B., Biologische und soziale Grundbedürfnisse des Kindes. In: *E. Kühn/I. Tourneau* (Hrsg.), Familienrechtreform – Chancen einer besseren Wirklichkeit? (S. 215–234). Bielefeld 1978.

Haubl, R., Praxeologische und epistemologische Aspekte psychologischer Begutachtung. In: *H.A. Hartmann/R. Haubl* (Hrsg.), Psychologische Begutachtung (S. 33–74). München 1984a.

Haubl, R. (Hrsg.), Psychologische Begutachtung. Problembereiche und Praxisfelder (S. 3–32). München 1984b.

Hédervári, É., Bindung und Trennung. Frühkindliche Bewältigungsstrategien bei kurzen Trennungen von der Mutter. Wiesbaden 1995.

Heekerens, H.-P., Was bestimmt den Ausgang familientherapeutischer Arbeit? Familiendynamik, 1991b, 274–287.

Heilmann, S., Kindliches Zeitempfinden und Verfahrensrecht. Eine Untersuchung unter besonderer Berücksichtigung des Gesetzes über die Angelegenheiten der freiwilligen Gerichtsbarkeit (FGG). Neuwied 1998.

Heinz. G., Fehlerquellen forensisch-psychiatrischer Gutachten. Heidelberg 1982.

Heiß, R., Technik, Methodik und Problematik des Gutachtens. In: *R. Heiß* (Hrsg.), Psychologische Diagnostik. Handbuch der Psychologie, Bd. 6. (S. 975–995). Göttingen 1964.

Hemminger, U./Beck, N., Die psychologische Untersuchung im Verfahren zum Umgangs- und Sorgerecht. In: *A. Warnke/G.-E. Trott /H. Remschmidt* (Hrsg.), Forensische Kinder- und Jugendpsychiatrie. Bern 1997, S. 44–55.

Herbert, M., Bindung. Ursprung der Zuneigung zwischen Eltern und Kinder. Bern 1999.

Hetherington, Scheidung aus der Perspektive des Kindes. Report Psychologie, 1980, 16–23.

Hinz, M., Münchner Kommentar zum Bürgerlichen Gesetzbuch, Bd. 5. Familienrecht, 2. Halbband. München 1987.

Höpfner, N./Jöbgen, M./Becker, R., Zur Methodisierbarkeit von Hilfe oder: Braucht die Soziale Arbeit Diagnosen? In: *F. Peters* (Hrsg.), Diagnosen – Gutachten – hermeneutisches Fallverstehen. Frankfurt am Main 1999, S. 197–223.

Hoksbergen, R.A.C./Textor, M.R. (Hrsg.), Adoption. Grundlagen, Vermittlung, Nachbetreuung, Beratung. Freiburg 1993.

Hugman, R./Smith, D. (Eds.), Ethical issues in social work. London 1995.

Isselhorst, R., Jugendämter auf dem Prüfstand. Organisationsuntersuchung des Jugendamtes Düsseldorf durch die Unternehmensberatung Kienbaum. Theorie und Praxis der sozialen Arbeit, 1997, 10–14.

Jäger, R.S., Der diagnostische Prozeß. Eine Diskussion psychologischer und methodischer Randbedingungen. Göttingen 1983.

Jans, K.-W./Happe, G., Jugendwohlfahrtsgesetz. Kommentar. 11. Lieferung. 2. Auflage. Köln 1987.

Jans, K.-W./Happe, G., Gesetz zur Neuregelung des Rechts der elterlichen Sorge. 12. Lfg. 2. Auflage. Stuttgart 1988.

Jansen, P., Gesetz über die Angelegenheiten der freiwilligen Gerichtsbarkeit. 2. Auflage. Berlin 1971.

Jopt, U.-J., Nacheheliche Elternschaft und Kindeswohl – Plädoyer für das gemeinsame Sorgerecht als anzustrebender Regelfall. Zeitschrift für das gesamte Familienrecht, 1987, 875–885.

Jordan, E., Zwischen Kunst und Fertigkeit – Sozialpädagogisches Können auf dem Prüfstand. In: Zentralblatt für Jugendrecht, 2001, 48–53.

Jüttemann, G./Thomae, H. (Hrsg.), Biographische Methoden in den Humanwissenschaften. Weinheim 1999.

Kähler, H. D., Beziehungen im Hilfesystem Sozialer Arbeit. Freiburg im Breisgau 1999.

Kaminski, G., Das Bild vom anderen. Berlin 1959.

Kaufmann, F., Beratung in Fragen der Partnerschaft, Trennung und Scheidung als Aufgabe der Jugendhilfe – Juristische und sozialpädagogische Aspekte der praktischen Umsetzung von § 3 17 KJHG. In: *R. Wiesner/W. H. Zarbock* (Hrsg.), Das neue Kinder– und Jugendhilfegesetz (KJHG) und seine Umsetzung in die Praxis (S. 319–342). Köln 1991a.

Kaufmann, F., Das Jugendamt: Helfer für die Betroffenen oder Helfer für das Gericht? – Aspekte der Anwendung des § 17 KJHG (Partnerschafts-, Trennungs- und Scheidungsberatung). Zentralblatt für Jugendrecht, 1991b, 18–22.

Kaufmann, F., Eltern, Kinder und Fachkräfte der Jugendämter im familiengerichtlichen Verfahren zur Regelung der elterlichen Sorge bei Trennung und Scheidung. In: FamRZ, 2001, 7–11.

Kemmler, L./Echelmeyer, L., Anamnese-Erhebung. In: *L. Pongratz*, Klinische Psychologie. Handbuch der Psychologie. Bd. 8. 2 Halbband (S. 1.628–1644). Göttingen 1978.

Kemper, R., Konsequenzen aus der Reform des Ehe- und Familienrechts für die Jugendämter. Zentralblatt für Jugendrecht, 1976, 478–487.

Kemper, R., Aufgaben des Jugendamtes auf Grund der Eherechtsreform, insbesondere bei der Regelung von Scheidungsfolgesachen. Zentralblatt für Jugendrecht, 1977, 411–417.

Kemshall, H./Pritchard, J. (Eds.), Good practice in risk assessment and risk management 1. London 1996.

Kemshall, H./Pritchard, J. (Eds.), Good practice in risk assessment and risk management 2. London 1997.

Kirst-Ashman, K. K./Hull, G. H., Understanding generalist practice. Chicago 1993.

Kleber, E. W., Diagnostik in pädagogischen Handlungsfeldern. Einführung in Bewertung, Beurteilung Diagnose und Evaluation. Weinheim 1992.

Kleine, R., Verfahrenspfleger für Minderjährige in familien- und vormundschaftsgerichtlichen Verfahren. Familie, Partnerschaft, Recht, 1996, 236–239.

Klenner, W., Rituale der Umgangsvereitelung bei getrenntlebenden oder geschiedenen Eltern. – Eine psychologische Studie zur elterlichen Verantwortung –. Zeitschrift für das gesamte Familienrecht, 1995, 1329–1355.

Kluck, M.-L., Die Angst des Richters vor der Anhörung des Kindes bei streitigen Verfahren zum Umgangsrecht – und wie er sie überwinden kann. Familie, Partnerschaft, Recht, 1995, 90–93.

Klüber, A., Psychologische Gutachten für das Familiengericht. Eine empirische Untersuchung über Nachvollziehbarkeit und Verständlichkeit des diagnostischen Prozesses sowie ausgewählte Aspekte des Kindeswohls. Lengerich 1998.

Klußmann, R. W., Das Kind im Rechtsstreit der Erwachsenen. München 1981.

Knapp, W. (Hrsg.), Die wissenschaftlichen Grundlagen der Sozialarbeit und Sozialpädagogik. Stuttgart 1980.

Knappert, C., Die öffentliche Jugendhilfe als professionelle Scheidungsbegleiterin. Zentralblatt für Jugendrecht, 1991, 398–403.

Knappert, C., Erfahrungen im Umgang mit Scheidungsfamilien im Rahmen behördlicher Arbeit. In: *J. Hahn/B. Lomberg/H. Offe* (Hrsg.), Scheidung und Kindeswohl. Beratung und Betreuung durch scheidungsbegleitende Berufe (S. 143–152). Heidelberg 1992.

Kodjoe, U./Koeppel, P., The Parantal Alienantion Syndrome (PAS). Der Amtsvormund, 1998a, 9–28.

Kodjoe, U./Koeppel, P., Früherkennung von PAS – Möglichkeiten psychologischer und rechtlicher Interventionen. Kindschaftsrechtliche Praxis, 1998b, 138–144.

Köck, P., Praxis der Beobachtung. Donauwörth 1981.

Köhne, H./Klippstein, E. (Hrsg.), Pädagogische Verhaltensdiagnostik in der Praxis. Freiburg 1979.

Köhnken, G., Glaubwürdigkeit. Untersuchungen zu einem psychologischen Konstrukt. München 1990.

Konrad, N., Leitfaden der forensisch-psychiatrischen Begutachtung. Stuttgart 1997.

Krieger, W., Der Allgemeine Sozialdienst. Rechtliche und fachliche Grundlagen für die Praxis des ASD. Weinheim 1994.

Krug, H./Grüner, H./Dalichau, G., KJHG. Sozialgesetzbuch. 8. Buch. 6. Lieferung. Starnberg 1993.

Kunkel, P.-C., Grundlagen des Jugendhilferechts. Systematische Darstellung für Studium und Praxis. Baden-Baden 1995.

Kunkel, P.-C., Wider einen »Perspektivenwechsel« in der Jugendhilfe. Zeitschrift für das gesamte Familienrecht, 1997, 193–201.

Kunze, M., Soziale Arbeit und Strafjustiz. Wiesbaden 1999.

Lamprecht, R., Kampf ums Kind. Reinbek bei Hamburg 1982.

Lang, A., Psychodiagnostik als ethisches Dilemma. In: *J. K. Triebe/E. Ulich* (Hrsg.), Beiträge zur Eignungsdiagnostik (S. 190–213). Bern 1977

Larenz, K., Methodenlehre der Rechtswissenschaft. 5. Auflage. München 1983.

Lautmann, R., Soziologie vor den Toren der Jurisprudenz. Stuttgart 1971.

LBS-Initiative Junge Familie. (Hrsg.), Trennung, Scheidung und Wiederheirat. Wer LBS-Initiative Junge Familie. (Hrsg.), Engagierte Vaterschaft. Die sanfte Revolution in der Familie. Opladen 1999.

Lehr, U., Das Problem der Sozialisation geschlechtsspezifischer Verhaltensweisen. In: *K. F. Graumann (Hrsg.)*, Sozialpsychologie. Handbuch der Psychologie, Bd. 7 (S. 886–954). Göttingen 1972.

Leitner, W. G./Schoeler, R., Maßnahmen und Empfehlungen für das Umgangsverfahren im Blickfeld einer Differentialdiagnose bei Parental Alienation Syndrom (PAS) unterschiedlicher Ausprägung in Anlehnung an Gardner (1992/1997). Der Amtsvormund, 1988, 849–867.

Lempp, R., Das Wohl des Kindes in §§ 1.666 und 1671 BGB. Neue Juristische Wochenschrift, 1963, 1659–1662.

Lempp, R., Das Kindeswohl und das neue Scheidungsrecht. Zentralblatt für Jugendrecht, 1979a, 49–51.

Lempp, R., Wer soll das Kind holen und bringen bei der Durchführung der Befugnis zum persönlichen Umgang mit dem Kind gemäß § 1.634 Abs. 1 BGB? Zentralblatt für Jugendrecht, 1979b, 517–519.

Lempp, R., Die Ehescheidung und das Kind. 4. Aufl., München 1982.

Lempp, R., Die Bindungen des Kindes und ihre Bedeutung für das Wohl des Kindes gem. § 1.671 BGB. Zeitschrift für das gesamte Familienrecht, 1984b, 741–744.

Liebel, H./Uslar, W. von, Forensische Psychologie: Eine Einführung. Stuttgart 1975.

Liebel/v. Uslar, Forensische Psychologie: Eine Einführung, Stuttgart 1975.

Limbrock, G., Das Umgangsrecht im Rahmen des Haager Kindesentführungsübereinkommens und des Europäischen Sorgerechtsübereinkommens. Zeitschrift für das gesamte Familienrecht, 1999, 1631–1633.

Lindemann, K.-H., Objektivität als Mythos: Die soziale Konstruktion gutachterlicher Wirklichkeit. Münster 1998.

Linsler, J., Brauchen wir einen Anwalt des Kindes? Der Amtsvormund, 1997, 375–378.

Lohrentz, U., Jugendhilfe bei Trennung und Scheidung. Neuwied 1999.

Luchins, A. S., Primaxy-recency in impression formation. In: *C. I. Hovland u. a.*, The Order of presentation in persuasion. New Haven, CT 1957, 33–61.

Lüderitz, A., Die Rechtsstellung ehelicher Kinder nach Trennung ihrer Eltern im künftigen Recht der Bundesrepublik Deutschland. Zeitschrift für das gesamte Familienrecht, 1975, 605–614.

Lukas, H., Jugendämter im Umbruch? Verändertes Handeln in traditionellen Arbeitsbereichen und Etablierung neuer Handlungsfelder. Soziale Arbeit, 1991, 110–117.

Lutz, R., Das verhaltensdiagnostische Interview. Stuttgart 1978

Maas, U., Die Regelungen zum Schutz personenbezogener Daten im Kinder- und Jugendhilfegesetz, NDV 1990, 215.

Maas, U., Soziale Arbeit als Verwaltungshandeln. 2. Auflage. Weinheim 1996.

Maas, U., Das mißverstandene KJHG. Privatisierung der öffentlichen Jugendhilfe als »Neue Fachlichkeit«: Kein Auftrag, keine Verantwortung – keine Kompetenz?. Zentralblatt für Jugendrecht, 1997, 70–76.

Mähler, G./Mähler, H.-G., Trennungs- und Scheidungs-Mediation in der Praxis. Familiendynamik, 1992, 347–372.

Mann, M., Aufgaben und Pflichten der Jugendämter im familiengerichtlichen Verfahren – Versuch einer Kompetenzbegrenzung auf Grund der rechtspolitischen Entwicklung des Familien- und Sozialrechts in den vergangenen beiden Jahrzehnten –. Der Amtsvormund, 1994, 226–232.

Martin, E./Wawrinowski, U., Beobachtungslehre. Theorie und Praxis reflektierter Beobachtung und Beurteilung. 2. Auflage. Weinheim 1993.

Maunz, I./Dürig, G./Herzog, R./Scholz, G., Grundgesetz. Kommentar. 29. Lfg. München 1991.

McGowan, B. G., Values and ethics. In: *C. H. Meyer /M. A. Mattaini* (Eds.), The foundations of social work practice. Washington, DC 1995, pp. 28–41.

Menne, K., Zwischen Beratung und Gericht. Aufgaben der Erziehungsberatungsstellen und des Allgemeinen Sozialen Dienstes bei Trennung und Scheidung. Zentralblatt für Jugendrecht, 1992, 66–75.

Meinhold, M., Ein Rahmenmodell zum methodischen Handeln. In: *M. Heiner/M. Meinhold/ H. Spiegel /S. Staub-Bernasconi*, Methodisches Handeln in der Sozialen Arbeit. 2. Auflage, Freiburg im Breisgau 1995, S. 184–217.

Merchel, J./Schrapper, C., Hilfeplanung gemäß § 36 KJHG als fachliche und organisatorische Herausforderung an das Jugendamt. In: NDV, 1995, 151–156.

Merz, F., Die Beurteilung unserer Mitmenschen als Leistung. In: *Lienert* (Hrsg.), Ber. 23. Kongr. D. Ges. Psychol. Würzburg 1962. Göttingen 1963, 32–51.

Mey, H. G., Prognostische Beurteilung des Rechtsbrechers: Die deutsche Forschung. In: *U. Undeutsch* (Hrsg.), Forensische Psychologie. Handbuch der Psychologie, Bd. 11. (S. 511–564). Göttingen 1967.

Meyer, C. H., Assessment in social work practice. New York 1993.

Meyer, C. H., Assessment. In: *R. L. Edwards* (Ed.), Encyclopedia of social work. 19th ed., Washington, DC 1995, S. 260–270.

Mietzel, G., Pädagogische Psychologie. 2. Auflage. Göttingen 1975.

Milner, J./O'Byrne, P., Assessment in social work. Houndmills 1998.

Mnookin, R. H., Was stimmt nicht mit der Formel »Kindeswohl«? Zeitschrift für das gesamte Familienrecht, 1975, 1–6.

Mörsberger, T., Perspektive »Neues Jugendamt«. Zur Bedeutung der Datenschutzbestimmungen im neuen Kinder– und Jugendhilfegesetz, ZfJ 1990, 365.

Mollenhauer, K./Uhlendorff, U., Sozialpädagogische Diagnosen III: Ein sozialpädagogisch-hermeneutisches Diagnoseverfahren für die Hilfeplanung. Weinheim 1997.

Moore, B., Risk assessment: A practitioner's guide to predicting harmful behaviour. London 1996.

Motzer, S., Die gerichtliche Praxis der Sorgerechtsentscheidung seit der Neufassung von § 1.671 BGB. Zeitschrift für das gesamte Familienrecht, 1999, 1101–1106.

Mueller, F. F./Thomas, A., Einführung in die Sozialpsychologie. 2. Auflage 1976. Göttingen 1974.

Müller, B., Sozialpädagogisches Können. 3. Auflage. Freiburg im Breisgau 1997.

Müller-Freienfels, W., Ehe und Recht. Tübingen 1962.

Münder, J., »Wohl des Kindes« in vormundschaftsgerichtlichen und familiengerichtlichen Entscheidungen. Recht der Jugend und des Bildungswesens, 1981a, 82–96.

Münder, J., Zum Wohle des Kindes. Fünf Jahre neues Scheidungsrecht – drei Jahre Neuregelung der elterlichen Sorge. Blätter der Wohlfahrtspflege, 1983, 3–7.

Münder, J., Das Wohl des Kindes und Kindesrecht. Recht der Jugend und des Bildungswesens, 1985a, 212–220.

Münder, J., Familien- und Jugendrecht. 2. Auflage. Weinheim 1985b.

Münder, J., Probleme des Sorgerechts – bei psychisch kranken und geistig behinderten Eltern – exemplarisch für den Kinderschutz bei Kindeswohlgefährdung. Familie und Recht, 1995, 89–98.

Münder, J., Familien- und Jugendhilferecht. Eine sozialwissenschaftlich orientierte Einführung. Band 1: Familienrecht. Neuwied 1999.

Münder, J./Greese, D./Jordan, E./Kreft, D./Lakies, T./Lauer, H./Proksch, R./Schäfer, K., 2. Frankfurter Lehr- und Praxiskommentar zum KJHG/SGB VIII. 3. Auflage. Münster 1998.

Münder, J./Schone, R./Körber, U./Mutke, B./Them, W., Kindeswohl zwischen Jugendhilfe und Justiz – eine Fallerhebung in Jugendämtern. 1998.

Musaph, H., Technik der psychologischen Gesprächsführung. 2. Auflage. Salzburg 1970.

Napp-Peters, A., Scheidungsfamilien. Interaktionsmuster und kindliche Entwicklung. Aus Tagebüchern und Interviews mit Vätern und Müttern nach Scheidung. Stuttgart 1988.

Napp-Peters, A., Familien nach der Scheidung. München 1995.

Neddenriep-Hanke, F., Umgangsrecht und Kindeswohl. Eine Darstellung der Jugendamtstätigkeit. Stuttgart 1987.

Nedopil, N., Forensische Psychiatrie. Stuttgart 1996.

Nentzel, E., Auswahl von Fällen in der Praxisanleitung. Nachrichtendienst des Deutschen Vereins für öffentliche und private Fürsorge, 1971, 261–264.

Niepel, G., Soziale Netze und soziale Unterstützung alleinerziehender Frauen. Opladen 1994.

Niesel, R., Was kann Mediation für Scheidungsfamilien leisten? Zeitschrift für Familienforschung, 1991, 84–102.

Northoff, R., Rechtspsychologie. Bonn 1996.

Nowara, S., Gefährlichkeitsprognosen bei psychisch kranken Straftätern. München 1995.

Oberloskamp, H., Zusammenarbeit Jugendamt – Familiengericht/Vormundschaftsgericht aus der Sicht der Fachhochschule. Zentralblatt für Jugendrecht, 1982, 519–527.

Oberloskamp, H., Haager Minderjährigenschutzabkommen. Kommentar. Köln 1983.

Oberloskamp, H., Verpflichtungen und Möglichkeiten des Jugendamtes bei Zerbrechen der Ehe. In: *O. Speck/F. Peterander/P. Innerhofer* (Hrsg.), Kindertherapie – Interdisziplinäre Beiträge aus Forschung und Praxis (S. 204–212). München 1986.

Oberloskamp, H., Recht auf Kenntnis der eigenen Abstammung. Familienrechtliche Zuordnung von Kindern und Problemfelder in der Praxis. Familie und Recht, 1991a, 263–269.

Oberloskamp, H., Die Zusammenarbeit von Vormundschafts-/Familiengericht und Jugendamt, Zeitschrift für das gesamte Familienrecht, 1992, 1241–1249.

Oberloskamp, H./Adams, U., Jugendhilferechtliche Fälle für Studium und Praxis. 8. Auflage. Neuwied 1993.

Oberloskamp, H., Beratungs- und Mitwirkungsaufgaben der Jugendhilfe bei Trennung und Scheidung, Kind-Prax 2001 (im Druck).

Oberloskamp, H. Qualitätsanforderungen an die gutachtliche Stellungnahme des Jugendamtes zur Anrufung des Familiengerichts gem. § 50 Abs. 3 KJHG i.V.m. §§ 1666, 1666a BGB, FÜR 2001 (im Druck).

Oelkers, H., Die Rechtsprechung zur elterlichen Sorge – eine Übersicht über die letzten fünf Jahre. Zeitschrift für das gesamte Familienrecht, 1995, 1097–1111.

Oelkers, H., Die Rechtsprechung zum neuen Umgangsrecht 1.7. 1998 bis 31.12. 1999. Familie und Recht, 2000, 97–102.

Oerter, R/Montada, L. (Hrsg.), Entwicklungspsychologie. Ein Lehrbuch. 3. Auflage. München 1995.

Offe, H., Empirische Scheidungsfolgen-Forschung: Ein Überblick über neue Ergebnisse. In: *J. Hahn/B. Lomberg/H. Offe* (Hrsg.), Scheidung und Kindeswohl. Heidelberg 1992, 25–53.

O'Hagan, K. (Hrsg.), Competence in social work practice. London 1996.

Opitz, J., Forschungsprojekt Sicherung des Kindeswohls zwischen Jugendhilfe und Justiz: unter dem Aspekt der Führung der Amtsvormundschaften durch das Jugendamt. Zentralblatt für Jugendrecht, 1999, 284–285.

Osten, P., Die Anamnese in der Psychotherapie. Klinische Entwicklungspsychologie in der Praxis. München 2000.

Oswald, G., Systemansatz und soziale Familienarbeit. Methodische Grundlagen und Arbeitsformen, Freiburg 1988.

Papenheim, H.G./Baltes, J., Verwaltungsrecht für die soziale Praxis. 10. Auflage. Frechen 1993.

Parsloe, P. (Ed.), Risk assessment in social care and social work. London 1999.

Pearce, J., The values of social work. In: *A.A. Vass* (Ed.), Social work competences. London 1996, pp. 36–61.

Pechstein, J., Frühadoption und soziale Elternschaft. In: *G. Biermann* (Hrsg.), Jahrbuch der Psychohygiene, Bd. 2 (S. 206–218). München 1974.

Perrig-Chiello, P., Über die lebenslange Bedeutung frühkindlicher Bindungserfahrung. Kindheit und Entwicklung, 1997, 153–160.

Peschel-Gutzeit, L.M., Offener Regelungsbedarf im Kindschaftsrecht. Familie und Recht, 1995a, 85–88.

Peschel-Gutzeit, L.M., Immer wiederkehrende Probleme des Umgangsrechts. Familie, Partnerschaft, Recht, 1995b, 82–88.

Peter, J.W., Schreiben ist eine Schlüsselqualifikation sozialer Arbeit. Blätter der Wohlfahrtspflege, 1996, 34–35.

Petermann, F., Einzelfalldiagnose und klinische Praxis. Ein Lehrbuch. 2. Auflage. Berlin 1992.

Peters, F., Über Diagnosen, Gutachten, Fallverstehen, Aushandlungsprozesse. In: *F. Peters* (Hrsg.), Diagnosen – Gutachten – hermeneutisches Fallverstehen. Frankfurt am Main 1999, 5–23.

Peters, J./Schimke, H.-J., Die Verfahrenspflegschaft nach § 50 FGG – erste Erfahrungen und Konsequenzen. Kindschaftsrechtliche Praxis, 1999, 143–149.

Petersen, K., Neuorientierung im Jugendamt. Dienstleistungshandeln als professionelles Konzept Sozialer Arbeit. Neuwied 1999.

Petri, H., Verlassen und verlassen werden: Angst, Wut, Trauer und Neubeginn bei gescheiterten Beziehungen. 2. Auflage. Zürich 1992.

Pfäfflin, F., Vorurteilsstruktur und Ideologie psychiatrischer Gutachten über Sexualstraftäter. Stuttgart 1978.

Plessen, U./Bommert, H., Empirische Untersuchung zum Begriff des »Kindeswohls«. In: *A. Schorr* (Hrsg.), Bericht über den 13. Kongreß für Angewandte Psychologie des BDP (S. 323–326). Bonn 1985.

Plotnikoff, J./Woolfson, R., Reporting to court under The Children Act. London 1996.

Presse- und Informationsdienst der Bundesregierung. (Hrsg.), Gesellschaftliche Daten 1979. Bonn 1979.

Prestien, H. C., Die Berücksichtigung des Kindeswohls in Gesetzgebung und Rechtsprechung. Blätter der Wohlfahrtspflege, 1981, 253–260.

Presting, G. (Hrsg.), Erziehungs- und Familienberatung. Untersuchungen zu Entwicklung, Inanspruchnahme und Perspektiven. Weinheim 1991.

Prince, K., Boring records? Communication, speech and writing in social work. London 1996.

Proksch, R., Vermittlung (Mediation) in streitigen Sorge- und Umgangsrechtsverfahren. Familiendynamik, 1992b, 395–414.

Proksch, R., Sozialdatenschutz in der Jugendhilfe. Münster 1996.

Rasch, W., Forensische Psychiatrie. 2. Auflage. Stuttgart 1999.

Rauscher, T., Das Umgangsrecht im Kindschaftsrechtsreformgesetz. Zeitschrift für das gesamte Familienrecht, 1998, 329–341.

Reinicke, H., Rechtsprechungstendenzen zur Verfahrenspflegschaft nach § 50 FGG. Familie, Partnerschaft, Recht, 1999, 349–352.

Reiter, L., Gestörte Paarbeziehungen. Theoretische und empirische Untersuchungen zur Ehepaardiagnostik. Göttingen 1983.

Reiter, L./Brunner, E. J./Reiter-Theil, S. (Hrsg.), Von der Familientherapie zur systemischen Perspektive. Berlin 1988.

Rexilius, G., Kindeswohl und PAS. Zur aktuellen Diskussion des Parental Alienation Syndrome. Kindschaftsrechtliche Praxis, 1999, 149–159.

Richmond, M., Social diagnosis. New York 1917.

Richter, H., Amtspfleger als Verfahrenspfleger; ein kurzer Kommentar. Der Amtsvormund, 1999, 31–36.

Richter, H. E., Eltern, Kind und Neurose, Psychoanalyse der kindlichen Rollen. Reinbek bei Hamburg 1972.

Richter, H./Kreuznacht, H., Der »beschützte« Umgang. Zentralblatt für Jugendrecht, 1999, 45–51.

Roestel, G., Aufgabe und Form des Berichtes der Jugendgerichtshilfe. In: UJ 1965, 543.

Röhrle, B., Soziale Netzwerke und soziale Unterstützung. Weinheim 1994.

Rogers, C. R., A theory of therapy, personality and interpersonal relationships as developed in the client-centeres framework. In: *Koch, S.* (Hrsg.), Psychology: A study of a science. New York 1959.

Rogers, C. R., Eine neue Definition von Einfühlung. In: *P. Jankowski/D. Teuschlin/H. J. Fietkau/F. Mann* (Hrsg.), Bericht über den ersten Kongreß für Gesprächspsychotherapie in Würzburg 1974 (S. 33–52). Göttingen 1976.

Rogers, C. R. (Hrsg.), Klientenzentrierte Gesprächspsychotherapie. 2. Auflage. München 1977.

Roth, H., Pädagogische Anthropologie, Bd. II. Entwicklung und Erziehung. 2. Auflage. Hannover 1976.

Salgo, L., Brauchen wir den Anwalt des Kindes? – Vorüberlegungen. Zentralblatt für Jugendrecht, 1985, 259–270.

Salgo, L., Kindeswohl oder Elternrecht? Ein Gespräch mit J. Goldstein über notwendige Entwicklungen zum Schutz des Kindeswohls. Neue Praxis, 1986, 333–344.

Salgo, L., Der Anwalt des Kindes. Die Vertretung des Kindes. Die Vertretung von Kindern in zivilrechtlichen Kindesschutzverfahren – eine vergleichende Studie. Köln 1996.

Salgo, L., Die Interessenvertretung von Kindern und Jugendlichen in zivilrechtlichen Kindesschutzverfahren. Familie, Partnerschaft, Recht, 1996, 239–245.

Salgo, L., Die Implementierung der Verfahrenspflegschaft (§ 50 FGG). Familie, Partnerschaft, Recht, 1999, 313–320.

Salomon, A., Soziale Diagnose. Berlin 1925.

Salzgeber, J./Höfling, S., Der diagnostische Prozeß bei der familienpsychologischen Begutachtung. Ein Beitrag zur Datenbasis und zur Intervention des psychologischen Sachverständigen im Rahmen des Begutachtungsprozesses. Zentralblatt für Jugendrecht, 1991, 388–394.

Salzgeber, J./Höfling, S., Familienpsychologische Begutachtung: Rahmenbedingungen und Möglichkeiten psychologischer Interventionen. Zentralblatt für Jugendrecht, 1993, 238–245.

Salzgeber, J./Stadler, M., Familienpsychologische Begutachtung. München 1990.

Salzgeber, J.Stadler, M., Familienpsychologische Begutachtung. Materialien für die forensische Praxis. München 1990.

Salzgeber, J./Stadler, M., Beziehung contra Erziehung – kritische Anmerkungen zur aktuellen Rezeption von PAS. Ein Plädoyer für Komplexität. Kindschaftsrechtliche Praxis, 1998, 167–171.

Salzgeber, J./Stadler, M./Schmidt, S. M./Partale, C., Umgangsprobleme – Ursachen des Kontaktabbruchs durch das Kind jenseits des Parental Alienation Syndrome. Kindschaftsrechtliche Praxis, 1999, 107–111.

Sander, E. (Hrsg.), Trennung und Scheidung. Die Perspektive betroffener Eltern. Weinheim 1999.

Scheuerer-Englisch, H., Die Rolle der Erziehungsberatungsstelle bei Trennung und Scheidung. Jugendwohl, 1992, 560–572.

Scheuerer-Englisch, H., Beratung statt Begutachtung. Ein Modell der Zusammenarbeit von Erziehungsberatung und Familiengericht. In: *K. Menne/H. Schilling/M. Weber* (Hrsg.), Kinder im Scheidungskonflikt. Beratung bei Kindern und Eltern bei Trennung und Scheidung (S. 213–225). Weinheim 1993a.

Schiepek, G., Systemische Diagnostik in der klinischen Psychologie. Weinheim/München 1986.

Schleicher, H., Stolperstein Familiengerichtshilfe. Aufgaben und Selbstverständnis der Jugendhilfe bei der Mitwirkung im familiengerichtlichen Verfahren. Jugendhilfe, 1999, 323–334.

Schlippe, A. v./Kriz, J. (Hrsg.), Symposion Familientherapie. Kontroverses – Gemeinsames. Wildberg 1987.

Schmid/Keßler, Anamnese. Weinheim 1976.

Schmidt-Denter, U./Schmitz, H., Familiäre Beziehungen und Strukturen sechs Jahre nach der elterlichen Trennung. In: *S. Walper/B. Schwarz* (Hrsg.), Was wird aus den Kindern? Chancen und Risiken für die Entwicklung von Kindern aus Trennungs- und Stieffamilien (S. 73–90). Weinheim 1999

Schneewind, K. A., Familienpsychologie. Stuttgart 1991.

Schneewind, K. A. (Hrsg.), Familienpsychologie im Aufwind. Brückenschläge zwischen Forschung und Praxis. Göttingen 2000.

Schneider, H. J., Prognostische Beurteilung des Rechtsbrechers: Die ausländische Forschung. In: *U. Undeutsch* (Hrsg.), Handbuch der Psychologie. Bd. 11. Forensische Psychologie (S. 397–510). Göttingen 1967

Schneider, H. J., Kriminologie. Berlin 1987.

Schön, K./Müllensiefen, D., Scheidungsfamilien beraten und im gerichtlichen Verfahren mitwirken. Freiburg im Breisgau 1995.

Schone, R./Gintzel, U./Jordan, E./Kalscheuer, M./Münder, J., Kinder in Not: Vernachlässigung im frühen Kindesalter und Perspektiven sozialer Arbeit. Münster 1997.

Schröder, S./Straub, R./Stolz, K./Frick, E., Der Sozialarbeiter im Unterbringungsverfahren. In: Psychiatrische Praxis, 1993, 188–190.

Sickendiek. U./Engel, F./Nestmann, F., Beratung. Eine Einführung in sozialpädagogische und psychosoziale Beratungsansätze. Weinheim 1999.

Siegismund/Tiesler, Fallstudien aus der sozialen Arbeit. Heidelberg 1979.

Simitis, S., Tendenzen der Rechtsprechung zum Sorge- und Besuchsrecht. In: Deutscher Familiengerichtstag (Hrsg.), Zweiter Deutscher Familiengerichtstag (S. 164–188). Bielefeld 1979.

Simitis, S./Rosenkötter, L./Vogel, R./Boost-Muss, B./Frommann, M./Hopp, J./Koch, H./ Zenz, G., Kindeswohl. Eine interdisziplinäre Untersuchung über seine Verwirklichung in der vormundschaftlichen Praxis. Frankfurt am Main 1979.

Simon, F. B./Stierlin, H., Die Sprache der Familientherapie. Ein Vokabular. Kritischer Überblick und Integration systemtherapeutischer Begriffe, Konzepte und Methoden. Stuttgart 1994.

Sinclair, L. G., Making ethical decisions. In: *K. K. Kirst-Ashman/G. H. Hull*, Understanding generalist practice. Chicago 1993, pp. 372–397.

Social Services Group, National objectives and standards for social work services in the criminal justice system. Edinburgh 1991.

Sodhi, S., Sozialpsychologie. In: *Meile, R./Rohracher, H.*, Lehrbuch der experimentellen Psychologie. Bern 1963.

Sohni, H., Mutter, Vater, Kind – Zur Theorie dyadischer und triadischer Beziehungen. Praxis der Kinderpsychologie und Kinderpsychiatrie, 1991, 213–221.

Späth, K., Tagungsbericht »Anwalt des Kindes – Qualitätsanforderungen eines neuen Arbeitsfeldes« 3.–5. Februar 1999 in der Evangelischen Akademie Bad Boll. Kindschaftsrechtliche Praxis, 1999, 50–53.

Spangler, G./Zimmermann, P., Die Bindungstheorie: Grundlagen, Forschung und Anwendung. Stuttgart 1995.

Stadler, M./Salzgeber, J., Berufsethischer Kodex und Arbeitsprinzipien für die Vertretung von Kindern und Jugendlichen – Sprachrohr und/oder Interessenvertreter? Familie, Partnerschaft, Recht, 1990, 329–338.

Statistisches Bundesamt. (Hrsg.). Statistisches Jahrbuch 1982 (bis 2000). Wiesbaden 1982.

Steffens, G., Lebensqualität und Persönlichkeitsentwicklung nach Ehescheidung, Sorge-rechts- und Verkehrsregelung. In: ZblJugR 1977, 129.

Steindorff-Classen, C., Das subjektive Recht des Kindes auf seinen Anwalt. Neuwied 1998.

Stein-Hilbers, M., Männer und Kinder. Reale, ideologische und rechtliche Umstrukturierun-gen von Geschlechter- und Elternbeziehungen. Familie und Recht, 1991, 198–205.

Steller, M., Strategien zur Verbesserung der forensischen Diagnostik. In: *R. Egg* (Hrsg.), Brennpunkte der Rechtspsychologie. Godesberg 1991, 385–399.

Steller, M./Volbert, R. (Hrsg.), Psychologie im Strafverfahren. Ein Handbuch. Bern 1997.

Steller, M./Volbert, R., Glaubwürdigkeitsbegutachtung. In: *M. Steller /R. Volbert* (Hrsg.), Psychologie im Strafverfahren. Bern 1997, 12–39.

Sternbeck, E./Däther, G., Das familienpsychologische Gutachten im Sorgerechtsverfahren. Zeitschrift für das gesamte Familienrecht, 1986, 21–25.

Süß, G. J./Fegert, J. M., Das Wohl des Kindes in der Beratung aus entwicklungspsychologi-scher Sicht. Familie, Partnerschaft, Recht, 1999, 157–164.

Suess, G./Pfeiffer, W.-K. (Hrsg.), Frühe Hilfen. Die Anwendung von Bindungs- und Klein-kindforschung in Erziehung, Beratung Therapie und Vorbeugung. Gießen 1999.

Symonds, P. M., Psychologial diagnosis and social adjuntment. New York 1934.

Tägert, I., Forensische Psychologie im Bereich des Familienrechts. In: *U. Undeutsch* (Hrsg.), Handbuch der Psychologie, Bd. 11. Forensische Psychologie (S. 598–633). Göt-tingen 1967.

Tausch/Tausch, Erziehungspsychologie. 9. Aufl., Göttingen 1979.

Tausch, R./Tausch, A.-M. Erziehungspsychologie. 10. Auflage. Göttingen 1991.

Terlinden-Arzt, P., Psychologische Gutachten für das Familiengericht. Eine empirische Un-tersuchung über diagnostische Strategien sowie ausgewählte Aspekte des Kindeswohls. Lengerich 1998

Thomae, H., Prinzipien und Formen der Gestaltung psychologischer Gutachten. In: *U. Un-deutsch* (Hrsg.), Handbuch der Psychologie, Bd. 11. Forensische Psychologie (S. 743–767). Göttingen 1967.

Thomae, H., Das Individuum und seine Welt. Göttingen 1968.

Thomae, H., Beobachtungen und Beurteilung von Kindern und Jugendlichen. 12. Aufl., Basel, New York 1976.

Thomas, H./Putzo, H., Zivilprozeßordnung, Kommentar. 18. Auflage. München 1993.

Thompson, N., Understanding social work. Houndmills 2000.

Timms, N., Der Bericht in der Sozialarbeit. Freiburg i. Br. 1974.

Trankell. A., Der Realitätsgehalt von Zeugenaussagen. Göttingen 1971.

Trenk-Hinterberger, P., Rezension von Arndt/Oberloskamp: Gutachtliche Stellungnahmen in der sozialen Arbeit. 2. Auflage. Heidelberg 1983. Zeitschrift für das gesamte Familien-recht, 1985, 37.

Troje, H. E., Gemeinsame elterliche Sorge nach Scheidung. Nachrichtendienst des Deut-schen Vereins für öffentliche und private Fürsorge, 1981, 17–20.

Troje, H. E./Meyer, H., Familiendynamik und Familiengerichtsbarkeit. Familiendynamik 1984, 304–322.

Troschier, G./Schönebeck, I., Betreuter Umgang. Praktische Erfahrungen und Ansichten. Soziale Arbeit, 2000, 184–189.

Handbuch der Familien- und Jugendforschung, Bd. 1: Familienforschung (S. 363–387). Neuwied 1989.

Trube-Becker, E., Mißbrauchte Kinder. Sexuelle Gewalt und wirtschaftliche Ausbeutung. Heidelberg 1992.

Turner, F. J., Reconsidering diagnosis. In: Families in Society, 1994, 168–171.

Uffelmann, P., Das Wohl des Kindes als Entscheidungskriterium im Sorgerechtsverfahren. Diss. jur. Freiburg i. B. 1977.

Ullrich, H., Der Bericht der Jugendgerichtshilfe – Vordruck oder freie Fassung? Zentralblatt für Jugendrecht, 1969, 185–191.

Ullrich, H., Der Sozialarbeiter in der Jugendgerichtshilfe: Arbeitsanleitung für Jugendgerichtshelfer. Frankfurt 1982.

Undeutsch, U., Beurteilung der Glaubhaftigkeit von Aussagen. In: *Undeutsch, U.*, Die aussagepsychologische Realitätsprüfung bei Behauptung sexuellen Mißbrauchs. In: *S. Kraheck-Brägelmann* (Hrsg.), Die Anhörung von Kindern als Opfer sexuellen Mißbrauchs (S. 69–162). Rostock 1993.

Unzner, L., Bindungstheorie und Fremdunterbringung. In: *G. Suess/W.-K. Pfeiffer* (Hrsg.), Frühe Hilfen. Die Anwendung von Bindungs- und Kleinkindforschung in Erziehung, Beratung Therapie und Vorbeugung (S. 268–288). Gießen 1999.

van Els, H., Der Verbund als Wartesaal für Entscheidungen zum Kindeswohl. Zeitschrift für das gesamte Familienrecht, 1983, 438–441.

v. Bracken, R., 10 Thesen zu der Position und den Aufgaben der Verfahrenspflegschaft nach § 50 FGG. Kindschaftsrechtliche Praxis, 1999, 183–187.

v. Cranach, M./Frenz, H.-G., Systematische Beobachtung. In: *C.-F. Graumann* (Hrsg.), Sozialpsychologie. Handbuch der Psychologie. Bd. 7. 1. Halbband: Theorien und Methoden (S. 269–331). Göttingen 1969.

Vass, A. A., Social work competences. London 1996.

Venzlaff, U., Fehler und Irrtümer in psychiatrischen Gutachten. In: NStZ, 1983, 199–202.

Venzlaff, U., Die Erstattung des Gutachtens. In: *U. Venzlaff /K. Förster* (Hrsg.), Psychiatrische Begutachtung. Stuttgart 1994, 139–152.

Voigt, R. (Hrsg.), Verrechtlichung. Königstein/Ts. 1980.

Wagner, R., Die Bedeutung des Jugendgerichtshilfeberichts in der Verhandlung vor dem Jugendrichter. In: JugWo 1977, 280.

Wagnerová, A., Wir adoptieren ein Kind. Freiburg 1981.

Walbiner, W., Reagieren Jungen anders als Mädchen? In: LBS-Initiative Junge Familie (Hrsg.), Trennung, Scheidung und Wiederheirat. Wer hilft dem Kind? (S. 53–56). Weinheim 1996.

Wallerstein, J. S./Blakeslee, S., Gewinner und Verlierer. Frauen, Männer und Kinder nach der Scheidung. Eine Langzeitstudie. München 1989.

Walper, S./Schwarz, B. (Hrsg.). Was wird aus den Kindern? Chancen und Risiken für die Entwicklung von Kindern aus Trennungs- und Stieffamilien. Weinheim 1999.

Walter, M., Die ermittelnden, berichtenden und beratenden Aufgaben der Jugendgerichtshilfe. Zentralblatt für Jugendrecht, 1973, 485–498.

Walter, E., Einschränkung und Ausschluß des Umgangs nach § 1.634 II S. BGB. Zentralblatt für Jugendrecht, 1996, 270–278.

Watzlawick, P./Janet, H./Beavin, D./Jackson, D., Menschliche Kommunikation. 6. Auflage. Bern 1982.

Weber, R./Beck, L., Elterliche Verantwortung und Sozialarbeit. In: *H. Krabbe* (Hrsg.), Scheidung ohne Richter. Neue Lösungen für Trennungskonflikte (S. 207–225). Reinbek bei Hamburg 1991.

Weimar, R., Psychologische Strukturen richterlicher Entscheidungen. Basel 1969.

Wegner, W., Mißhandelte Kinder. Grundwissen und Arbeitshilfen für pädagogische Berufe. Weinheim 1997.

Weisbrodt, F., Familiengericht und Jugendamt in gemeinsamer Sorge um die elterliche Sorge. In: Kindschaftsrechtliche Praxis, 2000, 35–44.

Weisbrodt, F., Wie kann der Familienrichter das Verfahren gestalten, um mit Umgangskonflikten umgehen zu können. Kindschaftsrechtliche Praxis, 2000, 9–18.

Weisbrodt, F., Aus neueren Entscheidungen zum Umgangsrecht. Der Amtsvormund, 2000, 195–206.

Wendt, W. R., Die Handhabung der sozialen Unterstützung: Eine Einführung in das Case Management. In: *W. R. Wendt* (Hrsg.), Unterstützung fallweise: Case Mangement in der Sozialarbeit. 2. Auflage. Freiburg im Breisgau 1995, 11–55.

Werner-Schneider, C., Mediation im Spannungsfeld zwischen Kindeswohl und Emanzipation der Frauen. Streit, 1992, 18–21.

Westhoff, K./Kluck, M.-L., Psychologische Gutachten schreiben und beurteilen. 3. Auflage. Berlin 1998.

Westhoff, K./Terlinden-Arzt, P./Klüber, A., Entscheidungsorientierte psychologische Gutachten für das Familiengericht. Berlin 2000.

Weyer, M., Die Adoption fremdländischer Kinder. Stuttgart 1979.*Wiesner/Mörsberger/Oberloskamp/Struck* SGB VIII. Kinder- und Jugendhilfe. 2. Auflage. München 2000.

Will, A., Der Anwalt des Kindes im Sorgerechtsverfahren – Garant des Kindeswohls? Zentralblatt für Jugendrecht, 1998, 1–6.

Willutzki, S., Zur Kooperation von Jugendhilfe und Justiz. Neue Perspektiven nach der Kindschaftsrechtsreform. Kindschaftsrechtliche Praxis, 1998, 135–138.

Winter-v. Gregory, W., Jugendgerichtshilfe als Verwaltung sozialer Kontrolle. Neue Praxis, 1979, 437–453.

Witte, E. H./Sibbert, J./Kesten, I., Ein umfassenderer Modellansatz zur Trennungs- und Scheidungsberatung. Zeitschrift für Familienforschung, 1991, 103–135.

Witte, E. H./Sibbert, J./Kesten, I., Trennungs- und Scheidungsberatung. Grundlagen – Konzepte – Angebote. Göttingen 1992.

Wynne, L. C./Singer, M. T./Toohey, M. L./Rochester, N. Y., Kommunikation von Adoptiveltern Schizophrener. Familiendynamik, Bd. II, 1977, 125–158.

Zenz, G., Kindesmißhandlung und Kindesrechte. 2. Auflage. Frankfurt am Main 1981.

Zitelmann, M., Vom »Anwalt des Kindes« zum Verfahrenspfleger? Die Interessenvertretung für Kinder in sorgerechtlichen Verfahren. Kindschaftsrechtliche Praxis, 1998, 131–135.

Zobel, M., Kinder aus alkoholbelasteten Familien. Entwicklungsrisiken und -chancen. Göttingen 2000.

Stichwortverzeichnis